Henry Clay Lindgren **Psychologie des Geldes**

Bücher über Geld im Conzett Verlag

George S. Clason
Der reichste Mann von Babylon
Die Erfolgsgeheimnisse der Antike
Der erste Schritt in die finanzielle
Unabhängigkeit
2. Auflage 1999

Fred C. Kelly
Warum du gewinnst
Psychologie der Börse
Ratgeber für Aktienkäufer
1999

Jack Weatherford
**Eine kurze Geschichte des Geldes
und der Währungen**
1999

Stephen Zarlenga
**Der Mythos vom Geld –
die Geschichte der Macht**
Vom Tauschhandel zum Euro
Eine Geschichte des Geldes
und der Währungen
1999

Weitere Titel sind in Vorbereitung

Henry Clay Lindgren

Psychologie des Geldes

Aus dem Amerikanischen
von Cornell Ehrhardt

Unabhängigkeit
Anerkennung
Schuldgefühle
Geiz
Verschwendungssucht
Normaler Umgang
mit Geld

Conzett Verlag
bei Oesch

Die amerikanische Originalausgabe erschien 1991
unter dem Titel *The Psychology of Money*
bei Krieger Publishing Company, Melbourne, Florida

Alle Rechte vorbehalten
Nachdruck in jeder Form sowie die Wiedergabe
durch Fernsehen, Rundfunk, Film, Bild- und Tonträger
oder Benutzung für Vorträge, auch auszugsweise,
nur mit Genehmigung des Verlags

Copyright (original material) 1980 by Henry Clay Lindgren;
new material copyright 1991 by Krieger Publishing Company
German translation rights arranged with
Krieger Publishing Company, Melbourne, Florida

© der deutschsprachigen Ausgabe 1999 by Conzett Verlag,
Sunflower GmbH, Zürich
Auslieferung durch Oesch Verlag AG, Zürich

Schutzumschlag: Alberto Niederer, Zürich, unter Verwendung
einer Fotografie von Christina Zehntner, Zürich
Satz: Oesch Verlag
Druck und Bindung: Wiener Verlag, Himberg bei Wien

ISBN 3-905267-02-0

6 5 4 3 2 1

Gern schicken wir Ihnen unser Verlagsverzeichnis:
Oesch Verlag / Conzett Verlag, Jungholzstraße 28, CH-8050 Zürich
Fax: 01/305 70 66
E-Mail: info@oeschverlag.ch

Inhaltsverzeichnis

Vorwort ... 11

Einführung ... 13

1 Weshalb spielt Geld eine Rolle? ... 19
    Was uns die Experten verschweigen ... 21
    Wirtschaftspsychologen ... 23
    Geld als Symbol ... 24
    Geld, Sprache und soziale Bedürfnisse ... 25
    Geld und Sprache als Abstraktionen ... 26
    Geld und Sprache erzeugen Erregung und Aktivation ... 27
    Den Aktivationsgrad in Grenzen halten ... 28
    Der irrationale Gebrauch von Geld ... 31

2 Psychologische Wurzeln des Geldes ... 35
    Tauschhandel: Spaß und Profit ... 37
    Sklaven und andere Waren ... 40
    Die ersten Münzen ... 42
    Münzen als Propagandamittel ... 44
    Münzen mit stärkerem Personenbezug ... 46
    Die Finanzierung einer Kultur ... 48
    Der Silberstandard ... 49
    Kupfer: die erste Währung ohne Deckung ... 52
    Die Römer: Erfinder der Inflation ... 53
    Propaganda für das Weltreich ... 56
    Armselige Münzen, armselige Menschen ... 57

3 Geld in der modernen Welt ... 61
    Das Christentum und die Verachtung des Geldes ... 62
    Geldverleiher und Wuchergesetze ... 64
    Lombarden, Banken und Goldstücke ... 66
    Das erste »Papiergold« ... 67
    Was ist Geld wirklich wert? ... 70
    Expansion, Verschuldung und Inflation ... 72

    John Law: die Erfindung der modernen Banknoten 74
    Lehren aus Laws Projekten 76
    Die Torheit, den Bogen zu überspannen 79
    Feinabstimmung einer schleichenden Inflation 82
    Die Stimmungslage in der Bevölkerung: ein wesentlicher
        psychologischer Faktor 84
    Geld als Katalysator 86

4 Geld, Status und Macht 89
    Sozialer Einfluß 90
    Geld und gesellschaftliche Macht 92
    Geld, Macht und Erregung 94
    Der Unterschied, den Geld macht 96
    Der Preis des persönlichen Wertes 98
    Finanzieller Status und Machtstruktur 101
    Signale mit finanzieller Bedeutung 102
    Prestige und Geld 106
    Geld, Freiheit und Unabhängigkeit 109
    Geld als eine universalistische Ressource 112

5 Geld und Selbstwert 117
    Das Selbst und sein Geld 119
    Geldspiele der Gesellschaft 123
    Das Schicksal der Verlierer 124
    Entspricht unser Geld unserer Bezahlung? 126
    Der Dollar und unser Selbstwertgefühl 129
    Die Gefahren der Überbezahlung 131
    Geschlechtsunterschiede bei Bezahlung und Selbstwertgefühl 134

6 Die Reichen und die Armen 139
    Die schwer definierbaren Reichen und die schwer faßbaren
        Armen 141
    Weshalb keiner »reich« ist 145
    Das neidische Wir, das beneidenswerte Sie 147
    Die Reichen und die Armen als gesellschaftliche Abweichler 150
    Die Psychologie der Ober-, Mittel- und Unterschicht 151
    Gesellschaftsschichten und ihre Einstellung zum Geld 153
    Belohnungswert: kleine Geldbeträge contra Lob 154

Die Risiken großer Gewinne ... 157
Akkordbrecher ... 159
Loyalität als Stärke und Schwäche ... 160
Wenn Geld »unwichtig« ist ... 162
Die Psychologie reduzierter Erwartungen ... 163

7 Geld verschenken ... 165
Das Problem mit der Anständigkeit ... 166
Die Schwierigkeit, Armen zu helfen ... 167
Wohltätigkeit beginnt mit Schuld ... 171
Eine ausgewogene Betrachtung von Trinkgeldern ... 172
Geben, nehmen und teilen ... 174
Hilfe für arme Länder: eine problematische Angelegenheit... 179
Wie man Zigeunern nicht hilft ... 184

8 Steuern, Verdruß und Steuerhinterziehung ... 187
Der Preis sozialer Verantwortung: Steuern ... 188
Regierungen, die ihre Bürger von Steuern befreien... 190
Psychologische Probleme bei der Erhebung von Steuern ... 191
Die Akzeptanz von Steuern erhöhen ... 194
Die progressive Einkommensteuer: das gerechteste
   Verfahren... 195
Vermögensteuern: nicht einfach zu umgehen,
   aber auch nicht unproblematisch... 198
Inflation und die Misere der Steuerzahler mit niedrigem
   Einkommen ... 199
Die kalifornische Steuerrevolte... 200
Nachspiel der Steuerrevolte ... 202
Erwartungen der Realität anpassen... 205
Die Psychologie der Steuervermeidung... 206
Die Psychologie der Steuerhinterziehung ... 209
Der Umgang mit Steuerhinterziehungen ... 211
Das Entrichten von Steuern und das »ehrliche Selbst« ... 212
Daumenschrauben an die moralischen Normen
   von Steuerzahlern anlegen ... 214
Wie Politiker die Erhebung von Steuern umgehen ... 216
Inflation als eine Form der Steuer ... 218

9 Geldmotive, Sexualität und schuldbesetzte Ängste ... 221
   Das Geldmotiv bei Primaten ... 221
   Geld als Verstärker ... 223
   Geld contra Sex: ein ungleicher Kampf ... 226
   Sexualität aus psychoanalytischer Sicht ... 228
   Das Geldmotiv aus psychoanalytischer Sicht ... 231
   Comfort, Freude und ein Haufen Geld ... 234
   Geld und Schuldgefühle ... 235
   Verlierer sind sympathischer als Gewinner ... 237
   Das Geldmotiv: nicht erwünscht und nicht beansprucht ... 238
   Geld als »korrumpierender Einfluß« und »Obszönität« ... 239
   Wenn wir unbefangen mit unserer Sexualität umgehen,
      müssen wir dann Schuldgefühle in bezug auf Geld haben? 240

10 Geld, der Motivator ... 243
   Geld als »Verstärker« ... 244
   Als die Waldbesucher tatsächlich für Sauberkeit sorgten ... 245
   Menschen für etwas bezahlen, was sie ohnehin tun sollten ... 246
   Geld als bedingte Belohnung ... 248
   Geld und Gemütslage ... 250
   Geld und Gemütslage per Post ... 251
   Kognitive Dissonanzmanipulationen: mehr für weniger
      bekommen ... 253
   Der »Fuß-in-der-Tür-Trick« ... 256
   Persönliches Engagement erkaufen ... 258
   Einstellungen zu Preis und Wert manipulieren ... 260
   Der Trugschluß reduzierter Preise ... 261
   Der Schnäppchenjäger-Komplex ... 262

11 Geld, Arbeit und Leistung ... 265
   Planung + finanzieller Anreiz = Wirtschaftlichkeit ... 266
   Intrinsische Motivation contra extrinsische Motivation ... 266
   Finanzielle Anreize, »gesunder Menschenverstand«
      und intrinsische Motivationsfaktoren ... 268
   Die Frage nach einer »gerechten Bezahlung« ... 270
   »Geldbedürfnisse« als Tarnmanöver ... 272
   Zufriedenheit und Unzufriedenheit im Beruf ... 273
   Das Vergnügen purer Monotonie ... 275

Mit Status und Einkommen Schritt halten 277
　　Die Suche nach Freiheit 278
　　Psychisches Einkommen, Status und Bezahlung 280
　　Hoher Status, hohes Gehalt, hohe Motivation – die beste
　　　　aller Welten 283
　　Sind extrinsische und intrinsische Belohnungen
　　　　austauschbar? 284
　　Intrinsisch contra extrinsisch: ein Gleichgewicht erreichen 287
　　Das Profitmotiv und das Bedürfnis, etwas zu leisten 289

12 Glückliche Zufälle, kluges Handeln und Geld 293
　　Der nicht so königliche Weg zum Reichtum 294
　　»Serendipity«, ein schwer faßbares Merkmal 296
　　»Serendipity« im täglichen Leben 297
　　Auf dem Geldtiger reiten 298
　　»Serendipity« in der Praxis: die Geschichte eines
　　　　Investmentclubs 301
　　Zielen eine Rangordnung zuweisen 302
　　Wie ein Investmentclub nicht agieren sollte 303
　　Ziele verfolgen, um Spaß zu haben und nicht,
　　　　um Profit zu machen 304
　　Wie man nicht in Wertpapiere investieren sollte 306
　　Der MMM-Club verläßt das Tief 307
　　Wie sich »glückliche Zufälle und kluges Handeln«
　　　　für den MMM-Club auszahlten 308
　　Frauen als erfolgreiche Kapitalanleger 310
　　Investmentclubs als Psychohygiene-Erfahrungen 311

13 Geld und psychische Gesundheit 313
　　An der Kosten-Nutzen-Bilanz herumbasteln 313
　　Angst im modernen Leben 315
　　Angst und ihre Tricks 316
　　Geldbezogene Abwehrmechanismen gegen Ängste 319
　　»Geldbedarf« als Rationalisierung 321
　　Neurotische Geldspiele 322
　　Anti-Geldspiele 326
　　Glücksspiele als neurotische Erscheinung 329
　　Die neurotische Omnipotenz der Spekulanten 331

Glücksspiele als »normales Verhalten« 332
Glücksspiele und Psychopathologie 334
Das glückliche/traurige Schicksal großer Gewinner 336
Der »Ein-bißchen-mehr-Geld«-Wahn 338
Geld und seine Rolle für die psychische Gesundheit 340

Bibliographie 346

Vorwort

Obwohl die meisten Menschen der Auffassung sind, daß Geld – oder der Mangel an Geld – zu den wichtigen Motivationsfaktoren menschlichen Verhaltens zählt, wurde »Die Psychologie des Geldes« erstmals von Dr. Lindgren umfassend behandelt. Psychologen und Psychoanalytiker, angefangen bei Freud, äußern sich nur bruchstückhaft zu diesem Thema, und Wirtschaftswissenschaftler haben sich kaum damit beschäftigt. Dr. Lindgren hat das vorhandene Material gesichtet und mit Erfahrungen und Beobachtungen aus seiner eigenen Forschungstätigkeit zu einem klaren, gedankenanregenden Werk verarbeitet. Als er mir von seiner Absicht berichtete, dieses Buch zu schreiben, bezweifelte ich, daß es möglich sein würde, die Fülle an relevanten Informationen zusammenzutragen, die für eine andersartige und interessante Behandlung des Themas nötig wären. Ich kannte nur die akademischen, esoterischen, weitgehend langweiligen Abhandlungen zum Thema Geld, die zumeist aus der Feder von Ökonomen stammten. Konnte er das Interesse des Durchschnittslesers wecken, der Tag für Tag seine eigene Bekanntschaft mit Geld macht und gewöhnlich sein eigener Finanzexperte ist?

Die Antwort lautet »ja«. Dr. Lindgren hat ein gut lesbares, eingängiges Buch verfaßt. Er schreibt in einer Weise über Geld, die für jeden Leser verständlich ist und uns hilft, unser eigenes Verhalten in all den Situationen zu verstehen, in denen Geld in unserem Leben eine Rolle spielt: verdienen, borgen, verleihen, ausgeben (klug oder unüberlegt), verschenken, haushalten, sparen, investieren. Die Beobachtungen des Autors und die zahlreichen Fallstudien, die er darstellt, führen den Lesern ihre eigenen Erfahrungen mit Geld vor Augen. Er schildert eindrucksvoll die Beziehungen zwischen Geld, dem wahrgenommenen Wert eines Individuums und gesellschaftlicher Macht sowie die passive Lebenseinstellung, die Menschen mit wenig Geld häufig an den Tag legen.

Die Stimmungen, Einstellungen, Verhaltensmuster, die Freude, Erregung, Depression, Angst, Feindseligkeit und Schuld, die mit dem Erwerb und der Anlage von Geld in Verbindung stehen, all dies wird einfühlsam und verständnisvoll behandelt. Darüber hinaus zeichnet sich das Buch durch einen hintergründigen Humor aus, der der fachlichen Kompetenz und der jahrelangen Berufserfahrung des Autors auf dem Gebiet der Psychologie des Verhaltens gegenüber Geld entspringt.

Dr. Lindgren wählte Geld zu seinem Thema, weil so viele Menschen, denen es am nötigen Verständnis mangelt, Geld zum Sündenbock für ihre Probleme machen, zu einer einfachen Erklärung komplexer Vorgänge, denen sie nicht auf den Grund gehen wollen. Sein Ziel war es, das »Warum« des Geldes zu zeigen – die Ursachen für unser Verhalten gegenüber Geld und unseren Umgang damit. Er hat diese Aufgabe sachkundig und unbefangen gemeistert.

Für einen Bankier wie mich, umgeben von herkömmlichen Schriften zu Geldthemen – von Geldmengenstatistiken bis zu Devisenumrechnungen –, ist dies ein nützliches, beeindruckendes und lesenswertes Buch.

Arthur V. Toupin
Stellvertretender Vorstandsvorsitzender
Bank of America

Einführung

In einer Welt, die von und weitgehend für Erwachsene bestimmt ist, haben Kinder relativ wenig Macht. Welche Macht sie ausüben, richtet sich nach ihrem Anspruch an die Verantwortlichkeit der Erwachsenen und nach ihrer Gabe, nett oder lästig zu sein – Einflußmöglichkeiten also, die nicht sehr zuverlässig sind und unvorhersehbare Ergebnisse haben können.

Geld ist die erste Form verläßlicher, unpersönlicher Macht, die Kinder in die Hand bekommen. Durch das Ausgeben von Geld lernen sie, wie man Menschen, die nicht ihrer Familie angehören, und sogar Wildfremde dazu bringt, das zu tun, was sie wollen, oder ihre Wünsche zu erfüllen. Ein Kind mit fünf Dollar Taschengeld ist wirtschaftlich gesehen ebenso bedeutend wie ein Erwachsener mit fünf Dollar. Durch das Ausüben finanzieller Macht erfährt das Kind einen Teil des Erwachsenenlebens und lernt etwas über ökonomische Demokratie.

Ich war sechs Jahre alt, als mir ein Onkel meinen ersten Silberdollar schenkte. Es schien eine gewaltige Summe zu sein. Ich wollte das Geld für Süßigkeiten ausgeben, aber meine Eltern bestanden darauf, daß ich es auf mein Sparbuch einzahlte, das meine Großmutter auf meinen Namen eingerichtet hatte. Ich empfand diese Entscheidung als deprimierend. In diesem Alter war Geld zum Ausgeben da und nicht zum Sparen. Geld, das man zur Bank brachte, verschwand auf Nimmerwiedersehen.

Den nächsten Dollar gab mir mein Onkel, ohne daß es meine Eltern sahen. Sie erfuhren erst später davon, nachdem ich Süßigkeiten dafür gekauft hatte. Sie schimpften mit mir und meinten, ich sei ein Verschwender. Mich plagte ein schlechtes Gewissen, weil ich sie enttäuscht hatte, doch legte sich dieses Gefühl schon nach kurzer Zeit.

Als ich etwa sieben war, bekam ich an jedem Samstag zehn Cent Taschengeld und zermarterte mir stundenlang den Kopf, wofür ich es wohl ausgeben sollte.

Mit acht verkaufte ich Zeitungen und lernte, daß selbstverdientes Geld unendlich viel wertvoller ist als geschenktes. Ich sparte einen Teil meines Verdienstes, nicht um das Geld auf die Bank zu bringen, sondern um mir alte amerikanische Münzen dafür zu kaufen – Kupfer-Cents, Adler-Pennies, Zwei- und Drei-Cent-Stücke und halbe Dimes.

Ich erstand auch einige Konföderierten-Banknoten und wunderte mich, daß man eine Hundertdollarnote für fünfundzwanzig Cent bekam. Mein frühes Interesse an altem Geld ist in den letzten Jahren wiedererwacht, und so beschäftige ich mich heute mit antiken Münzen.

Meine Kenntnisse über Geldangelegenheiten vertieften sich während meiner Zeit auf der High-School. Ein Sozialkundelehrer stellte uns die Aufgabe, eine Aktie auszuwählen, die an der New Yorker Börse gehandelt wurde, ihren Kurs über einige Wochen zu verfolgen und die Kursschwankungen mit aktuellen Ereignissen in Verbindung zu bringen. Ich suchte mir eine Firma namens Grigsby-Grunow aus und verfolgte ihr Auf und Ab über mehrere Jahre. Sie verschwand während einer der Rezessionen der 30er Jahre vom Markt.

Das war meine Einführung in das Geldspiel der Wall Street, das George J. Goodman (»Adam Smith«) so eindrucksvoll beschrieben hat. Im Laufe der Jahre stellte ich fest, daß es, so wie es an der Wall Street stattfindet, als Zuschauersport seinesgleichen sucht. Und damit stehe ich nicht alleine: denken Sie an die Millionen von Amerikanern, die an jedem Freitagabend Louis Rukeysers *Wall Street Week* auf dem Bildschirm verfolgen. Ich sollte auch erwähnen, daß mein Interesse am Aktienmarkt sowie das Wissen, das ich mir über die Jahre angeeignet habe, es mir ermöglichten, mit einigem Erfolg als ehrenamtlicher Berater für kirchliche Vermögensanlagen tätig zu sein.

Meine Erfahrungen mit Geld, die ich im Laufe der Zeit machte, waren wechselweise aufregend und deprimierend, und sie lösten auch Besorgnis und Schuldgefühle bei mir aus, doch in erster Linie waren sie faszinierend. Daran ist nichts Ungewöhnliches: wir alle finden Geld wichtig, und sei es nur, weil unser Überleben in der heutigen Welt zu einem Großteil davon abhängt, es zu verdienen, zu behalten und auszugeben. Doch mein Interesse am Geld geht über diese übliche Sichtweise hinaus, weil ich als Psychologe auch von der besonderen Wirkung in Bann gezogen werde, die Geld auf die Gefühle, Stimmungen, Wertvorstellungen und das allgemeine Verhalten von Menschen ausübt, und ich habe viel Zeit mit der Überlegung verbracht, weshalb das, was Menschen über Geld sagen, so oft nicht mit dem übereinstimmt, was sie tatsächlich damit tun.

In den ersten Jahren meiner beruflichen Tätigkeit arbeitete ich als psychologischer Berater, eine Funktion, die immer wieder Anlaß bot, über die Diskrepanz zwischen dem, was Menschen sagen, und dem, was sie tun, nachzudenken. Ich stellte fest, daß Geld bei vielen Problemen, die meine Klienten plagten, eine Rolle spielte, psychologische Fachbücher dazu aber keine Hilfe boten. Zwar beschäftigten sich viele Autoren mit sexuellen Problemen, doch die Funktion, die Geld häufig bei neurotischen Denk- und Verhaltensweisen einnimmt, erwähnten sie nur selten.

Als ich mich aus meiner Beratertätigkeit zurückzog und mich mehr der Lehre und Forschung widmete, erweiterte und vertiefte sich mein Verständnis der Persönlichkeit und der Sozialpsychologie, und ich führte Untersuchungen durch zu Themen wie Erfolgsdruck, Autoritarismus, Kreativität und Selbstverständnis. Aber auch mein vorhandenes Interesse an der Frage, wie Geld den Menschen beeinflußt, wuchs, und ich hielt weiter Ausschau nach Daten und Informationen, die möglicherweise die Motive erhellen konnten, die der Einstellung gegenüber Geld und dem Umgang damit zugrunde liegen. Bei meinen regelmäßigen Rezensionen psychologischer Fachliteratur begegneten mir nur wenige allgemeine Abhandlungen zur Psychologie des Geldes, doch ich entdeckte eine Reihe von Studien, bei denen auch Geld als Belohnung oder Bestärkung, als Anreiz oder als Faktor des Selbstwertgefühles untersucht wurde. Über die Jahre habe ich diese Veröffentlichungen gesammelt, und sie waren mir bei der Entwicklung meines eigenen Begriffes von der Psychologie des Geldes nützlich. Darüber hinaus habe ich selbst einige Studien zu geldbezogenem Verhalten durchgeführt.

In den letzten Jahren sind einige Bücher erschienen, die psychologische Aspekte geldbezogenen Verhaltens beleuchten. Die meisten verfolgen einen psychoanalytischen Ansatz und behandeln Geld vorrangig als pathogenes Element – als eine Ursache für Neurosen. Die Autoren dieser Bücher haben eine Tatsache ignoriert, die mir offensichtlich erscheint, nämlich, daß Geld weder gut noch böse ist, sondern ein Kunstwerk, wie die geschriebene Sprache oder das Rad, das nutzbringend oder zerstörerisch eingesetzt werden kann, das aber insgesamt gesehen viel zur Verbesserung des menschlichen Lebens beigetragen hat. Zweifellos spielt Geld bei Neurosen und anderen Formen der Psychopathologie häufig eine Rolle, aber es trifft ebenso zu, daß Geld ein großes Maß an produktivem, gesundem und integrativem Verhalten bewirkt hat. Und so kam mir der Gedanke, daß ein

Buch nötig sei, das eine *ausgewogene* Betrachtung der Psychologie des Geldes liefert, ein Buch, das viele verschiedene Aspekte behandelt, sowohl positive als auch negative, wie Geld menschliches Verhalten beeinflußt.

Ich habe versucht, ein solches Werk zu verfassen, und hoffe, daß es den Lesern ein nützlicheres und vollständigeres Bild vermittelt als das, was sie jetzt von der Art und Weise haben, in der Geld ihre eigenen Gedanken, Gefühle und Handlungen wie auch die von anderen manipuliert. Ich hoffe außerdem, daß es die Leser davon überzeugen wird, daß die sozialen und psychologischen Bedingungen, die dem Geld üblicherweise zugeschrieben werden – Unterschiede im sozialen Status beispielsweise –, nicht durch das Geld hervorgerufen werden, sondern vielmehr die *Folge* fundamentaler Denk- und Verhaltensmuster sind, die wir alle besitzen und die wirken, ohne daß wir uns dessen bewußt sind. Geld ist nicht die Ursache für menschliches Elend, sondern eher das Mittel, mit dem wir anderen und sogar uns selbst Leid zufügen können.

Wenn wir den Stellenwert untersuchen, den Geld für das menschliche Verhalten einnimmt, sollte klarwerden, daß die Psycho-*Logik* des Geldes nicht jener Alltagslogik entspricht, die wir bei einem Großteil unseres Verhaltens gegenüber Geld und dem Umgang damit anwenden. Unsere Alltagslogik oder »konventionelle Klugheit« bewirkt häufig eine Fehleinschätzung der Motive von anderen und auch von uns selbst. Diese Fehleinschätzungen sind normalerweise unbedeutend, doch mitunter führen sie zu gravierenden Fehlern, die unser Verhältnis zu anderen verschlechtern oder unsere psychische Gesundheit, unser Wohlbefinden und unsere persönliche Sicherheit untergraben.

Die Psychologie des Geldes ist eingebettet in eine Matrix der Persönlichkeits- und Sozialpsychologie, die zuweilen in die Soziologie und Kulturanthropologie hineinreicht. Aus diesem Grund muß ich Verhaltenstendenzen und -muster darstellen, die auf den ersten Blick nicht mit Geld in Beziehung zu stehen scheinen, in Wirklichkeit aber von elementarer Bedeutung für geldbezogene Einstellungen und Verhaltensweisen sind. Da sich die Persönlichkeits- und Sozialpsychologie damit beschäftigt, wie wir andere und uns selbst wahrnehmen und uns anderen und uns selbst gegenüber verhalten, sollte das Verstehen der Psychologie des Geldes letztendlich zu einem besseren allgemeinen Verständnis von uns selbst und von anderen führen.

Diese Neuauflage meines Buches enthält einen Großteil des Materials der ersten Auflage, die 1980 erschienen ist, doch habe ich zusätzlich neue Forschungsergebnisse einbezogen und Schlüsselpunkte ausführlicher behandelt. Außerdem habe ich zwei neue Kapitel eingefügt: eines über die Psychologie von Steuern und eines über die Bedeutung von glücklichen Zufällen und klugem Handeln für den Erwerb von Geld.

Viele Kollegen und Freunde waren mir beim Schreiben dieses Buches eine große Hilfe. Mein besonderer Dank für ihren Rat und ihre Unterstützung gilt: Charles Johnson, Werbeleiter (im Ruhestand) und Amateur-Klassikexperte; C. Daniel Vencill, Professor der Wirtschaftswissenschaften, San Francisco State University; Robert N. Schweitzer, Professor der Wirtschaftswissenschaften, San Francisco State University; Hubert J. Bernhard, Redakteur des *San Francisco Examiner*; Arthur V. Toupin, stellvertretender Vorstandsvorsitzender (im Ruhestand), Bank of America; und Fredi Lindgren, meine Frau und Mitforscherin.

Henry Clay Lindgren, Dr. phil.
Emeritierter Professor der Psychologie
San Francisco State University

Weshalb spielt Geld eine Rolle?

> Gut essen macht Freude, Wein trinken macht lustig, und Geld macht beides möglich.
>
> *Prediger 10:19*

> Selbst der Blinde kann Geld sehen.
>
> *Chinesisches Sprichwort*

> Geld ist wie ein sechster Sinn – und ohne Geld läßt sich von den anderen fünf kein Gebrauch machen.
>
> *Somerset Maugham*

»Money makes the world go 'round« – dieser zynisch vergnügte Song aus dem Musical *Cabaret* läßt uns wissen, daß Geld die Welt in Gang hält.

Wie bei vielen anderen albernen, aber klugen Feststellungen, die plausibel und zweifelhaft zugleich sind, die wir zur Hälfte glauben, aber am liebsten bestreiten würden, steckt in dem Lied aus *Cabaret* mehr als ein Funken Wahrheit. Es trifft zu, daß der gewaltige, unvorstellbar komplexe Mechanismus, der das Funktionieren der Welt – also unserer Gesellschaft – ermöglicht, so programmiert ist, daß er auf nichts anderes reagiert als auf Geld. Ohne die Zufuhr von Geld in der einen oder anderen Form – Bargeld, Schecks, Überweisungen, Wertpapiere oder was auch immer – käme die ökonomische Weltmaschinerie, auf deren Funktionieren wir für unseren Lebensunterhalt, unsere Kleidung und Unterkunft angewiesen sind, abrupt zum Erliegen. Regierungen könnten nicht mehr agieren. Chaos wäre die Folge.

Der Schub des Geldes scheint die Welt *tatsächlich* in Gang zu halten, genau so, wie es der Song behauptet, und es ist nur ein kleiner Schritt bis zu der Feststellung, daß Geld auch *uns* in Gang hält.

Beurteilungen, die auf dem äußeren Schein beruhen, können jedoch falsch sein. Betrachten wir die Rolle, die Geld im Dasein der Menschen spielt, genauer, stellen wir fest, daß es die Welt oder sonst irgend etwas nur dann in Gang halten kann, wenn es zur richtigen Zeit und am richtigen Ort, in der richtigen Menge und der richtigen Form Menschen zur Verfügung steht, die es einzusetzen wissen. Nur dann kann Geld die Welt in Gang halten.

Geld an sich ist träge und nicht imstande, irgend etwas zu tun oder zu produzieren. Eine aktive Rolle nimmt es im sozialen Leben nur dann ein, wenn wir es mit Macht ausstatten. Haben wir es allerdings erst einmal mit Macht versehen, reagieren wir darauf wie auf nichts anderes. Doch nur selten, wenn überhaupt, sehen wir uns als die Urheber der Macht des Geldes. Statt dessen handeln und denken wir so, als hätte die Macht ihren Ursprung im Geld selbst, als sei Geld auf magische oder göttliche Weise mit Lebenskraft ausgestattet.

Im Alltag, wenn wir unser Geld zur Bank bringen, es für entbehrliche und unentbehrliche Güter und Dienstleistungen ausgeben und Schecks einlösen, führt diese Fehleinschätzung kaum zu Problemen. Doch mitunter bewirkt die Gedankenlosigkeit, mit der wir auf die vermeintliche Macht des Geldes reagieren, Handlungen, die nicht zu unserem Besten sind. Wir kaufen einen teuren, nutzlosen Gegenstand, der »im Angebot« ist, als würde es der Rabatt von 100 Dollar geradezu *verlangen*, daß wir die Offerte nutzen. Oder wir nehmen einen Job bloß deshalb an, weil wir pro Jahr 5000 Dollar mehr verdienen, übersehen dabei aber »bequemerweise« den finanziellen und psychologischen Preis, den wir bezahlen müssen, um für den neuen Job an einen 500 Meilen entfernten Ort zu ziehen. Wir erklären unsere Entscheidung »rational«, indem wir Nachteile an unserer gegenwärtigen Stellung »entdecken« wie auch Vorteile, die der neue Job mit sich bringt. Oder wir ignorieren alle Warnungen und vergessen unseren gesunden Menschenverstand und kaufen Aktien von einer Elektronikfirma, weil ein Telefonverkäufer verspricht, daß sich »das eingesetzte Kapital innerhalb von sechs Monaten verdoppeln werde«.

Wenn wir Entscheidungen wie diese treffen, verhalten wir uns, als hätte Geld die Gabe, uns zum Handeln zu *zwingen*.

Sinn und Zweck dieses Buches ist es, den Lesern dabei zu helfen, die Ursachen zu *verstehen* – mit anderen Worten, zu erkennen, was Menschen tun oder denken, damit Geld Einfluß über sie gewinnt.

Wenn wir zu Herren über das Geld werden und die Kontrolle darüber erlangen wollen, müssen wir uns darüber klarwerden, aus welchen Gründen Geld eine solch große Bedeutung in unserem Leben hat, weshalb Menschen so darauf reagieren und damit umgehen, wie sie es tun, und welche Auswirkung Geld auf menschliche Beziehungen hat. Um dies begreifen zu können, müssen wir uns der Psychologie zuwenden, jener Wissenschaft, die das menschliche Verhalten und seine

Ursachen untersucht. Die Psychologie des Geldes nun befaßt sich mit den Einstellungen, Überzeugungen und Werten sowie den emotionalen Bedürfnissen, die uns dazu bringen, in Situationen, die Geld involvieren, auf diese oder jene Weise zu reagieren. Sie untersucht die Wirkung, die Geld auf das Verhalten gegenüber anderen und uns selbst hat und die Möglichkeiten, wie wir Geld einsetzen können, um die Haltung anderer zu manipulieren. Ferner geht es um den Effekt, den Geld auf unsere Leistung und Produktivität hat und um die Art, wie es unsere psychische Gesundheit beeinflußt.

Was uns die Experten verschweigen

Man sollte meinen, daß es zur Psychologie des Geldes ebenso viele Abhandlungen gibt wie etwa zu psychologischen Betrachtungen anderer Problemgebiete des täglichen Lebens – Kindererziehung, Industriemanagement, Ausbildung und eheliche Beziehungen. Tatsache ist jedoch, daß Material zur Psychologie des Geldes der breiten Öffentlichkeit kaum zugänglich ist. Von den wenigen Büchern, die sich mit dem Thema befassen, beschäftigen sich die meisten in erster Linie mit gestörtem Verhalten – mit Neurosen und anderen Formen der Psychopathologie. *Psychologie des Geldes* spricht dagegen normale, alltägliche Fragen zum geldbezogenen Verhalten an.

Psychologen haben geldbezogenes Verhalten als solches nicht untersucht, weil sie unterstellen, daß alles, was mit Geld in Zusammenhang steht, in die Domäne der Wirtschaftswissenschaften fällt. Wirtschaftswissenschaftler wiederum meiden das Thema ebenfalls, auch wenn »Geld« in seinen verschiedenen Formen eine Rolle in Computerprogrammen spielt, die zur Analyse ökonomischer Abläufe und zur Erstellung von Prognosen entwickelt wurden. Wirtschaftswissenschaftler sind genaugenommen nicht am Geld als solchem interessiert, sondern vielmehr daran, wie es die Preise, die Kreditnachfrage, die Zinssätze und dergleichen beeinflußt. Darüber hinaus untersuchen sie große Mengen an Daten auf der Makro- oder Allgemeinebene, um herauszufinden, wie Nationen, Kommunen und bestimmte Bevölkerungsgruppen ihr Geld einsetzen, ausgeben und sparen.

Um das Alltagsverhalten der Menschen gegenüber Geld und den Umgang damit zu verstehen, sind Theorien, die von Wirtschaftswissenschaftlern entwickelt wurden, keine große Hilfe, denn sie beschäftigen sich mit dem Verhalten eines idealen »ökonomischen Menschen«, der stets vernünftig und logisch handelt, um seine wirtschaftliche Situation zu verbessern. Überdies werden moderne Wirtschaftswissenschaftler von theoretischen und überaus abstrakten Fragestellungen in Anspruch genommen, die nichts mit den Belangen des täglichen Lebens zu tun haben. Als Ergebnis bleiben Fragen, die sich mit geldbezogenen Handlungen und Entscheidungen befassen, seien sie vernünftig oder nicht, weiterhin unbeantwortet.

Der Gedanke, daß die Emotionen und Gefühle von Menschen etwas mit ihrem Kauf- und Ausgabeverhalten zu tun haben, wird von den meisten Wirtschaftswissenschaftlern verworfen. Adrian Furnham und Alan Lewis stellen fest, daß viele Wirtschaftswissenschaftler gerne auf psychologische Erkenntnisse, einschließlich der Ergebnisse von Verbraucherumfragen, verzichten und ihre Theorien statt dessen lieber anhand von Produktions- und Handelsstatistiken aufstellen, weil sie solche Daten für »objektiver« halten. Die Tatsache, daß Untersuchungen in Großbritannien, Australien und auf dem Kontinent zeigen, daß Verbraucherumfragen für Wirtschaftsprognosen recht nützlich sind, scheint sie nicht zu beeindrucken.

Aber auch in den Reihen der Wirtschaftswissenschaftler gibt es Ausnahmen. So hat Tibor Scitovsky darauf hingewiesen, daß eine Wirtschaftswissenschaft, die psychologische Erkenntnisse nicht berücksichtigt, in der Tat eine schwache Wirtschaftswissenschaft ist. Er tadelt seine Kollegen dafür, potentiell nützliche und signifikante Faktoren wie soziales Lernen (Nachahmung) und das Bedürfnis nach Aktivation (Aktivierung) und Glück außer acht zu lassen. Und Robert Reich, ein Ökonom der Harvard-Universität, räumt 1990 ein, daß »Ökonomie keine Finanzwissenschaft ist, sondern etwas mit Psychologie und Soziologie zu tun hat«.

Reich mag die Anfänge eines Trends erkannt haben, doch sind die meisten Wirtschaftswissenschaftler noch immer auf Statistiken und Theorien fixiert und weigern sich, solche Faktoren wie Einstellungen, soziale Normen und Kulturwerte zu berücksichtigen.

Wirtschaftspsychologen

Es besteht jedoch auch Anlaß zu einem gewissen Optimismus. Einige wenige Wissenschaftler, ausgebildet sowohl in Wirtschaftswissenschaften wie auch in Psychologie, haben den Versuch unternommen, die Geheimnisse geldbezogener Motive und Verhaltensweisen zu entschlüsseln. Das Gebiet, das sie erkunden, die Wirtschaftspsychologie, hat bislang wenig Aufmerksamkeit erregt, doch ist ein Teil ihrer Arbeit recht vielversprechend.

Einer der Pioniere der Wirtschaftspsychologie war George Katona, der Gründer des Survey Research Center der University of Michigan. Das Forschungszentrum erstellt anhand von Befragungen einen Index, der zeigt, wie pessimistisch oder optimistisch Verbraucher ihre wirtschaftliche Situation in naher Zukunft einschätzen. Dieser Index hat sich als zuverlässige Prognose dafür erwiesen, was Verbraucher tatsächlich ausgeben, und er läßt sich auch für die Vorhersage von Wirtschaftstrends nutzen. So fand Katona beispielsweise heraus, daß immer dann, wenn die Stimmung der Öffentlichkeit pessimistisch wird, sechs bis neun Monate später eine landesweite Rezession einsetzt.

Obwohl Wirtschaftspsychologen die Lücke zwischen den Wirtschaftswissenschaften und der Psychologie zu schließen beginnen, haben sie bislang nur wenig Interesse an der Entwicklung einer umfassenden Psychologie des Geldes gezeigt. Furnham und Lewis zum Beispiel widmeten der Psychologie des Geldes in ihrem Buch *The Economic Mind* zwar ein ganzes Kapitel, befanden aber, daß die vorhandenen Studien zu oberflächlich und beziehungslos seien, um als Grundlage für eine ernsthafte Untersuchung des Themas dienen zu können. Die einzige Schlußfolgerung, die sich ihrer Meinung nach aus den diffusen Veröffentlichungen ziehen ließ, war, daß »Geld nicht einfach nur ein Tauschmittel, sondern ein vielschichtiges und stark durchdrungenes Symbol« sei.

Die Sichtweise des vorliegenden Buches ist eine andere. Eine sorgfältige und genaue Prüfung der veröffentlichten Literatur zeigt, daß es eine ganze Reihe von psychologischen Untersuchungen gibt, die sich mit Geld als Anreiz, Belohnung oder Leistungsmaßstab befassen. Insgesamt sagen diese Studien eine Menge über die Rolle aus, die Geld für das Fördern oder Behindern von sozialem Verhalten spielt. Diese Studien decken ein weites Feld menschlicher Interaktionen ab: zwischenmenschliche Beziehungen, soziale Konformität, Reaktionen auf Geschlechtsunterschiede, Verhaltensänderungen, Altruismus und Egoismus sowie Kindererziehung. Wenn wir darüber hinaus von dem ausgehen, was über die Psychologie des Sozialverhaltens im allgemeinen bekannt ist, finden wir zahlreiche Hinweise darauf, daß Geld nicht nur unser Verhalten beeinflußt, sondern auch bei der Ausprägung unseres Ich-Verständnisses und der Haltung gegenüber uns selbst von Bedeutung ist. Auf diese Studien habe ich beim Schreiben dieses Buches immer wieder zurückgegriffen.

Geld als Symbol

Furnham und Lewis bewegen sich auf sicherem Terrain, wenn sie folgern, oder besser implizieren, daß der symbolische Wert des Geldes psychologisch gesehen interessanter ist als seine nominelle Funktion als Tauschmittel. Es trifft durchaus zu, daß der psychologische Sinn jedes Kunstwerks prinzipiell in dem liegt, was es für uns symbolisiert oder repräsentiert. In der Tat hat alles, was wir benutzen, erleben oder womit wir in Beziehung stehen, eine symbolische Bedeutung – unsere Arbeit, ein Nachbar, ein Priester, unsere Eltern, ein Popsong, ein Sturm, ein Mittagessen – die Liste ist endlos.

Geld symbolisierte ursprünglich nur einen wirtschaftlichen Wert; als die Sozialsysteme jedoch komplexer wurden, nahm es psychologisch bedeutsame symbolische Werte für andere Aspekte des täglichen Lebens an – sozialer Einfluß, Selbstwert, die Suche nach Erregung und Freiheit beispielsweise. In dieser Hinsicht entwickelte sich Geld ähnlich wie ein anderes Symbolsystem, das vielfältige Bedeutungen annahm: Sprache. Weil wir monetären wie auch linguistischen Symbolen so viele Bedeutungen beimessen können, hat jedes der beiden Systeme beträchtlichen Einfluß auf unser Verhalten, unser Gefühlsleben und unsere Beziehungen zu anderen.

Sprache ist offensichtlich das nützlichere und mächtigere der beiden Symbolsysteme. Es gab sie erheblich früher als Geld, und sie erfüllt dringlichere Bedürfnisse. Sprache ermöglicht eine breite Palette von Handlungen, während die Bedürfnisse, die sich durch Geld befriedigen lassen, weitaus enger gefaßt und spezifischer sind. Geldbezogene Bedürfnisse sind aber dennoch von entscheidender Bedeutung, insbesondere in der modernen Welt.

Geld, Sprache und soziale Bedürfnisse

Geld wie auch Sprache wurden erschaffen, um einen fundamentalen Trieb zu befriedigen: das Bedürfnis, sich mit anderen zu gegenseitigem Nutzen zusammenzuschließen. Dieses Bedürfnis tritt bei allen lebenden Organismen auf und ist unerläßlich für ihr Überleben. Unser Bestreben, es zu stillen, hat vielfältige soziale Gruppen hervorgebracht: Familien, Gemeinschaften, Sozialgebilde, Gesellschaften, Organisationen, Nationen, Religionsgemeinden und Gemeinschaftsunternehmen.

Wie half die Erfindung – oder besser die Entwicklung – von Sprache frühen Menschen, diesem Verlangen gerecht zu werden? Der erste und offensichtlichste Beitrag lag im Austausch von Informationen, die für das Überleben der Gruppe entscheidend waren. Gesprochene Sprache ist effizienter als ein Signalsystem, das auf Gesten, Grunz- und Ächzlauten, Stoß- und Schubsbewegungen und dergleichen beruht. Von noch größerer Bedeutung ist die Auswirkung von Sprache auf die Sozialstrukturen, die sich entwickeln, wann immer Menschen sich zusammentun. Sprache erlaubte es primitiven Gruppen, Funktionen und Rollen (Anführer, Jäger, Krieger und dergleichen) zu benennen, Verhaltensregeln aufzustellen, Belohnungen und Strafen sowie den Alltag des Lebens in der Gruppe festzulegen. Als diese verbalen Benennungen, Spezifikationen und Vorschriften allgemeine Gültigkeit erlangten, wurden sie so sehr zu einem Teil des Gruppenlebens, daß sie das Denken, Fühlen und Interagieren der Gruppenmitglieder beeinflußten. Belege für diese Behauptung liefern Vergleichsstudien über Mitglieder verschiedener kultureller Gruppen überall auf der Welt. Rätselhafte Unterschiede im Verhalten von Pakistanis, Brasilianern, Russen und Chinesen sind also, mit anderen Worten, eher verständlich, wenn wir ihre Kulturen einbeziehen – die Motive, Überzeugungen, Einstellungen und Wertsysteme, die diesen Unterschieden zugrunde liegen. Die Beziehung zwischen Motiven, Verhaltensmustern und Sprachen ist sehr eng, und eine Reihe von Untersuchungen[*] weist darauf hin, daß sie sich gegenseitig beeinflussen. Die Wechselwirkung zwischen kulturellen Unterschieden und Sprache ist offensichtlich:

---

[*] Eine Auflistung und Darstellung der betreffenden Studien würde den Rahmen dieses Buches sprengen. Vgl. die Abhandlung zu »Sprache« in H. C. Lindgren und J. H. Harvey, *An Introduction to Social Psychology*, 3. Auflage, St. Louis, Mosby, 1981.

Allgemein gilt, je größer der Unterschied in der Sprache, um so größer der Unterschied in der Kultur.

Geld wurde, wie Sprache, erfunden, damit soziale Systeme reibungsloser funktionierten. Es wurde vor rund 2500 Jahren eingeführt, zu einer Zeit, als der internationale Handel und die zunehmende Komplexität von Gesellschaftssystemen durch die Ineffizienz des Tauschhandels behindert wurden. Wir werden die Geschichte des Geldes in den folgenden Kapiteln noch ausführlicher behandeln, sollten an dieser Stelle jedoch festhalten, daß sich der Gebrauch von Geld, nachdem es erst einmal eingeführt war, rasch in der zivilisierten Welt und den angrenzenden Gebieten ausbreitete.

Neben seinen offensichtlichen ökonomischen Funktionen übernahm es, wie Sprache, auch psychologische Funktionen. Die Menschen begannen, Zeit, Arbeit und politische Macht in monetären Kategorien zu sehen, und umgekehrt begann Geld, im Brauchtum, in Phantasien, Ängsten und Grundwerten die gleiche Rolle zu spielen wie heute.

Geld und Sprache als Abstraktionen

Geld und Sprache ähneln sich auch in anderer Hinsicht: Beide fungieren als Abstraktionen. Selbstverständlich existiert Geld in konkreter Form in Gestalt von Münzen und Banknoten und Sprache in Lauten und gedruckten Buchstaben, doch der besondere Wert von Geld und Sprache liegt in ihren abstrakten Eigenschaften. Münzen und Banknoten sind nützlich, weil sie abstrakte Wertsymbole darstellen, Laute und die geschriebenen Formen von Sprache sind abstrakte Symbole von Gegenständen, Vorstellungen, Konzepten, Beziehungen – was auch immer wir wollen.

Die Abstraktionen, die Geld und Sprache repräsentieren, lassen sich »pyramidenförmig« anordnen, und zwar in der Weise, daß Abstraktionen der ersten Ebene durch solche der zweiten Ebene ersetzt werden können und so weiter. So lassen sich beispielsweise Münzen und Banknoten durch eine Habenbuchung ersetzen, die zu einem Vermögenswert wird, der wiederum als Grundlage für einen Kredit dient, der dann zu einer Habenbuchung auf dem Konto einer anderen Person wird und so weiter.

Geld ähnelt Sprache in einer weiteren Beziehung. Die Bedeutung von Worten, so stellten Semantiker wie S. I. Hayakawa heraus, hat sowohl denotative wie auch konnotative Aspekte. Worte auf der ersten symbolischen Ebene bezeichnen bestimmte, leicht erkennbare Gegenstände, Situationen, Handlungen oder Beziehungen. Das Wort »kaufen« beispielsweise beschreibt gewöhnlich eine einfache Transaktion: Geld gegen Waren oder Dienstleistungen tauschen – die denotative Bedeutung also. Nehmen wir einmal an, daß Verkäufer und Käufer 100 Dollar für einen angemessenen Betrag für das Fällen eines großen Baumes halten – ein legitimer Preis für eine legitime Dienstleistung. Die 100 Dollar bezeichnen symbolisch den Wert der Dienstleistung und liefern damit die Grundlage, auf der die Transaktion zur Zufriedenheit beider Seiten durchgeführt werden kann.

Wird das Wort »kaufen« jedoch im politischen Kontext gebraucht, hat es eine Konnotation, die Bestechung oder Schmiergeld nahelegt. Die Zahlung von 100 Dollar hat eine andere Bedeutung, wenn ein Ermittler herausfindet, daß ein Polizist das Geld von einem Gesetzesbrecher erhalten hat, damit dieser nicht verhaftet wurde. In ähnlicher Weise könnte ein Käufer, der dringend einen Gegenstand benötigt, der seiner Meinung nach aber völlig überteuert ist, 100 Dollar für »Wucher« halten, während jemand, der den Gegenstand äußerst preiswert findet, die Summe als »reinen Hungerlohn« ansieht.

Der entscheidende Punkt ist, daß sich die emotional gefärbten *Konnotationen* von Elementen der Sprache oder des Geldes je nach Situation verändern können und damit Bedeutungen annehmen, die eine erheblich größere Signifikanz haben als die zugrunde liegende *Denotation* der betreffenden Elemente.

Geld und Sprache erzeugen Erregung und Aktivation

Es gibt noch einen weiteren Punkt, in dem sich Geld und Sprache gleichen. Psychologen betrachten Geld wie auch Sprache als Stimuli oder Reize, das heißt, es sind Gegenstände oder Ereignisse, die auf ein Individuum einwirken und potentielle Urheber von Aktivation oder Erregung darstellen. In dieser Hinsicht beeinflussen uns Geld und Sprache ebenso stark wie Luftdruck, Klang und Licht.

Licht, das auf die Netzhaut des menschlichen Auges fällt, erregt oder aktiviert in den Rezeptoren oder Nervenenden elektrochemische Vorgänge, die zu den entsprechenden Gehirnzentren weitergeleitet werden und die Wahrnehmung von Licht erzeugen. Der Entzug von

Licht löst ebenfalls eine Aktivation aus, die jedoch zu einer Wahrnehmung von Dunkelheit führt. Ob Reize eine Wirkung auf uns haben, ist davon abhängig, ob die Nachrichten der Rezeptoren verschiedene Schranken passieren und zu einer Stelle im Zentralnervensystem gelangen, wo sie als wichtig eingestuft werden. Die meisten Reize, die auf uns einströmen, werden als irrelevant ignoriert, aber die Stimulation, die von Geld oder Sprache ausgeht, hat potentiell eine hohe psychosoziale Signifikanz und läßt sich daher nicht so leicht übersehen. Aus diesem Grund führt sie zumeist zu deutlichen Veränderungen unseres allgemeinen Aktivationsgrades.

Den Aktivationsgrad in Grenzen halten

In vielen Fällen stimmt unsere Empfänglichkeit für Reize in monetärer oder linguistischer Form mit der sogenannten Aktivationstheorie überein, einem Konzept, das sich aus der Arbeit von Psychologen des 19. Jahrhunderts entwickelte und sich für das Verstehen und Vorhersagen von sozialem Verhalten als nützlich erwiesen hat (Zajonc). Die Aktivationstheorie geht von einer krummlinigen »umgekehrt U-förmigen« Beziehung zwischen Aktivation und Leistung aus, wobei die besten Leistungsvoraussetzungen bei einem Aktivationsgrad auf mittlerem Niveau gegeben sind und unangemessene Handlungen bei einem zu niedrigen oder einem zu hohen Aktivationsgrad auftreten (vgl. Abbildung 1).

Am ehesten werden wir durch Veränderungen in der Zahl oder Stärke der Reize erregt, die auf uns einstürmen, und wir können selbst eine Aktivation in uns bewirken, wenn wir das Maß, in dem wir uns an einer Handlung beteiligen, verändern. Oder Stimuli und Intensität der Beteiligung können in Wechselwirkung zueinander treten und so die Erregung verstärken.

Hier ein Beispiel, wie Sprache Wirkungen hervorruft, die mit der Aktivationstheorie in Einklang stehen. Nehmen wir zwei Männer, die seit etwa einer Stunde mit zwei getrennten, eintönigen Routinearbeiten beschäftigt sind, ohne ein Wort dabei zu wechseln. Geschwindigkeit und Genauigkeit haben nachgelassen, und die Männer haben Probleme, sich auf ihre Arbeit zu konzentrieren. Plötzlich sagt einer: »Gut.« Die Energie und die Aufmerksamkeit, die diese Äußerung erfordert, hat eine Aktivationswirkung auf den Sprecher. Das Wort er-

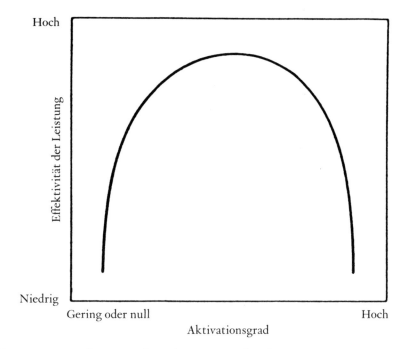

Abbildung 1 Die Beziehung zwischen Aktivationsgrad und Leistung.

regt auch die Aufmerksamkeit des Zuhörers und erhöht dessen Aktivationsgrad ebenfalls. Die Arbeitsleistung sollte sich verbessern, zumindest für kurze Zeit. Wenn der Sprecher fortfährt und in aller Ausführlichkeit erläutert, wie er dazu kam, »Gut« zu sagen, könnte sich die Leistung der beiden sogar noch mehr verbessern. Geraten die beiden Arbeiter allerdings in einen Streit, der darin eskaliert, daß sie sich anschreien, werden sie so stark erregt, daß ihre Leistung darunter leidet.

Unter bestimmten Voraussetzungen kann selbst eine geringe zusätzliche Aktivation zu einer Verschlechterung der Leistung führen. Dies würde eintreten, wenn zwei Personen mit schwierigen Arbeiten beschäftigt sind, die größte Aufmerksamkeit erfordern. Da der Aktivationsgrad in diesem Fall bereits sehr hoch ist, würde jede Äußerung ablenken und den Aktivationsgrad über das optimale Niveau hinaus erhöhen.

Geld wirkt in ähnlicher Weise. Nehmen wir John, der gerade sein Staatsexamen als Anwalt bestanden und eine Kanzlei in einer Kleinstadt eröffnet hat. In den ersten Jahren kommen nur wenige Klienten, und sein Einkommen ist unzureichend. Aus diesem Grund nimmt John zusätzlich einen Teilzeitjob in der Öffentlichen Bücherei an und arbeitet ehrenamtlich für eine Wohltätigkeitsorganisation. Seine »Produktivität« als Anwalt ist niedrig. Als er dann bekannter wird, kommen immer mehr Klienten, und sein Einkommen ist dem eines Anwalts seines Alters angemessen. Er arbeitet fünfzig Stunden und mehr in der Woche und übernimmt so viele Fälle, wie er gerade noch bewältigen kann. Nach einigen Jahren erhöht John seine Stundensätze und nimmt einen Partner mit in seine Kanzlei, um die große Zahl an Fällen, die ihm angetragen werden, übernehmen zu können. Sein Einkommen ist dreimal so hoch wie die Norm für Anwälte in der Gegend, er ist äußerst wählerisch bei den Fällen, die er übernimmt, er wendet weniger Zeit für seine Arbeit auf, und er verbringt mehr Zeit damit, Golf zu spielen, auf die Jagd zu gehen und am politischen Leben teilzunehmen. Aber sein Produktivitätsgrad als Anwalt ist niedrig.

Scitkovsky gehört zu den wenigen Wirtschaftswissenschaftlern, die die Validität der Aktivationstheorie zur Kenntnis nehmen. Ein zu hoher Aktivationsgrad, sagt er, »erscheint unangenehm und führt zu Handlungen, die auf seine Senkung abzielen. Eine zu geringe Aktivation und Stimulation sind ebenfalls unangenehm und bewirken die Suche nach einer Stimulation, die den Aktivationsgrad erhöht und auf ein optimales mittleres Niveau bringt.«

Auf das Aktivationsvermögen von Geld werden wir in den Kapiteln 2 und 4 sowie in Kapitel 10 noch näher eingehen, wo es darum geht, wie Geld in bestimmten Situationen zu Leistung anreizt, sie bei anderen Gelegenheiten aber behindert.

Es ist der symbolische Wert, mit dem wir Geld belegen, der ihm die Macht verleiht, uns zu aktivieren, zu erregen oder zu stimulieren. Seine Wirkung auf unser Verhalten und speziell auf die Einstellungen und Gefühle, die diesem Verhalten zugrunde liegen, unterscheidet sich von allem, was wir sonst im täglichen Leben erfahren. Wir haben kaum Probleme, die Aktivationskraft des Geldes zu verstehen, wenn sie bei uns zu normalen Verhaltensweisen führt, wie etwa das Arbeiten für Lohn oder das Investieren für Kapitalgewinne, da solche Handlungen völlig im Einklang mit dem gesunden Menschenverstand stehen. Doch wir brauchen Erklärungen, die jenseits des gesunden Menschenverstandes liegen, um Antworten auf Fragen zu finden wie diese: Weshalb geben wir trotz unserer erklärten Absicht zu sparen, mehr Geld aus, als wir sollten? Weshalb verspüren wir eine gewisse Irritation und Unmut gegenüber Menschen, die mehr Geld besitzen als wir? Weshalb reagieren wir abwehrend und befangen auf Menschen, die erheblich weniger Geld haben als wir? Weshalb sind wir schuldbewußt und fühlen uns zugleich belästigt, wenn man uns um Geld für wohltätige Zwecke bittet? Weshalb wollen Menschen, die bereits Unsummen an Geld besitzen, immer noch mehr?

Der irrationale Gebrauch von Geld

Die Verhaltensweisen, die diese Fragen berühren, erscheinen unlogisch und irrational, doch sind sie weit verbreitet. Andere Formen von Irrationalität treten eher bei einzelnen Personen auf – zumindest scheint es so. Hier sind zwei Beispiele:

Maria Santos lebt in einer baufälligen Wohnung mit vier unehelichen Kindern und einem Mann, der nicht deren Vater ist. Ihre Sozialhilfe beläuft sich auf etwas mehr als 900 Dollar im Monat. Ihre Miete beträgt 300 Dollar, und sie gibt monatlich zwischen 350 und 500 Dollar für Essen aus, je nachdem, wie viele Verwandte und Freunde zusätzlich für kürzere oder längere Zeit bei ihr wohnen. Sie ist der Meinung, daß das Geld, das sie als Sozialhilfe erhält, nicht zum Leben ausreicht. Während der fünf Jahre, in denen sie in der Wohnung lebt, hat sie ihre Nahrungsmittel und anderen Haushaltsbedarf in einem kleinen Lebensmittelgeschäft zwei Häuserblocks weiter gekauft. Sie könnte etwa 20% dieser Ausgaben sparen – zwischen 70 und 100 Dollar pro Monat –, wenn sie in den großen Supermarkt um die Ecke ginge. Ihr Sozialarbeiter fragt Maria, warum sie in dem kleinen Laden einkauft, wo sie doch andernfalls Zeit und Geld sparen könnte. Maria sagt, sie tue dies, weil die Leute in dem Lebensmittelladen Spanisch sprechen. Der Sozialarbeiter erklärt, daß die meisten Angestellten in dem Supermarkt ebenfalls Spanisch sprechen. Maria dankt dem Sozialarbeiter für den Vorschlag, ändert ihre Einkaufsgewohnheiten aber nicht.

Es liegt in Maria Santos eigenem finanziellem Interesse, im Supermarkt einzukaufen und Geld zu sparen. Dennoch verhält sie sich – wie auch Millionen anderer armer Leute – in bezug auf Geld nicht so, wie es in ihrem Interesse läge, aus Gründen, die jeglicher Vernunft zu widersprechen scheinen. In späteren Kapiteln wird noch mehr über die Einstellung von Maria Santos und ihren Freunden gegenüber Geld zu sagen sein. Wenden wir uns für den Moment einem zweiten Fall zu – dem von Pamela und Carl Holmgren.

Carl ist fünfundfünfzig. Fünfzehn Jahre lang war er Filialleiter einer Spar- und Darlehenskasse. Einige Wochen nachdem die Bank von einem größeren Bankinstitut übernommen wurde, entschied sich das neue Management, die Filiale zu schließen, und bot Carl einen geringer bezahlten Job als Hauptkassierer in einer anderen Stadt an. Carl entschied sich statt dessen für den Vorruhestand. Zwei Wochen nachdem er in Frührente gegangen war, buchten Carl und Pamela in einem Reisebüro in ihrer Nachbarschaft eine zweimonatige Kreuzfahrt rund um die Welt. Als sie mit ihrer Familie und Freunden über die bevorstehende Reise sprachen, erwähnten Carl und Pamela nicht, daß die Reisekosten ihre Ersparnisse von 25 000 Dollar auf weniger als 5000 Dollar verringern würden. In all ihrer Freude schien ihnen nicht klar zu sein, daß sie nach ihrem Urlaub Probleme haben würden, mit einer monatlichen Pension von nur 500 Dollar auszukommen.

Sowohl das Verhalten der Holmgrens wie auch das von Maria Santos hat einen irrationalen Zug. Maria ist das Oberhaupt einer verarmten Familie, die jeden Penny nötig hat und die das Geld gut gebrauchen könnte, das sie verschwendet, indem sie die höheren Preise der »tienda« zahlt; die Holmgrens plündern ihre finanziellen Rücklagen zu einem Zeitpunkt, wo sie einen Goldregen mehr denn je gebrauchen könnten.

Marias Geldsorgen wären – zumindest teilweise – gelöst, wenn sie den Ratschlag des Sozialarbeiters befolgen würde. Den Holmgrens ist nicht bewußt, daß sie ein Geldproblem haben, zumindest, bis sie in acht oder zehn Jahren auch Geld von der Sozialversicherung bekommen. Die Lösung, die sie nicht in Angriff nehmen, kann selbstverständlich nur so aussehen, daß sie eine zusätzliche Einnahmequelle finden und ihre knappen Geldreserven nicht antasten.

Die Lösungen der Probleme beider Familien liegen auf der Hand, dennoch wissen wir, daß sie nicht in die Tat umgesetzt werden. Die Schwierigkeit besteht darin, daß die Lösungen zwar einfach, die Gründe, weshalb sie nicht befolgt werden, aber komplex sind. Weder Maria Santos noch die Holmgrens sehen sich in der Lage, die Schritte zu unternehmen, die notwendig sind und ihre finanzielle Situation verbessern würden. Obwohl die Probleme dieser beiden Familien unterschiedlicher Natur sind, haben sie eines gemein: Es *scheinen* Geldprobleme zu sein, doch im Grunde sind es psychologische Probleme, die durch die Gefühle, Einstellungen und Ängste der betreffenden Personen hervorgerufen werden.

Geld hat eine spezielle Eigenschaft: es verstärkt vorhandene emotionale Zustände, eine Tendenz, die sich aus seiner Fähigkeit ergibt, Aktivation und Stimulation zu bewirken. Der symbolische Wert, den es besitzt, verleiht ihm diese Qualität und macht Geld zu einem Aspekt oder Faktor, der sich von all dem unterscheidet, was wir sonst im Lauf unseres Lebens erfahren. Und ironischerweise wird die Macht, die Geld über uns hat, eigentlich von uns selbst erzeugt.

Wie Geld die Fähigkeit erlangt hat, seine Erschaffer zu beeinflussen, ist eine interessante Geschichte bzw. eine Reihe von Geschichten, die wir in den folgenden beiden Kapiteln in Form einer Psychohistorie darstellen werden.

Psychologische Wurzeln des Geldes 2

> Wer am Geld hängt, bekommt nie genug davon. Wer ein üppiges Leben liebt, dem fehlt immer noch etwas.
>
> *Prediger 5:9*
>
> Barmherzigkeit ist gottgegeben, aber Wissen wird auf dem Marktplatz erworben.
>
> *Arthur Hugh Clough*
>
> Der Gebrauch von Geld ist der einzige Vorteil, den der Besitz von Geld mit sich bringt.
>
> *Benjamin Franklin*

Es ist leichter, Geld einzusetzen oder darüber zu sprechen, als es zu definieren. Der britische Ökonom Sir Ralph Hawtrey sagte: »Geld ist einer jener Begriffe, die sich, wie ein Teelöffel oder ein Regenschirm, aber nicht wie ein Erdbeben oder eine Butterblume, primär durch ihren Gebrauch oder Zweck definieren.« Der amerikanische Wirtschaftswissenschaftler Charles R. Whittlesy folgte dieser Überlegung mit seiner Definition von Geld als »dem Medium, mit dem Preise bezeichnet, Schulden beglichen und Dienstleistungen bezahlt sowie Bankreserven gehalten werden«.

Whittlesy beschrieb selbstverständlich modernes Geld, Geld, das bei Banken hinterlegt und durch Schecks oder auf elektronischem Wege von einer Person zur anderen transferiert werden kann. In alter Zeit hatte Geld eine konkretere Form: das Waren- oder Naturalgeld – auch wenn einige Kulturkreise schon damals Wechsel benutzten, die auf Vieh oder Getreide basierten und in gewisser Weise dem Kreditgeld ähnelten, das heute bei Transaktionen verwendet wird.

Die meisten historischen Darstellungen gehen von der Vermutung aus, daß Geld in alter Zeit eingeführt wurde, um den Tauschhandel effizienter zu gestalten. Obwohl diese pragmatische Erklärung einleuchtend klingt, ist sie für unsere Zwecke zu eng gefaßt, denn sie läßt grundlegende psychologische Bedürfnisse unberücksichtigt, die ebenfalls bei der Einführung von Geld eine wichtige Rolle gespielt haben müssen. Belege für die Wirksamkeit dieser Bedürfnisse finden sich in der sozialpsychologischen Forschung und Theorie.

Menschen unterliegen starken sozialen Trieben. Unser Bedürfnis nach Interaktion hat selbstverständlich utilitaristischen Wert, denn es ermöglicht uns die Beteiligung an gemeinschaftlichen Unternehmungen, die das Überleben sichern, wie etwa das Sammeln, Verarbeiten und Lagern von Nahrungsmitteln, das Errichten und Instandhalten von Behausungen, das Ergreifen von Schutzmaßnahmen gegen eine zuweilen unfreundliche Umwelt und das Schaffen interpersoneller Gliederungen, die die Erhaltung der Art sichern. Soziale Bedürfnisse gehen jedoch weit über diese fundamentalen Gemeinschaftsaktionen hinaus, denn wir investieren gewöhnlich viel Zeit und Energie in soziale Aktivitäten, die keinen offensichtlichen praktischen Nutzen für das Überleben haben.

Tatsache ist, daß der größte Teil unseres Sozialverhaltens wenig oder gar nichts mit der Frage des Überlebens zu tun hat. Wenn wir dieses starke Bedürfnis nach Zusammenschluß nicht hätten, könnten wir uns fast ausschließlich mit unseren eigenen Dingen beschäftigen, doch statt dessen verbringen wir viele Stunden am Tag mit scheinbar nutzlosen, unzweckmäßigen Interaktionen mit anderen. Dies täten wir nicht, wenn es keinen Wert für uns hätte.

Das Zusammensein mit anderen scheint Selbstzweck zu sein. Experimente zeigen, daß wir in Gesellschaft anderer Menschen bedeutend stärker aktiviert oder erregt werden, als wenn wir alleine sind. Es mag uns nicht bewußt sein, daß die Gemeinschaft mit anderen stimulierend wirkt, aber bei Experimenten, die Sozialpsychologen mit Hilfe von Sensoren durchführten, hat sich gezeigt, daß es bei den Versuchspersonen zu Veränderungen der Herzfrequenz, des Blutdrucks und der hormonellen Aktivität kam, was eindeutig auf eine Aktivation schließen läßt. Die Durchführung einfacher Aufgaben wird durch die Anwesenheit anderer ebenfalls erleichtert. Ähnliche Ergebnisse hat man auch bei Versuchstieren, darunter sogar Küchenschaben, festgestellt. Andere Studien zeigen, daß soziale Stimulation für eine normale Entwicklung unerläßlich ist. Kinder und die Jungen bestimmter Säugetiere, die in Isolation aufwachsen, entwickeln sich subnormal in ihrer Intelligenz und ihrem Vermögen, neue Situationen zu bewältigen. Und wir bedürfen auch keiner Psychologen, um zu wissen, daß Einzelhaft zu den grausamsten Formen der Bestrafung zählt.

Das Zusammensein mit anderen Menschen erzeugt unter anderem deshalb Erregung oder Aktivation, weil es ein sich ständig veränderndes Umfeld bewirkt. Das Verhalten anderer Menschen ist dagegen weniger gut vorhersehbar: wir sind nicht ganz sicher, wie sie auf uns reagieren oder wie wir auf sie reagieren sollen, und wissen nicht genau, was sie von uns denken oder wie wir sie behandeln sollen. Diese Ungewißheit kann stärkere Reize hervorrufen, als uns lieb ist, aber langfristig gesehen kommen die meisten Menschen zu dem Schluß, daß es besser ist, zusammen mit anderen übererregt zu sein, als sich ganz alleine zu langweilen.

Tauschhandel: Spaß und Profit

In seiner Studie über primitives Geld und die sozialen Verhältnisse, mit denen der Gebrauch von Geld verbunden ist, stellte Paul Einzig fest, daß der Tauschhandel in primitiven Gesellschaften eine wichtige Form der Entspannung und Unterhaltung darstellt. Abgesehen von dem praktischen Nutzen, den die Beteiligten durch den Erwerb von Waren erzielen, die sie brauchen und gegen solche eintauschen, von denen sie einen Überschuß haben, scheinen sie am Tauschhandel um seiner selbst willen Vergnügen zu finden.

Der Tauschhandel ist eine sehr anpassungsfähige Art sozialer Transaktion. Er kann eine geschäftsmäßige Angelegenheit sein, die kurz und bündig abläuft und keiner langen Verhandlungen und keines Feilschens bedarf. In dieser Form unterscheidet sich der Tauschhandel stark von Transaktionen innerhalb einer Familie oder des politischen Apparates eines Staates, Transaktionen, die üblicherweise zu weiteren Transaktionen und interpersonellem Engagement führen. Tauschhandel kann aber auch weitgehend eine gesellschaftliche Angelegenheit sein, die in gemütlicher, redseliger Atmosphäre stattfindet und wiederholt zu Zusammenkünften über längere Zeiträume führt, wobei erfolgreiche Händler ihre bevorzugten Tauschpartner auswählen.

Psychologisch gesehen unterscheidet sich der Tauschhandel in dieser Hinsicht nicht von zahlreichen Transaktionen, bei denen Geld eine Rolle spielt. Wenn Käufer und Verkäufer zusammentreffen, kommt es zu sozialer Interaktion und Aktivation. Mailorder-Geschäfte mögen solche Interaktionen entmenschlichen, weil sie sie auf ein höheres Abstraktionsniveau stellen, doch führen selbst sie zu einer Aktivation. Der Begeisterung des Hobbygärtners beim Durchblättern des neuen

Samenkataloges entspricht die Aufgeregtheit des Samenhändlers, wenn er am Montagmorgen seinen Briefkasten öffnet und ihm eine Flut von Bestellungen entgegenflattert. Die Tatsache, daß sich die meisten von uns in weitaus größerem Maß mit Einkäufen beschäftigen als nötig, läßt vermuten, daß es sich dabei um ein echtes Bedürfnis handelt. Handelsgeschäfte sind eine günstige Gelegenheit, das Verlangen zu stillen, mit anderen Menschen zusammenzukommen und dabei eine gewisse Aktivation zu erfahren. Wirtschaftliche Aktivitäten befriedigen selbstverständlich andere psychologische Bedürfnisse, wie wir später noch sehen werden.

Wir sollten auch bedenken, daß einer der Vorteile von monetären Transaktionen gegenüber dem Tauschhandel darin besteht, daß sich mit Geld etwas kaufen und verkaufen läßt, was bei den Beteiligten zu mehr sozialer Interaktion und Aktivation führt. Für das menschliche Verhalten scheint die Regel zu gelten: Wenn *etwas* gut ist, dann ist *mehr* besser. Dies trifft inbesondere auf die Stimulation und Aktivation zu, die wir durch soziale Interaktionen erfahren. Constantine A. Doxiadis, der griechische Stadtplaner, stellte fest, daß von allen Lebewesen allein der Mensch danach strebt, seine Kontakte zu vermehren.

Der Zusammenschluß unserer Vorfahren in Dörfern und später in Städten war ein Ausdruck dieses Bedürfnisses. Geld entsprach dem Leben in der Stadt. Die Dienstleistungen, die Stadtbewohner zu allen Zeit brauchten und sich gegenseitig erbrachten, passen nur schlecht in eine Tauschwirtschaft; solche Dienstleistungen lassen sich besser austauschen, wenn sie mit einem Preis belegt und mit Geld bezahlt werden. Menschen auf dem Lande benötigen kaum die Dienstleistungen, die Stadtbewohner für unerläßlich halten, und in früher Zeit bekamen sie das, was sie brauchten, ebenso problemlos durch Tauschhandel wie durch Geld. Der Gebrauch von Geld nahm daher mit dem Entstehen von Städten zu, während der Tauschhandel in ländlichen Gebieten noch Jahrhunderte, nachdem er in den Städten verschwunden war, fortbestand. Tauschhandel war die Regel, lange bevor das erste Geld auftauchte, und nur durch ihn wurde die Entstehung von Dörfern überhaupt möglich.

Über seine Anfänge wissen wir nur wenig, aber wir können Vermutungen anstellen. Vielleicht hat sich in früher prähistorischer Zeit ein Mann, der, sagen wir, Werkzeuge aus Flintstein herstellte, mit einem guten Jäger zusammengetan und mit ihm den Tauschwert von Pfeilspitzen gegen Tierhäute ausgehandelt. Als sich Dörfer in Gegenden verbreiteten, wo sich Ackerbau und Viehzucht entwickelten, entstanden Märkte. Produkte, die man häufig tauschte, wurden zu Maßstäben, nach denen man andere Waren und Dienstleistungen bewertete. Dörfer, in denen die gleiche Sprache gesprochen wurde, schlossen sich vielfach zusammen. Sie organisierten sich zu Staaten, deren Regierungen Maßstäbe festsetzten – Führungsmodalitäten, religiöse Werte und Maßeinheiten für den Warentausch. Festgelegte Mengen an Nahrungsmitteln dienten häufig als allgemeine Maßeinheiten. Betrachtet man die Handelssitten heutiger primitiver Stämme, kommt man zu dem Ergebnis, daß solche Maßeinheiten in stark vereinfachter Weise verwendet werden können. So stellt Einzig beispielsweise fest, daß primitive Völker, denen es an einem ausgeprägten Sinn für Handelswerte mangelt, noch in jüngster Vergangenheit gelegentlich Gefäße gegen die darin enthaltene Menge an Getreide oder Öl, oder auch Sklaven gegen deren Gewicht in Salz tauschten.

Mit dem Aufkommen standardisierter Gewichts- und Volumeneinheiten unternahm die Tauschwirtschaft einen wesentlichen Schritt in Richtung einer monetären Gesellschaft. Getreidemaße wurden in vielen frühen Kulturen zum anerkannten Wertmaßstab. Dies bedeutete, daß Waren und Dienstleistungen aller Art mit Preisen versehen werden konnten, die ihrem Wert auf dem Getreidemarkt entsprachen. Ein Schmied, der ein Schaf kaufen wollte, konnte für ein Schwert, das er gemacht hatte, einen Wert in Getreidemaßen festsetzen und es gegen Schafe eintauschen, die den gleichen Wert in Getreidemaßen hatten. Es war nicht erforderlich, das Schwert in Getreide und das Getreide in Schafe zu tauschen.

Nachdem die Probleme des täglichen Überlebenskampfes gelöst waren, verlegten die Mitglieder vieler früher Gemeinschaften ihre Energie auf die Ausweitung von Handel und Gewerbe. Es wurden Möglichkeiten zur Kreditaufnahme und zur Schuldeneintragung geschaffen. Die anerkannten Wertmaßstäbe – Körbe mit Getreide, Vieh nach Stückzahl, Metallbarren einer bestimmten Größe oder was auch immer – wurden zu Verrechnungseinheiten, nach denen solche Transaktionen festgelegt wurden. In der Tat ist es so, daß die Anfänge geschriebener Sprache zu einem Großteil auf die Notwendigkeit zurückgehen, Handelsgeschäfte aufzuzeichnen.

Sklaven und andere Waren

Die Waren und sonstigen Dinge, die als Maßstab wirtschaftlicher Werte dienten, waren über die Jahrtausende und in verschiedenen Teilen der Erde recht unterschiedlich. So galten, wie Einzig feststellte, im kolonialen Virginia Fässer mit Tabak als Verrechnungseinheit, während es in Indien im 15. und 16. Jahrhundert Mandeln und bei Transaktionen zwischen nordamerikanischen Indianern und Händlern im 18. und 19. Jahrhundert Biberpelze waren. Im mittelalterlichen Norwegen hingegen galt Butter als Standardeinheit. Das Sklavenmädchen – oder *kumul* – war im frühen Irland die gängige Werteinheit. Das frühirische Heldenepos *Táin Bó Cuailnge*, vermutlich das erste, das in Westeuropa auftauchte, beziffert den Wert eines Streitwagens auf dreimal sieben *kumals*, und St. Patrick berichtete, daß er im Westen Irlands den Gegenwert von fünfzehn Sklaven für ein sicheres Geleit entrichten mußte.

Vieh, nach Stückzahl gerechnet, war eine verbreitete Werteinheit in alter Zeit und ist es in bestimmten Gebieten Afrikas noch heute. Und so leiten sich auch einige geldbezogene Begriffe von alten Bezeichnungen für Vieh ab. Das lateinische Wort für ein Stück Vieh ist *pecus*, und das Wort *pecunia* bedeutete »Wohlstand, Vermögen und Besitz«. *Pecuniary* (engl. *pecuniary* = finanziell, pekuniär) ist eine moderne englische Ableitung, ebenso wie *peculiar*, das noch immer einen Teil seiner früheren Bedeutung – »alleiniges Eigentum oder Privileg« – beinhaltet. Wie die meisten europäischen Sprachen entwickelte sich Latein aus einer weitaus älteren Sprachfamilie, die allgemein als Indogermanisch bezeichnet wird. Das Ursprungsgebiet der Indogermanen ist zwar umstritten, doch sind sich die Experten darüber einig, daß Viehzucht eine wichtige Rolle in ihrer Wirtschaft spielte. Nördliche Varianten des indogermanischen Wortes, aus dem sich *pecus* ableitet, finden sich in der modernen deutschen Sprache als *Vieh* und im Englischen als *fee* und *fief* wieder – beides Worte, die wirtschaftliche Begriffe bezeichnen.

Rückblickend scheint es unumgänglich gewesen zu sein, daß Metall zu einer Werteinheit wurde; aber diese Sicht spiegelt möglicherweise nur die Haltung unserer eigenen Kultur wider, in der Metallgegenstände als selbstverständlich erachtet werden. Frühe Gesellschaften verwendeten selten Metall; sie machten weitaus häufiger Gebrauch von Knochen, Steinen, Muscheln und gebranntem Ton.

Einige frühe Kulturen bevorzugten auch nach dem Aufkommen von Metallklumpen, die das frühe Geld darstellten, Werteinheiten, die auf Waren basierten. Ein gutes Beispiel ist Ägypten. Bereits im dritten Jahrtausend v. Chr. erkannten die Ägypter, daß sich der Tauschhandel vereinfachte, wenn man den Warenwert durch ein spezielles Kupfergewicht*, das *Deben* hieß, bezifferte. Einige Wissenschaftler meinen, die Ägypter könnten daher Kupferringe oder aufgerollten Kupferdraht als eine Art Geld benutzt haben. Diese Ansicht wird durch die Tatsache gestützt, daß der Begriff Geld in der Hieroglyphenschrift durch einen gebogenen Draht dargestellt wird. Man könnte nun annehmen, daß die Ägypter, dank dieser mutigen Anfänge, zu den ersten Kulturen gehörten, die Münzen prägten, doch trifft dies nicht zu; statt dessen hielten sie noch lange, nachdem monetäre Transaktionen in anderen Mittelmeerländern zur Norm geworden waren, am Tauschhandel fest. Ein Grund hierfür ist, daß Metalle aller Art in Ägypten knapp waren, da sich die nächstgelegenen Vorkommen in der weit entfernten und gefährlichen Wüste der Sinaihalbinsel befanden. In jedem Fall benutzten die alten Ägypter niemals Kupferringe als Geld, denn sie zählten sie bei Handelsgeschäften nicht ab, sondern *wogen* sie und behandelten sie damit wie eine Ware.

Die alten Ägypter waren nicht die einzigen, die die Vorteile standardisierter Metallgewichte als Werteinheit erkannten. Der Codex Hammurapi, eine Sammlung von Gesetzen, die Ende des 3. Jahrtausends v. Chr. in der mesopotamischen Welt in Kraft waren, schrieb vor, daß Wundärzte, Tierärzte und gelernte Arbeiter in Silber zu bezahlen seien, ungelernte Arbeiter ihren Lohn dagegen in Getreide erhielten. Der Codex hob den sozialen Unterschied der beiden Zahlweisen hervor: Das Gesetz führte aus, daß eine Schankmagd, die auf einer Bezahlung in Silber bestand, verhaftet und in den Fluß geworfen werden sollte.

Obwohl der Tauschhandel eher ein primitives und unbeholfenes Verfahren zum Austausch von Waren und Dienstleistungen war, entwickelten die Ägypter in ptolemäischer Zeit ein ausgeklügeltes Bankwesen, das auf Werteinheiten in Form von Getreide beruhte. Der Hauptsitz der Bank befand sich in Alexandria; Bauern konnten Weizen in einer der Bankfilialen »einzahlen« und Schecks ausstellen, die

---

* Etwa 91 g.

übertragbar waren – das heißt, die von jedem staatlichen Kornspeicher eingelöst wurden. Weshalb, so fragt man sich, brachten es die Ägypter dennoch nicht fertig, ein Geldsystem zu entwickeln? Die Antwort liegt, laut Einzig, in der Tatsache begründet, daß das ägyptische Alltagsleben in beträchtlichem Maß der Planung und Kontrolle unterlag. Eine autokratische Regierung sorgte dafür, daß es zu wenig Veränderung und Instabilität kam, und ein konservatives und im wesentlichen passives Volk kollaborierte bereitwillig mit der Staatsgewalt, damit die Dinge so blieben, wie sie waren. Der Geist dieser Kollaboration zwischen Regierenden und Regierten spiegelt sich in der ägyptischen Kunst wider, wo Paraden stereotyper Bildnisse in dicht geschlossenen Reihen über Monumente und Mauern marschieren, in einem Stil, der über drei Jahrtausende praktisch unverändert blieb. Die ägyptische Kultur widersetzte sich Neuerungen, ganz gleich, ob sie von innen oder von außen kamen. Sie hatte keinen Bedarf für Geld, dessen Einführung zutiefst beunruhigend gewesen wäre. Selbst nachdem die Griechen in Alexandria und anderen größeren Städten schon längst Münzstätten errichtet hatten, dauerte diese kleinbäuerliche Vorliebe der Ägypter für den Tauschhandel an. Berichte, die Einzig zitiert, zeigen, daß noch im 7. Jahrhundert n. Chr., am Vorabend der islamischen Invasion, lediglich ein Drittel der ägyptischen Bauern ihren Pachtzins in Geld entrichtete und der Rest noch immer in Getreide und anderen Naturalien bezahlte.

Die ersten Münzen

Wenn – dem englischen Sprichwort gemäß – Not die Mutter der Erfindung ist, dann muß ein Sinn für Neuerungen, Wagnisse und Abenteuer ihr Vater sein. Und so müssen wir uns der Welt der Griechen, mit all ihrer Turbulenz, Ruhelosigkeit und Kreativität, zuwenden, um die ersten Münzschläger zu finden. Die ersten Münzen, die im 7. Jahrhundert v. Chr. in der Mittelmeerregion bei Handelsgeschäften von einer Hand zur anderen gingen, hatten das Aussehen von dicken, bohnenkernförmigen Metallstücken. Es ist nicht bekannt, wer erstmals Symbole als Erkennungszeichen in diese Metallstücke prägte, aber einiges deutet auf die griechischen Kaufleute in Lydien hin, einer Region in Westanatolien, die von etwa 686 bis 656 v. Chr. unter der Herrschaft von König Gyges stand. Lydien scheint ein ruhiges, idyllisches Land gewesen zu sein, das in jenen Tagen keine wesentliche Rolle im Weltgeschehen spielte; aber durch Lydien führte eine wichtige Handelsroute zwischen West und Ost. Noch bedeutender war jedoch der Umstand, daß in den Flüssen Lydiens Gold vorkam und das Edelmetall ein wichtiges Handelsgut der Region darstellte.

Die ersten Münzen waren primitiv und wenig ansprechend. Es handelte sich um kleine ovale Stücke aus Elektron – einer natürlich vorkommenden Gold-Silber-Legierung. Sie wiesen auf der einen Seite eine gefurchte, kordsamtähnliche Oberfläche und auf der anderen Seite Punzmarken in Form eines Rechtecks und zweier kleinerer Quadrate auf. Einige Punzmarken zeigten ein einfaches Bild oder Zeichen: einen laufenden Fuchs, einen Hirschkopf oder ein X. Einige Jahre später wurden die Furchen durch das Vorderteil oder den Kopf einer Ziege, sich gegenüberstehende Hähne oder Hahnenköpfe oder einen Löwenkopf ersetzt. Barclay V. Head stellte in seiner fundierten Münzkunde die Vermutung an, daß der Löwenkopf das königliche Siegel symbolisierte und die Münzen mit den anderen Bildern wahrscheinlich von reichen Kaufleuten oder Bankiers in Umlauf gebracht wurden, um den Geldbedarf bei Handels- oder Jahrmärkten zu decken, wie sie während der Regierungszeit von Gyges in Verbindung mit religiösen Festen in der Stadt Sardes stattfanden.

Der griechische Historiker Herodot, der im 5. Jahrhundert v. Chr. seine Schriften verfaßte, schrieb den Lydern die Erfindung der Münzen zu. Herodot berichtete auch, daß die jungen lydischen Frauen sich als Prostituierte anboten, um das Geld für ihre Aussteuer zu verdienen, aber er ging nicht darauf ein, ob diese ungewöhnliche Praxis etwas mit der Einführung von Münzen zu tun hatte.

Bevor die ersten Münzen in Lydien auftauchten, hatten die Regierungsgewalten aller zivilisierter Länder über Jahrtausende die Handelsgewichte und -maße kontrolliert und die Menge an Metall oder anderen Waren, die als Wertstandard galten, festgelegt. Die Silberstücke der Babylonier, die wir bereits erwähnten, ähnelten vermutlich stark den unförmigen kleinen Münzen, die 1500 Jahre später in Lydien auftauchten. Doch die lydischen Münzen trafen auf eine Akzeptanz, die dem babylonischen Naturalgeld versagt geblieben war. Die griechischen Kaufleute und ihre Kunden zeigten die geistige Bereitschaft für ein Tauschmedium, das sich auf einen Blick als Zahlungsmittel erkennen ließ.

Das Prägen von Münzen war zweifellos eine Idee, die mit dem herrschenden Zeitgeist in Einklang stand, denn innerhalb weniger Jahre begannen Königreiche und Stadtstaaten zu beiden Seiten der Ägäis ähnliche Geldstücke zu prägen. Gegen Ende des 7. Jahrhunderts v. Chr. tauchten sie in vielfältiger Gestalt auf, mit Abbildern von Tieren, Vögeln, Fischen, Früchten, Waffen und Hausratsgegenständen. Weshalb die meisten dieser Münzen aus Silber und nicht aus Elektron oder Gold bestanden, soll an späterer Stelle in diesem Kapitel behandelt werden.

Münzen als Propagandamittel

Die Abbildungen auf den Münzen der ägäischen Staaten und ihrer Nachahmer zeigten die Symbole oder »Warenzeichen« jener Staaten, von denen sie herausgegeben wurden. Da die Grenzen zwischen weltlicher und kirchlicher Macht zu dieser Zeit recht verschwommen oder nicht vorhanden waren, hatten die Symbole auch religiöse Bedeutungen. Jedes bezog sich direkt oder indirekt auf den Gott, die Göttin oder die Nymphe, unter deren Schutz sich die Bevölkerung wähnte. Innerhalb weniger Jahre prägten viele Staaten Münzen mit dem Bildnis ihres göttlichen Schutzpatrons. Athen beispielsweise gab hübsche Silbermünzen heraus, die auf einer Seite den Kopf von Athene, kampfbereit mit Helm, und auf der anderen Seite ihr heiliges Tier, die Eule, zeigten. Auch andere Stadtstaaten rückten von früheren naturbezogenen Motiven ab und prägten Münzen mit dem Bildnis von Zeus, Hera, Apollo, Poseidon oder Artemis wie auch von untergeordneten Gottheiten, von denen vor allem Herkules und Tyche (die Göttin des Glücks) besonders beliebt waren.

In dem Maße, wie eine Münze ihren Stadtstaat auswies, diente sie auch als ein Stück Propaganda, kündete sie doch in der gesamten griechischen Welt und über deren Grenzen hinaus vom Status und von der Macht der Staatsgewalt, die sie hatte prägen lassen. Um Verwechslungen auszuschließen – einige Gottheiten dienten als Schutzpatron mehrerer Staaten –, begannen die meisten Münzstätten schon bald, ihre Münzen mit dem Namen der Stadt zu versehen, die sie in Umlauf brachte. Diese Praxis verstärkte ihren Propagandawert zusätzlich. Die Münzen trugen auch eine psychologische Botschaft für die Bevölkerung der betreffenden Staaten. Die mit der Eule geprägten Münzen, die die Bewohner von Athen benutzten, erinnerten sie täglich an ihre

Identität als Athener. In dieser Hinsicht folgten die antiken Stadtstaaten dem fundamentalen menschlichen Bedürfnis, sich durch personalisierte Artefakte der individuellen Realität zu versichern. Wir alle erwerben und benutzen Gegenstände, die zu Aspekten unserer Identität werden – Kleidung, Geldbörsen oder Brieftaschen, Uhren und Ringe, Schmuck, Automobile, Bücher, Kunstobjekte und so weiter. Die psychologische Bedeutung dieser Gegenstände wird deutlich, wenn sie verlorengehen oder gestohlen werden. Ist der psychologische Halt, den uns ihr häufiger Gebrauch vermittelt hat, nicht mehr vorhanden, fühlen wir uns beraubt, so als fehle ein Teil von uns selbst. Neben den zahlreichen anderen Dinge, von denen die Athener an ihre ethnische Identität erinnert wurden – Traditionen, Riten und Zeremonien, gemeinsames Interesse am öffentlichen Leben und die Gebäude, Straßen und anderen physikalischen Merkmale der Stadt, in der sie lebten –, trugen die kleinen Silbereulen (wie die Athener die Münzen nannten) zum Zusammenhalt ihrer Gemeinschaft bei.

Der Propagandawert von Münzen blieb auch bei den großen Eroberern bestehen. Die persischen Könige Darius und Xerxes ließen Gold-*Dareiken* und Silber-*Sigloi* prägen, auf denen sie in Kampfhaltung, kniend und mit gespanntem Bogen, abgebildet waren. Ihre Absicht hatte zwar nicht den gewünschten Erfolg – die Identität der knienden Figur war nicht eindeutig, und Numismatiker haben heute Probleme festzustellen, welche Münzen von welchem Herrscher in Umlauf gebracht wurden –, doch waren die persischen Geldstücke dennoch von beträchtlicher ökonomischer, politischer und psychologischer Bedeutung. Sie dienten den Millionen von Menschen unterschiedlicher Kulturen im persischen Herrschaftsbereich als Münzstandard; sie waren ihnen eine ständige Erinnerung, daß sie Untertanen des großen Königs waren; und wenn sie ihnen nicht die gewünschte Identität vermittelten, dann ließen sie sie wenigstens wissen, daß sie etwas mit den Menschen in anderen Teilen des Reiches gemein hatten.

Die Gold-*Dareiken* der persischen Könige sind heute recht selten. Nachdem Alexander der Große die persischen Truppen besiegt hatte, ließ er die schlichten Dareiken einschmelzen und kunstvolle *Stater* mit einer geflügelten Siegesgöttin prägen. Silber aus eingeschmolzenen *Sigloi* tauchte in Form von *Tetradrachmen* wieder auf, mit dem Kopf des Herkules auf der Vorderseite und dem thronenden Zeus auf der Rückseite. Sowohl die Gold- wie auch die Silbermünzen trugen die Worte

»von Alexander dem König«. Als Propagandainstrument waren Alexanders *Stater* und *Tetradrachmen* weitaus eindrucksvoller als die *Dareiken* und *Sigloi*, die sie ersetzten.

Münzen mit stärkerem Personenbezug

Die Griechen gaben zahlreiche Münzen mit dem Abbild von Göttern in Menschengestalt heraus. Einige Staaten fügten sogar die Namen ihrer Herrscher hinzu. Aber mit wenigen Ausnahmen hatte bis zu diesem Zeitpunkt noch kein Staat Münzen mit dem Porträt einer lebenden Person geprägt. Der Grund für diesen Verzicht ist geschichtlich nicht überliefert, doch spielten vermutlich demokratische Überlegungen eine Rolle. Die griechischen Stadtstaaten waren festgefügte Gemeinschaften, die selten mehr als zehntausend Einwohner umfaßten. Zu den Anführern bestand zumeist ein persönliches, direktes Verhältnis. Es ist daher leicht verständlich, daß die Bevölkerung Münzen ablehnte, die das Porträt eines Staatsoberhauptes zeigten, das sie als »einen von ihnen« ansahen. Eine solche Geste hätte den Herrscher auf eine Stufe mit den Göttern gestellt. Das Ansinnen eines Herrschers, durch eine Porträtmünze geehrt zu werden, wäre ein Ausdruck von Hybris oder übermäßigen Stolzes gewesen und hätte die Rache der eifersüchtigen Götter heraufbeschworen.

Alexanders erstaunlicher Erfolg als Eroberer veränderte die antike Welt in vielfältiger Weise. Die Stadtstaaten wurden zu untergeordneten Elementen in einem riesigen Weltreich. Der König war nicht länger »einer von ihnen«, sondern wurde zu einem abstrakten Symbol der Macht – wie ein Gott. Alexander förderte diese Überzeugung nach Kräften. Bei einer Gelegenheit befahl er beispielsweise seinen mazedonischen Truppen, sich nach persischer Art vor ihm in den Staub zu werfen. Die Soldaten weigerten sich. Sie bewunderten und liebten ihn, aber sie beteten ihn nicht wie einen Gott an. Alexanders Besessenheit nach einem gottgleichen Status hielt jedoch an. Wenige Monate vor seinem Tod im Jahre 323 v. Chr. verlangte er, daß die örtlichen Regierungen seinen göttlichen Status anerkannten. Sie fügten sich, doch blieb der Geist der Demokratie in einigen griechischen Stadtstaaten ungebrochen. Sparta etwa gab eine recht sarkastische Einwilligung ab. Das dortige Dekret lautete: »Da Alexander wünscht, ein Gott zu sein, möge er ein Gott sein.«

Nach Alexanders Tod verschwanden jegliche Zweifel an seiner Göttlichkeit. Münzen mit dem Haupt von Herkules wurden weiterhin von örtlichen Münzstätten im Namen Alexanders geprägt, doch ähnelte Herkules nun deutlich Alexander. In den Augen des einfachen Mannes auf der Straße *war* es das Gesicht des zum Gott erhobenen Alexanders. Diese Münzen, die jahrhundertelang in der gesamten antiken Welt in Umlauf waren, trugen auf sichtbare Weise zur Legendenbildung um Alexander bei.

Seleukos und Ptolemaios, zwei der Feldherren, die das Reich nach Alexanders Tod unter sich aufteilten, verschafften ihrem Anspruch auf die Herzen und den Geist ihrer neuen Untertanen rasch Geltung, indem sie Münzen prägen ließen, auf denen der herkulische Alexander durch ihre eigenen Konterfeis ersetzt war – eine Praxis, der Monarchen und Diktatoren von dieser Zeit an folgten. Die Nachfolger von Seleukos ließen nicht nur ihr Porträt auf den Münzen abbilden, sondern bezeichneten sich auch mit Begriffen wie »Erlöser« (ein Attribut, das zuvor nur den Göttern zugesprochen wurde) oder einfach nur mit »Gott«.

Wenn auch die Münzinschriften nicht ausdrücklich besagten, »Seleukos läßt keine Wünsche offen« oder »Antiochos sorgt für euch«, so war die Botschaft doch stillschweigend vorhanden. Das Prinzip, von dem sich diese syrischen Könige bei der Wahl ihrer Titel offensichtlich leiten ließen, ist jedem klar, der einen kritischen Blick auf die moderne Werbung wirft: »Niemals bescheiden sein, sondern völlig überzogene Behauptungen aufstellen.« Ebenso wie heute bestand jedoch auch damals eine große Diskrepanz zwischen Anspruch und Wirklichkeit. Die späteren Seleukidenkönige verhielten sich in keiner Weise wie Götter. Statt dessen ließen sie ihre Länder verkommen und verstrickten sich in blutigen Auseinandersetzungen mit Thronanwärtern.

Die Geschichte behandelt Aufschneider auf ihre eigene Weise. Ein Vergleich zwischen der Länge der Titel der syrischen Könige und der Länge ihrer Regierungszeit zeigt: Je länger der Titel und je größer das Maß an göttlichen Tugenden, die ein Herrscher für sich beanspruchte, um so kürzer seine Regierungszeit und um so blutiger sein Tod. Klinische Psychologen wären über dieses Verhältnis nicht erstaunt: Prunk und Anspruch sind immer Anzeichen von Unsicherheit. Die Unsicherheit der syrischen Könige war demnach eine mögliche Ursache für ihre überzogenen Behauptungen.

Die göttlichen Ansprüche der syrischen Könige hatten offenbar wenig Einfluß auf die Männer, von denen sie getötet wurden. Vielleicht waren die Attentäter skeptische Menschen; oder sie waren Analphabeten, die – weil sie die Münzinschriften nicht lesen konnten – nicht wußten, daß sie Götter entthronen.

Die Finanzierung einer Kultur

Die voralexandrinischen Münzen der griechischen Welt waren schlicht, aber stilvoll. Antiquitätenliebhaber behaupten, daß einige der frühen Münzen, speziell jene aus Syrakus, zu den schönsten gehören, die jemals geprägt wurden. Die Münzen der nachalexandrinischen Ära sind eher imposant als schön und im allgemeinen kunstvoller als ihre Vorgänger. Beliebt war vor allem das große silberne Vierdrachmenstück, der *Tetradrachmon*★, der praktisch zum universalen Münzstandard der vorchristlichen Ära wurde. Hunderte von Millionen dieser ansehnlichen, glänzenden Münzen wurden geprägt. Diese gewaltige Menge an Münzgeld ermöglichte die kostspieligen Kriege zwischen den Seleukidenkönigen, den anderen Nachkommen der Feldherren Alexanders und etwa einem Dutzend Emporkömmlingen jener Zeit, doch diente das Geld auch in beträchtlichem Maß der wirtschaftlichen Entwicklung. Es wurden Hafenanlagen, Theater, öffentliche Badeanstalten, Tempel, Marktplätze und Regierungsgebäude damit finanziert. Als dauerhafte Begleiterscheinung der wirtschaftlichen Expansion der alexandrinischen Epoche blühten Wissenschaft, Literatur, Philosophie und Künste auf. Man könnte die Ära als eine dynamische soziale Bewegung bezeichnen, die die Elemente der klassischen griechischen Kultur hinwegfegte und sie so erweiterte und vereinte, daß für Millionen von Menschen, von der Iberischen Halbinsel bis zum Oberlauf des Indus im heutigen Afghanistan, eine griechischsprachige Zivilisation entstand.

Nichts von alledem wäre möglich gewesen ohne die Flut von Tetradrachmen, die den Strom an Ideen und auch Waren weitertrug und deren ökonomische Botschaft praktisch in allen Teilen der bekannten Welt die gleiche war. Das Wirtschaftssystem, das auf den Silbermünzen basierte, war ein starkes und unverwüstliches Netzwerk – eine

---

★ Ein Tetradrachmon wog etwa 14–17 g.

Infrastruktur, die es den Römern einige Jahrhunderte später erlaubte, das gesamte Gebiet zu einem einzigen großen Reich zusammenzuschließen. Bevor wir uns jedoch der Psychologie der römischen Geldpraktiken zuwenden, sollten wir noch einige wichtige griechische Entwicklungen betrachten, die jene drei Metalle betreffen, die bei antiken Münzen Verwendung fanden: Silber, Gold und Kupfer.

Der Silberstandard

Silbermünzen waren, wie bereits erwähnt, das wichtigste Tauschmittel im Mittelmeerraum und in den Ländern des Vorderen Orients. Die frühen Elektronmünzen hatten sich als unzulänglich erwiesen, da sich ihr Gehalt an Gold und Silber durch bloße Inaugenscheinnahme nur schlecht bestimmen ließ. Obwohl Gold ein wichtiges Handelsgut und in alter Zeit im Verhältnis zu Silber billiger war als heute,* wurde es, zumindest bis ins alexandrinische Zeitalter, nur in besonderen Fällen zum Prägen von Münzen verwendet – etwa zur Finanzierung einer Flotte, wenn ein Krieg drohte; um die Beute eines siegreichen Feldzuges aufzuteilen; oder um nach einer militärischen Niederlage Reparationszahlungen leisten zu können.

Wenn die Silbervorräte, die den Regierungsgewalten zur Verfügung standen, nicht ausreichten, um in Notsituationen genügend Münzen zu prägen, wurden die goldenen Zier- und Kultgegenstände in den Tempeln eingeschmolzen, und man machte daraus Münzen, um die außergewöhnlichen Forderungen an die Staatskasse erfüllen zu können. Goldmünzen, die unter solchen Umständen herausgegeben wurden, wirkten keineswegs improvisiert, sondern zählen zu den schönsten, die in der Antike entstanden sind. Gold galt als das edelste aller Metalle; es wurde verehrt, praktisch angebetet. Seine Aura kam der einer Gottheit gleich. Es ist tröstlich zu wissen, daß selbst heute, wo das Brechen religiöser Bräuche mehr gilt als das Einhalten, die Verehrung dieses uralten und geschätzten Metalls ungebrochen anhält.

---

* Der relative Wert von Gold und Silber war in der antiken griechischen Welt je nach Zeit und Ort unterschiedlich, doch entsprach der Wert einer Gold-Drachme im allgemeinen dem Dreizehn- bis Fünfzehnfachen einer Silber-Drachme. Zu dem Zeitpunkt, wo ich dies schreibe, kostet eine Troyunze Gold fast 350 Dollar – etwa siebzigmal soviel wie eine Unze Silber.

Die Vorliebe für Silbermünzen in alter Zeit mag überraschen, da heute die weit verbreitete Ansicht herrscht, vor Einführung des Papiergeldes habe Geld stets auf dem Goldstandard basiert. Es trifft zwar zu, daß Gold der internationale Geldstandard ist, seit es die Spanier aus der Neuen Welt importierten, doch hat Silber in der Geschichte des Geldes eine größere Rolle gespielt. Die Begriffe, die in modernen Sprachen für Geld verwendet werden, zeigen, wie wichtig Silber gewesen ist. Das französische Wort für Geld, *argent*, bedeutet auch »Silber«, und das spanische Wort *dinero* geht auf eine römische Silbermünze, den Denar (lat. *denarius*), zurück. Unser deutsches Wort *Geld* scheint zu *Gold* in Beziehung zu stehen, leitet sich aber von *gelten* ab. Der Begriff *Gold* dagegen ist aus einem alten Wort mit der Bedeutung »gelb« hervorgegangen. Das englische Wort *money* hat weder etwas mit Gold noch mit Silber zu tun, sondern leitet sich vom lateinischen *moneta* ab, ein Bezug zum Tempel der Göttin Juno Moneta, wo römische Münzen geprägt wurden.

Um auf die antiken Münzen zurückzukommen, die Römer schufen tatsächlich einen Geldstandard, bei dem der *Aureus* und später der *Solidus*, beides Goldmünzen, einen festgelegten Wert in Form von Silber- und Kupfermünzen hatten, doch verschwanden die *Aurei* und *Solidi* mit dem Weströmischen Reich aus Westeuropa, und Goldmünzen tauchten erst wieder auf, als die Kreuzfahrer byzantinische *Hyperperi* und moslemische *Dinare* aus dem Vorderen Orient mitbrachten. Insgesamt betrachtet, spielte Gold in alter Zeit aber nur eine untergeordnete Rolle in der Geschichte des Geldes. Erst heute sehen wir Gold als gleichbedeutend mit Geld an. Aus psychologischer Sicht läßt sich unser Verhältnis zu Geld und unser Umgang damit jedoch ohne den Bezug auf Gold analysieren, studieren und erklären, und sei es noch so faszinierend.

Silber war das wichtigste Münzmetall in den meisten Ländern der Alten Welt und bis in die frühen Jahrhunderte des Römischen Reiches hinein. Zum einen hätte die zur Verfügung stehende Goldmenge nicht für die wirtschaftlichen Erfordernisse der damaligen Zeit ausgereicht. Zum anderen zeigten Münzen aus Silber, einem relativ harten Metall, weniger Gebrauchsspuren als Münzen aus Gold, einem verhältnismäßig weichen Metall.

Die Menschen der Antike erkannten nur langsam den wirtschaftlichen Nutzen, den die Erfindung von Münzgeld mit sich brachte. Für sie waren Münzen auch weiterhin eine Ware, und sie wurden, ihrem Metallwert entsprechend, gegen andere Waren und Dienstleistungen eingetauscht. Eine Silbermünze hatte also etwa den gleichen Wert wie ein ungeprägter Silberklumpen des gleichen Gewichtes. Der Vorteil des offiziellen Prägestempels bestand darin, daß er das Gewicht und die Reinheit des Metalls bescheinigte und somit die Notwendigkeit des Abwiegens entfiel. In der Praxis wurden Münzen dennoch oftmals von Kaufleuten und Geldwechslern gewogen, um mögliche Fälschungen und einen Silberverlust durch Abnutzung auszuschließen, doch war es bei alltäglichen Geschäften zweifellos üblich, die Münzen durch bloße Inaugenscheinnahme als Zahlungsmittel zu akzeptieren.

Eine typische kleine Silbermünze, wie die Athener *Drachme*, die etwa 4 Gramm wog, entsprach im 5. Jahrhundert v. Chr. dem Tageslohn eines Athener Bürgers. Klein, wie die Drachme war, brauchte man aber noch kleinere Münzen für die alltäglichen Geschäfte, wie etwa den Kauf von einem halben Dutzend Eiern oder einer Handvoll Oliven. Zu diesem Zweck wurden Silber-*Oboloi* im Wert von einer Sechsteldrachme herausgegeben. Die Preise für die Erzeugnisse menschlicher Arbeit waren allerdings so niedrig, daß in vielen Fällen selbst der Obolos einen zu großen Wert besaß und er daher in noch kleinere Münzen unterteilt wurde. Die kleinste von ihnen, das Achtel eines Obolos, war ein winziges Silberstückchen mit dem Abbild einer Eule auf der einen und einem Olivenzweig auf der anderen Seite und trug den bombastischen Namen *Hemitetartemorion*.

Das Aufbewahren dieser winzigen Geldstücke – sie wogen nur etwa 0,09 Gramm – muß Käufern wie Verkäufern Kopfzerbrechen bereitet haben. Es wird berichtet, daß Kaufleute auf der Agorá, dem Marktplatz von Athen, diese Bruchteile eines Obolos unter ihrer Zunge aufbewahrten, vermutlich weil die Münzen durch die Nähte eines Ledergeldbeutels gefallen wären. Und Zeus möge dem armen Kaufmann beigestanden haben, der niesen mußte!

Trotz der Unbequemlichkeiten und der Unhandlichkeit dieser winzigen Münzen hat man sie offensichtlich der bekannten Alternative – dem Tauschhandel – vorgezogen, denn die Athener benutzten sie noch weitere einhundertfünfzig Jahre, bis Mitte des 4. Jahrhunderts eine praktischere Form von Geld, Bronzemünzen, eingeführt wurde.

Kupfer: die erste Währung ohne Deckung

Die griechischen Staaten Siziliens waren die ersten, die im frühen 5. Jahrhundert v. Chr. Bronzemünzen prägten. Zunächst versuchten sie, den Wert der Münzen an entsprechende Gewichte ungeprägten Metalls zu binden, doch nach einigen Jahren stellten die Obrigkeiten fest, daß anstelle der großen, schweren Geldstücke auch kleinere, untergewichtige Münzen bereitwillig angenommen wurden. Schließlich brachten die meisten Stadtstaaten der Antike Bronze- oder Kupfermünzen in Umlauf, die eher einen symbolischen als einen realen Wert besaßen. Diese Münzen waren die ersten Formen einer ungedeckten Währung – Geld, dessen Wert von der Regierung festgesetzt wird, ohne Berücksichtigung des wirtschaftlichen Wertes des Materials, aus dem es besteht. Die ungedeckten Bronze- und Kupfermünzen der Antike waren das Geld der Armen. Diese Münzen, die Bruchteile des Wertes der kostbaren Silber- und Goldmünzen repräsentierten, erlaubten es den armen Leuten, am wirtschaftlichen Leben jener Tage teilzuhaben. Sie befreiten sie vom Tauschhandel und ermöglichten ihnen, Rücklagen für die sprichwörtlichen schlechten Zeiten oder für Investitionen, die ein besseres Leben versprachen, zu schaffen.

Wer die geniale Entdeckung machte, daß Regierungen auf magische Weise eine Kupferscheibe, die praktisch keinen Wert besaß, in eine Münze verwandeln konnten, die etwas wert war, ist in der Geschichte nicht überliefert. Wer auch immer es gewesen sein mag, sein Erfolg, seine Mitbürger davon zu überzeugen, daß etwas ohne eigentlichen Wert den Austausch von Dingen mit reellem Wert erleichterte, scheint ihn auf den ersten Blick zu einem der größten Betrüger und Hochstapler aller Zeiten zu machen. Doch in Wirklichkeit war er einer der größten Wohltäter der Weltgeschichte, denn er befreite uns von der Abhängigkeit von Gold- und Silberreserven für unseren Geldbedarf. Diese Freiheit ist selbstverständlich ein zweischneidiges Schwert, denn sie ermöglicht es Regierungen zwar, die Bevölkerung mit so viel Geld auszustatten, wie sie braucht, erlaubt aber gleichzeitig, daß Regierungen, die über ihre Verhältnisse leben, immer größere Mengen an Geld in Umlauf bringen, um ihre finanziellen Defizite zu decken.

Es existieren keine Aufzeichnungen, die darauf schließen lassen, daß sich die Menschen hinters Licht geführt fühlten, als die Staatsgewalten sie mit Kleingeld ausstatteten, das an sich kaum einen Wert hatte. Sie waren bereit, jede Metallscheibe als Münze anzunehmen, die den offiziellen Prägestempel der staatlichen Münzstätten trug. Geld war zu einem Bestandteil ihres Lebens geworden; sein täglicher Gebrauch und seine Akzeptanz waren die Norm.

Die sozialen und wirtschaftlichen Vorteile, die Silbermünzen mit sich brachten, wurden durch die Einführung von Kupfergeld weiter verstärkt. Die Regierungsgewalten hatten einen Weg gefunden, Geld zu beschaffen, ohne Steuern zu erheben, denn sie konnten nun beispielsweise den Kupferwert eines Obolos zu Münzen konvertieren, die die Kaufkraft einer Silberdrachme besaßen. Aber die Griechen erlegten sich vernünftige Beschränkungen bei der Ausgabe von ungedecktem Bronze- oder Kupfergeld auf und ließen im allgemeinen nur so viele Münzen prägen, wie es die normalen wirtschaftlichen Bedürfnisse erforderten: Die Stadtstaaten und Königreiche der vorrömischen Zeit standen untereinander in starkem wirtschaftlichem Wettbewerb, und es wäre unklug gewesen, den Markt mit einer Währung zu überfluten, die die finanzielle Stabilität und das Verantwortungsbewußtsein des Landes in Frage gestellt hätte.

Die Römer: Erfinder der Inflation

Die Römer sahen die Dinge anders. Ihr militärischer und politischer Expansionsdrang war stärker als die Notwendigkeit zu wirtschaftlichem Wettbewerb. Kriege kosten jedoch eine Menge Geld, und der Römischen Republik mangelte es ständig an Silber und Gold. Ihr erstes Geldsystem basierte auf Kupfer, aber Transaktionen mit Säcken voller riesiger Münzen, die pro Stück bis zu einem Pfund wogen, waren kaum besser als der Tauschhandel. Rom versuchte, einen Wechselkurs zwischen Silber und Kupfer aufzustellen, hatte aufgrund der hohen Kosten für die Kriege mit Karthago aber schon bald kein Geld mehr. Der nächste Schritt war inflatorisch. Der Kurs von Silber zu Kupfer hatte ursprünglich eins zu sechs betragen; er wurde auf eins zu zehn und schließlich sogar auf eins zu sechzehn erhöht. Das Gewicht der Kupfermünzen wurde auf eine Unze und später auf eine halbe Unze verringert, um die Kupfervorräte weiter strecken zu können.

Die Standardsilbermünze, der *Denarius*, hatte aus reinem Silber zu bestehen, doch einige Münzstätten veränderten den Metallgehalt. Sie überzogen eine Kupferscheibe, oder Münzplatte, mit dünnen Silberblechen und prägten dann Münzen auf den regulären Prägestöcken. Das Verfahren hatten die Römer offensichtlich von den Athenern übernommen, die nach ihrer verheerenden Niederlage im Peloponnesischen Krieg gezwungen waren, Kupfer-Tetradrachmen mit einer dünnen Silberauflage zu prägen. Die gleiche Technik hatten auch bereits griechische Falschmünzer eingesetzt, und man hat viele antike Münzen mit tiefen Einkerbungen gefunden, mit deren Hilfe sich Bankiers vom Silbergehalt überzeugen wollten.

In der Römischen Republik unterhielten hochgestellte Familien üblicherweise ihre eigenen Münzstätten, und die Regierung war kaum in der Lage, sie zu kontrollieren. Je unruhiger die Zeiten wurden, um so größer war der Bedarf an Geld, und die privaten Münzanstalten nutzten diese Gelegenheit nur allzu gerne aus. Während der Bürgerkriege im frühen 1. Jahrhundert v. Chr. wurde ganz Italien von Denaren überflutet, die einen Kupferkern hatten und von privaten Münzstätten und wagemutigen Falschmünzern in Umlauf gebracht wurden.

All dieses verfälschte Geld führte lediglich dazu, daß die Bevölkerung nach gutem Silber verlangte, und zahlreiche Münzstätten prägten deshalb Denare mit rundum eingekerbtem Rand, um zu zeigen, daß die Geldstücke aus reinem Silber bestanden. Dann wurde das Münzsilber mit Kupfer legiert, so daß niemand wußte, wieviel sein Geld als ungemünztes Metall wert war. Die Inflation griff um sich, und Staat und Bürger standen gleichermaßen am Rande des Bankrotts.

Die Republikaner, die sich zu dieser Zeit im Aufstieg befanden, versuchten das Problem zu lösen, indem sie verfügten, daß Schulden zu einem Viertel ihres Nominalwertes beglichen und die Münzen künftig aus reinem, vertrauenswürdigem Silber bestehen müßten. Der Reform war kein dauerhafter Erfolg beschieden; sie wurde aufgehoben, als der Adel erneut die Macht übernahm, und schon nach kurzer Zeit prägten private Münzstätten wieder Silbermünzen mit Kupferkernen.

Interessant ist, daß die konservative römische Aristokratie eine eher lockere Geldpolitik verfolgte, während die Republikaner eine harte Währung favorisierten. Noch heute streiten sich Politiker über diese Fragen, doch haben sich die Positionen von Liberalen und Konservativen umgekehrt. Die Tatsache, daß in alter Zeit die armen

Leute stärker auf den Verfall der Währung reagierten als die Reichen, zeigt, wie wichtig das monetäre System für ihr Wohlergehen geworden war.

Die Republikaner setzten sich schließlich durch. Etwa sechzig Jahre später nahm Octavian, der Adoptivsohn des ermordeten Julius Cäsar, als erster römischer Kaiser den Titel Augustus an; und die *Denarii*, die von Augustus und seinen unmittelbaren Nachfolgern in Umlauf gebracht wurden, bestanden aus reinem, unverfälschtem Silber. Doch nachdem die Römer die leichtfertigen Freuden der Inflation einmal ausgekostet hatten, konnten sie nicht lange widerstehen. Nero verringerte die Größe des *Denarius* und des *Aureus* (der zur Standardgoldmünze geworden war); gleichzeitig ließ er das Silber für den *Denarius* mit 10% Kupfer legieren. Im Lauf der folgenden zwei Jahrhunderte wurde der *Denarius* immer mehr verfälscht, bis er Mitte des 3. Jahrhunderts n. Chr. zu einer winzigen Kupfermünze verkommen war und von einem größeren Geldstück, dem *Antoninianus*, abgelöst wurde. Diese Münze bestand ursprünglich zu 60% aus Silber. Das 4. Jahrhundert n. Chr. erlebte sie als jämmerliche Kupfermünze mit einem dünnen Silberüberzug, der ihr ein respektables Aussehen verleihen sollte.

Die Römer, wie auch alle anderen, die ihnen folgten, stellten fest, daß eine Inflation, hatte sie erst einmal begonnen, nur schwer zu stoppen war. Im Jahr 301 n. Chr. versuchte Diokletian, der galoppierenden Inflation in der Form Einhalt zu gebieten, daß er für alle Waren Höchstpreise festsetzte. Der Versuch mißlang. Kaufleute und Bauern hielten Waren vom Verkauf zurück oder veräußerten sie auf dem Schwarzmarkt, und die Preise stiegen weiter an. Wenn die Geldmenge schneller wächst als die Warenmenge, sind Preisanstiege unvermeidlich.

Obwohl die Römer niemals die Kunst beherrschten, die Kosten zur Unterhaltung und Verteidigung ihres Reiches mit ihren finanziellen Mitteln in Einklang zu bringen, kamen sie mit ihrem Geld dennoch recht weit. Die Tatsache, daß das Römische Reich, in der einen oder anderen Form, 1700 Jahre lang (bis zum Fall Konstantinopels im Jahr 1453) Bestand hatte, zeigt, daß die inflationäre Strategie der Römer politisch gesehen durchaus erfolgreich war, auch wenn sie die Bevölkerung in regelmäßigen Abständen an den Rand des Ruins brachte. Wenn man Inflation als eine Form erzwungener Steuern betrachtet, dann wird deutlich, daß der Fortbestand des Weltreiches aus den

Taschen der einfachen und zumeist armen Leute finanziert wurde. Zieht man die politischen Alternativen, die sie hatten, in Betracht, war es für sie vermutlich kein allzu schlechtes Geschäft.

Propaganda für das Weltreich

Psychologisch interessant ist die Art und Weise, wie die Römer ihre Münzen als Mittel der Propaganda einsetzten. Schon die Autokraten der alexandrinischen Ära benutzten ihre Münzen zu diesem Zweck, doch nehmen sie sich im Vergleich zu den Römern als Amateure aus. In den Jahrhunderten vor Augustus begannen die noblen Familien der Republik in aller Bescheidenheit, Bildnisse herausragender Vorfahren auf Münzen zu prägen oder auch historische Ereignisse abzubilden, wie etwa den Raub der Sabinerinnen, bei denen ihre Ahnen eine wichtige Rolle gespielt hatten.

Mit Beginn des römischen Kaiserreiches findet sich auf den Münzen das Porträt des regierenden Kaisers, eingefaßt von einer Inschrift mit seinem Namen und seinen Titeln. Eine der Münzen von Trajan läßt uns beispielsweise wissen, daß wir auf das Profil blicken von »Kaiser Trajan, Cäsar [und Adoptivsohn von] Nerva, Augustus, Bezwinger der Germanen und Daker, oberster der Hohenpriester, Halter der Tribunatsmacht [in etwa gleichbedeutend mit Staatsoberhaupt], Konsul zum fünften Mal und Vater seines Landes«.

Die Rückseite der Reichsmünzen wurden genutzt, um die Tugenden des Kaisers herauszustellen – seine Ehrfurcht vor den römischen Traditionen, seine Großzügigkeit gegenüber den Armen oder auch sein Heldenmut im Kampf. Die Errichtung öffentlicher Bauten wurde auf Münzen gezeigt: z. B. des Kolosseums, neuer Hafenanlagen in Ostia, des Hafens von Rom und von Straßen. Auch die Hoffnung des Kaisers, eine Dynastie zu begründen, kam auf den Münzen zum Ausdruck: in Form von Bildnissen seiner Kaiserin, seiner Schwestern, seines Sohnes und Erben und seiner Schwiegertochter. Nach dem Tod des Kaisers wurden Münzen geprägt, die seiner Apotheose gedachten und zeigten, wie ein Adler die Seele des Verstorbenen mit sich in den Himmel nimmt.

Auf der Rückseite von Münzen wurden auch Triumphe über die Feinde Roms dargestellt. Am häufigsten abgebildet wurde dabei der Sieg über Judäa, auf Münzen von Vespasian und Titus symbolisiert durch eine weinende, mutlose Frau unter einer Palme. Weshalb dem Sieg über dieses von Armut heimgesuchte kleine Land eine solche Aufmerksamkeit zukam, erklärt sich aus dem Umstand, daß Judäa als erste römische Provinz durch einen bewaffneten Aufstand gegen das Reich aufbegehrte.

Das Prägen dieser Münzen in so großer Zahl – vermutlich waren es Millionen – hatte zweifellos den Hintergrund, andere Völker innerhalb des Römischen Reiches vor ähnlichen Rebellionen zu warnen. Interessanterweise wurde die Niederwerfung der zweiten jüdischen Revolte, rund fünfundsechzig Jahre später, von den römischen Münzstätten ignoriert. Die Obrigkeiten fanden es wohl peinlich, zugeben zu müssen, daß die Juden abermals das mächtige Römische Reich herausgefordert hatten.

Die Rückseiten römischer Münzen bieten eine kaleidoskopische Sicht auf das Zusammenspiel zwischen den Ängsten der Bevölkerung und der offiziellen Beschwichtigungspolitik. Kam eine Münze in Umlauf, die zwei sich fest umschließende rechte Hände zeigte und verkündete, die römischen Truppen stünden im Herzen und im Geist fest zusammen, dann können wir mit einiger Sicherheit davon ausgehen, daß die Dinge nicht zum besten standen und Legionen gegeneinander gekämpft hatten, statt gemeinsam gegen den Feind vorzugehen. Und wenn wir eine typische Münze aus der Mitte des 4. Jahrhunderts n. Chr. betrachten und die Inschrift lesen: »Die glücklichen Tage sind zurückgekehrt«, dann erinnern wir uns gleichzeitig daran, daß das Reich zu jener Zeit infolge von Bürgerkriegen und Überfällen der Barbaren im Zerfall begriffen war. Die Tatsache, daß die Münzen der »glücklichen Tage« den Kaiser zeigen, wie er hoch zu Roß einen am Boden liegenden Barbaren mit dem Speer durchbohrt, läßt vermuten, daß diese Geldstücke die Moral stärken sollten; doch der Zusammenhalt des auseinanderbrechenden Reiches erforderte weitaus mehr als solche vergeblichen Bemühungen, sich Mut zu machen.

Armselige Münzen, armselige Menschen

Im 5. Jahrhundert n. Chr. war die westliche, lateinische Hälfte des Reiches ein Scherbenhaufen und die östliche, griechischsprachige Hälfte mit ihrer Hauptstadt Konstantinopel stark angeschlagen. Metall war so knapp, daß Kupfermünzen, die während des Ersten Punischen Krieges, siebenhundert Jahre zuvor, bis zu einem Pfund gewogen hatten, zu winzigen Scheiben, kleiner als eine Reißzwecke, verkommen waren. Gold- und Silbermünzen guter Qualität waren äußerst selten und dienten vorwiegend zur Entlohnung der Truppen, die traditionell Geld einer besseren Beschaffenheit forderten und erhielten als das, was bei den Zivilisten in Umlauf war.

Wir haben die ersten tausend Jahre der Geschichte des Geldes betrachtet, eine Periode von Schwierigkeiten, Instabilität und Brutalität. Es war eine Epoche, die durch die Verwirklichung expansionistischer Träume gekennzeichnet war – verzweifelte Versuche, militärische und politische Sicherheit zu schaffen, gewöhnlich auf Kosten der Nachbarländer. Sie sah die aufblühende und verblassende griechisch-römische Kultur, die Hunderten von Millionen Menschen ein Leben erlaubte, das lohnender und interessanter war und den einzelnen mehr einbezog als alles, was bis dahin existiert hatte. Im Vergleich dazu war das Leben der Menschen anderenorts, vielleicht mit Ausnahme von China, eintönig, primitiv und kurz. Die griechisch-römische Kultur öffnete den Menschen die Augen für die großen Möglichkeiten, die in ihnen selbst lagen. Sie veranlaßte spätere Jahrhunderte zu dem Versuch, erneut eine Weltordnung zu schaffen, die die latenten Möglichkeiten einer Zivilisation ausschöpfte.

Jeder Student der Altertumsgeschichte hat seine eigene Theorie, weshalb sich die griechisch-römische Kultur entwickelte und über Jahrhunderte Bestand hatte. Ich als Psychologe favorisiere Erklärungen, die das Interesse der Griechen am Menschen als Individuum – seine Persönlichkeit, sein Streben, seine Freiheit und sein Schicksal – sowie die römische Leidenschaft für Planung, Organisation und Gemeinschaftsunternehmungen einbeziehen. Die Prinzipien von Demokratie und persönlicher Freiheit waren dabei stets präsent, auch wenn sie häufig untergraben und unterdrückt wurden. Der einzelne hatte in dieser Epoche mehr Entscheidungsmöglichkeiten als Menschen, die in der Zeit davor oder danach lebten.

In diesem Kapitel haben wir dargestellt, welch bedeutende Rolle Geld bei der Entwicklung der griechisch-römischen Kultur spielte. Geld war der Katalysator, der die Entstehung, den Aufbau und die Expansion von Gesellschaftssystemen ermöglichte. Geld förderte die Entwicklung der Demokratie. Da es in großer Menge vorhanden war, konnte jeder, sogar die Armen, in stärkerem Maß am sozialen Leben der Gemeinschaft teilhaben. Der Niedergang dieser Kultur spiegelte sich im Verfall des monetären Systems wider – vielleicht wurde er sogar zu einem großen Teil dadurch verursacht. Kulturen werden durch die gemeinsamen Anstrengungen von Menschen möglich, die gegenseitiges Vertrauen, Verantwortungsgefühl und Gemeinschaftssinn voraussetzen. Eine gemeinsame Währung ist eine jener Kräfte, die solche Kollektivhandlungen ermöglichen, und wenn Menschen ihrem Geld nicht mehr vertrauen, dann verlieren sie das Vertrauen an den anderen.

Geld besitzt nur deshalb einen Wert, weil es von den Menschen als Tauschmittel gegen Waren und Dienstleistungen akzeptiert wird. Eine solche Übereinkunft ist ein unausgesprochener sozialer Pakt, der Handel und viele Formen sozialer Interaktion ermöglicht. Funktioniert der Pakt nicht mehr, brechen Gesellschaftssysteme auseinander. Dies traf in großem Maß auf das Weströmische Reich zu. Der östliche oder byzantinische Teil hingegen bestand weitere tausend Jahre fort. Es ist bezeichnend, daß der erste byzantinische Kaiser, Anastasios, dem Oströmischen Reich zu einem guten Start verhalf, indem er die Staatsfinanzen ordnete und die Währung reformierte. Silber war sehr knapp geworden, und so gründete Anastasios sein monetäres System auf Gold. Byzantinisches Geld wurde im eigenen Land und über seine Grenzen hinaus akzeptiert, und die Kultur im östlichen Mittelmeerraum blühte erneut auf, während sie im Westen im Niedergang begriffen war.

Die Römer haben bewiesen, daß ihr groß angelegtes Wirtschaftssystem ohne Warengeld funktionierte und sie relativ gut mit ungedeckten Zahlungsmitteln zurechtkamen. Sie mußten jedoch erkennen, daß die Ausgabe von ungedecktem Geld den Fluch der Geldinflation heraufbeschwor und zu einer Menge vormals unbekannter und störender Probleme führte. Obwohl die römischen Kupfermünzen, aus denen diese Währung bestand, sehr wenig wert waren, waren sie als ungemünztes Metall zumindest *etwas* wert. Im folgenden Kapitel werden wir die nächste Station in der Entwicklung des Geldes untersuchen, die Entstehung des Schuldgeldes.

Geld in der modernen Welt   3

> Da sagte der Herr zu ihm: »Du bist ein Faulpelz und Taugenichts. Wenn du wußtest, daß ich ernte, wo ich nicht gesät habe, und sammle, wo ich nichts ausgeteilt habe, warum hast du das Geld nicht wenigstens auf die Bank gebracht? Dann hätte ich es jetzt mit Zinsen zurückbekommen.«
>
> *Matthäus 25:26–27*

> Geld und nicht Moral ist die Maxime von Handelsnationen.
>
> *Thomas Jefferson*

> Die allgemeine Beachtung des Geldes ist das einzige vielversprechende Element unserer Zivilisation.
>
> *G. B. Shaw*

Das Römische Reich stürzte nicht; es zerfiel. Kein Donnerschlag brachte die Paläste, Tempel und Gerichtsgebäude zum Einsturz, sondern es waren innere Mechanismen am Werk, die zerstörerisch wirkten. Mit dem inneren Zerfall ging ein Druck von außen einher: Wellen von Eindringlingen fielen zunächst in den Randgebieten des Reiches ein und dann in auch in Provinzen, die näher bei Rom lagen. Schließlich wurde sogar Rom überfallen und geplündert. Die Infiltration begann in Form einer friedlichen Zuwanderung; dann strömten Volksstämme aus dem Gebiet östlich des Rheins und nördlich der Donau in das Reich. Mitunter durchquerten sie die Grenzgebiete lediglich und setzten ihren Weg zur nächsten und, wie sie hofften, wohlhabenderen Provinz fort. Häufig ließen sie sich jedoch nieder, suchten Schutz unter der *Pax Romana* und forderten die örtlichen Staatsbeamten auf, ihren Dienst wie bisher zu versehen.

Die Zuwanderer bewunderten die römische Kultur und versuchten, sie zu erhalten. Sie lernten Latein und gaben ihre germanischen Dialekte auf, stellten römische Lehrer für ihre Kinder ein und wiesen die Münzstätten an, Münzen mit dem Porträt des römischen Kaisers zu prägen. Viele ihrer Münzen trugen das Motto *Roma invicta*, »unbesiegbares Rom«, was implizierte, daß die Eindringlinge die Römer nicht besiegt, sondern sich ihnen angeschlossen hatten.

Schließlich aber gerieten die germanischen Anführer untereinander in Streit und beschäftigten sich mehr mit ihren eigenen Zielen als mit der Aufrechterhaltung der *Pax Romana*. Eine Einheit bildeten sie lediglich in Form vorübergehender Bündnisse zur Abwehr weiterer Invasionen aus den Waldgebieten, die sie selbst erst vor kurzer Zeit so entschlossen verlassen hatten. Römische Legionen, das eigentliche Rückgrat der *Pax Romana*, überwachten nicht länger das Weströmische Reich. Es gab keine Staatsgewalt mehr, die die örtlichen Regierungen dazu zwang, die Infrastruktur aufrechtzuerhalten – jenes Netzwerk an Kommunikationswegen und Diensten, das es dem Reich während der vorausgegangenen fünf Jahrhunderte ermöglicht hatte, als mehr oder weniger einheitliches, organisches Ganzes zu funktionieren.

Aber die Legionen und die Straßen des zerfallenen Reiches waren lediglich ein sichtbarer Ausdruck der psychologischen Kräfte, die das Reich zusammengehalten hatten. Sein wahrer Zusammenhalt lag in der gemeinsamen Grundauffassung der Römer, daß Rom heilig und erhaben war – daß es sich lohnte, für Rom zu leben und zu sterben. Diese zentrale Überzeugung war das Motiv, das »psychologische Bindeglied«, durch das sich die Römer von all ihren Vorgängern unterschieden.

Überzeugungen haben nicht für alle Zeiten Bestand, insbesondere wenn ihre Grundpfeiler durch Ernüchterung, Verzweiflung und gegenseitiges Mißtrauen untergraben werden. Die Reichskriege wurden zunehmend von Söldnertruppen geführt, die im Dienst genau jener Volksstämme standen, die das Reich bedrohten; die Mittelschicht, die die Infrastruktur aufrechterhielt, die die Teile des Reiches miteinander verband, wurde immer stärker mit Steuern belegt, um noch größere Armeen unterhalten zu können. Nach einiger Zeit kümmerten sich die Reichsbewohner mehr um ihr persönliches Wohlergehen als um das öffentliche Interesse. Moderne Sozialpsychologen haben in ihren Laboratorien vorgeführt, daß Kooperation unmöglich ist, wenn Individuen von ihren eigenen Angelegenheiten in Anspruch genommen werden. Der Niedergang und schließlich der Zerfall des einstmals mächtigen Römischen Reiches bestätigt die Richtigkeit dieser Beobachtung auf drastische Weise.

Das Christentum und die Verachtung des Geldes

Der Glaube an die Vormachtstellung Roms wurde überdies durch eine neue Idee erschüttert: den Glauben an die Erlösung durch Jesus Christus. Nachdem Konstantin der Große im Jahr 313 n. Chr. zum

Christentum konvertiert war, verlor die Verehrung der *Roma Eterna* nach und nach an Bedeutung, bis sie zu einem überkommenen Ritual geworden war, an das nur noch die Rückseiten von Münzen erinnerten.

Nachdem das Christentum die kaiserliche Zustimmung erfahren hatte, entwickelte es sich zur bestimmenden Religion – selbst bei den Barbaren, die eine Reichsprovinz nach der anderen übernahmen. Die Auswirkungen des christlichen Glaubens auf das Wirtschaftsleben und speziell auf die Einstellung der Menschen zu Geld waren dramatisch.

Das Christentum war von seinen ersten Anfängen an die Religion der Armen. Es verherrlichte die Armut und verachtete den Reichtum. Jesus sagte: »Eher kommt ein Kamel durch ein Nadelöhr als ein Reicher in Gottes neue Welt« (Matthäus 19:24). Und: »Aber weh euch, ihr Reichen! Ihr habt nichts mehr zu erwarten!« (Lukas 6:24). Lazarus, der Bettler, kommt in den Himmel, als er stirbt, aber der reiche Mann, der ihn nicht beachtete, als er lebte, fällt den Qualen der Hölle anheim.

Menschen, die davon überzeugt sind, daß Not heilsam ist, rufen kaum wirtschaftliche Entwicklungsprogramme ins Leben. Viel eher sorgen sie dafür, daß eine Verbesserung der wirtschaftlichen Situation schwierig oder unmöglich ist. In dieser Hinsicht waren die Menschen im Europa des frühen Mittelalters recht erfolgreich und bemerkten in ihrer Glückseligkeit nicht, daß die griechischsprachigen Bewohner des Oströmischen oder Byzantinischen Reiches beschlossen hatten, die christlichen Ansichten über Armut und Selbstverleugnung zu ignorieren, und ein Wirtschaftssystem entwickelten, das ebensoviel Wohlstand hervorbrachte wie Westeuropa Armut.

Die wenigen, die im mittelalterlichen Europa zu Reichtum kamen, konnten ihn nicht immer in Ruhe und Frieden genießen. Häufig beteiligten sich die Armen an Aufständen und Rebellionen, die in mutwilliger Zerstörung und bestialischer Grausamkeit gipfelten. Jeffrey Burton Russell führt in seiner Darstellung der mittelalterlichen Kultur aus, daß es den Aktivisten jener Zeit mehr darum ging, Dinge von Wert zu zerstören, als sie zu stehlen. Reichtum wurde von ihnen als ein Verbrechen gegen das christliche Ideal der Armut betrachtet. Bestärkt wurden sie von reformistischen Häretikern wie Savonarola, der befahl, die »Eitelkeiten« von Florenz auf dem Marktplatz zu verbrennen. Wie Russell bemerkt, »sollte die Gesellschaft nicht durch eine bessere Verteilung des Reichtums, sondern durch seine Zerstörung gerettet werden«.

Der Armutskult, der insbesondere im frühen Mittelalter vorherrschte, verhinderte den Handel und führte zu wirtschaftlicher Stagnation. Die Lehren der Kirchenväter mochten die Ansprüche des Geistes befriedigt haben, konnten aber nur wenig für die Bedürfnisse des Fleisches tun. Not, Ignoranz und Apathie lagen wie eine Wolke über dem Land, die Initiative und Wachstum erstickte.

Geldverleiher und Wuchergesetze

Als Karl der Große am Ende des 8. Jahrhunderts an die Macht kam, versuchte er, die Lage zu verbessern, und erließ Dekrete, von denen er sich eine Entwicklung der Wirtschaft erhoffte. Zur Stabilisierung des monetären Systems führte er den hauchdünnen Silber-*Denar*, oder Pfennig, als Standardmünze für Gesamteuropa ein. Ungewollt behinderte er aber auch die wirtschaftliche Entwicklung, denn er bestätigte frühere Erlasse gegen die Praxis, Zinsen für Kredite zu verlangen – was das mittelalterliche Recht »Wucher« nannte. Die Vorstellung, daß Wucher schlecht war, beruhte auf der berechtigten Angst, Menschen in finanzieller Bedrängnis könnten Geldverleihern zum Opfer fallen und von ihnen ausgebeutet werden. Das richtige Verhalten gegenüber Menschen im Elend bestand darin, mit ihnen zu teilen – nicht aber, ihnen zum eigenen Nutzen Geld zu leihen und Zinsen dafür zu fordern. Leider hatte dieses Gesetz, das die Armen schützen sollte, gleichzeitig auch den Effekt, Handel und Gewerbe zu hemmen.

Einige Kaufleute fanden Mittel und Wege, die Wuchergesetze zu umgehen. Sie wandten sich an jene, die das meiste Bargeld besaßen: die Kirchenfürsten. Als Geistliche fühlten sich diese gleichermaßen von der Verdammung des Reichtums wie auch von den Gesetzen gegen Wucher ausgenommen. Sie hatten über die Jahre riesige Summen an Geld gehortet, doch gab es relativ wenige Erzeugnisse und Dienste, die sie dafür kaufen konnten. Indem sie Kaufleuten und vor allem den Regierungsspitzen Kredite gewährten, gewannen sie nicht nur die Dankbarkeit der Kreditnehmer, sondern vergrößerten auch ihre eigene ökonomische und politische Macht. Die Kirche wurde folglich immer reicher, denn sie beschritt Pfade, die ihren Anhängern verboten waren.

Von dieser recht zynischen Koalition zwischen Geistlichkeit und Kommerz profitierten zum Beispiel die Templer. Der geistliche Orden wurde um 1120 in Jerusalem von Kreuzrittern gegründet, um Pilger vor marodierenden Moslembanden zu schützen. Die Gründer nannten sich selbst »Arme Ritter Christi und des Tempels Salomons«, ein Name, der in ironischem Gegensatz zu dem Reichtum und der weltlichen Macht stand, den der Orden im Lauf der Zeit erlangte.

Den Templern schlossen sich wohlhabende Anhänger an, von denen viele ihr Hab und Gut dem Orden übertrugen. Im Jahr 1139 befreite der Papst die Templer und ihren Besitz von jeglicher Kontrolle örtlicher Kirchengewalt und ebnete damit den Weg für den raschen machtpolitischen und finanziellen Aufstieg des Ordens. Die Könige von Frankreich und England machten den Templern einzelne Herrschaftsgebiete und Ländereien zum Geschenk, und Alfonso I. von Aragonien hinterließ dem Orden sogar sein gesamtes Königreich. Die Templer schlugen das Erbe aus und übergaben es großmütig an die beunruhigten Nachfahren – im Tausch gegen eine Handvoll Burgen und Besitzungen.

Die Verwaltung ihres stetig wachsenden Reichtums wurde für die Templer zu einer zentralen Aufgabe. Die Erträge ihrer steigenden Zahl von profitablen Ländereien wurden in regionale Depots verbracht, in Gold- und Silberbarren eingewechselt und auf den Schiffen des Ordens ins Heilige Land gebracht. Die Effektivität dieses logistischen Netzwerkes sprach sich rasch herum, und schon bald fungierten die Templer als Bankiers, nahmen in ihren Niederlassungen Einzahlungen in Form von gemünztem und ungemünztem Gold und Silber entgegen, verschifften Münzgeld in ganz Europa und im Mittelmeerraum und gewährten Kredite zu akzeptablen Zinsen. Die Templer wurden für ihre Ehrlichkeit und Tüchtigkeit bekannt, und Pilger, die ins Heilige Land zogen, vertrauten ihre Besitzungen der Obhut des Ordens an, denn sie wußten, daß die Einkünfte nicht nur von den Templern eingetrieben, sondern ihnen auch ins Heilige Land nachgeschickt wurden.

Aber Erfolg birgt immer auch die Gefahr des Sturzes in sich, und ihr Bekenntnis zu Armut und Christus schützte die Templer nicht vor weltlichen Konflikten. Ihre wirtschaftliche, militärische und politische Macht stellte sie in Konkurrenz zu anderen geistlichen Ritterorden und zu einflußreichen Persönlichkeiten innerhalb und außerhalb der Kirche. Es gab Anklagen und Gegenanklagen, gefolgt von Konfiszierungen und Haft – und später von Folter und blutigen Massakern. Schließlich wurde eine große Zahl von Ordensrittern und ihren Anhängern auf dem Scheiterhaufen als Ketzer verbrannt.

Das Ende der Templer kam 1312, als der Papst verfügte, daß sie ihren gesamten Besitz an ihren Erzrivalen übergeben mußten – den Orden der Johanniter. Obwohl auch die Johanniter großen Reichtum angesammelt hatten, hatten sie das Glück – oder den Verstand –, sich nicht auf Bankgeschäfte einzulassen. Sie hatten sich statt dessen auf die Pflege von Kranken konzentriert. Den Johanniterorden gibt es noch heute, und er ist in ganz Europa und Nordamerika vertreten.

Lombarden, Banken und Goldstücke

Ungefähr zu der Zeit, als die Templer gezwungenermaßen von der Bildfläche verschwanden, hatte sich der internationale Handel in Europa und am Mittelmeer so entwickelt, daß ein zuverlässiges Bankwesen dringend erforderlich wurde. Diese Aufgabe übernahmen hauptsächlich jüdische Kaufleute, deren Religion das Erheben von Zinsen nicht verbot. Doch der stetig steigende Bedarf an Bankdienstleistungen veranlaßte die Staatsgewalten, die Wuchergesetze zu lockern und die Entstehung von Bankhäusern zu fördern. Das weitgehende Monopol der Juden stand daher schon bald in Konkurrenz zu einer neuen Klasse von Handelsbankiers aus Piacenza, einer Stadt im norditalienischen Königreich der Lombarden. Innerhalb kurzer Zeit gesellten sich zu den Lombarden auch Bankiers aus Florenz und anderen toskanischen Städten. Da die ersten italienischen Bankiers aus der Lombardei stammten, wurden auch die Bankiers aus anderen Teilen Italiens Lombarden genannt. Sie eröffneten Niederlassungen in ganz Europa. Die Straße im Londoner Finanzviertel, wo die Italiener einstmals ihren Bankgeschäften nachgingen, heißt noch heute »Lombard Street«.

Bankhäuser entstanden in den Niederlanden, in Frankreich und anderenorts in Europa, doch fällt den italienischen Bankiers das Verdienst zu, das Bankwesen systematisiert zu haben, und ihnen verdanken wir auch die doppelte Buchführung, die sowohl die Interessen der Gläubiger wie auch die der Investoren berücksichtigte und es Bankiers wie Kaufleuten ermöglichte, ihre Geschäftsvorgänge zu kontrollieren.

Der Handel, der auf den Marktplätzen Europas aufblühte, schuf einen größeren Bedarf an Geld, der auf dreierlei Weise gedeckt wurde: durch die Wertminderung der Münzen, das Prägen von Goldmünzen und durch Schuldscheine. Die Wertminderung beinhaltete die Verfälschung des Silberpfennigs (*Denar*) mit Zusätzen von Kupfer und Zinn, eine Methode, die die Römer tausend Jahre zuvor erfunden hatten.

Das Gold, das die Kreuzfahrer und die Händler, die ihnen folgten, aus dem Vorderen Orient mitbrachten, war die zweite Quelle für zusätzliche Münzen. Während der trostlosen Zeit des frühen Mittelalters waren kaum Goldmünzen geprägt worden. Es hatte nur wenig Gold für Münzen gegeben, und die Menge an Silberpfennigen reichte für die kommerziellen Bedürfnisse im allgemeinen aus. In ländlichen Gegenden waren viele Menschen sogar zum Tauschhandel zurückgekehrt, so daß ihr Bedarf an Geld gering war. 1252 brachte dann die Republik Florenz einen Goldgulden in Umlauf, der *Fiorino* beziehungsweise *Florenus* hieß. Münzstätten in ganz Europa folgten diesem Beispiel und prägten eine Flut ähnlicher Münzen, die je nach Region *Zechinen* oder *Dukaten* genannt wurden.

Ebenso wie ihre griechischen und römischen Vorläufer dienten diese neuen Münzen auch als Mittel der Propaganda und als Zeichen der Selbstdarstellung. Sie zeigten das Porträt, die Titel und die Territorialansprüche des Herrschers, dem die Münzstätte unterstand. Die Münzen der zahlreichen Stadtrepubliken trugen keine königlichen Porträts, sondern den Namen und das Wappen der Stadt, in der sie geprägt wurden, und brachten damit den Stolz und den Status der jeweiligen Orte zum Ausdruck.

Das erste »Papiergold«

Die dritte Form zusätzlichen Geldes bestand aus Wechseln, die von Bankhäusern eingelöst wurden. Vor dem 13. Jahrhundert konnten Bankkredite ausschließlich in mündlicher Form vor Zeugen zwischen Schuldner und Gläubiger transferiert werden. Diese Praxis war umständlich, und im 13. und 14. Jahrhundert begannen Schuldner, sich der bequemeren Methode zu bedienen, handgeschriebene Wechsel auf den Namen bestimmter Gläubiger auszustellen. Das Transferieren von Guthaben wurde nach und nach vereinfacht, und um 1500 tauchten dann erstmals Schriftstücke auf, die den gleichen Zweck erfüllten wie ein moderner übertragbarer Scheck.

Diese Wechsel waren selbstverständlich kein Geld, aber sie traten an die Stelle von Geld. Ein florentinischer Kaufmann war nicht gezwungen, einen Sack mit Silber-Denaren und Gold-Florenen mitzunehmen, wenn er sich auf den Weg zu der großen internationalen Messe in der nordfranzösischen Provinz Champagne machte. Statt dessen trug er Wechsel bei sich, die in seinem Namen auf Bankiers ausgestellt waren, die auf der Messe vorübergehende Büros unterhielten. Hatte er seine Handelsgeschäfte auf der Messe erledigt, nahm er Wechsel mit in seine Heimat zurück, die auf florentinische Bankiers ausgestellt waren. Die Verwendung von Wechseln auf der Messe der Champagne veranlaßte die Bankiers, Verrechnungsstellen einzurichten, wo sie ihre Forderungen und Guthaben gegeneinander aufrechneten, so daß nur wenig Bargeld transferiert werden mußte.

Die Erfahrung lehrte die Bankiers, daß weitaus mehr Geld als Guthaben bei ihnen verblieb, als sie zur Einlösung von Wechseln brauchten. Ein Bankier konnte das überschüssige Geld daher mit Zinsen verleihen – vorausgesetzt, er achtete darauf, daß er noch über ausreichende Summen an Bargeld verfügte, um gegebenenfalls auch eine außergewöhnlich hohe Anzahl von Wechseln einlösen zu können. Notfalls konnte er sich zwar von einem anderen Bankier Geld leihen, doch hatte die Bereitschaft der Bankiers, einem Kollegen aus der Verlegenheit zu helfen, ihre Grenzen, insbesondere wenn seine Zahlungsunfähigkeit darauf beruhte, daß er aus Profitsucht mehr Darlehen vergeben hatte, als vernünftig war. Konnte ein Bankier die auf ihn ausgestellten Wechsel nicht einlösen, war seine *banca* (die Bank oder der Tresen, an dem er seine Geschäfte abwickelte) *rotta* (zerbrochen). Vom italienischen *bancarotta* leiten sich der englische Begriff *bankrupt* und das deutsche Wort *bankrott* ab.

Schuldscheine gab es schon lange vor dem Mittelalter. Im vorhergehenden Kapitel haben wir bereits erwähnt, daß die Ägypter unter den Ptolemäern ein System entwickelten, bei dem Personen, die bei einem staatlichen Getreidespeicher über ein Guthaben verfügten, Schecks in Höhe dieses Guthabens ausstellen konnten. Da die Schecks übertragbar waren und bei jedem staatlichen Getreidespeicher eingelöst werden konnten, stellten sie eine Art Schuldgeld dar. Andere frühe Kulturen – speziell die Griechen und Römer – entwickelten ebenfalls Banksysteme mit Schuldscheinen, doch verschwanden diese mit dem Niedergang des Handels im frühen Mittelalter. Die Bankiers des Mittelalters mußten die Vorteile des Schuldgeldes also sozusagen »wiederentdecken«.

Wir benutzen den Begriff »Schuldgeld« als Abgrenzung zu Warengeld (Geld, dessen Wert sich aus dem Metall ergab, aus dem es bestand) und zu ungedecktem Geld, das seinen Wert per Regierungserlaß erhielt (wie die Kupfermünzen der Griechen und Römer). Da für die Silberpfennige oder Denare des Mittelalters ein Tarif von 240 Stück pro Pfund festgesetzt war, ließen sich 240 dieser Münzen vermutlich gegen das gleiche wie ein Pfund Silber eintauschen. Auch Goldflorine und Dukaten hatten einen Tauschwert, der ihrem Goldgewicht entsprach. Die neuen Schuldscheine hingegen waren lediglich Zahlungsversprechen in schriftlicher Form. Sie besaßen keinen Sach- oder Warenwert. Ihr Wert beruhte gänzlich auf Treu und Glauben – das heißt, sie wurden akzeptiert, wenn der Aussteller des Wechsels und das Bankhaus, auf das er ausgestellt war, vertrauenswürdig erschienen. Das System wurde häufig mißbraucht, wobei die Obrigkeiten regelmäßig eingriffen, um Betrügereien zu verhindern und zu bestrafen. Leider trieben die Obrigkeiten den größten Mißbrauch mit dem System, indem sie ihre Konten häufig überzogen und zuweilen die Bankhäuser ruinierten, die ihnen vertraut hatten.

Diese Probleme verzögerten zwar den zunehmenden Einsatz von Schuldscheinen als Ersatz für Warengeld, doch setzte sich dieses Prinzip dennoch durch. Tatsache ist, daß sich das System – mit Ausnahme kurzer Unterbrechungen durch Kriege und Finanzkrisen – stetig weiterentwickelt hat. Noch vor einer Generation erhielten Arbeiter ihren Wochenlohn in Form von Geldscheinen und Münzen in kleinen Umschlägen, die in Amerika *pay envelopes*, in Großbritannien *pay packets* und bei uns »Lohntüten« hießen. Heute werden Löhne in vielen Ländern in Form eines Schecks ausgezahlt. Der Scheck ist selbstverständlich ein direkter Nachkomme des Wechsels.

Depositenscheine übernehmen ebenfalls die Funktion von Schuldgeld. In England begann diese Praxis nach 1640, als Charles I., der das rebellische Parlament nicht dazu bewegen konnte, ihm das für die Armee geforderte Geld zu geben, 200 000 Pfund Sterling von dem Gold einzog, das Londoner Kaufleute zur sicheren Aufbewahrung bei der Royal Mint, dem königlichen Münzamt, hinterlegt hatten. Die Kaufleute waren selbstverständlich der Meinung, daß dieses Verfahren einer Konfiszierung gleichkam. Da die Londoner Goldschmiede Tresore besaßen, begannen die Kaufleute schon bald, ihre Goldmünzen und Goldbarren dort zu deponieren. Über diese Einlagen wurden ihnen Quittungen – sogenannte Depositenscheine – ausgestellt. Die

Goldschmiede erkannten schnell, daß sie einen Teil der beträchtlichen Mengen an Gold, die in ihren Tresoren lagerten, ohne große Probleme verleihen und durch die Zinsen der Schuldner zusätzlich Geld verdienen konnten. Überdies stellten die Goldschmiede fest, daß sie auch Scheine oder Noten über feste Beträge ausstellen konnten, die sich nicht auf eine spezielle Einlage bezogen, sondern lediglich eine Zusage darstellten, auf Verlangen eine bestimmte Menge an Barren oder Geld auszuzahlen. Diese Noten und Scheine waren übertragbar; sie zirkulierten als eine Form von Schuldgeld.

Eine Reihe der Goldschmied-Bankiers machte schlechte Erfahrungen mit Charles II., und einige von ihnen gingen bankrott, als ihre Darlehen nicht zurückbezahlt wurden. Es zeigte sich, daß Geschäfte mit der Regierung zu groß und zu riskant für Privatbanken waren, und so wurde 1694 die Bank of England gegründet. Als Zentralbank des Landes war sie eine stabilisierende Kraft, und sie gewährte sowohl der Regierung wie auch Privatleuten Kredite. In unserem Zusammenhang ist jedoch vor allem die Tatsache von Bedeutung, daß die Bank of England auch Banknoten – Schuldgeld – in Umlauf brachte.* Um 1770 stellten die meisten privaten Bankhäuser (von denen viele ein Jahrhundert zuvor Goldschmiede gewesen waren) die Ausgabe ihres eigenen Schuldgeldes ein und benutzten statt dessen die Zahlungsmittel, die die Bank of England herausgab. Aus psychologischer Sicht verdrängten die Banknoten der Bank of England ihre Konkurrenten, weil sie mehr Vertrauen erweckten.

Was ist Geld wirklich wert?

Wirtschaftshistoriker messen der Umstellung von Warengeld auf Schuldgeld eine große Bedeutung zu, und die beiden Geldformen scheinen tatsächlich recht unterschiedlich zu sein. Das Akzeptieren von Schuldgeld impliziert die Bereitschaft, das geschriebene oder gedruckte Wort anderer als Nennwert anzuerkennen, während das Festhalten an Warengeld – Gold oder Silber – Skepsis und Mißtrauen im-

---

* Das erste Papiergeld der Geschichte brachten die Chinesen in Umlauf. Marco Polo, der venezianische Entdeckungsreisende des 13. Jahrhunderts, berichtete, daß der mongolische Kaiser von China, Kublai Khan, Geld herausgab, das auf Papier gedruckt war, das aus der Rinde von Maulbeerbäumen hergestellt wurde. Dieses Papiergeld ohne Deckung konnte beim staatlichen Münzamt in Gold oder Silber eingetauscht werden.

pliziert. Die Bereitschaft von Geschäftsleuten, das neue Schuldgeld zu akzeptieren, scheint somit auf eine wesentliche Veränderung in ihrer Einstellung und ihrem Verhalten hinzudeuten.

Wie bei vielen Signalereignissen menschlichen Verhaltens trügt aber auch hier der Schein. Die Wahrheit ist, daß die Annahme von Schuldgeld keiner großen Veränderung im Denken bedurfte. Während der meisten Zeit der vorausgegangenen zweitausend Jahre hatten die Menschen Geld benutzt, dessen Warenwert geringer war als der Wert, zu dem es bei Handelsgeschäften anerkannt wurde. Wie wir im vorherigen Kapitel gesehen haben, prägten die Griechen riesige Mengen an Kupfermünzen, die gegen Silbermünzen eingetauscht werden konnten, deren Wert als Edelmetall weitaus größer war. Die Römer verfolgten die gleiche Politik, und die Gesamtanzahl an Bronzescheidemünzen, die sie in Umlauf brachten, war erheblich größer als alles, was die Griechen jemals in Erwägung zogen.

Im Mittelalter gab es praktisch keine Scheidemünzen; das extrem niedrige Handelsvolumen rechtfertigte sie nicht. Als der Handel während der Kreuzfahrerära wieder zunahm, brachten nur die wohlhabenderen Länder des Mittelmeerraums Kupferscheidemünzen in Umlauf; aber Regierungen verfälschten den Silber-Denar oder Pfennig, wie wir bereits gesehen haben. Das Hinzufügen von Kupfer oder Zinn zu Silber wurde unter den Begriff »Prägegebühr« oder »Münzgebühr« gefaßt – die Gewinnspanne, die ein Herrscher für die Dienste seiner Münzstätte einforderte. Daher enthielt ein Pfund in Silbermünzen niemals tatsächlich ein Pfund Silber. Dennoch zirkulierten die Münzen überall, waren begehrt, wurden begierig gehortet und widerwillig ausgegeben, gerade so als bestünden sie wirklich aus reinem Silber. Mit der starken Ausweitung des internationalen Handels – und der Kriege – im 16. Jahrhundert brachte der große Bedarf an Geld die Kupferscheidemünzen zurück.

Der Gebrauch von Geld erforderte stets ein gewisses Maß an Vertrauen – die Überzeugung, daß es etwas wert war. Die Bereitschaft der Menschen, Münzgeld für ihre Waren oder Dienstleistungen anzunehmen, basierte auf der Erwartung, daß es auch von anderen akzeptiert werden würde, wenn man es gegen Waren oder Dienstleistungen eintauschen wollte. Die psychologische Grundlage für den Wert von Geld liegt in der gemeinsamen Überzeugung, daß es generell verwendbar ist.

Expansion, Verschuldung und Inflation

Die Epoche, die wir als Renaissance bezeichnen, war eine Zeit großer Abenteuer – intellektuell, künstlerisch, politisch und kommerziell. Alle diese Abenteuer kosteten Geld, und Geld war ständig knapp. Michelangelo und Benvenuto Cellini klagten immer wieder über den Geiz ihrer Zeitgenossen, die ihnen selten genügend Geld für Arbeitsmaterialien und Assistenten gaben. Die Erfindung des Schießpulvers und die größere Perfektion von Waffen erhöhten die Kosten für groß angelegte militärische Unternehmungen.

Aber wo ein Wille ist, da ist bekanntlich auch ein Weg. Ein Großteil des Geldes, das für diese Unternehmungen erforderlich war, wurde durch Darlehen beschafft, und die königlichen Häupter Europas ruinierten einen Bankier nach dem anderen, um ihre kostspieligen Neigungen, ihre politischen Pläne und ihre endlosen Feldzüge zu finanzieren. Wenn die Mittel ihrer Bankiers erschöpft waren, wandten sie sich ihren wohlhabenden Untertanen zu und konfiszierten kurzerhand das Geld, das sie brauchten. Den Adel und die Handelsfürsten traf dieses Vorgehen hart, doch kam auf diese Weise ein Großteil des gehorteten Kapitals wieder in Umlauf. Maßnahmen solcher Art trugen durchaus zu sozialen Veränderungen und zum Allgemeinwohl bei. In den meisten Fällen aber gingen die geliehenen und herausgepreßten Gelder in blutigen, zerstörerischen Kriegen unter.

Die Expeditionen der Renaissance in die Neue Welt brachten stattliche Gewinne ein und führten dazu, daß hohe Summen Geldes für aufwendige Pläne verfügbar wurden. Obwohl die Goldmünzen aus den neuen spanischen Besitzungen in Amerika anfänglich eine Rolle spielten, bestand der größte Teil des neuen Geldes aus Silber. Dank des Fortschritts bei den Fördertechniken und Schmelzverfahren konnten bedeutende Silbervorkommen in Joachimstal in Westböhmen ausgebeutet werden. Das Edelmetall wurde zu großen, imposanten Münzen mit der Büste des Kaisers auf der Vorderseite und seinem Wappen auf der Rückseite geprägt. Nach der Stadt, in der sie erstmals geprägt wurden, hießen die Münzen »Joachimstaler«, was später zu »Taler« verkürzt wurde. »Taler« gelangten über Holland nach England – das alte niederländische Wort war »daler«, woraus der amerikanische »Dollar« wurde. Schlichte talergroße Silbermünzen von spanischen Kolonialmünzstätten waren auch in Nord- und Südamerika in Umlauf. Im britischen Nordamerika verdrängte der »spanisch-amerikanische Dollar« – das »Acht-Realen-Stück« oder »Peso« – erfolgreich das »Pfund Sterling« als Hauptzahlungsmittel und bildete schließlich die Grundlage des Währungssystems der Vereinigten Staaten.

Obwohl Schuldgeld seit der Renaissance im Wirtschaftsleben Europas gebräuchlich war, kam ihm bis zum 18. Jahrhundert keine wesentliche Bedeutung zu. Die meisten Handelsgeschäfte wurden mit Warengeld abgewickelt – mitunter in Gold, zumeist jedoch in Silber, mit Kupfermünzen als Kleingeld. Die Tatsache, daß das europäische Wirtschaftssystem auf »Hartgeld« beruhte, konnte Inflationen allerdings nicht verhindern. John Kenneth Galbraith legte dar, daß die Preise in England zwischen dem späten 15. und dem späten 16. Jahrhundert um das Zweieinhalbfache stiegen. Im späten 17. Jahrhundert hatten sie sich im Vergleich zum späten 15. Jahrhundert um das Dreieinhalbfache erhöht. Die Löhne verdoppelten sich im Verlauf der beiden Jahrhunderte nur knapp, was zeigt, daß die Kaufleute eher in der Lage waren, ihre Preise heraufzusetzen als die Arbeiter ihre Löhne. Man muß jedoch hinzufügen, daß die Zahl der zur Verfügung stehenden Arbeitskräfte im Vergleich zur vorhandenen Warenmenge gestiegen war. Somit waren Waren relativ knapp und Arbeitskräfte relativ billig.

Das gleiche traf auf den allgemeinen Preisanstieg während der beiden Jahrhunderte zu: Die Geldmenge hatte sich im Vergleich zur vorhandenen Warenmenge vergrößert. Bei einem freien Markt konkurrieren die Menschen miteinander, um sich ihren Warenanteil zu sichern. Wenn eine Gesellschaft Jahr für Jahr ungefähr die gleiche Menge an Waren produziert, sich das Kapital in den Händen der Verbraucher jedoch verdoppelt, erhöhen sich auch die Preise, die die Verbraucher für die Waren zu entrichten haben.

Die Ursache für die Inflation während der beiden fraglichen Jahrhunderte läßt sich also einfach erklären: Sie war das direkte Ergebnis der drastischen Zunahme an Geld, das aus dem Silber Nord- und Südamerikas und Böhmens geprägt wurde. Doch wie wir noch sehen werden, ist die zirkulierende Geldmenge nicht die einzige Ursache von Inflationen.

Galbraith vertritt die Auffassung, die Geldinflation des 16. und 17. Jahrhunderts habe die Entstehung des europäischen Frühkapitalismus in Gang gesetzt. Hohe Preise und niedrige Löhne führten zu hohen Profiten, die die Akkumulation von Kapital erlaubten und einen starken Anreiz für weitere Investitionen boten. Die Inflation, sagt er, ermöglichte und förderte nicht nur den Handel, sondern sie machte geschäftliche Unternehmungen auch sicherer, »weil sie den Handelsstand von den Fehlern befreite, die er aus Optimismus oder Dummheit beging«.

John Law: die Erfindung der modernen Banknoten

Das 18. Jahrhundert erlebte die erste wirkliche Blütezeit von Schuldgeld. Die neue Ära setzte ein, als John Law 1716 an den französischen Hof kam. Law, Schotte und fünfundvierzig Jahre alt, war ein Finanzgenie, Autor eines Buches zur Reform des Bankwesens und ein leidenschaftlicher Spieler. In England wurde er zudem als Mörder verfolgt, weil er sich allzu siegreich mit einem gewissen Mr. Wilson duelliert hatte. Unmittelbar bevor Law nach Frankreich kam, hatte er erfolglos versucht, die schottische Finanzwelt davon zu überzeugen, daß sich die Finanzkrise entspannen würde, wenn man die Bank of Scotland dazu bewegen könne, eine Währung einzuführen, die durch den Grund und Boden des Landes abgesichert war. Die vorherrschende Meinung jener Zeit war, daß sich der Wohlstand eines Landes an seinen Gold- und Silberreserven maß, doch Law vertrat die Auffassung, daß der Wohlstand vom Handel abhing. Und zur Ankurbelung des Handels, so sagte er, brauche man eine große Menge an Geld.

In Frankreich tauchte Law gerade zur rechten Zeit auf. Eine Bilanz der Staatsfinanzen nach dem Tod Ludwigs XIV., ein Jahr zuvor, hatte ergeben, daß Frankreich am Rande des Ruins stand. Das Geschäftsleben war zum Erliegen gekommen, es zirkulierte kein Geld mehr, und Arbeitslosigkeit und Hunger waren weit verbreitet. Zusammen mit den Kosten zur Unterhaltung des Staates lagen die jährlichen Schuldzinsen mehr als 40% über den Gesamteinnahmen der Nation.

Der französische Regent, der Duc d'Orléans, der Law einige Jahre zuvor in einem Spielkasino kennengelernt hatte, stellte ihn dem Finanzrat vor. Law schlug die Gründung einer Bank vor, die nach völlig neuen Gesichtspunkten organisiert war: Sie sollte ermächtigt sein, Banknoten herauszugeben, die durch Warenkredit (Hypotheken, Wechsel und Darlehen) gedeckt waren. Die Verfügbarkeit dieses neuen Geldes, so sagte Law, werde Frankreich innerhalb kürzester Zeit zu Reichtum verhelfen.

Der Finanzrat ermächtigte Law, eine Privatbank zu gründen, die befugt war, Einlagen anzunehmen, Darlehen zu gewähren und Banknoten in Umlauf zu bringen. Vom ersten Tag an war der französische Staat der Hauptkreditnehmer. Mit Hilfe der Banknoten, die Law ausgab, wurden die dringendsten Kredite getilgt und laufende Staatskosten bezahlt. Banknoten durften auch zum Zahlen von Steuern verwendet werden; da Laws Bank anbot, sie gegen Gold- und Silbermünzen zurückzukaufen, wurden sie überall akzeptiert. Das Vertrauen kehrte zurück, der Handel begann sich zu regen, und der Wohlstand winkte Frankreich wie viele Jahre nicht.

Law führte seine Bank mit Sorgfalt und Umsicht. Wäre alles gut verlaufen, hätte vielleicht er und nicht Napoleon die Banque de France gegründet, denn 1719 wurde aus seiner Privatbank die Banque Royale, eine Staatsbank. Doch wie viele andere erfolgreiche Spieler wollte Law mehr und verstrickte sich in ein anderes Unternehmen, das ihn – wie auch Tausende von Franzosen – in den Ruin trieb. Dieses Projekt war die *Compagnie d'Occident*, die Mississippi-Gesellschaft, deren erklärtes Ziel die Entwicklung und Ausbeutung der Kolonie Louisiana war. Da Louisiana ein riesiges, unerforschtes Territorium war, waren auch die Möglichkeiten unbegrenzt, ebenso wie die potentiellen Probleme und Risiken.

Der Preis der Gesellschaftsanteile folgte einem klassischen Muster. Zunächst stieg er langsam an und dann immer rascher, als die Gesellschaft nacheinander das nationale Tabakmonopol, die Französisch-Ostindische-Gesellschaft, die Guinea-Gesellschaft, die China-Gesellschaft, die Santo-Domingo-Gesellschaft, die französische Steuerhoheit, das nationale Münzamt und den Sklavenhandel in die Neue Welt übernahm. Vieles an Laws *Compagnie d'Occident* ähnelte dem Wachstumsverlauf eines modernen Mischkonzerns.

Law vergrößerte die Aufregung zusätzlich, indem er auf der ersten Gesellschaftsversammlung, als die Kompanie noch keinerlei Gewinne gemacht hatte, eine Dividende von 12% versprach. Geld ist ein starker Anreiz, und Law – wie viele vor und nach ihm – war ein klassisches Beispiel für einen geldbesessenen Menschen. Er kam nie zur Ruhe, kaufte Bezugsrechte auf neue Aktien, bot Bezugsrechte auf Aktien an und verkaufte Aktien gegen Sicherheitsleistungen. Der Preis pro Gesellschaftsanteil stieg innerhalb von vierzig Tagen von ursprünglich 500 Livre (rund 125 Dollar) auf 1000 Livre. Zwei Monate später wurden die Anteile für 5000 Livre und wiederum zwei Monate später für 10000 Livre verkauft. Einige Monate lang bewegten sie sich zwischen 10000 und 15000 Livre. In seiner Geschichte des Geldes berichtete Groseclose von einem französischen Autor, der (im November 1719) die nüchterne Schätzung anstellte, daß Frankreich zu diesem Zeitpunkt fünf Milliarden Livre reicher war als noch ein Jahr zuvor. Doch alles, was diesem ungeheuren Anstieg zugrunde lag, waren einige Handelsposten in Louisiana und eine geringfügig gestiegene Anzahl von Schiffen, die mit dem Osten Handel trieben.

Die Preise für Grundbesitz und Waren stiegen zunächst nicht so stark wie der Preis für die Anteilscheine der Compagnie d'Occident, doch als große Mengen Geld zu zirkulieren begannen, fingen die Menschen an, Handel zu treiben und zu spekulieren und die Preise in die Höhe zu treiben. Der Preisanstieg, der das *chateaux* der Reichen ebenso betraf wie das Brot der Armen, betrug während der Zeit, in der Law die Finanzen Frankreichs lenkte, durchschnittlich etwa 75%. Obwohl Laws Projekte das Land auf den Weg des Wohlstandes zurückgeführt hatten, geriet die Wirtschaft seiner Unternehmen völlig außer Kontrolle, und er war nicht in der Lage, die Bremse zu ziehen. Innerhalb weniger Monate brach alles zusammen – die Compagnie d'Occident, das geschäftliche Ansehen und das Vertrauen der Öffentlichkeit. Im Oktober 1720 war jedem klar, daß das System am Ende war, und das Papiergeld, das Laws Bank herausgegeben hatte, wurde für null und nichtig erklärt. Law floh aus Frankreich. Seine letzten Jahre verbrachte er in Venedig, wo er bis zu seinem Tod im Jahr 1729 in Armut lebte.

Galbraith ist der Meinung, daß die Franzosen seit der John-Law-Katastrophe Banken mißtrauisch gegenüberstehen. Ihr Mißtrauen hat sie jedoch weder vor drei weiteren großen Inflationen noch vor einigen kleineren bewahrt, die sie im Lauf der folgenden 250 Jahre erleben mußten.

Lehren aus Laws Projekten

Aus Laws unglückseligen Unternehmungen lassen sich zwei psychologische Lehren ziehen. Die erste ist, daß Geld nicht in eine Ware wie Silber oder Gold konvertierbar sein muß, um einen wirtschaftlichen Wert zu besitzen. Wird das Geld von einer achtbaren Einrichtung, wie dem staatlichen Schatzamt oder einer angesehenen Bank, emittiert, akzeptieren und benutzen es die Menschen. Tatsächlich kann Geld, das nicht an eine Ware gebunden ist, ein großer Vorteil sein. In seinem Buch über die Dynamik des Geldes schrieb Robert A. Hendrickson: »Je mehr eine Gesellschaft von einem an sich wertlosen Tauschmedium Gebrauch macht, desto größer wird ihr Wohlstand. Der menschliche Geist kann unsichtbaren Hoffnungen und Ängsten einen weitaus größeren Wert beimessen als greifbaren Dingen.« Der Wert des Geldes beruht somit auf Erwartungen.

Diese Lektion haben Regierungen von heute gut gelernt, und sie ist in jedem Land die Grundlage der Wirtschaftspolitik. Nur wenige Länder binden den Wert ihres Geldes an irgend etwas Greifbares. Der Iran beispielsweise, sagt man, nimmt die sehr umfangreichen Kronjuwelen des abgesetzten Schahs als Deckung für den *Rial*. Doch jeder weiß, daß Gesten dieser Art allenfalls einen rituellen Wert haben. Im wesentlichen handelt es sich bei dem Geld, das heute von Staaten in Umlauf gebracht wird, um Schuldgeld. Mitunter steht auf den Banknoten lediglich geschrieben: »Das Schatzamt der Republik Utopia garantiert, dem Überbringer auf Verlangen zehn Zaster in gesetzlichen Zahlungsmitteln auszuzahlen.« Die meisten Zentralbanken wissen, daß ein solches Versprechen völlig überflüssig ist, da die Zehn-Zaster-Banknote selbst ein gesetzliches Zahlungsmittel ist. Über die Jahre haben Staaten immer weniger auf ihren Banknoten versprochen, und heute versprechen die meisten gar nichts mehr.

Was auch immer die Geldscheine zusichern, sie repräsentieren eine Schuldforderung, was bedeutet, daß sie einen Anspruch auf etwas darstellen. Da die meisten Banknoten heutzutage vom Staat, entweder direkt durch das Schatzamt oder indirekt durch die Nationalbank, emittiert werden, impliziert die Schuldforderung einen Anspruch auf die Ressourcen des Landes. Jeder, der eine der Banknoten besitzt, kann sie gegen einen winzigen Bruchteil des Bruttosozialproduktes oder der Liegenschaften des ausgebenden Landes oder gegen eine Dienstleistung, die das Land oder seine Bürger garantieren können, eintauschen.

Eine Reihe von Ländern (von denen die meisten arm, einige aber auch verhältnismäßig wohlhabend sind) hat versucht, ihr Nationalvermögen vor den Ansprüchen von Ausländern zu schützen, und das Einführen ihrer Banknoten verboten. Ein solches Vorgehen führt zu

Problemen an den Devisenmärkten, und die betreffenden Währungen werden stets mit Kursabschlägen gehandelt. Weshalb es überhaupt einen Markt für unter Kurs gehandelte Währungen gibt, ist eine interessante Frage, die sich allerdings von Währungsschmugglern und Schwarzmarkthändlern beantworten läßt.

Man kann sich auch fragen, wie die Bevölkerung dieser Länder über den geringen Wert denkt, den ihr Geld auf den Devisenmärkten hat. Die Antwort ist, daß es sie – so sie nicht gerade im Importhandel tätig sind oder eine Auslandsreise planen – kaum betrifft. Das Geld der ehemaligen Sowjetunion, des kommunistischen China und zahlloser Dritte-Welt-Länder hatte bzw. hat außerhalb der jeweiligen Landesgrenzen einen geringen Wert, doch wurde das Wirtschaftsleben innerhalb dieser Länder davon nicht tangiert, solange die Planwirtschaft funktionierte. Die Menschen kaufen, verkaufen, sparen und geben ihr Geld aus, ohne daß sie sein niedriger Wert auf dem Weltmarkt weiter kümmert.

Die Vorstellung, daß das Geld, für das wir uns abmühen, das wir schätzen und horten, nichts anderes ist als eine Staatsschuld, ist ein ernüchternder Gedanke, doch können wir uns zumindest ein wenig an den Alice-im-Wunderland-Aspekten des Geldsystems erfreuen. Wir erhalten diese Staatsschulden in Form eines Einkommens und zahlen es bei unserer örtlichen Bank ein. Der Kassierer schreibt uns den Betrag gut, mit dem Ergebnis, daß die Bank uns nun Geld in Höhe der Einzahlung schuldet. Die Bank verleiht dieses Geld dann an Kreditnehmer und erhält von ihnen im Gegenzug Schuldscheine. Diese Schulden erscheinen in der Bankbilanz als Aktivposten (Vermögenswerte). Die Bank kauft auch Obligationen und Schuldscheine, bei denen es sich um Schulden der Regierung und von Körperschaften handelt, und führt diese Schulden in ihren Büchern als Vermögenswerte, die sie anderen Kreditnehmern im Tausch gegen ihre Schulden überläßt, die ebenfalls zu Vermögenswerten werden. Außer für Wirtschafts- und Finanzexperten ist all dies sehr verwirrend. Im Vergleich dazu ist Alice im Wunderland erheblich einfacher und simpler. Doch das System funktioniert recht gut, und dies haben wir der Genialität von John Law zu verdanken, der die Welt erstmals mit den Möglichkeiten des Schuldgeldes vertraut machte.

Die Torheit, den Bogen zu überspannen

Die zweite psychologische Lehre, die sich aus Laws französischem Abenteuer ziehen läßt, lautet, daß man den Bogen nicht überspannen darf. Pumpt man zu viel Geld zu schnell in die Wirtschaft eines Landes, führt dies dazu, daß sich die Menschen beim Heraufsetzen der Preise für Waren und Dienstleistungen gegenseitig überbieten. Bekommen sie mehr Geld als gewohnt in die Hand, geraten sie in Aufregung und fühlen sich optimistisch. Aber sie können auch besorgt sein – »Ist mein Vermögen *real*?« Eine Möglichkeit, dies herauszufinden, besteht darin, das Geld auszugeben. Bei dieser Gelegenheit stellen sie dann fest, daß auch andere Leute über mehr Geld verfügen, und dies verdirbt ihnen die Freude ein wenig. Schon bald entdecken sie, daß sie mit ihrem Geld nicht so weit kommen wie zuvor, und ihre Besorgnis wächst. Schließlich kommt es zu einer Panik; die Menschen verlieren das Vertrauen in ihr Geld. Waren sie zuvor vielleicht geneigt, Geld für schlechte Zeiten zurückzulegen, horten sie nun Waren, Wertgegenstände und Immobilien.

Galbraith behauptete, die Amerikanische Revolution sei durch Inflation finanziert worden. Der Kontinentalkongreß (1774–1783) habe keine andere Möglichkeit gehabt, als zusätzliches Geld in Umlauf zu setzen. Hätte der Kongreß die Erhebung von Steuern gebilligt, hätten sie vermutlich nicht eingetrieben werden können – es gab keine Bürokratie, die dies hätte übernehmen können, und die Menschen hätten sie nicht bezahlt, weil sie Steuern mit Fremdherrschaft gleichsetzten. Kaum jemand wäre gewillt gewesen, der unerprobten Revolutionsregierung Geld zu leihen; die Kredite von Frankreich und Spanien wurden nicht in der Erwartung gewährt, daß sie jemals zurückbezahlt würden, sondern aufgrund der Rachegefühle, die diese Länder gegen Großbritannien, ihren Erzfeind, hegten. Die Ausgabe der Kontinental-Papierdollars war im Ergebnis eine Zwangssteuer auf das Landesvermögen.

Kritiker haben sich nicht mit den politischen und militärischen Vorteilen auseinandergesetzt, die die erste amerikanische Inflation mit sich brachte, sondern mit ihren Übeln. Kontinentaldollars, sagen sie uns, waren letztlich überhaupt nichts mehr wert, und Gläubiger tauchten unter, um den Schuldnern nicht zu begegnen. Alexander Hamilton überzeugte den Kongreß schließlich, die Kontinentalwährung für einen Penny pro Dollar zurückzukaufen, eine Geste, von der in erster Linie jene Spekulanten profitierten, die schlau genug gewesen waren, sie für erheblich weniger Geld zu kaufen.

Kritiker der Inflation haben noch viele andere Schreckensgeschichten parat. 1789 kam die Revolutionsregierung in Frankreich an die Macht und fand eine leere Staatskasse vor. Sie war versucht, Papiergeld zu emittieren, um die laufenden Kosten bezahlen zu können, doch war die Erinnerung an das Fiasko mit John Law noch allzu frisch. Und so beschloß die neue Regierung, Assignaten (Anweisungen) auf den erwarteten Verkaufserlös der beschlagnahmten Güter der Krone und der Kirche auszugeben. Die Regierung war überzeugt, daß die Assignaten kein wertloses Papier wie John Laws Livres und die amerikanischen Kontinentaldollars werden würden, weil sie durch etwas wirklich Substantielles gedeckt waren – durch Grundbesitz.

Revolutionsregierungen neigen selten zur Selbstbeherrschung, und so erwies sich auch in diesem Fall der süße Weg zum finanziellen Ruin, den John Law und der Kontinentalkongreß bereits vorgezeichnet hatten, als unwiderstehlich. Es folgte eine große Assignaten-Emission nach der anderen. Im Juli 1795 waren die Assignaten nur noch 3% ihres Nennwertes in Hartgeld wert. Geschäftsunternehmen waren ruiniert, Bauern konnten ihre Produkte nicht verkaufen, es herrschte Hungersnot, und Dissidenten revoltierten. Die Regierung versuchte, eine neue Form von Papiergeld, die sogenannten Territorialmandate, in Umlauf zu bringen, die das Dreißigfache der in Verruf geratenen Assignaten wert waren, doch hatte die Bevölkerung genug von solchen Spielen. Im Februar 1797, acht Jahre nach Ausgabe der ersten Assignaten, kehrte die Regierung zu einer Münzwährung zurück.

Da die Französische Revolution ohne die Assignaten nicht möglich gewesen wäre, gebührt ihnen, wie Galbraith mit der ihm eigenen Ironie meinte, ebensoviel Anerkennung für den Erfolg der Revolution wie der weitaus besser bekannten Guillotine.

Das schlimmste Schreckensszenario in der Geschichte der Geldinflation sind die Ereignisse während der Weimarer Republik in Deutschland zu Beginn der 1920er Jahre. In Anbetracht der zu leistenden Reparationszahlungen an die Siegermächte des Ersten Weltkrieges beschloß die Regierung, ihren Staatshaushalt durch die Emission einer zusätzlichen Menge an Mark auszugleichen – und nicht durch eine drastische Erhöhung der Steuern, was stets eine unbeliebte Maßnahme ist. Im wesentlichen war es das gleiche Problem, dem auch 1717 und 1789 die Franzosen und 1775 der amerikanische Kontinentalkongreß gegenüberstanden. 1922 fiel die Mark, die in den Jahren vor dem Ersten Weltkrieg 4,20 pro Dollar wert gewesen war, von 162 auf mehr als 7000 Mark pro Dollar. Am 1. Juli 1923 stand sie bei 160 000 pro Dollar; am 20. November war sie auf 4 200 000 000 gefallen. Das Geschäftsleben kam zum Erliegen, Tauschhandel trat an die Stelle von Geldtransaktionen, und Hungerrevolten brachen aus. Alle mit einem festen Einkommen traf es hart. Der Sturz der Reallöhne beraubte Arbeiter ihrer Kaufkraft, doch Bauern und andere Leute, die Hypotheken auf ihrem Grundbesitz hatten, profitierten enorm. Das gesellschaftliche und wirtschaftliche Trauma, das durch die voranschreitende Inflation verursacht wurde, wird von vielen als eine Hauptursache für den Aufstieg Adolf Hitlers angesehen.

Galbraith stellte fest, daß alle Länder in Mitteleuropa, die wie Deutschland in den Jahren nach dem Ersten Weltkrieg eine galoppierende Inflation erlebten, wenige Jahre später, in den 1930ern, ebenfalls unter faschistischen Diktatoren litten und die meisten von ihnen nach dem Zweiten Weltkrieg unter kommunistische Herrschaft gerieten. Führen überhitzte Inflationen demnach zum Faschismus und dann zum Kommunismus? Galbraith bezweifelte, daß Geldinflationen zwangsläufig derartig entmutigende Folgen haben müssen. Er betonte, daß Deutschland in den späten 1920er Jahren, als es sich von dem Inflationsspuk zwischen 1922 und 1923* erholt hatte, einen hohen Grad an Wohlstand genoß. Als es in den frühen 1930er Jahren erneut zu Wirtschaftsproblemen kam, zeigte die deutsche Regierung, daß sie ihre Lektion nur allzu gut gelernt hatte, und verfügte eine Senkung der Löhne und Preise von 10–20%. Innerhalb eines Jahres betrug die Arbeitslosenquote 20%, und ein Jahr später kam Hitler an die Macht. Nach Galbraiths Meinung schuf die übermäßige *Deflation* die Voraussetzungen für Hitlers Aufstieg zur Macht und nicht die Inflation, die zehn Jahre früher stattgefunden hatte.

---

* Die Geschichte treibt ironische Spiele. Die Währung, die die Weimarer Republik 1923 anstelle der inflationären Mark einführte, war die *Rentenmark*, die – wie die französischen Assignaten 1789 – durch den Bodenbesitz der Nation »abgesichert« war. Im Gegensatz zu den Assignaten war die Rentenmark jedoch ein Erfolg. Die Deutschen waren psychologisch bereit für eine Veränderung und wollten ihr Vertrauen in das Geldsystem bestärken.

Feinabstimmung einer schleichenden Inflation

Über die psychologischen Auswirkungen einer Geldinflation wird im letzten Kapitel, das sich mit Geld und psychischer Gesundheit befaßt, noch einiges zu sagen sein. Hier wollen wir einige der psychologischen Triebkräfte für Inflationen untersuchen – speziell der heutigen »schleichenden Inflation«, die bis dato noch keine Anzeichen für eine Finanzpanik zeigt, statt dessen aber die Lebenshaltungskosten (den Preisindex) um 4% bis 6% pro Jahr erhöht hat. Ein solcher Preisanstieg ist gering genug, um die heutige Inflation nicht auf eine Stufe mit dem Mississippi-Schwindel von John Law zu stellen, aber hoch genug, um eine ganze Menge von Leuten zu beunruhigen. Der Preisauftrieb stört vor allem diejenigen, die zu der Goldwährung der Vordepressionsjahre, als der Dollar in eine festgesetzte Menge an Gold konvertierbar war, zurückkehren möchten.

Befürworter der Goldwährung behaupten, daß Inflationen nur dann auftreten, wenn das Angebot an Geld rascher zunimmt als das Angebot an Waren, die man dafür kaufen kann. Sie argumentieren, daß unsere schleichende Inflation durch die übermäßigen Geldmengen verursacht wird, die unsere Regierung drucken lassen muß, um unsere Staatsverschuldung finanzieren zu können. Wenn die Möglichkeit der Regierung, Geld in Umlauf zu setzen, durch die Menge an Gold, die sie besitzt, begrenzt wäre, sagen sie, dann wäre sie gezwungen, den Etat auszugleichen und könnte das Wirtschaftssystem nicht mit einem Übermaß an Dollars überfluten.

Die Argumentation ist zwar einleuchtend, berücksichtigt aber nicht die Realitäten moderner Wirtschaftssysteme, die erheblich komplexer sind als alles, worüber die loyalen Anhänger der Goldwährung nachdenken. Geld ist heute mehr als Banknoten und Münzen, und die Regierung ist nicht das einzige Organ, das Geld produziert. Banken und andere Geldinstitute schaffen buchstäblich Geld durch einen »Pyramidenprozeß«, bei dem Darlehen, die in ihren Büchern geführt werden, als Aktiva gelten, die als Sicherheit für weitere Darlehen genutzt werden können, die ihrerseits zu Aktivposten werden. Jedes Darlehen, das eine Bank gewährt, führt dem Finanzsystem Geld zu. Die Menge an Schuldgeld, die auf diese Weise geschaffen wird, übersteigt die tatsächliche Menge an Bargeld, das sich in Umlauf befindet, zu jedem beliebigen Zeitpunkt.

Mitte 1989 betrug die Menge an US-Währung, die sich in Umlauf befand, 218 Milliarden Dollar, doch die Geldbeträge auf Girokonten, Sparkonten, in Geldmarktfonds und dergleichen, die von der Bundesreservebank als »Geldmenge M3« bezeichnet werden, beliefen sich auf 3800 Milliarden Dollar, also auf das Achtzehnfache der zirkulierenden Bargeldmenge. Die 218 Milliarden Dollar waren 90% mehr als die Summe, die zehn Jahre zuvor in Umlauf war, doch allein die Geldmenge auf Girokonten stieg im gleichen Zeitraum um 112%.

Es gibt keinen Beweis, daß ein Anstieg der zirkulierenden Bargeldmenge eine signifikante Ursache für das Anwachsen der Gesamtgeldmenge, so wie sie durch M3 definiert wird, oder der Lebenshaltungskosten darstellt. Die Beziehung von Ursache und Wirkung zwischen diesen und anderen ökonomischen Faktoren ist überaus komplex. Wirtschaftsexperten verbringen endlose Stunden an ihren Computern und versuchen, die Trends zu erkennen, die einen wesentlichen Einfluß auf die Preise haben. Das Finanzministerium und die Bundesreservebank der USA benutzen die Ergebnisse der Wirtschaftsexperten, um die Zinssätze und die Verfügbarkeit von Darlehen an die Gegebenheiten der Volkswirtschaft anzupassen, ein Verfahren, das als »Feinsteuerung« oder »Feinabstimmung« bezeichnet wird. Es herrscht allgemein die Auffassung, daß ihre diesbezüglichen Bemühungen bislang relativ erfolgreich waren, denn wir haben seit mehr als einhundert Jahren keine größere Geldinflation mehr erlebt, und seit der großen Depression in den 1930er Jahren ist es nicht mehr zu einer Wirtschaftspanik gekommen.

Den Wirtschaftsexperten der Bundesreservebank traut man im allgemeinen zu, Katastrophen zu verhindern oder zumindest einzudämmen, doch sind hier durchaus Zweifel angebracht. Die Wirtschaftsprognosen, die als Leitlinien für die Feinsteuerung dienen, sind – laut R. A. Hendrickson – so häufig falsch, daß Prognostiker jede Vorhersage, deren Fehlerquote unter 40% liegt, als zutreffend erachten. Die Tatsache, daß wir keine große Wirtschaftspanik erleben mußten, könnte bedeuten, daß die Wirtschaftsführung der Regierung besser ist als die Prognosen, auf denen sie angeblich beruht. Vielleicht läßt sich die Feinabstimmung so vornehmen, daß sie funktioniert, meinte Hendrickson, doch lassen einige der Ergebnisse darauf schließen, daß die »Stimmer« nicht in der Lage sind, verschiedene Töne zu unterscheiden.

Es stellt sich außerdem die Frage, ob die Feinsteuerung ein adäquates Mittel gegen Rezessionen ist, die häufig nicht auf wirtschaftliche Anreize anzusprechen scheinen. Nehmen wir zum Beispiel die Rezession, die im Juli 1981 begann und sechzehn Monate dauerte, ein Konjunkturrückgang, der zu den längsten und schwersten seit der Depression der 1930er Jahre zählte. Die Gefahr einer Rezession zeichnete sich Anfang 1981 durch einen starken Rückgang des Geldangebotes ab, aber die Bundesreservebank begann erst im Herbst desselben Jahres, die Leitzinsen zu senken und Geld in das Wirtschaftssystem zu pumpen. Diesen Kurs behielt sie ein Jahr lang bei, doch das Bild der Wirtschaft verschlechterte sich stetig. Schließlich schaltete sich auch der Kongreß ein und senkte die Steuersätze und erweiterte die Steuervorteile für Unternehmen. Keine dieser Maßnahmen zur Konjunkturbelebung zeigte jedoch irgendeinen Erfolg, denn der Pessimismus in der Bevölkerung nahm weiter zu und hatte erst im November 1982 seinen Höhepunkt überschritten (Malabre).

Die Stimmungslage in der Bevölkerung: ein wesentlicher psychologischer Faktor

Selbstverständlich weiß niemand, ob die Rezession von 1981/82 endete, weil die Maßnahmen der Regierung schließlich doch Beachtung in der Öffentlichkeit fanden oder weil andere, unbekannte, aber wirkungsvollere Kräfte am Werk waren. Der Verlauf der Ereignisse über den Zeitraum von sechzehn Monaten zeigt jedoch eindeutig die Hartnäckigkeit der allgemeinen Stimmungslage – ein psychologischer Faktor, der ein Eigenleben zu führen scheint und der sich Manipulationsversuchen durch rein ökonomische Maßnahmen widersetzt.

Wenn allgemein eine Stimmung vorherrscht, die durch Pessimismus oder Entmutigung gekennzeichnet ist, widerstrebt es den Menschen, mehr Geld auszugeben als unbedingt nötig. Überschüssiges Geld wird gespart, neue finanzielle Verpflichtungen werden vermieden und bestehende Kapitalanlagen aufgelöst. Wirtschaftliche Untätigkeit wird zur Norm, Profite sinken, Angestellte werden entlassen, schlechte Wirtschaftsnachrichten werden überbewertet, gute Nachrichten ignoriert oder angezweifelt.

Wenn eine optimistische Stimmung vorherrscht, tritt das Gegenteil ein. Die Menschen geben ihr Geld aus, ohne an die Zukunft zu denken. Sie sind eher bereit, Darlehen aufzunehmen und Geld zu investieren. Banken bilden Kreditpyramiden und stellen mehr Darlehen zur Verfügung, so daß das Geldangebot steigt.

Die Stimmungslage in der Bevölkerung beeinflußt auch die Umlaufgeschwindigkeit des Geldes. Herrscht Optimismus vor, sind die Menschen weniger vorsichtig, »Impulskäufe« nehmen zu, und überschüssiges Geld wird seltener auf Sparkonten eingezahlt oder in Wertpapieren oder Geldmarktfonds angelegt. Das vermehrt ausgegebene Geld läßt die Profite drastisch ansteigen. Die Beschäftigungsrate wächst, und es ist mehr Geld für Überstunden und Bonuszahlungen vorhanden. Die Verdoppelung der Umlaufgeschwindigkeit einer bestimmten Geldmenge hat den gleichen belebenden Effekt wie die Verdoppelung der Geldmenge. Wenn die allgemeine Stimmungslage pessimistisch und depressiv ist, nimmt die Umlaufgeschwindigkeit deutlich ab, was zu dem gleichen Ergebnis führt wie eine geschrumpfte Geldmenge. Es gibt Methoden, die eine statistisch zuverlässige Einschätzung der allgemeinen Stimmungslage ermöglichen. Der bekannteste Maßstab ist der »Index of Consumer Sentiment«, der auf Umfragen des Survey Research Center der University of Michigan basiert. Die Meinungsforscher des Institutes befragen einen repräsentativen Querschnitt der Bevölkerung zur vergangenen und gegenwärtigen Entwicklung ihres Einkommens, wie die Personen ihre wirtschaftliche Situation in naher Zukunft einschätzen und ob sie größere Anschaffungen erwägen. Der Direktor des Institutes, George Katona, war einer der ersten Psychologen, die sich intensiv mit der Anwendung psychologischer Theorien auf die praktischen Probleme der Wirtschaft befaßten. Katona stellte fest, daß sein Index eine überaus exakte Prognose darüber lieferte, wie viel Geld amerikanische Verbraucher sechs bis acht Monate später ausgeben und in welcher Höhe sie sich dabei verschulden würden.

Da der »Index of Consumer Sentiment« bei den befragten Personen auf der *subjektiven Einschätzung* ihrer finanziellen Situation beruht sowie auf ihrer *Vermutung*, welche Anschaffungen in naher Zukunft bei ihnen anstehen könnten, betrachten ihn Volkswirtschaftler als *soft data* (»weiche Daten«), im Gegensatz zu *hard data* (»festen Daten«), wie Zinssätze und Angaben zur Geldmenge. Die Tatsache, daß ein Index, der auf weichen Daten basiert, das Verbraucherverhalten und Wirtschaftstrends besser vorhersagt als die festen Daten der Regierungsbehörden, wird von der Mehrheit der Volkswirtschaftler offenbar als irrelevant abgetan, da sie lieber mit Zahlen operieren, die von anderen Volkswirtschaftlern stammen und Psychologen im Bereich der Wirtschaftsprognose als »Außenseiter« ansehen.

Tibor Scitovsky hat seine Fachkollegen heftig dafür kritisiert, daß sie psychologische Faktoren vernachlässigen. Als sich die Volkswirtschaftslehre, so führte er aus, im frühen 19. Jahrhundert von der Philosophie abspaltete, beruhten ihre Theorien auf psychologischen Erkenntnissen. Im Laufe der Zeit wurden ihre Theorien zum ökonomischen Verhalten jedoch stetig weiterentwickelt, in dem Bestreben, sie wissenschaftlich exakter und mathematisch eleganter zu machen, ihre psychologischen Stützen dabei aber mehr und mehr beschnitten, bis zu dem Punkt, wo sie praktisch nicht mehr existieren.

Die verschiedenen Ansätze von Volkswirtschaftlern und Wirtschaftspsychologen beruhen auf ihrer unterschiedlichen Bewertung von Wirtschaftstrends. Da sich die Richtung und Stärke von aktuellen Trends durch feste, gesicherte Daten messen läßt, wie etwa dem Absatz von Konsumgütern, der Produktionstätigkeit, Konkursen, der Umlaufgeschwindigkeit des Geldes und dergleichen mehr, unterstellen Volkswirtschaftler, daß sich künftige Tendenzen durch andere feste Daten ebenfalls voraussagen lassen. Psychologen hingegen betrachten wirtschaftliche Aktivität im wesentlichen als eine Form menschlichen Verhaltens, dem seinerseits bestimmte Motivationen zugrunde liegen – Einstellungen, Gefühle, Überzeugungen und Befindlichkeiten. Dieser Sichtweise zufolge ist Geld, wie es sich in Preisen, Zinssätzen und Schulden darstellt, kein Motivationsfaktor, sondern ein neutrales Element, das seine Macht ausschließlich aus den Handlungen und Überzeugungen jener Menschen bezieht, die es verdienen, ausgeben und verwalten. Aus diesem Grund liegt der Schlüssel zum Verstehen und Vorhersagen von Wirtschaftstrends in der Beobachtung des menschlichen Verhaltens und der Motive, die ihm zugrunde liegen, und nicht in der Untersuchung geldbezogener Statistiken.

Geld als Katalysator

Obwohl Geld an sich träge und kraftlos ist, besteht kein Zweifel daran, daß sein Vorhandensein zu Veränderungen in der Wahrnehmung von Situationen und Ereignissen führt. Seine Erfindung hatte nachhaltige Auswirkungen auf den Lauf der Geschichte und der menschlichen Entwicklung. Die Industriegesellschaft von heute, mit all ihren Vor- und Nachteilen, ihren Befriedigungen und Frustrationen, verdankt ihre Existenz und ihre Gestalt der Erfindung, der Verfügbarkeit und dem Gebrauch von Geld. Bei den technologischen und kulturellen Veränderungen, die seit dem Auftauchen von Geld vor rund 2500 Jahren stattgefunden haben, hat es die Rolle eines Katalysators gespielt, eines Elementes, das Veränderungen anderer Elemente – in diesem Fall menschlichen Verhaltens – bewirkt oder ermöglicht, das dabei selbst aber unverändert bleibt. In diesen zwei Kapiteln haben wir gezeigt, wie Geld Käufer und Verkäufer zusammenführt; wie Geld Verbesserungen für die Allgemeinheit, kreative Bestrebungen und zerstörerische Kriege finanziert; und wie ein Geldanstieg zu einer wirtschaftlichen Expansion, aber auch zur Enttäuschung und Depression einer Finanzkatastrophe führen kann.

Wir sind es, die das Geld geschaffen und ihm die Macht verliehen haben, die es über uns besitzt. In dieser Hinsicht ähnelt Geld anderen menschlichen Erfindungen, die Teil unseres gesellschaftlichen Umfeldes sind und Macht auf uns ausüben – zum Beispiel Sprache, Brauchtum, Rituale, soziale Normen und Regierungen. Wir können uns selbstverständlich weigern, Vertrauen in Geld zu setzen, und damit verhindern, daß es irgendeine Macht über uns hat, doch ist dies leichter gesagt als getan. Geld ist so stark in das Gewebe der Gesellschaft eingebunden, daß wir seinem Einfluß nur entgehen können, wenn wir uns an einen entlegenen Flecken der Erde zurückziehen. (Es wäre nicht einmal damit getan, sich einem primitiven Volksstamm anzuschließen, denn selbst diese Menschen sind durch wirtschaftliche und soziale Interessen, die Geld in der einen oder anderen Form beinhalten, mit der modernen Welt verbunden.)

Als Erschaffer des Geldes sind wir auch seine Herren; Geld ist nur ein Diener. Schwierigkeiten treten allerdings auf, wenn der Diener nicht die Anweisungen seines Herrn, sondern dessen Wünsche befolgt. Wir benutzen Geld häufig in dem Bestreben, Triebe zu befriedigen, die wir weder verstehen noch erkennen. Es ist die Aufgabe des Psychologen, uns auf diese Motive aufmerksam zu machen und uns zu helfen, sie zu begreifen. Im folgenden Kapitel wollen wir einige der Möglichkeiten untersuchen, wie unser Verhalten und unser Denken durch unseren eigenen Gebrauch von Geld und den anderer beeinflußt wird – Möglichkeiten, die dem allgemeinen Bewußtsein häufig entgehen.

Geld, Status und Macht   4

>Geld ist die Muttermilch der Politik.
>*James Farley* und anderen einsichtigen Politikern zugeschrieben

>Da Reichtum Macht bedeutet, wird Macht auf die eine oder andere Weise auch stets Reichtum nach sich ziehen.
>*Edmund Burke*

>Werden edle Geburt und verdienstvolle Taten nicht zu Wohlstand vereint, sind sie so nutzlos wie Seetang.
>*Horaz*

Einige unserer liebsten Selbsttäuschungen beziehen sich darauf, wie wir Entscheidungen treffen – insbesondere solche, die etwas mit Geld zu tun haben. Wir meinen, daß wir aufgrund von Fakten, Logik und gesundem Menschenverstand urteilen, und bestreiten, daß wir durch das Verhalten anderer manipuliert werden. Tatsache ist jedoch, daß unsere Handlungen stets dem Einfluß anderer unterliegen, auch wenn wir uns dessen häufig nicht bewußt sind. Das Erforschen dieser subtilen und komplexen Beeinflussung ist das Aufgabengebiet von Sozialpsychologen, die Experimente durchführen, von denen sie sich erhoffen, daß sie eine Vorhersage der Entscheidungen zulassen, die Menschen unter bestimmten Voraussetzungen treffen. Sie versuchen also herauszufinden, was uns beeinflußt und was uns motiviert.

Stellen Sie sich folgende Situation vor: Als sie gerade den Supermarkt verlassen, kommt ein junger Mann auf Sie zu und fragt, ob Sie ihm ein Zehncentstück in zwei Fünfcentstücke wechseln können. Um seine Bitte zu erfüllen, müssen Sie in Ihrer Tasche oder Geldbörse nachsehen, ob Sie das nötige Kleingeld haben – keine allzu große Mühe. Kann Sie der junge Mann dazu bringen, ihm den Gefallen zu tun?

»Ja«, sagen Sie, »wahrscheinlich schon.«

»Nehmen wir an, Sie haben die beiden Fünfcentstücke. Unter welchen Voraussetzungen würden Sie sich weigern, ihm das Zehncentstück zu wechseln?« fragt der Psychologe.

»Na ja«, sagen Sie, »vielleicht, wenn ich in Eile bin.«

»Wären Sie in größerer Eile, wenn der junge Mann augenscheinlich einen niedrigen sozialen Status hätte?«

»Seien Sie nicht albern«, antworten Sie. »Was hat der soziale Status damit zu tun, ob ich einem jungen Mann ein Zehncentstück wechsle oder nicht? Für mich ist jeder gleich. Es macht nicht den geringsten Unterschied, ob es Herr Neureich aus Villenstedt oder Herr Bettelarm aus Hungersdorf oder ein Hippie aus Blumenstadt ist. Von so etwas lasse ich mich nicht beeinflussen.«

Sozialer Einfluß

Einflußnahme ist der Kern sozialer Erfahrung. Es ist der Einfluß anderer, der uns menschlich macht. Eltern üben ihn auf das Kleinkind aus, um es zu sozialisieren, und bereiten es damit auf eine Umgebung vor, die aus anderen Menschen besteht. Das Lachen und das Weinen des Kleinkindes wiederum veranlaßt die Eltern, ihm Nahrung, Geborgenheit und Liebe zu geben.

Dieses Muster gegenseitiger Beeinflussung setzt sich ein Leben lang fort. Unsere Fähigkeit zu überleben und eine gewisse Geborgenheit, Sicherheit und Freude in einer Welt zu erleben, die sich aus anderen Menschen zusammensetzt, ist von unserer Fähigkeit abhängig, die anderen zu beeinflussen: Sie tolerieren und unterstützen uns, wenn wir sie davon überzeugen können, daß wir der Unterstützung wert sind oder zumindest daß sie dabei mehr gewinnen, als es sie kostet. Andere wiederum sind gewillt, uns als funktionierende Mitglieder der Gesellschaft zu akzeptieren, weil wir uns im Gegenzug von ihnen manipulieren lassen. Alle Formen positiver sozialer Interaktion – Kooperation, Kollaboration, Konversation, Sex, Tanzen, Verhandeln und selbst Einkaufen – sind davon abhängig, daß wir einen mehr oder weniger kalkulierbaren und einigermaßen lohnenden Einfluß aufeinander ausüben. Die Gesellschaft, in der wir leben, funktioniert, weil wir andere dazu bringen können, das zu tun, was wir wollen, zumindest manchmal, und andere uns dazu bringen können, das zu tun, was sie wollen oder erwarten, wenigstens zu einem Teil der Zeit.

Somit gebrauchen und reagieren wir alle auf gesellschaftliche Macht, auf die Fähigkeit eines Individuums oder einer Gruppe, einen gewünschten Effekt im Verhalten anderer zu erzielen. Die Verhaltensmuster, die eine Gesellschaft für normal erklärt, die sozialen Normen, sind die Instrumente, mit denen sie ihren Einfluß ausübt. Es ist nicht der Küster, sondern die soziale Norm, die uns dazu bringt, in der Kirche Geld in den Klingelbeutel zu werfen; nicht der Kellner, sondern die gesellschaftliche Norm verleitet uns, das »erwartete« Trinkgeld in Höhe von 15% auf den Tisch legen. Soziale Normen beinhalten zumeist einen gewissen Zwang: Unsere Weigerung, auf diese gesellschaftlich legitimen Versuche, unser Verhalten zu beeinflussen, zu reagieren, hat immer ihren Preis, sei es, daß Forderungen von jemandem gestellt werden, der uns bestrafen kann (ein Steuereintreiber oder ein Arbeitgeber), oder von jemandem, der lediglich bewirken kann, daß wir uns schuldig fühlen (ein Schwager, der uns bittet, für einen Bankkredit zu bürgen, oder ein Mitarbeiter einer Wohltätigkeitsorganisation, der uns dazu veranlassen möchte, unsere jährliche Spende zu verdoppeln).

Weil jeder Erfolge in der Beeinflussung anderer erzielt, hat jeder ein gewisses Maß an gesellschaftlicher Macht. Der Grad an Macht variiert von Zeitpunkt zu Zeitpunkt, von Situation zu Situation und von Person zu Person. Menschen, die wichtige Positionen einnehmen, besitzen viel Macht, weil sie viele Leute beeinflussen und relativ signifikante Verhaltensänderungen bewirken können. Arbeitgeber beispielsweise haben mehr Macht als Arbeitsnehmer, teilweise weil sie den Ablauf des Arbeitstages bestimmen und teilweise weil sie die Arbeit der Beschäftigten – letztlich in Form von Geld – bewerten. Arbeitnehmer, deren Arbeit durch Tarif- oder Einzelverträge abgesichert ist, sind selbstverständlich in der Lage, der Macht der Arbeitgeber Grenzen zu setzen, und selbst Arbeitnehmer ohne Verträge verfügen über eine gewisse Macht – und sei es nur in Form subtiler Sabotage oder Obstruktion.

Es gibt viele Formen gesellschaftlicher Macht. Die Fähigkeit, Aufmerksamkeit bei anderen zu erzielen, indem man zu ihnen spricht, ist eine Form, wichtige Positionen innerhalb der Gesellschaftsstruktur einzunehmen, eine andere. Wir können gesellschaftliche Macht auch ausüben, indem wir bestimmte Verhaltensabläufe initiieren – was Erving Goffman »Interaktionsrituale« nennt, Abläufe, deren Form durch soziale Normen vorgeschrieben ist. Geld spielt bei diesen Interaktionsritualen häufig eine wichtige Rolle. Wir gehen zu einem Zeitungsverkäufer am Straßenrand, drücken ihm einen Vierteldollar in die Hand, und er gibt uns eine Zeitung. Oder Geld taucht in der

Schlußphase des Rituals auf, etwa wenn wir uns in einem Geschäft umsehen, etwas auswählen und es dem Verkäufer, zusammen mit Geld, übergeben. Im ersten Fall bringt das Zahlen von Geld den Straßenverkäufer dazu, uns eine Zeitung zu geben; im zweiten Fall bewegt es den Verkäufer dazu, uns die Ware in Besitz nehmen zu lassen.

Geld und gesellschaftliche Macht

Eine der wichtigsten Formen gesellschaftlicher Macht ist Geld. In vielen Fällen können wir andere lenken, indem wir ihnen Geld anbieten, und die jeweilige Höhe der Summe bestimmt häufig den Grad unserer Einflußnahme. Geld kann Macht ausüben, indem es ausgeliehen und geborgt wird. Die Menge an Geld, die wir besitzen, kann das Verhalten anderer uns gegenüber bestimmen, auch wenn nicht die Erwartung besteht, daß das fragliche Geld den Besitzer wechselt. Die kühle Arroganz, mit der ein Bankangestellter einem Kreditsuchenden mit offensichtlich geringem Einkommen begegnet, entspricht der versteckten Feindseligkeit, mit der ein begüterter Mann betrachtet wird, wenn er sich in eine Arbeiterkneipe verirrt.

Geld unterscheidet sich von anderen Formen gesellschaftlicher Macht insoweit, als es sich exakt messen läßt. Es gibt kein Standardmaß für die Macht, die wir als Mitglied des Elternrates, als Ehegatte oder als Vorsitzender eines Komitees zur Organisation eines Schulpicknicks haben. Aber wir können auf den Pfennig genau sagen, wieviel Geld wir besitzen, sei es im Portemonnaie oder auf der Bank. Mitunter lassen sich auch die nichtmonetären Formen gesellschaftlicher Macht messen, wie bei der Anzahl der Gesamtstimmen, die wir bei der Wahl des Elternratsvorsitzenden bekommen oder bei der Anzahl von Tombolalosen, die wir bei dem Schulpicknick an den Mann bringen, doch sind solche Fälle die Ausnahme.

Erfahrungen des täglichen Lebens vermitteln uns genau, wie groß der Einfluß bestimmter Geldsummen wohl sein wird. Deshalb wissen wir, wie viele Dollars und Cents nötig sind, um MacDonald's dazu zu bewegen, uns einen Hamburger zu überlassen. Ein rasches Taxieren unserer finanziellen Mittel gibt uns Aufschluß darüber, ob wir genügend Geld haben, unser Lieblingsrestaurant davon zu überzeugen, uns und unseren auswärtigen Gästen ein Abendessen zu servieren. Und unser Vertrautsein mit dem üblichen Lohn für Babysitter sagt uns, ob wir noch genügend Geld übrig haben, um einen Teenager dazu zu bringen, auf die Kinder aufzupassen, während wir im Restaurant sind.

Gesellschaftliche Macht tritt selbstverständlich noch in anderen Formen auf – als Propaganda und Auseinandersetzung, Manipulation zwischenmenschlicher Beziehungen, Sex, persönliche Ausstrahlung und Charisma, Appelle an Gewissen und Loyalität, Berufung auf gesetzmäßige Sanktionen, Zurschaustellung der Symbole von Status und Prestige und Angebote zum Tausch von Waren oder Dienstleistungen gegen einen gewünschten Vorteil. All dies funktioniert in manchen Situationen besser als in anderen, aber Geld ist potentiell bei einer größeren Anzahl von Menschen und einer größeren Bandbreite von Begleitumständen einflußreich als jede andere Form gesellschaftlicher Macht. Es erzielt gewöhnlich promptere Ergebnisse und ist zuverlässiger in seiner Überzeugungskraft. Geld ist also eine Form unmittelbarer Macht. Von allen Formen gesellschaftlicher Macht ist es diejenige, die am eifrigsten angestrebt und am bereitwilligsten akzeptiert wird.

Wie andere Arten von Macht ist Geld ungleich verteilt; zu jedem beliebigen Zeitpunkt besitzen manche mehr als die anderen, und manche haben weniger. Keiner, versteht sich, hat jemals genug. Der Lohnempfänger streikt für eine Erhöhung seines Stundenlohns, die sein Jahreseinkommen von 20000 auf 25000 erhöht. Der leitende Angestellte erklärt seiner Frau, daß er die ersehnte Weltreise mit ihr machen würde, wenn er Millionär wäre, der Millionär wiederum sagt eine Woche Urlaub in Baja California ab – es wäre sein erster in zwei Jahren gewesen –, um ein Aktienangebot im Auge behalten zu können, das seinen persönlichen Besitz um 10% erhöht. In dieser Hinsicht gleicht Geld den anderen Formen gesellschaftlicher Macht: Sein Besitz steigert das Verlangen nach mehr.

Wir rechtfertigen diesen Wunsch oftmals durch unser Bedürfnis nach Sicherheit. Wir behaupten, daß wir mehr Geld, Status, Eloquenz, Anerkennung, Liebe oder was auch immer brauchen, um uns gegen Konkurrenz, die Angriffe von Neidern und die Prüfungen und Schicksalsschläge des Lebens wehren zu können oder um Reserven für die unvermeidlichen schlechteren Zeiten zu schaffen, wenn der Eifer von anderen, auf unsere Sehnsüchte einzugehen, merklich nachläßt.

Jeder Zuwachs an Macht ist für kurze Zeit beruhigend, doch bringt er kein echtes Gefühl von Sicherheit. Der Drang nach mehr Macht kehrt stets in unverminderter Stärke zurück. Ist dieser Zustand ungesund? Einige Psychologen und Psychiater haben Ehrgeiz als neurotisch – und damit als pathologisch und krankhaft – verurteilt, was in einigen Fällen durchaus zutreffen mag, doch herrscht die gegenteilige Meinung bei anderen Beobachtern des menschlichen Verhaltens vor, die der Auffassung sind, daß der Trieb, die eigene Situation zu verbessern, gesund und wünschenswert ist. Wann ist Ehrgeiz normal, und wann ist er neurotisch? Die Grenze zwischen diesen beiden Zuständen ist verschwommen, doch würden die meisten Psychotherapeuten zustimmen, daß Ehrgeiz dann pathologisch oder krankhaft ist, wenn er unkontrolliert in Erscheinung tritt, normale Beziehungen zu anderen zerstört oder den Boden der Realität verläßt.

Gleichermaßen pathologisch ist das Verhalten derer, die im wesentlichen eine passive und apathische Lebenshaltung einnehmen, häufig benutzt und ausgebeutet werden und keinen Versuch unternehmen, positive Kontakte zu anderen aufzubauen.

Geld, Macht und Erregung

Wie andere Formen gesellschaftlicher Macht bietet Geld die Möglichkeit zu Erregung. Ein Kartenspiel wird interessanter, wenn man um Geld spielt; wenn wir Eintrittskarten für eine Bühnenshow gekauft haben, schenken wir ihr vermutlich mehr Aufmerksamkeit, als wenn wir die Tickets auf der Straße gefunden hätten; und ein Pferderennen kann eine langweilige Angelegenheit sein, wenn wir nicht auf eines der Pferde gesetzt haben.

Das Bedürfnis, stimuliert oder aktiviert zu werden, ist – wie bereits im ersten Kapitel ausgeführt – wesentlich für das menschliche Überleben, und normale, gesunde Menschen sind bemüht, an Situationen teilzuhaben, die emotional, physisch oder intellektuell erregend sind. Obwohl die Bedeutung der Erregung bereits im letzten Jahrhundert von Experimentalpsychologen erkannt wurde, ist es noch nicht allzu lange her, daß Psychologen wie D. E. Berlyne erkannt haben, daß das Bedürfnis nach Stimulation ein grundlegender menschlicher Trieb ist. Dieses Bedürfnis ist besonders dann stark ausgeprägt, wenn wir für eine gewisse Zeit einen bestimmten Grad an Erregung erfahren haben. Wir werden unruhig oder langweilen uns und suchen nach einer Aktivität, die interessanter und lohnender ist.

Das Bedürfnis nach Stimulation ist bei allen Tieren vorhanden und ist grundlegend für die physische und geistige Gesundheit. Es bringt eine breite Palette von Verhaltenstendenzen hervor, wie etwa die Ruhelosigkeit, die dazu führt, daß wir einen »Tapetenwechsel« anstreben; die Freude an müßigen und im wesentlichen ziellosen Gesprächen mit Freunden, gewürzt mit etwas Klatsch und Humor; die Wertschätzung von Kunst, Literatur und Musik; und das Teilnehmen an Spielen, Wettkämpfen, Debatten und anderen Formen des Wettstreites. Bei all diesen Aktivitäten erlangen wir Erregung, indem wir uns Verflechtungen, Veränderungen, Wettbewerben und zuweilen Abenteuern aussetzen.

Viele dieser stimulierenden Verhaltensweisen beinhalten ein starkes Element im Sinne von »daß etwas passiert«. Veränderung ist aufregend, aber wir fühlen uns wohler, wenn wir die Ereignisse unter Kontrolle haben. Der Gebrauch von Macht beinhaltet beide Bestandteile: Veränderung und Kontrolle. Wir erfahren dies erstmals im Säuglingsalter, wenn wir lernen, Gegenstände durch Zugreifen und Heranziehen zu bewegen. Etwa zur gleichen Zeit entdecken wir die Freuden sozialer Macht, wenn wir Erwachsene anlächeln und ihnen dadurch ebenfalls ein Lächeln entlocken. Später nutzen wir die neu erworbene Fähigkeit, »Mama« und »Papa« zu sagen, um Ausrufe des Beifalls und der Ermutigung bei unseren Eltern hervorzurufen. Zur Essenszeit erschließt sich uns das herrliche Vergnügen der Tyrannei – »Macht ohne Verantwortung« –, wenn wir unseren Löffel wieder und wieder auf den Boden werfen, nur um zu beobachten, wie unsere verärgerten Eltern ihn aufheben.

In den Jahren, die auf diese frühen Erfahrungen in der Beeinflussung des Verhaltens anderer folgen, entwickeln wir ein reiches Repertoire an Möglichkeiten, soziale Macht anzuwenden. Wir finden den Einsatz dieser Techniken verlockend und fordernd; zuweilen frustrierend und enttäuschend; aber stets erregend.

Wenn wir schließlich die Vorzüge von Geld als Mittel zur Verhaltensbeeinflussung kennengelernt haben, haben wir auch ein entschiedenes Verlangen nach Macht entwickelt, ein Verlangen, das nur begrenzt wird durch die Beschränkungen, die uns andere auferlegen, durch die Stimme unseres Gewissens und durch unsere Einschätzung dessen, was sich erreichen läßt und was nicht.

Geld ist eine äußerst zuverlässige Quelle von Stimulation und Erregung. Es besitzt beispielsweise die Fähigkeit, langweilige und uninteressante Tätigkeiten lohnenswert erscheinen zu lassen. Furnham und Lewis kamen in ihrer Betrachtung des psychologischen Effektes, den Geld auf Denkprozesse hat, zu dem Ergebnis, daß monetäre Anreize Aufmerksamkeit hervorrufen, die sich wiederum auf das Gedächtnis auswirkt. Solche Anreize sind jedoch nur dann nützlich, wenn die Aufgaben verhältnismäßig einfach sind. In solchen Fällen fördert Geld die Leistung, weil es unser Interesse weckt und wir uns auf die Aufgabe konzentrieren. Sind die Zusammenhänge hingegen komplex, wird das Aktivationsvermögen von Geld vermindert, denn je mehr wir an den Lohn für unsere Mühen denken, um so weniger sind wir in der Lage, uns zu konzentrieren.

Die meisten Aufgaben und Erfahrungen des täglichen Lebens sind Routine. Sie wiederholen sich und bedürfen unsererseits keiner hohen Konzentration. Wir sind daher sensibilisiert, auf jedes Element positiv zu reagieren, das sie in angenehmer Weise verändert. Berücksichtigt man unsere Entwicklungsgeschichte als Menschen und die Vorteile, die Geld als Medium für das Ausdrücken und Befriedigen unserer Machtbedürfnisse besitzt, ist es kaum verwunderlich, daß wir Geld so faszinierend finden, so hoch bewerten und so eifrig danach streben. Geld ist erregend, weil Macht erregend ist.

Der Unterschied, den Geld macht

Das erlernte Interesse, das wir Geld beimessen, läßt sich durch den Vorgang der Assoziation leicht auf die Aktivitäten übertragen, bei denen es involviert ist. Aus dem gleichen Grund können auch Tätigkeiten, die ursprünglich kein Geld involvieren, reizvoller werden, wenn Geld ins Spiel kommt. Hier ein Beispiel, das zeigt, welchen Unterschied Geld macht:

Nachdem ihre beiden Kinder zu Hause ausgezogen sind, um das College zu besuchen, stellt Alma Hensill fest, daß sie nicht mehr ausgelastet ist. Sie übernimmt eine ehrenamtliche Tätigkeit beim Northeastside Center, einer Familienberatungsstelle, wo sie stundenweise an der Rezeption arbeitet.

Während der ersten beiden Monate ist die Arbeit fesselnd (wenn auch zuweilen etwas verwirrend). Dann, als sie mehr Routine bekommt, beginnt sie, Dinge wahrzunehmen, die sie zuvor ignoriert hat. Die Sozialarbeiter wirken distanziert und behandeln sie nicht als gleichwertigen Partner, obwohl sie an einer angesehenen Universität ein Studium der Politikwissenschaften absolviert hat und auch über eine gewisse Berufserfahrung verfügt. Nach geraumer Zeit kommt Alma zu dem Schluß, daß man sie als selbstverständlich betrachtet. Niemand scheint ihre Arbeit zu würdigen, obwohl sie sich darangemacht hat, die Kartei der Beratungsstelle in Ordnung zu bringen und Listen mit wichtigen Adressen und Telefonnummern zu erstellen. Der Job, der anfänglich aufregend und eine Herausforderung gewesen ist, scheint nun ein Ärgernis und frustrierend zu sein.

Zu Beginn ihrer Tätigkeit hat sie ihre anderen gesellschaftlichen Aktivitäten so geplant, daß sie terminlich nicht mit ihrer Arbeit in der Beratungsstelle kollidierten, aber mit der Zeit empfindet sie es als Last, ihr Leben wegen eines Jobs am Center einzuschränken. Und so beginnt sie, dem Koordinator der ehrenamtlichen Mitarbeiter zu sagen, daß sie an dem einen oder anderen Tag der folgenden Woche nicht kommen kann, weil sie etwas anderes erledigen muß. Der Koordinator hat manchmal Schwierigkeiten, einen Ersatz zu finden, aber ansonsten scheint ihre gelegentliche Abwesenheit keine Probleme zu verursachen. Die Mitarbeiter sagen niemals, daß sie sie vermissen.

Nachdem sie fünf Monate in der Beratungsstelle gearbeitet hat, hört Alma von einer geriatrischen Klinik, die ein Programm zur Ausbildung ehrenamtlicher Berater startet. Obwohl sie früher die Vorstellung, mit älteren Menschen zu arbeiten, abgelehnt hätte, scheint diese Aussicht für sie nun verlockend und interessant zu sein. Doch sie erhält keine Gelegenheit, sich für den Kursus zu bewerben, denn am nächsten Tag ruft sie der Direktor des Centers in sein Büro und sagt:

»Sie leisten ausgezeichnete Arbeit, Alma. Wir schätzen Ihre Arbeit mehr, als ich sagen kann. Deshalb freut es mich, Ihnen mitteilen zu können, daß wir Sie jetzt in ein festes Arbeitsverhältnis übernehmen können. Unsere Gelder sind bewilligt. Wir können Sie von heute an als festbezahlte Kraft anstellen, sofern Sie daran Interesse haben.«

Minuten vorher hat Alma noch gedacht, daß sie die Beratungsstelle liebend gerne verlassen und eine Ausbildung als geriatrische Beraterin absolvieren würde, doch plötzlich bekommt ihre Arbeit am Center eine völlig andere Bedeutung. Zum ersten Mal seit Monaten scheint sie wichtig, lohnend und interessant zu sein.

Die Tatsache, daß das Center nun bereit ist, ihre Arbeit zu bezahlen, zerstreut all ihre Zweifel über deren Stellenwert. Die Frustrationen und Enttäuschungen, die sie erlebt hat, scheinen nicht mehr von Bedeutung zu sein.

Das Gehalt läßt nicht nur die *Arbeit* wichtiger erscheinen, sondern vermittelt Alma Hensill auch ein größeres *Selbstwertgefühl*. Ein Grund für diesen Effekt ist selbstverständlich, daß die Arbeit, die sie verrichtet, psychologisch gesehen ein Teil von ihr ist und jede Bewertung ihrer Arbeit durch das Center von ihr als eine Bewertung *ihrer Person* betrachtet wird. Die Tatsache, daß das Center nun bereit ist, für ihre Tätigkeit zu bezahlen, stärkt somit ihre Selbstachtung.

Der Preis des persönlichen Wertes

Diese Geschichte verdeutlicht zwei Punkte. Erstens, daß Geld einer Aufgabe Gewicht verleihen kann. Und zweitens, daß wir dazu neigen, unseren Wert an dem Geld zu messen, das andere für unsere Mühen zu zahlen bereit sind.

Letzteres ist eine beunruhigende Erkenntnis. Wir würden alle gerne glauben, daß unser Wert als Individuen nicht das geringste mit dem zu tun hat, was man uns für unsere Leistungen bezahlt. Zum einen widerstrebt uns die Vorstellung, daß unser psychologischer Wert, der sich in unserem Selbstwertgefühl ausdrückt, von anderen und nicht von uns selbst bestimmt wird. Zum anderen bedeuten die großen Unterschiede in der Höhe von Gehältern, daß es entsprechend große Unterschiede im persönlichen Wert gibt. Beide Konzepte stehen im Widerspruch zu einem Leitsatz der amerikanischen Kultur – der Überzeugung, daß grundsätzlich alle Menschen gleich sind, eine Überzeugung, die in der Unabhängigkeitserklärung, in der Verfassung und den Gesetzen der Vereinigten Staaten zum Ausdruck kommt. Auch die Gesetze der meisten anderen Nationen bekräftigen die Gleichheit ihrer Bürger, selbst wenn ihre Traditionen, Bräuche und kulturellen Werte nicht besonders egalitär sein mögen.

Schauen wir uns Dokumente wie die Verfassung jedoch genauer an, sehen wir uns nur zum Teil in unserer Gleichheit als Individuen bestärkt. Zum einen beziehen sich alle Gesetze und Aussagen auf den *rechtlichen Status* einer Person, jene Rechte, die ihm oder ihr von Gesetzes wegen zustehen. Sie sagen nichts über die sozialen und ökonomischen Wertsysteme, die große Ungerechtigkeiten schaffen.

Zum anderen sind Verfassungen und Paragraphen in vielen Fällen

Ausdruck dessen, wie die Dinge sein *sollten*, und nicht, wie sie sind. Obwohl wir gerne glauben möchten, daß der Rechtsstatus einer Person nichts mit ihrer sozioökonomischen Situation zu tun hat, zeigen die Fakten ein anderes Bild. Donald Black stellte in seiner Untersuchung der Gerichtsverfahren in aller Welt fest, daß ein Straftäter im allgemeinen eher ins Gefängnis kommt, wenn sein sozialer Status niedriger ist als der des Opfers. Ist der Status des Straftäters höher als der des Opfers, wird er eher mit einer Geldstrafe belegt und muß nicht ins Gefängnis. Die Wahrscheinlichkeit, daß ein Gesetzesbrecher tatsächlich festgenommen, angeklagt und verurteilt wird, differiert ebenfalls entsprechend seines sozialen Status und seiner finanziellen Situation. Der Büroangestellte, der bei einem Ladendiebstahl erwischt wird, hat eine gute Chance, einer strafrechtlichen Verfolgung zu entgehen, wenn er behauptet, noch niemals zuvor etwas gestohlen zu haben, und verspricht, es nicht wieder zu tun. Der Geschäftsführer fordert ihn im allgemeinen zur Wiedergutmachung auf und entläßt ihn anschließend mit einer Verwarnung. Bei einem Arbeiter, der beim Ladendiebstahl gefaßt wird, werden ähnliche Beteuerungen zumeist angezweifelt. Es ist wahrscheinlicher, daß er der Polizei übergeben und vor Gericht gestellt wird.

Wenn ein Vergehen so schwerwiegend ist, daß selbst ein verdächtiger Büroangestellter vor Gericht gestellt werden muß, dann kann er, weil er über mehr Mittel verfügt, eher einen fähigen Anwalt engagieren als jemand, der weniger Geld hat. Hinzu kommt, daß der Angestellte aufgrund seiner besseren Ausbildung und seines höheren Ansehens einen ehrenwerten Eindruck auf den Richter und die Geschworenen macht und die Wahrscheinlichkeit geringer ist, daß er verurteilt wird. Wie Damon Runyon sagte, das Rennen macht nicht immer der Schnelle, den Kampf nicht immer der Starke, aber so ist das Leben. Das Klügste, was man bei einer schwerwiegenden Anklage tun kann, ist, den besten Anwalt zu engagieren, den man sich leisten kann. Mit anderen Worten, während Gesetze den sozialen und ökonomischen Status weitgehend ignorieren, schlägt er sich in der Rechtsprechung im allgemeinen durchaus nieder.

Natürlich wird unser Selbstempfinden nicht durch den Wortlaut von Gesetzestexten geprägt, sondern durch unseren Erfolg im täglichen Umgang mit anderen. Dieser Erfolg kann sich auf vielfältige Weise ausdrücken – etwa in der Fähigkeit, andere dazu zu bringen, uns zuzuhören und ernst zu nehmen; der Befriedigungen, die wir in Arbeit und Freizeit erfahren; und der Effektivität, mit der wir unsere Aufgaben und Rituale erfüllen, die unserer Rolle als Eltern, Arbeitnehmer, Nachbarn, Studenten, Ehegatten, Kirchenmitglieder oder was auch immer angemessen sind. Der gelungene Umgang mit anderen ist von einer Reihe persönlicher Qualitäten abhängig, aber die wichtigste davon ist die Fähigkeit zur Verhaltensbeeinflussung. Da unsere Meinung von uns selbst in hohem Maße auf unserer Fähigkeit basiert, andere zu manipulieren, folgt daraus, daß die gesellschaftliche Macht, die wir besitzen, eine große Rolle dabei spielt, ob unsere Selbsteinschätzung positiv oder negativ ausfällt. Es ist nicht einfach, ständig erfolgreich im Beeinflussen anderer zu sein und gleichzeitig eine absolut schlechte Meinung von sich selbst zu haben, auch wenn es einige Menschen gibt, die darin eine perverse Perfektion erlangen. (Die gelegentlichen Selbstmorde in den Kreisen der Superreichen sind eine bittere Mahnung, daß Geld nicht vor neurotischen Schuldgefühlen und Selbsthaß schützt.) Umgekehrt betrachtet man Menschen, die trotz eines chronischen Defizites an sozialer Macht eine außergewöhnlich hohe Meinung von sich haben, üblicherweise als realitätsfern und als sichere Kandidaten für eine intensive Psychotherapie oder eine Langzeitverwahrung.

Von unserer Erkenntnis, daß Geld gesellschaftliche Macht verleiht, ist es nur ein kleiner Schritt zu der Annahme, daß Geld und andere Formen sozialer Macht Wertmaßstäbe darstellen. Wie leicht sehen wir Einkommen und Vermögenswerte als Indikatoren für psychologische oder soziale Qualitäten – und sogar als Gradmesser persönlicher Zulänglichkeit. Diese Art der Klassifizierung ist besonders verlockend, wenn die finanziellen Unterschiede groß sind, wie etwa zwischen einem Bankdirektor und einem Kassierer. Selbstverständlich verurteilen wir derartige Vergleiche als oberflächlich, undemokratisch, unwürdig und vielleicht sogar unmoralisch. Trotzdem stellen wir sie ständig an, ohne weiter darüber nachzudenken. Solche Einschätzungen – häufig sind es Selbsteinschätzungen – sind durch den gesellschaftlichen Konsens abgesichert.

Der gesellschaftliche Konsens ist eine so mächtige Kraft, daß wir uns selbst übertreffen, um dem Preisschild, das die Gesellschaft uns aufgedrückt hat, gerecht zu werden. Der Bankier gibt gewichtige Erklärungen und sachkundige Prognosen ab, zur richtigen Zeit und vor der richtigen Zuhörerschaft. Seine vereinzelten menschlichen Fehler werden geflissentlich übersehen, verdeckt, vergessen.

Es ist faszinierend zu beobachten, wie die Gesellschaft unsere verschiedenen sozialen, psychologischen und intellektuellen Qualitäten einordnet und dafür sorgt, daß sie richtig in Bezug gesetzt werden zu jenem persönlichen Attribut, das sich so präzise taxieren läßt: der finanzielle Wert. Kein Wunder also, daß der »Geld-Wert« ein lautes und deutliches Signal sendet, von dem die Botschaften anderer Indikatoren des persönlichen Wertes oftmals übertönt werden.

Wir haben bereits festgestellt, daß Geld und andere Formen sozialer Macht in der Gesellschaft nicht gleich verteilt sind. Als Erklärung dieser Tatsache wird häufig angeführt, daß die Ungleichheiten in der Verteilung entweder durch den praktischen oder den gesellschaftlichen Wert der erbrachten Leistungen bestimmt werden. Die Leistungen des Bankdirektors, so die Argumentation, sind für uns von größerem Nutzen als die des Kassierers und die Beiträge des Sozialarbeiters wertvoller als die des Sozialhilfeempfängers. Doch eine sorgfältige Analyse ergibt, daß häufig der *psychologische* und nicht der praktische Wert die Zuteilung finanzieller und anderer Entlohnungen bestimmt. Aus diesem Grund haben in westlichen Gesellschaften Bischöfe, Baseball-Spieler und Buchmacher – deren Berufe im Bereich Religion oder Unterhaltung angesiedelt sind – mehr Macht, Einfluß und Geld als Müllmänner, Lebensmittelverkäuferinnen und Automechaniker, deren Berufe in engerem Zusammenhang mit unseren lebenserhaltenden Bedürfnissen stehen. In ähnlicher Weise haben in primitiven Gesellschaften Schamanen, Priester und Wahrsager einen höheren Status als Nahrungssammler und Werkzeugmacher. Das Grundprinzip, das diesem scheinbar unlogischen System zugrunde liegt, ist sehr einfach: Sobald lebenserhaltende Bedürfnisse gestillt sind, treten sozialpsychologische Bedürfnisse in den Vordergrund.

Finanzieller Status und Machtstruktur

Unabhängig von der Frage, weshalb manchen Menschen ein höherer Status zufällt als anderen, ist es eine simple Tatsache, daß alle funktionierenden sozialen Gruppen – Volksstämme, Nationen, Unionen, Handelsvereinigungen, politische Parteien, Vereine, Kommunen, Nachbarschaftsgangs und so weiter – Statussysteme schaffen, bei denen eine Minderheit mehr einflußreich als beeinflußbar und eine Mehrheit mehr beeinflußbar als einflußreich ist. Soziologen nennen dies *Machtstruktur*, ein Begriff, der heute gerne, aber fälschlicherweise in Zusammenhang mit den wenigen Reichen an der Spitze der Statuspyramide gebraucht wird. Das mehr oder weniger unbewußte Motiv hinter diesem falschen Gebrauch des Begriffes könnte sein, daß wir die Tatsache vor uns verbergen wollen, daß wir alle zum Entstehen und Bestehen der größeren Machtstruktur der Gesellschaft, zu der wir gehören, wie auch der kleineren Machtstrukturen der anderen Organisationen und Gruppen, bei denen wir Mitglied sind, beitragen.

Die meisten Menschen glauben, daß sie selbst entscheiden können, ob sie sich gegenüber den Anforderungen von Machtstrukturen kooperativ verhalten oder nicht, aber diesem Glauben mangelt es an Substanz. Machtstrukturen existieren als Ergebnis des Zusammenwirkens aller Betroffenen. Die formellen Aspekte ihrer Wirkungsweise drücken sich in Dingen aus wie Gehalts- und Lohntabellen, Vorschriften und Regularien, Organisations- und Haushaltsplänen, Grundsatzprogrammen und Weißbüchern. Diese umfassen den äußerlichen Aspekt der Struktur, auf den manche von uns mit den Worten reagieren: »Zur Hölle mit dem, was die Machtstruktur will. Ich werde, verdammt noch mal, tun, was mir beliebt«, eine Drohung, die selten wahrgemacht wird.

Aber dieser Teil der Struktur ist nur die Spitze des Eisberges. Der weitaus größere Teil besteht aus nichtformellen Interaktionsritualen, sozialen Normen, Erwartungen und unausgesprochenen Gruppenentscheidungen, die jeder stillschweigend befolgt. Wir sind uns selten darüber bewußt, wie wir und andere die Machtstrukturen stützen, die das unsichtbare soziale Netzwerk bilden, in dem wir funktionieren.

Signale mit finanzieller Bedeutung

Wir bedienen uns einer Reihe von Konventionen, um andere über unseren finanziellen Status zu informieren, über den Grad an Respekt und Aufmerksamkeit, der uns unseres Erachtens zukommt – mit einem Wort, über unseren Rang in der Machtstruktur. Kleidung ist eine solche Konvention. Psychologen haben die Wirksamkeit dieses Signals in einem Feldversuch demonstriert, von dem zu Beginn dieses

Kapitels die Rede war und bei dem ein Mitarbeiter des Teams Passanten bat, ihm ein Zehncentstück in zwei Fünfcentstücke zu wechseln. Das Experiment wurde vor Supermärkten in New Yorker Stadtgebieten durchgeführt, in denen Angehörige der Mittelschicht und der unteren Mittelschicht wohnen. War der Mitarbeiter ordentlich mit Anzug und Krawatte angezogen, folgten die Supermarktkunden seiner Bitte weitaus öfter, als wenn er wie ein Hippie aussah (Raymond & Unger).

Wir schaffen also durchaus Systeme, die auf symbolischen Hinweisen von Status und Macht beruhen. Wir klassifizieren den Mitarbeiter im Anzug als »ehrenwert« und gestatten uns, von ihm beeinflußt zu werden. Wir folgen seiner Bitte. Wir weisen ihm die soziale Macht zu, die seine Kleidung suggeriert. Wir bewerten den Hippie als »weniger ehrenwert« und ignorieren seine Bitte. Damit lehnen wir seinen Anspruch auf gesellschaftliche Macht ab und stellen ihn auf eine untere Stufe der sozialen Leiter.

Bei einer Variante dieses einfachen, eben beschriebenen Experimentes wurden etwa zweihundert Personen von den (männlichen und weiblichen) Mitarbeitern eines Psychologieforschers gefragt, ob sie in der Telefonzelle, aus der sie gerade herausgekommen waren, ein Zehncentstück (das der Forscher hineingelegt hatte) gefunden hätten. Manchmal wurde die Frage von einem männlichen Mitarbeiter in Anzug und Krawatte gestellt und manchmal von demselben Mitarbeiter in Arbeitskleidung und mit einem Gegenstand in der Hand, der ihn als Angehörigen der Arbeiterklasse auswies, wie etwa eine Taschenlampe, eine Brotbüchse oder ein Zollstock. Als Personen von »hohem Rang« trugen weibliche Mitarbeiter adrette Kleider und hatten entweder einen Mantel an oder hielten ihn über dem Arm. Traten sie als Personen von niedrigem Rang auf, trugen sie Röcke und Blusen und waren ungepflegt.

Wenn die Kleidung der Mitarbeiter einen Mittelschichtstatus suggerierte, gaben über drei Viertel der gefragten Personen das Zehncentstück zurück; der Rest log und behauptete, kein Geld gefunden zu haben. War der Mitarbeiter jedoch schäbig gekleidet, gab weniger als die Hälfte der Telefonzellenbenutzer zu, das Zehncentstück gefunden zu haben (Bickman).

Ironie liegt in einer weiteren Feststellung. Als der Experimentleiter seinen Universitätsstudenten die Versuchsbedingungen erläuterte und sie fragte, welcher Typ von Mitarbeiter – »Mittelschicht« oder »Arbeiterklasse« – ihrer Meinung nach wohl am häufigsten angelogen werde, antworteten sie, daß es keinen Unterschied gäbe. Wer würde schließlich einen Fremden bloß wegen eines Zehncentstückes anlügen? Und speziell einen *armen* Fremden, der das Geld offensichtlich brauche. Diese Studenten unterschätzten naiverweise die Wirkung von Statussymbolen auf das Sozialverhalten.

Kleidung ist nur eine der Methoden, mit denen wir unseren Anspruch auf Status und Macht signalisieren und unseren Wert in finanzieller und psychologischer Hinsicht demonstrieren. Die Autos, die wir fahren, sind ebenfalls ein sehr wichtiges Mittel, um anderen zu zeigen, wer wir sind. Die Sozialpsychologen Anthony N. Doob und Alan E. Gross ersannen ein geniales Experiment, um das Verhalten gegenüber den Fahrern von Autos herauszufinden, die zwei deutlich unterschiedliche Niveaus von sozialem Status und Wohlstand repräsentierten: ein neuer Chrysler und ein altes, schrottreifes Auto – das alle »Klapperkiste« nannten.

Die Wagen wurden von einem der Wissenschaftler gefahren, der so gekleidet war, wie es dem mutmaßlichen Statusniveau des betreffenden Autos entsprach. Dabei fuhr er stets so an Straßenkreuzungen heran, daß er stehenbleiben mußte, weil die Ampel auf Rot stand. Der Fahrer, der gezwungen war, hinter ihm anzuhalten, wurde unwissentlich zum Probanden des Experimentes, das begann, wenn die Ampel auf Grün schaltete. Statt sofort loszufahren, blieb der Psychologe/Fahrer noch ganze zwölf Sekunden an der Ampel stehen. Ein Assistent, der sich hinten im Auto versteckte, hielt fest, wie viele Sekunden vergingen, bevor der Autofahrer hinter ihnen auf die Hupe drückte.

Die Wissenschaftler stellten fest, daß Autofahrer länger mit dem Hupen warteten, wenn es sich bei dem Fahrzeug vor ihnen um den neuen Chrysler handelte und nicht um die alte Klapperkiste. Außerdem hupten achtzehn Autofahrer zweimal, als sie von der Klapperkiste behindert wurden, während bei dem Chrysler nur sieben zweimal auf die Hupe drückten. Einige der Autofahrer waren sehr geduldig und hupten während der zwölf Sekunden überhaupt nicht; aber selbst diese Geduld schien vom Status des Fahrers vor ihnen abzuhängen, denn nur sechs hupten nicht bei der Klapperkiste, während es bei dem Chrysler achtzehn waren.

Speziell diese Ergebnisse überraschten die Wissenschaftler, denn sie standen im Widerspruch zu den Gefühlen, die Amerikaner häufig gegenüber Personen von hohem Status – speziell den Reichen – zum Ausdruck bringen. Die Versuchsbedingungen erlaubten es den Wissenschaftlern nicht, die frustrierten Autofahrer zu befragen, aber sie befragten Studenten der nahegelegenen Universität, von denen viele die Straßen benutzten, auf denen der Versuch stattgefunden hatte. Sie fragten die Hälfte der ausgewählten Studenten, wie lange es wohl dauern würde, bis sie auf die Hupe drückten, wenn der Fahrer einer alten Klapperkiste bei Grün vor ihnen an der Ampel stehenblieb; den übrigen Studenten wurde die gleiche Frage bezüglich eines neuen Chryslers gestellt.

Die Einschätzung der Studenten, wie sie sich verhalten würden, steht in einem interessanten Gegensatz zur tatsächlichen Handlungsweise der Versuchspersonen. Die männlichen Studenten sagten im Durchschnitt, sie würden bei dem älteren, billigeren Auto etwa 9 Sekunden mit dem Hupen warten und 5,5 Sekunden bei dem neueren, teureren Auto. Dieser Ausdruck einer offenbar größeren Rücksichtnahme auf den Fahrer von niedrigerem Status unterschied sich recht stark von dem Verhalten, das der Versuch zeigte, wo männliche Fahrer bei der Klapperkiste durchschnittlich nach 6,8 Sekunden und bei dem Chrysler nach 8,5 Sekunden hupten. Mit anderen Worten, die größere Ungeduld, die männliche Studenten gegenüber Mitgliedern des »Establishments« (Chrysler-Fahrer) zu verspüren meinten, wurde auf den benachbarten Straßen in keiner Weise durch das tatsächliche Verhalten männlicher Autofahrer bestätigt.

Diese Diskrepanz charakterisiert vielleicht das Verhalten vieler Männer in einer Machtstruktur: Sie behaupten, daß sie sich Personen höheren Rangs nicht beugen, tun es letzten Endes aber doch. Da sie bequemerweise ihre eigenen konformistischen Tendenzen übersehen, können sie mit dem ungebrochenen Mythos durchs Leben gehen, daß ihnen das Statussystem aufgezwungen wird und daß es existiert, trotz ihrer freimütigen und standhaften Versuche, es zunichte zu machen.

Die Einschätzungen der weiblichen Studenten stimmten hingegen mit der Realität überein. Sie sagten, sie würden bei dem Auto mit mehr Prestige länger mit dem Hupen warten, und dies entsprach genau dem Verhalten der weiblichen Fahrer bei dem Experiment.

Prestige und Geld

Man kann davon ausgehen, daß die meisten Fahrer, die bei dem Doob-Gross-Experiment unwissentlich zu Versuchspersonen wurden, in Autos saßen, die billiger waren und daher einen geringeren Status suggerierten als der neue Chrysler. Folglich läßt sich die Überlegung, die sie durch das Hinauszögern des Hupens oder das Nichthupen zum Ausdruck brachten, als eine Form der Unterwerfung unter eine Person betrachten, von der sie annahmen, daß sie ihnen sozial überlegen sei.

Ein Anrecht auf *Unterwerfung* haben Menschen aufgrund ihres höheren beruflichen Status, Wohlstandes, Einkommens, Bildungsgrades, ihrer politischen oder korporativen Macht und ihrer verwandtschaftlichen Beziehungen, wie der Politikwissenschaftler Edward Shils meinte. Der Soziologe Donald J. Treiman vertrat die Auffassung, daß der Anspruch auf Unterwerfung denen, die ihn besitzen, *Prestige* verleiht, eine Qualität, die gleichbedeutend ist mit Ehre, Achtung, Respekt und Wertschätzung. Prestige legitimiert den Einsatz von Macht und verstärkt deren Wirksamkeit. Wenn der Direktor einer großen Bank dem Verwaltungsrat des öffentlichen Wohlfahrtsfonds beitritt und diesem damit gestattet, seinen renommierten Namen und seinen Titel für das Werbematerial zu benutzen, dann billigt er damit die jährliche Geldsammelaktion und garantiert allen potentiellen Spendern die Legitimität der Kampagne.

Es gibt verschiedene Methoden, Prestige oder Ansehen zu erlangen. Das übliche Verfahren ist, sich für einen Beruf zu entscheiden, ihn zu erlernen und zu versuchen, ihn auszuüben. Meinungsforscher haben in Umfragen festgestellt, daß sich hinsichtlich des Ansehens, das verschiedene Berufe genießen, ein einheitliches Bild ergibt. Treiman analysierte Meinungsumfragen zum Thema berufliches Prestige, die in den vergangenen zwanzig Jahren in den Vereinigten Staaten und etwa fünfzig anderen Ländern durchgeführt wurden. Die amerikanischen Umfragen umfaßten über vierhundert Berufe, die von verschiedenen Gruppen von Befragten, angefangen beim Kabinettsmitglied der Regierung am oberen Ende der Skala, bis hin zum Schuhputzer am unteren Ende, in eine Rangordnung gebracht wurden. Umfragen aus anderen Ländern ergaben ähnliche Ergebnisse wie in den Vereinigten Staaten, was zeigt, daß die Rangordnung beruflichen Ansehens in allen Ländern weitgehend gleich ist. Eine Liste von fünfzig Berufen, die als repräsentativ ausgewählt wurden, zeigte, daß in den betreffenden Ländern Ärzte, Universitätsprofessoren und Rechtsanwälte das höchste Ansehen genossen, Hausmeister, Dienstboten und Straßenkehrer am niedrigsten eingestuft wurden und Landwirte, Elektriker und Versicherungsagenten in der Mitte der Skala standen.

Als Treiman Daten des Statistischen Bundesamtes der Vereinigten Staaten analysierte und den beruflichen Status mit dem jeweiligen Einkommen verglich, stellte er ein hohes Maß an Übereinstimmung fest. Im allgemeinen war das durchschnittliche Einkommen bei Berufen, die oben auf der Statusskala standen, deutlich höher als das von niedrig eingestuften Berufen. Treiman stellte außerdem fest, daß Bildung wichtiger war als Geld, denn der Bildungsunterschied von Personen auf verschiedenen beruflichen Statusniveaus war noch größer als der Unterschied in ihrem Einkommen. Daraus folgerte er, daß Bildung überall auf der Welt der anerkannte Weg zu Positionen ist, die einen höheren Status, ein höheres Ansehen und selbstverständlich auch mehr Geld bieten.

Die meisten von uns denken jedoch an Einkommens- und nicht an Bildungsunterschiede, wenn sie über Berufe mit unterschiedlichem Prestige sprechen. So wissen wir beispielsweise alle, daß Ärzte viele Jahre studieren müssen, um den Doktortitel zu erlangen, aber es ist ihr Gehalt und nicht die jahrelange Ausbildung, die sie durchlaufen haben, woran wir denken, wenn von Medizinern die Rede ist. Die Tatsache, daß Geld, wie wir gesehen haben, der sichtbarste Aspekt des persönlichen Wertes ist, führt dazu, daß wir auch berufliches Ansehen in Geldkategorien betrachten. Der Bildungsgrad mag, wie Treiman aufzeigte, eine große Rolle für den gesellschaftlichen Einfluß eines Menschen spielen, aber es ist das Geld, das er oder sie verdient und zur Verfügung hat, das gewöhnlich unsere Aufmerksamkeit weckt. Deshalb setzen wir beruflichen Status und Geld gedanklich in Beziehung.

Aufgrund dieser gedanklichen Verknüpfung sind wir zumeist verunsichert, wenn wir Diskrepanzen zwischen Einkommen und beruflichem Ansehen wahrnehmen. Vor einigen Jahren gerieten die Bewohner von San Francisco in helle Aufregung, als eine Zeitung die Gehälter der städtischen Bediensteten veröffentlichte und bekannt wurde, daß Straßenkehrer 17000 Dollar im Jahr verdienten. Der durchschnittliche Steuerzahler von San Francisco, der zu dieser Zeit erheblich weniger verdiente, war aufgebracht, und viele wütende Leser schrieben Briefe an die Zeitung, in denen sie sich über die Ungerechtigkeit beklagten. Selbst Bürger mit höherem Prestige- und Einkommensniveau waren über die Diskrepanz zwischen Status und Verdienst erbost, denn dies bedeutete, daß »das System nicht funktionierte«. Infolge des Aufschreis der Öffentlichkeit wurden die Straßenkehrer »neu eintaxiert« und erhielten weniger Geld.

Einer der Gründe für die gedankliche Verbindung von Geld und Status ist, daß Status Möglichkeiten bietet, Geld zu verdienen, wie Robert W. Hodge, ein Soziologe der University of Southern California, hervorhob. Der kausale Zusammenhang besteht selbstverständlich auch in umgekehrter Weise. Hodge bemerkte, Studie für Studie zeige, daß Menschen mit hohem Einkommen eher als Menschen mit niedrigem Einkommen Mitglied in Wohltätigkeitsorganisationen sind, eher am Kommunalleben teilnehmen und sich eher in geselliger Runde mit Freunden, Nachbarn, Verwandten und Kollegen treffen. Obwohl solche Aktivitäten Geld kosten, sind diese Aufwendungen im Vergleich zu anderen Ausgaben gering, der Einsatz an Zeit, den sie fordern, dagegen beträchtlich. Da die Zeit dieser gut bezahlten Personen offensichtlich so überaus wertvoll ist, könnte man meinen, daß sie lieber weniger und nicht mehr Zeit mit Aktivitäten verbringen, die keinen sichtbaren ökonomischen Nutzen haben. Dessenungeachtet erweist sich diese Art von Engagement letztlich als statuserzeugend und statuserhaltend, denn die Betreffenden können dabei nützliche berufliche oder geschäftliche Kontakte knüpfen und so Möglichkeiten zur Verbesserung ihrer wirtschaftlichen Lage finden. Solche Aktivitäten erhöhen auch ihr soziales Image und – als Konsequenz – ihr Ansehen. Status, Geld und Ansehen können sich somit gegenseitig bedingen.

Im Lauf der Jahre habe ich beobachtet, daß jene Menschen, von denen ich weiß, daß sie zu Wohlstand gekommen sind, nicht diejenigen waren, die in erster Linie nach Geld strebten, sondern diejenigen, die sich darauf konzentrierten, möglichst professionell in ihrem Bereich zu sein. Menschen, für die Geld schon vor zwanzig oder dreißig Jahren, als ich sie kennenlernte, das Wichtigste war, stellen Geld auch heute noch über alles andere, haben es sich aber weniger erfolgreich angeeignet als diejenigen, die sich auf ihre Karriere konzentrierten. Ein hoher Grad an beruflicher Kompetenz hat letzteren Respekt, Ansehen und Status eingebracht. Es brachte ihnen auch Geld ein, doch schien dies eine natürliche Folge von Status und Position zu sein. Ich werde auf dieses Thema in Kapitel 12 noch näher eingehen, wenn es um die Rolle glücklicher Zufälle beim Erwerb von Geld geht.

Die Vorstellung, daß man eher zu Wohlstand kommt, wenn man ihn nicht um seiner selbst willen anstrebt, steht selbstverständlich im Gegensatz zur gängigen Meinung. Es gibt eine Fülle von Rezepten, wie man finanziell vorwärtskommt, Selbsthilfebücher, die einem angeblich verraten, wie man von heute auf morgen reich wird, verkaufen sich millionenfach, und die Massenmedien drucken Artikel und Kolumnen zuhauf, die dem gespannten Leser aufzeigen, wie man in einer unfreundlichen und gefährlichen Welt »zu etwas kommt«. Viele dieser Ratschläge sind karrierebezogen, und die Rezepte sind immer die gleichen: seien Sie aggressiv, aber freundlich; seien Sie skrupellos, aber pflegen Sie positive zwischenmenschliche Beziehungen; seien Sie clever, aber zeigen Sie es nicht. All dem liegt die Annahme zugrunde, das Hauptziel beruflichen Erfolges sei, mehr Geld zu verdienen. Nichtsdestoweniger habe ich festgestellt, daß finanziell erfolgreiche Menschen nur eines gemein haben, und zwar das, was sie *nicht* getan haben – sie haben Reichtum nicht zu ihrem Hauptanliegen gemacht. Dies bedeutet nicht, daß ihnen das Geldverdienen gleichgültig war, sondern es bedeutet, daß andere Ziele für sie eine größere Rolle gespielt haben.

Diese Beobachtung ist kein Einzelfall. So äußert sich beispielsweise Scitovsky, der nonkonformistische Volkswirtschaftler, positiv über Lord Keynes Feststellung, daß für erfolgreiche Geschäftsleute ein »gewagtes Glücks- und Geschicklichkeitsspiel und der Wunsch, etwas Neues und Konstruktives zu schaffen« einen größeren Reiz besitze als der zu erwartende Profit.

Der Gedanke, daß ein solcher Reiz einen größeren Wert besitzt als Geld, widerspricht dem, was die meisten Menschen glauben, doch macht es aus psychologischer Sicht durchaus Sinn.

Geld, Freiheit und Unabhängigkeit

Gehören wir zu der Mehrheit, bei der der finanzielle Status mit dem beruflichen Ansehen übereinstimmt, sind wir mit diesem Zustand vermutlich nicht völlig zufrieden. Wir kommen nicht umhin, ein gewisses Maß an Neid gegenüber denen zu empfinden, die größeres Ansehen genießen und – selbstverständlich – mehr Geld haben.

Warum werden diejenigen, die mehr Geld besitzen, fast überall beneidet? Ein Teil der Antwort mag in den Wunschvorstellungen liegen, die wir alle bei dem Gedanken hegen, plötzlich wohlhabend zu sein. Wir stellen uns vor, daß wir, wenn wir wirklich reich wären, den Beschränkungen entkämen, die uns an Situationen und Beziehungen binden, die wir als nicht lohnenswert, frustrierend oder hinderlich empfinden. Hätten wir genug Geld, sagen wir, wären wir nicht auf einen langweiligen Job angewiesen, brauchten uns über die Abzahlung des Hauses keine Gedanken zu machen und müßten weder ständig sparen noch auf kleinere und größere Freuden verzichten, um uns mühsam mit einem unzureichenden Einkommen durchzuschlagen. Wir meinen, daß uns Geld aus unserer gegenwärtigen restriktiven Umwelt befreien und es uns ermöglichen würde, reizvolle Unternehmungen durchzuführen, neue Erfahrungen zu machen und drückende Belastungen zu tilgen.

Um herauszufinden, welche Vorteile Menschen in Geld sehen, bat ich eine Gruppe von Universitätsstudenten, sich vorzustellen, daß sie unvermutet zu Millionären geworden seien. Basierend auf dieser Annahme sollten sie fünf wesentliche Vorzüge auflisten, die ihnen der neu erworbene Reichtum ihrer Meinung nach bringen würde. Praktisch alle Listen enthielten wenigstens einen Punkt, der mit dem Begriff »Freiheit« (beziehungsweise »frei«) in Zusammenhang stand: frei von Schulden; frei von dem Zwang, für den Lebensunterhalt arbeiten zu müssen; Freiheit zur Selbstverwirklichung; Freiheit, das Leben mehr genießen zu können; und Freiheit, zu leben, wie und wo es einem gefällt, waren die am häufigsten genannten Aspekte. Altruistische Ziele, wie die Möglichkeit, anderen zu helfen und nützliche Dinge zu unterstützen, wurden von vielen genannt, ebenso wie die Freude an Sachen, die man sich kaufen könnte, doch die Mehrzahl der aufgeführten Vorteile hatte in der einen oder anderen Form etwas mit Freiheit zu tun.

Erwartungen wie diese basieren auf unserem Bewußtsein, daß man sich Freiheit mit Geld »erkaufen« kann, in dem Sinne, daß es unsere Entscheidungsmöglichkeiten erweitert. Geld kann Freiheit wirkungsvoller sichern als jedes andere soziale oder ökonomische Mittel. Wanderarbeiter, die durch einen glücklichen Umstand zu Geld kommen, fühlen sich von dem Zwang befreit, ihren Lebensunterhalt durch stumpfsinnige Knochenarbeit auf den Feldern zu verdienen. Die Näherin, die viele ermüdende Stunden in einer Textilfabrik verbracht hat, spart ihr Geld und kauft sich eine kleine Reinigung. Sie muß noch immer schwer arbeiten, aber jetzt bestimmt sie selbst ihr Arbeitstempo und ihre Arbeitszeiten. Sie hat sich auch von den prüfenden Blicken des Vorarbeiters befreit und kann, wann immer es ihr beliebt, ein Schwätzchen mit Kunden halten.

Geld kann unsere Entscheidungsmöglichkeiten bei einer Vielzahl von Alltagsproblemen vergrößern. Wenn unser Dach undicht ist, können wir, wenn wir Geld haben, das für die Reparatur notwendige Material kaufen, einen Handwerker mit der Schadensbehebung beauftragen, das gesamte Dach erneuern lassen oder in ein anderes Haus ziehen, das in einem besseren Zustand ist. Ohne Geld müssen wir nach Töpfen und Schüsseln laufen, wenn es regnet, und beten, daß das Dach nicht an mehr Stellen leckt, als wir Auffanggefäße haben. Ein verarmter Mensch, der sein Geld durchgebracht hat, muß jede Arbeit annehmen, die sich ihm bietet, selbst wenn sie seine Gesundheit und seine Kräfte über Gebühr beansprucht, wenn sie weder seinen Fähigkeiten noch seinen Interessen entspricht und der Arbeitsplatz ungünstig liegt. Mit Geld auf der Bank hat man dagegen mehr Optionen: Man kann sich Zeit nehmen, nach einem geeigneten Job zu suchen, sich umschulen lassen, selbst ein Geschäft eröffnen und so weiter.

Auch den Ruhelosen, Gelangweilten oder Zermürbten eröffnet Geld Fluchtwege. Manchmal brauchen wir nichts dringender als einen Szenenwechsel. Hier hilft Geld, indem es die Möglichkeit bietet, einen Urlaub in angenehmer Umgebung zu verleben, eine Reise zu unternehmen, einen schönen Abend im Theater zu verbringen oder der Küche durch ein Essen im Restaurant zu entfliehen.

Das Geld, das junge Leute verdienen, befreit sie von der Abhängigkeit von ihren Eltern und ermöglicht es ihnen, ihren eigenen Hausstand zu gründen. Das Geld, das von einer wachsenden Zahl verheirateter Frauen verdient wird, hat zweifellos zu der gestiegenen Scheidungsrate beigetragen, wie Scitovsky feststellte. Wenn Frauen wirtschaftlich nicht mehr von ihren Ehemännern abhängig sind, haben sie die Freiheit zu gehen, wenn ihre Ehe allzu aufreibend wird.

Der Umstand, daß Geld die Macht besitzt, die Entscheidungsfreiheit zu vergrößern, kann auch zu Problemen führen. Wenn wir zur Ängstlichkeit neigen, werden wir beim Geldausgeben vielleicht übervorsichtig, selbst wenn es sich um notwendige Investitionen handelt.

Oder die Palette an Möglichkeiten, die sich durch unser Geld bietet, erzeugt Verwirrung und Furcht bei dem Versuch, die beste Entscheidung zu treffen.

Aber diese Schwierigkeiten sind hier nicht das eigentliche Thema. Vielmehr sind zwei Punkte von Belang. Erstens, Freiheit (in welcher Form auch immer) ist für die meisten Menschen reizvoll. Zweitens, die meisten Arrangements, die Freiheit ermöglichen, kosten Geld. Freiheit gibt es nicht kostenlos, man muß sie sich erkaufen und dafür bezahlen.

Geld als eine universalistische Ressource

Wenn etwas für uns besonders wichtig ist oder großes Interesse erregt, neigen wir dazu, es mit Ersatznamen zu belegen. Schnaps bezeichnen wir deshalb als »Rachenputzer«, »Schluck«, »Fusel« oder dergleichen Euphemismen mehr. In ähnlicher Weise benutzen wir eine Fülle von Wörtern, wenn wir über Liebe in ihren zahllosen Formen sprechen. Auch Geld bezeichnen wir als »Cash«, »schnöden Mammon«, »nötige Mittel«, »Barschaft«, »Finanzen«, »Glücksgüter«, »Zechinen«, »Moneten« und »Zaster«, um nur einige aus der langen Liste von Ersatzwörtern und -begriffen zu nennen.

Trotz all der blumigen und romantischen Ausdrücke, mit denen wir uns darauf beziehen, ist Geld an sich unromantisch und neutral. Wegen dieser Neutralität hat der Sozialpsychologe Uriel Foa Geld als eine »universalistische Ressource« klassifiziert. Unsere Einstellung gegenüber Geld, sagte Foa, ist immer die gleiche, unabhängig davon, wer es uns gibt oder von uns erhält. Andere universalistische Ressourcen sind Waren, Dienstleistungen und Informationen.

Unsere Einstellung gegenüber Liebe und Status – »partikularistische Ressourcen« nach Foas Terminologie – ist zu einem großen Teil davon abhängig, durch wen wir sie erhalten. Eine Kindergärtnerin wird sich über spontane Beweise der Zuneigung seitens ihrer Schützlinge vermutlich freuen, sich jedoch darüber aufregen, wenn ihr ein fremder Erwachsener solche Liebesbezeugungen entgegenbringt. Ein Nuklearphysiker fühlt sich wahrscheinlich geehrt, wenn man ihn bittet, vor einem Kreis von Wissenschaftlern zu sprechen, empfindet es aber vermutlich als Belästigung, wenn man ihn zu einer Talkshow ins Fernsehen einlädt.

Um die Effekte universalistischer und partikularistischer Ressourcen zu unterscheiden, führte Foa eine Reihe von Experimenten durch, bei denen die Teilnehmer Karten tauschten, auf denen verschiedene Ressourcen beschrieben waren. Die Teilnehmer wurden aufgefordert, jede ihrer Karten wechselseitig ihrem jeweiligen Tauschpartner anzubieten, der dann entschied, welche Ressourcen er dafür eintauschen wollte. Anhand der Aufzeichnungen dieser Transaktionen konnte Foa bestimmen, in welchem Maß eine bestimmte Ressource gegen eine andere auswechselbar war. Liebe und Status, die beiden partikularistischen Ressourcen, besaßen den höchste Grad an Kompatibilität, denn sie wurden am häufigsten gegeneinander ausgetauscht; aber die Kompatibilität zwischen Liebe und Geld war null.

Einige universalistische Ressourcen waren in begrenztem Maß kompatibel mit partikularistischen – so boten beispielsweise 41% der Teilnehmer, denen eine Karte mit einer Dienstleistung angeboten wurde, Liebe im Wechsel dafür an –, aber in keinem einzigen Fall wurde Liebe im Tausch gegen Geld angeboten. In vereinfachter, alltagsbezogener Weise bedeutet dies, daß die Erbringung eines Dienstes bei anderen Liebe bewirken kann, daß sich Liebe aber nicht kaufen läßt.

Foa, der seine Erkenntnisse zum Leben in der Großstadt in Beziehung setzte, behauptete, daß urbane Bedingungen den Erwerb und den Austausch der unpersönlicheren universalistischen Ressourcen begünstigen: Waren, Dienstleistungen, Information und Geld. Von alledem ist Geld besonders herausragend und nützlich, und es ist gängige Praxis, die anderen drei Ressourcen nach monetären Kategorien zu bewerten. Foa sagte, daß der Abbau universalistischer Ressourcen dazu geführt hat, daß bei Stadtbewohnern in bezug auf Liebe und Status ein Mangel herrscht. Ihr Unvermögen, sich diese partikularistischen Ressourcen zu sichern und sie auszutauschen, verbunden mit ihrer Konzentration auf universalistische Ressourcen, insbesondere Geld, erzeugt eine Atmosphäre, die Verantwortungslosigkeit fördert. Foa führte aus, daß der Bewohner einer Kleinstadt, der seine Rechnungen nicht bezahlt oder seine Frau verprügelt, seinen Status verliert, selbst wenn er einer Gefängnisstrafe entgeht. In einer Großstadt dagegen, wo die Betonung universalistischer Ressourcen der Anonymität Vorschub leistet, bleibt sein Fehlverhalten bei seinen Arbeitskollegen oder Nachbarn vermutlich unbemerkt, selbst wenn er mit dem Gesetz in Konflikt gerät.

Wenn Liebe und Status knapp sind, müssen sich die Menschen mit Geld und den anderen universalistischen Ressourcen begnügen. Dieser Ersatz, so Foa, verursacht stets Unzufriedenheit. Ein Mensch, der Liebe braucht und sie nicht bekommt, wird niemals mit Geld zufrieden sein, gleichgültig, wieviel er davon bekommt.

Gestützt werden Foas Erkenntnisse durch eine Untersuchung, bei der Studenten und ihre Mütter über die Angemessenheit von Geld als Geschenk befragt wurden. Geschenke sind ihrem Wesen nach partikularistisch: sie werden als Möglichkeit benutzt, Freunden und Familienmitgliedern *Gefühle* und Einstellungen mitzuteilen. Die befragten Personen waren übereinstimmend der Meinung, daß Geschenke einen Einsatz an Zeit, Energie und persönlicher Aufmerksamkeit zum Ausdruck bringen sollten und daß Geld, weil kalt und unpersönlich, als Geschenk völlig ungeeignet sei (Webley, Lea und Portalska).

Manchmal sind Geschenke weniger ein Zeichen von Liebe als vielmehr ein Ausdruck der Anerkennung des Status der beschenkten Person. So legen die Beschäftigten einer kleinen Firma vielleicht zusammen, um ihrem Chef zum 25jährigen Firmenbestehen ein teures silbernes Punchgefäß zu schenken. In solchen Fällen gelten die gleichen Regeln wie bei Geschenken, die man aus Liebe macht. Obwohl ein Punchgefäß als eine Art »Ware« eine universalistische Ressource darstellt, bekommt es durch die Sorgfalt und die Aufmerksamkeit, die die Mitarbeiter bei der Auswahl des Geschenkes walten lassen, Qualitäten, die es partikularistisch werden lassen.

Alle Ressourcen, ob partikularistisch oder universalistisch, lassen sich dazu benutzen, andere Menschen zu beeinflussen, und sind damit potentielle Mittel gesellschaftlicher Macht. Geld ist jedoch eine besonders vielseitige, einfach erkennbare und leicht konvertierbare Ressource – ein effizientes Tauschmittel. Um es in einen Begriff zu fassen, der heute in Finanzkreisen üblich ist: Geld ist *fungibel*, denn seine Grundeinheiten sind identisch und gegeneinander austauschbar. Auch wenn man mit Geld keine Liebe kaufen kann, läßt es sich gegen eine breite Palette von Ressourcen, einschließlich der zuvor erwähnten Arten von Freiheit, eintauschen. Das Verhältnis zu Freiheit könnte in der Tat einen wesentlichen Unterschied zwischen Geld und Liebe ausmachen: Geld kann von bestimmten Formen der Abhängigkeit befreien, Liebe aber nicht. Liebe erfordert Bindung, gegenseitiges Verständnis und Verantwortungsgefühl sowie Loyalität – Aspekte, die die Freiheit einschränken. Liebe übt ihre Macht dadurch aus, daß sie vertraute gegenseitige Abhängigkeiten fördert; der Besitz oder der Einsatz von Geld erlaubt oder fördert Nicht-Betroffensein und Anonymität. Geld ist sozusagen »sauber«*, denn es ist frei von verwirrenden Lasten. Anders als der Einfluß, den Liebe ausübt, erfordert das Kaufen von Macht keinen menschlichen Kontakt. Die Verwendung von Geld kann so unpersönlich sein wie der Verbrauch von Elektrizität.

Die Tatsache, daß sich durch Geld Freiheit erreichen läßt, kann es zu einer Bedrohung für die Liebe machen. Stellen Sie sich ein Liebespaar vor, der eine mit viel Geld, der andere finanziell abhängig von ihm. Obwohl sich die beiden ewige Treue geschworen haben, bedeutet das Ungleichgewicht ökonomischer Macht, daß einer von ihnen die Mittel für eine Vielzahl von Aktivitäten besitzt, die die gegenseitige Bindung schwächen können. Die größere Freiheit des einen Partners, an solchen Tätigkeiten teilzuhaben, kann den anderen eifersüchtig machen. Werden sie gemeinsam durchgeführt, ärgert sich der Partner, der weniger Geld in die Beziehung einbringt, vielleicht darüber, ständig eine abhängige Rolle spielen zu müssen. Wenn dies zu Frustrationen und Spannungen führt, wie es im allgemeinen der Fall ist, dann ist es für den wohlhabenderen Partner einfacher, ihr zu entgehen. Die meisten modernen Gesellschaften versuchen, das Problem dadurch zu beheben, daß automatisch ein wie auch immer geartetes Abkommen zum Besitzstand in Kraft tritt, wenn Beziehungen offiziell durch Eheschließung legitimiert werden.

Liebe ist eine so wichtige menschliche Ressource, daß wir uns eine Welt ohne sie nicht vorstellen können. Beinahe ebenso schwierig ist es, sich eine Welt ohne Geld vorzustellen. Aufgrund seiner Univer-

---

* Daß Geld unbefleckt von seiner Erwerbsgeschichte bleibt, hat Philosophen und Zyniker immer wieder amüsiert und erfreut. So berichtet Sueton, der römische Biograph aus dem 2. Jahrhundert n. Chr., daß Titus, der Sohn des römischen Kaisers Vespasian, nicht damit einverstanden war, daß sein Vater die öffentlichen Toiletten mit Steuern belegte. Titus meinte, die Abgabe sei unziemlich und nicht vereinbar mit der Würde des Amtes, das sein Vater bekleidete. Vespasian, ein gutmütig-derber Soldat mit einem materiell geprägten Ehrbegriff, nahm eine Münze von der ersten Steuerzahlung, hielt sie seinem Sohn unter die Nase und fragte ihn, ob sie nach Latrine rieche. Titus mußte zugeben, daß dies nicht der Fall war. »Siehst du«, sagte Vespasian, »Geld stinkt nicht.« Im modernen Paris, dessen Bewohner einen ausgeprägten Geschichtssinn besitzen und Meister im Prägen von Euphemismen sind, hat man diese Unterhaltung dahingehend gewürdigt, daß man die öffentlichen Pissoirs *vespasiennes* nannte.

salität und Flexibilität besitzt Geld ein hohes Maß an – wie Psychologen es nennen – »Belohnungswert«, einen Wert, den zu erkennen und akzeptieren wir lernen, wenn wir den Windeln entwachsen. Erreichen wir dann die Hauptphase der Kindheit, ist in unserem Nervensystem bereits ein solches Repertoire an generalisierten Standpunkten und Empfindungen gegenüber Geld verankert, daß wir unbewußt und zuweilen unmittelbar auf seinen Reiz reagieren. Es ist dieser Komplex an Einstellungen und Gefühlen gegenüber Geld, der es einem Moderator ermöglicht, einem lächerlichen Ratespiel Spannung zu verleihen, indem er all jenen Teilnehmern, die entsprechend viele Runden überstehen, Gewinne von fünfzig, hundert oder tausend Dollar verspricht. Auf die gleiche Art wird eine ausgelassene Gesellschaft in einem Restaurant schlagartig zum Schweigen gebracht, wenn der Kellner mit der Rechnung kommt. Unser System programmiert uns so, daß wir den Erhalt von Geld (oder die Aussicht darauf) als aufregend und das Ausgeben von Geld (oder die entsprechende Erwartung) als ernüchternd empfinden.

Heutzutage sind Ansichten und Emotionen gegenüber Geld auf vielfältige und subtile Weise in unser Leben integriert. Im folgenden Kapitel werden wir die tieferen Schichten der Persönlichkeit erforschen, um zu sehen, wie stark unsere Interesse an Geld verwurzelt ist.

Geld und Selbstwert 5

> Mag der Gelehrte sagen, was er kann,
> einzig Bargeld macht den Mann.
> *William Somerville*
>
> Ein Sohn kann den Verlust seines Vaters mit Gleichmut ertragen, aber der Verlust seines Erbes treibt ihn in die Verzweiflung.
> *Machiavelli*
>
> Wenn einer arm ist, hält man ihn nicht für klug; darum hört keiner auf seine Worte.
> *Prediger 9:16*
>
> Die Handhabung von Geld ist zu einem großen Teil die Handhabung des eigenen Ichs.
> *Edward Robert Bulwer-Litton*
>
> Ohne Geld ist die Ehre nur eine Krankheit.
> *Jean Racine*

Jeder von uns ist an den einzigartigen Aspekten seines eigenen Verhaltens interessiert, der Sozialpsychologe hingegen in erster Linie an dem Verhalten, das uns allen gemein ist, und speziell an jenen Aspekten, die durch soziale Normen geformt werden – Interaktionsmuster, Einstellungen, Überzeugungen und Werte. Wir lernen diese Verhaltens- und Motivationsmuster von den Menschen, mit denen wir aufwachsen, und von unserem Umfeld: unserer Kultur- oder Subkulturgruppe. Neben zahlreichen anderen Dingen übernehmen wir bestimmte Einstellungen und Überzeugungen in bezug auf Geld.

Fast allen von uns wird beigebracht, daß Geld etwas ganz Besonderes ist. In Kapitel 4 haben wir festgestellt, daß Geld mit Macht, Status, Prestige und Vorteil in Zusammenhang steht. Wir begreifen, daß uns Geld die soziale Macht gibt, andere zu beeinflussen, aber auch, sich deren Willkür zu entziehen; ein Mangel an Geld macht uns schwach und setzt uns dem Einfluß derer aus, die es besitzen. Wie in Kapitel 2 bemerkt, fördert Geld die Sozialisation. Stellen Sie sich vor, Sie verfügen plötzlich über eine Summe, die einem Jahreseinkommen entspricht – was würden Sie damit tun? Einen langen Urlaub machen? Eine Hypothek abbezahlen? Für die Zukunft vorsorgen? Eine Einkaufstour unternehmen? Was auch immer Ihnen in den Sinn kommen mag, es wird mit ziemlicher Sicherheit eine Form der sozialen Interaktion beinhalten. Ob Ihre Wunschvorstellungen nun auf Vergnügungen, Wohltätigkeit oder Investitionen hinauslaufen, sie beinhalten stets den Umgang mit anderen Menschen. Geld trägt dazu bei, unsere sozialen Kontakte zu vermehren.

Geld besitzt die Macht zur Stimulation und Aktivation, wie wir ebenfalls bereits vermerkt haben. Das unvermittelte Auftauchen von Macht in jeder Form erregt oder bestürzt uns, weil es auf eine Veränderung unserer Situation hinweist. Wir sind daher in Alarmbereitschaft und auf alle Eventualitäten vorbereitet.

Kurz gesagt, Geld kann unseren emotionalen Zustand beeinflussen. Dies trifft in besonderem Maße zu, wenn sich unser finanzieller Status unerwartet verändert. Ein unvorhergesehener Gewinn, z. B. in der Lotterie, erzeugt eine Hochstimmung; ein Verlust, wie etwa ein Steuerbescheid vom Finanzamt, der erheblich höher als erwartet ausgefallen ist, kann Wut, Depression und sogar Verzweiflung hervorrufen.

Obwohl Veränderungen unseres finanziellen Status drastische Auswirkungen auf unsere Psyche haben können, werden unsere Gemütslage, unsere Gefühle und auch unsere Einstellungen vor allem durch unsere Alltagssituation geprägt. Im allgemeinen gilt, je mehr Geld ein Mensch besitzt, um so positiver sind seine Gefühle; je weniger Geld, um so deprimierter und entmutigter fühlt er sich. Dieser Umstand wird durch Meinungsumfragen des Gallup-Institutes bestätigt, das immer wieder feststellt, daß Menschen mit höherem Einkommen glücklicher und optimistischer und sogar entspannter und toleranter sind als Menschen, die weniger verdienen.

Scitovsky analysierte eine Reihe von Studien und kam zu dem Ergebnis, daß sich Menschen mit höherem Einkommen eher als »recht glücklich« oder »sehr glücklich« bezeichneten als Menschen mit niedrigem Einkommen. Während des Zeitraumes von fünfundzwanzig Jahren, den die Studien abdeckten, stieg das Realeinkommen landesweit um 62%, doch der Prozentsatz derer, die sich für recht glücklich oder sehr glücklich hielten, blieb ungefähr gleich. Der entscheidende Punkt dabei ist, daß der Anstieg des Einkommens die Menschen nicht glücklicher machte. Vielmehr resultierte der Grad des Glücklichseins, den die befragten Personen für sich nannten, allein aus ihrem Einkommensstatus im Vergleich zu anderen. Mit anderen Worten, Menschen, deren Einkommen über dem Durchschnitt lag, bezeichneten sich häufiger als »sehr glücklich«, Menschen mit unterdurchschnittlichem Einkommen hingegen beschrieben ihre Stimmungslage häufiger als »nicht sehr glücklich«, ungeachtet des Einkommensanstieges, den die meisten von ihnen verzeichnen konnten.

Andere Studien zeigen, daß Geld und Gesundheit in ähnlicher Weise verknüpft sind. So zeigte sich beispielsweise bei einer Reihenuntersuchung, die das Gesundheitsministerium der Vereinigten Staaten vor einigen Jahren durchführte, daß Menschen, deren Einkommen an oder unterhalb der Armutgrenze lag, häufiger unter Hypertonie (erhöhtem Blutdruck) litten als Menschen mit durchschnittlichem oder höherem Einkommen.

Das Selbst und sein Geld

Unser Geld ist, in physischer Hinsicht, ein Teil unserer Umwelt und nicht ein Teil von *uns*. Die Tatsache, daß es aber *psychologisch* gesehen ein Teil von uns ist, zeigt sich darin, daß wir auf Veränderungen monetärer Situationen – etwa Gewinne und Verluste, sowohl eingetretene wie auch erwartete – so reagieren, als fänden diese Wechsel in uns selbst statt.

Stellen Sie sich vor, Sie sind zu Besuch bei einem Freund, der im dritten Stock eines Mietshauses wohnt. Plötzlich hören Sie ein Krachen unten auf der Straße. Ihr Freund geht zum Fenster und meint: »Na, der kann auch nicht einparken, das steht mal fest.«

Sie sind nicht übermäßig interessiert. »Was ist passiert?« fragen Sie.

»Da hat einer zu stark eingeschlagen und ein parkendes Auto gerammt«, erklärt ihr Freund. »Das wird teuer. Seine Versicherung wird sich freuen.«

«Und der Autobesitzer wird ganz schön sauer sein«, fügen Sie hinzu. Dann fällt Ihnen auf einmal ein, daß auch Ihr eigener Wagen unten vor dem Haus steht. »Was für eine Farbe hat das gerammte Auto?« fragen Sie, und ihr Interesse an dem Vorfall steigt.

»Gelb«, antwortet Ihr Freund. »Einer von diesen Toyota-Flitzern ... Hör mal, das ist doch nicht etwa *dein* Auto, oder?«

Doch zu diesem Zeitpunkt sind Sie bereits aus der Wohnung gerannt. Ihr mäßiges Interesse hat sich in äußerste Empörung verwandelt. Es ist gerade so, als hätte der unachtsame Fahrer nicht nur Ihr Auto beschädigt, sondern wäre auch mit Ihnen kollidiert.

Diese allgemeine Tendenz, Besitztümer und eine Vielzahl anderer Elemente unserer Umwelt als Teil von uns selbst zu betrachten, ist die Grundlage eines Psychologiezweiges, der *Selbsttheorie* genannt wird. Selbsttheoretiker erklären unser Verhalten daraus, wie wir unsere Umwelt *wahrnehmen*, und nicht durch ihre physischen Qualitäten.

Nehmen wir an, Sie öffnen Ihre Post und stoßen auf die Abrechnung der monatlichen Gebühren für Ihre Kreditkarte. Als Sie daraufschauen, rufen Sie: »Idioten! Alle inkompetent!«

Auf die Rückfrage Ihrer Gattin erklären Sie: »Die haben schon wieder die Zinsen für 3.23 Dollar berechnet, die sie stornieren wollten, als ich letzten Monat angerufen habe. Trottel!«

»Mir scheint, du machst einen ziemlichen Wirbel um diesen lächerlichen Betrag«, erwidert daraufhin Ihre Gattin.

»Es geht nicht um das Geld, sondern ums *Prinzip*«, lautet ihre Antwort.

Ihre Gattin hat zweifellos recht. Es *ist* ein lächerlicher Betrag, aber es ist *Ihr* Geld, und Sie haben dafür gekämpft und die Kreditkartengesellschaft zum Nachgeben gebracht. Und Sie sind nicht gewillt, nun kampflos aufzugeben. Es ist nicht die tatsächliche oder eigentliche Bedeutung des Betrages, sondern die Art und Weise, wie sie ihn wahrnehmen. Nicht nur, daß es *Ihr* Geld ist und deshalb eine wichtigere Rolle für Sie spielt als das Geld anderer, es ist auch ein Betrag, den man Ihnen zu Unrecht in Rechnung gestellt hat und der damit zu einer Sache geworden ist, in die Sie Zeit und Energie investiert haben. Je größer dieser Aufwand, um so größer die Bedeutung für Sie.

Obwohl sich die Anfänge der Selbsttheorie bis zu William James, der Ende des 19. Jahrhunderts die amerikanische Psychologie begründete, zurückverfolgen lassen, wurde sie erst von Carl Rogers, dem Mitbegründer der humanistischen Psychologie, detailliert ausgearbeitet. Es ist die Arbeit von zwei anderen Vertretern der humanistischen Psychologie, Donald Snygg und Arthur S. Combs, die uns dabei helfen soll zu verstehen, wie wir auf das Geld in unserem Leben reagieren und was damit geschieht.

Selbsttheorie, in der einen oder anderen Form, ist zum Gegenstand von Soziologen, Psychoanalytikern und Gestaltpsychologen geworden, die sich alle dafür interessieren, wie Menschen ihre Umwelt

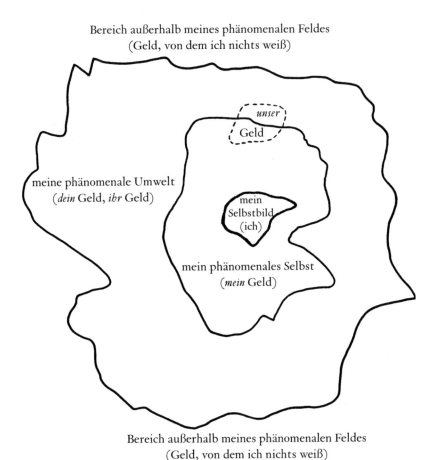

Abbildung 2 Das Selbst und sein Umfeld.

wahrnehmen. Die von Snygg und Combs entwickelte Richtung eignet sich besonders gut dazu, zu erklären, wie wir auf Geld reagieren und was damit geschieht.

Eine schematische Sicht von meinem Selbst und seiner Welt – mein Selbstwertsystem – ist in Abbildung 2 dargestellt. Von meiner Position in der Mitte des Systems schaue ich auf eine Umwelt, die mir teilweise vertraut, größtenteils aber unbekannt ist. Die äußere Linie des Diagramms umschließt den Bereich, der mir bewußt ist, bezeichnet als meine »phänomenale Umwelt«. Einen Teil dieser phänomenalen Umwelt erlebe ich als auf mich bezogen, und dieser Teil wird daher mein »phänomenales Selbst« genannt. In der Mitte dieses Bereiches befindet sich mein »Selbstbild«: wer ich bin oder glaube zu sein.

Innerhalb des Bereiches des phänomenalen Selbst befinden sich Umweltelemente, die nicht Teil meines Selbstbildes sind, bei denen es sich aber dennoch um Dinge, Personen, Konzepte und Ereignisse handelt, zu denen ich eine psychologische Beziehung habe: zum Beispiel meine Familie, meine Wohnung, meine Karriere, meine Ideale und Werte, mein Geld und mein Heimatland. Alles, was nicht »ich selbst« ist, aber als »mein« charakterisiert werden kann, gehört in diesen Bereich. Je enger ich mit einer Sache verbunden bin, um so näher liegt sie an der Mitte des Diagramms, also an meinem Selbstbild; je weniger mich eine Sache betrifft, um so näher befindet sie sich an der äußeren Grenze des phänomenalen Selbst.

Das Geld auf meinem Girokonto läge im Bereich des phänomenalen Selbst. Der Scheck, den ich für eine Wohltätigkeitsorganisation ausgestellt, aber noch nicht abgeschickt habe, befindet sich weiter außen an der Peripherie des phänomenalen Selbst. Es ist noch mein Geld, aber ich habe mich innerlich bereits davon getrennt. Selbst nachdem ich ihn an seinen Bestimmungsort geschickt habe, bleibt mein Interesse daran bestehen, denn ich hoffe, daß das Geld für einen guten Zweck verwendet wird, und wäre verärgert, wenn es für »Werbekosten« eingesetzt würde. Nach einer gewissen Zeit verschwindet meine Spende vollständig aus meiner phänomenalen Umwelt, weil ich nicht mehr daran denke.

Unser Selbstwertsystem ist unsere einzigartige Lesart der *Realität*. Obwohl unsere Eindrücke von der Welt in großem Maß auf den Einstellungen und Handlungen anderer beruhen, führen unsere individuellen Erfahrungen dazu, daß sich unsere Sicht der Realität von der jeder anderen Person unterscheidet. Unsere Entscheidungen basieren auf der Wirklichkeit, die *wir* wahrnehmen, nicht auf der Perspektive irgendeines anderen Menschen.

Da Handlungen, die auf einem zerrütteten Selbstwertsystem beruhen, sich als ineffektiv oder verhängnisvoll erweisen können, haben die Erhaltung und der Schutz unseres Selbstwertsystems einen hohen Stellenwert für uns. Wenn jemand versucht, unsere Anschauungen zu verändern, verteidigen wir unsere Sicht der Realität. Unsere Ansichten zu ändern hieße, unsere eigenen Erfahrungen und unser Urteilsvermögen anzuzweifeln. Sagt uns jemand, daß wir unrecht haben, bedroht dies unser Selbstwertsystem und letztlich unser innerstes Selbst. Aus diesem Grund können Meinungsunterschiede über scheinbar triviale Angelegenheiten zu ernsthaften Streitigkeiten führen.

Jedes Selbstwertsystem ist einzigartig, aber das bedeutet nicht, daß jedes autonom entsteht und funktioniert. Bis zu einem gewissen Grad ist jedes Selbstwertsystem das Produkt der anderen, mit denen es verbunden ist und sich identifiziert. Die Unmöglichkeit, alles in unserer Umwelt selbst zu erleben, bedeutet, daß wir zu einem Großteil auf Informationen aus zweiter Hand angewiesen sind, um unsere Sicht der Welt und unser Konzept der Realität zusammenzufügen. Und wir reagieren – weitaus stärker, als wir glauben möchten – auf die Meinung, die andere von uns haben. Die Vermutungen, die andere über uns anstellen, haben eine subtile und überzeugende Wirkung auf unser Selbstbild – subtil, weil sie sich hauptsächlich in indirekten und vielleicht unbewußten Manifestationen der Rollen ausdrückt, die sie uns im Szenario des täglichen Lebens zuweisen. Schenken uns andere Menschen Aufmerksamkeit, oder ignorieren sie uns; suchen sie unsere Gesellschaft, oder dulden sie uns lediglich; stellen sie Forderungen an uns, oder lassen sie zu, daß wir sie manipulieren? Bei diesem sozialen Austausch von Information und Einfluß erkennen wir nur selten das volle Ausmaß der Macht, das andere Menschen bei der Ausbildung unseres Selbstwertgefühls besitzen.

Geldspiele der Gesellschaft

Das Selbstwertsystem eines Menschen ist keineswegs ein Produkt, das rein passiv aus der Formung durch andere hervorgeht. Auch wenn wir von offenen und verdeckten Manifestationen der Einstellungen anderer geprägt werden, suchen wir doch eifrig nach Wegen, daß diese Einstellungen uns gegenüber positiv ausfallen. Wir spielen also ein Spiel mit der Gesellschaft, bei dem der Gewinn die Anerkennung der anderen ist. Wenn wir diese Auszeichnung erringen, steigt unser Selbstwertgefühl oder wird zumindest nicht angegriffen.

Geld, als eine besonders liquide Form sozialer Macht, spielt verschiedene Rollen in diesem Spiel. Einerseits gewinnen wir den Respekt von anderen, wenn wir es besitzen. Andererseits können unsere monetären »Gewinne« anderen (und auch uns) helfen, sich während des Spieles über das Maß des Erfolges auf dem laufenden zu halten.

Unabhängig davon, ob wir etwas gewinnbringend kaufen und verkaufen, für Lohn arbeiten, Dienstleistungen für ein Entgelt erbringen, spekulieren oder investieren, kann man von uns sagen, daß wir das Geldspiel spielen. Wenn wir am Ende des Spieles mehr Geld haben als am Anfang, steigt unser Selbstwertgefühl, denn die Gewinne, die wir in den Geldspielen erzielen, bringen ein gewisses Maß unausgesprochenen sozialen Ansehens mit sich. Gesellschaften auf der ganzen Welt – kommunistische, sozialistische und kapitalistische gleichermaßen – rechtfertigen, fördern und belohnen jene, die als Sieger aus wirtschaftlichen Transaktionen hervorgehen.

Um die Wertschätzung der Gesellschaft zu erlangen, müssen wir das Geldspiel selbstverständlich nach ihren Regeln spielen. Ein Spiel, das allzu weit von den herkömmlichen Spielregeln abweicht, das allzu innovativ oder habgierig ist, wird mit Sicherheit mißbilligt oder für illegal erklärt. Gesellschaftliche Achtung kann auch festlegen, wie Profite oder Einkünfte – Gewinne – eingesetzt werden dürfen. In Korea beispielsweise reagieren viele Menschen zornig, wenn wohlhabende Leute Geld für Luxusgüter ausgeben. Große Unterschiede im Wohlstand werden verurteilt. Die Regierung versucht, einen – wie sie es nennt – »übersteigerten Konsum« zu verhindern, indem sie Konsumgüter der Elektronikindustrie mit hohen Steuern belegt und Firmen auffordert, eine Höchstgrenze für Managergehälter einzuhalten. Die Regierung hat auch ein Projekt finanziert, bei dem bekannte Filmstars Handzettel an Verbraucher verteilten, auf denen diese aufgefordert wurden, keine teuren Importwaren zu kaufen. Erwartungsgemäß haben diese öffentlich zum Ausdruck gebrachten Einstellungen viele Koreaner daran gehindert, ihren neu erworbenen Reichtum für Konsumgüter auszugeben (Darlin).

Das Schicksal der Verlierer

Die Geldspiele der Gesellschaft nehmen verschiedene Formen an: Investitionen, Spekulationen, Glücksspiele, Sparen, Kauf und Verkauf von Waren und Dienstleistungen, Bemühungen um Geschenke und Gefälligkeiten sowie Profite und Verluste. Das häufigste Geldspiel ist selbstverständlich das, das die meisten Menschen spielen, wenn sie ihrer täglichen Arbeit nachgehen. Anhand des Gehalts, das uns die Vertreter der Gesellschaft (unsere Arbeitgeber) bezahlen, können wir (zumindest teilweise) erkennen, in welchem Maß wir bei dem Spiel vorankommen, zurückfallen oder auf der Stelle treten.

Manche Menschen schneiden bei diesen Spielen erheblich schlechter ab als die Norm. Sie arbeiten für niedrige oder unterdurchschnittliche Löhne, sind stundenweise oder gar nicht angestellt und erhalten häufig von der Regierung eine geringe Unterstützung in der einen oder anderen Form. Es ist vielleicht unfair oder sogar herzlos, diejenigen, die in den Geldspielen der Gesellschaft unterliegen, als »Versager« zu bezeichnen, aber in der Realität halten die meisten Menschen die Armen für diejenigen, die im Kampf des täglichen Lebens nicht mithalten können. Auch die Bedürftigen selbst neigen dazu, sich als »Verlierer« zu sehen. Neben Geld fehlt es ihnen selbstverständlich an vielen anderen Dingen, denn sie müssen mit Unzulänglichkeiten in bezug auf Unterkunft, Ernährung und Gesundheitsfürsorge fertig werden und sind schlechter gegen Schicksalsschläge und das Auf und Ab des Lebens gefeit. Doch es ist ihr Mangel an finanziellen Mitteln, der ihren bedauernswerten Zustand sowohl nach außen wie auch für sie selbst symbolisiert.

Es überrascht daher kaum, daß die Stimmungslage der Notleidenden durch Depression und Apathie gekennzeichnet ist, emotionale Zustände, die durch die riesige Kluft erzeugt werden, die sich zwischen dem kärglichen Einkommen, das ihnen zur Verfügung steht, und dem Besitz der Mittelschicht und der Reichen auftut. Doch es ist nicht der absolute Status ihrer Finanzen, der sie deprimiert, denn eine arme Familie in Amerika ist im Durchschnitt immer noch reicher als die Mehrzahl der Haushalte in vielen Ländern der Dritten Welt. Was sie deprimiert, ist vielmehr der *relative* Unterschied zwischen dem, was sie an Geld besitzen, und dem, was fast alle anderen haben.

Der Vergleich, den die Armen zwischen ihrem niedrigen finanziellen Status und dem der anderen Mitglieder der Gesellschaft anstellen müssen, verringert ihr Selbstwertgefühl und ihr Selbstvertrauen. Die Arbeitslosen sehen sich von Nachbarn umgeben, die dank ihrer beruflichen Qualifikationen ein erfolgreicheres Geldspiel spielen können, eines, das es ihnen erlaubt, einen angemessenen Grad an wirtschaftlicher Unabhängigkeit aufrechtzuerhalten. Es ist für die Arbeitslosen daher schwierig, die zermürbende und frustrierende Suche nach Beschäftigung fortzusetzen, denn haben sie eine gefunden, werden sie zwar leichter mit den Belastungen des Lebens fertig, haben aber selten die Aussicht, daß sich ihre Situation langfristig verbessert.

In einer Gesellschaft, wo bezahlte Arbeit den normalen Erwachsenenstand darstellt, läßt sich sozialer Status, zusammen mit der Selbstachtung, die er mit sich bringt, nicht ohne sie erreichen. Die große Depression der 1930er Jahre war ebenso eine psychologische wie wirtschaftliche Krise, weil Millionen von Menschen, die keine Anstellung finden konnten, sich ihres normalen Erwachsenenstatus beraubt sahen und einen tiefgreifenden Selbstwertverlust erlitten. Erst als sich die Welt im Krieg befand und es für jeden wieder Arbeit gab, war auch ihre Moral wiederhergestellt.

Noch ein weiteres Beispiel für das Zusammenspiel von Beschäftigungsstatus und Moral sei an dieser Stelle angeführt. Der Sozialstatus, das Prestige und das Selbstwertgefühl sind bei Professoren im allgemeinen hoch, allerdings nur dann, wenn sie auf der Gehaltsliste einer Hochschule oder einer Universität stehen. Der Status arbeitsloser Professoren, die Sozialhilfe beziehen, rangiert unter dem von Bauarbeitern und ungelernten Fabrikarbeitern, die in Lohn und Brot stehen, und bei länger andauernder Arbeitslosigkeit nimmt ihr Selbstwertgefühl entsprechend ab.* So sind mir erwerbslose Professoren begegnet, die als Tagelöhner oder am Fließband arbeiteten, um ihre Finanzen aufzubessern. Obwohl sie diese Tätigkeit nur als eine vorübergehende Unterbrechung ihres eigentlichen Berufes ansahen, räumten sie ein, daß allein die Tatsache, einer Arbeit nachzugehen und dafür entlohnt zu werden, ihre Moral und ihr Wohlbefinden stärkten.

Entspricht unser Wert unserer Bezahlung?

In jeder Gesellschaft leiden junge Erwachsene mehr als die meisten anderen Menschen unter dem Verbund ihrer finanziellen, sozialen und psychologischen Nachteile. Sie sind es, die am ehesten von Arbeitslosigkeit betroffen sind; finden sie eine Anstellung, dann haben die Jobs

---

* Treimans Analyse, in Kapitel 4 dargestellt, gab Hochschulprofessoren einen Prestigewert von 78. Bauarbeiter erhielten 26, Fabrikarbeiter 29 und Sozialhilfeempfänger 25. Meine Anmerkungen zu arbeitslosen Professoren beruhen auf Gesprächen, die ich über die Jahre auf Psychologiekongressen mit ihnen führte, die sie auf der Suche nach akademischen Positionen besuchten.

einen niedrigeren Status und werden schlechter bezahlt als die der älteren Kollegen. Selbst wenn sie auf demselben beruflichen Niveau wie ihre älteren Kollegen tätig sind, ist ihr Gehalt zumeist niedriger. Junglehrer im Alter von dreiundzwanzig Jahren leisten die gleiche Arbeit wie altgediente Lehrer von fünfunddreißig, die bereits zwölf Jahre im Schuldienst sind, aber ihr Gehalt ist zumeist um ein Drittel niedriger. Die Gehaltserhöhungen, die die jungen Lehrer im Lauf der Jahre erhalten, beruhen auf der Annahme, daß sie mehr Erfahrung bekommen und sie daher von größerem Wert für das Schulsystem sind. Da sich bei einem Lehrer der Wert seiner Arbeit – die Qualität seines Unterrichtes – nicht exakt oder zuverlässig messen läßt, mangelt es der angeführten Erklärung für die jährliche Gehaltserhöhung jedoch an Substanz. Logischer ist die Schlußfolgerung, daß die Gehaltserhöhungen den zunehmenden Status widerspiegeln, wenn die Lehrer von den unteren zu den höheren Rängen der Fakultät aufsteigen.

Die weitverbreitete Ansicht, der Verdienst eines Arbeitnehmers spiegele dessen Wert für den Arbeitgeber wider, ergibt sich aus unserer Angewohnheit, die Begriffe »Wert« und »Preis« gleichzusetzen. Während ich dies schreibe, werden grüne Bohnen auf den Gemüsemärkten von San Francisco für etwa 0.75 Dollar das Pfund verkauft, Champignons dagegen für etwa 1.50 Dollar das Pfund. Gramm für Gramm sind Champignons dem Verbraucher also offenbar doppelt soviel »wert« wie grüne Bohnen. (Was aber keineswegs bedeutet, daß sie als Nahrungsmittel doppelt so wichtig sind.) Wenn Sachbearbeiter nun 25 000 Dollar im Jahr verdienen und Abteilungsleiter 50 000 Dollar, bedeutet das dann, daß Abteilungsleiter für ihre Arbeitgeber doppelt soviel »wert« sind wie Sachbearbeiter? Wenn »Wert« gleichbedeutend mit »Preis« ist, dann führt die Logik unseres Gemüsevergleiches zu der Antwort »Ja«; wenn aber »Wert« gleichbedeutend mit »Produktivität« (die Fähigkeit, die Interessen des Arbeitgebers zu verfolgen) ist, dann muß die Antwort lauten: »Nicht unbedingt.«

Tatsächlich läßt sich der Gehaltsunterschied zwischen dem Sachbearbeiter und dem Abteilungsleiter eher vor dem Hintergrund des sozialen Status als vor dem ihres wirtschaftlichen Wertes für ihren Arbeitgeber erklären. Peter F. Drucker beschäftigte sich eingehend mit diesem Thema, als er die Gehälter von leitenden Angestellten analysierte. Die Präsidenten von General Motors, Procter and Gamble, Exxon und einer Reihe anderer Großkonzerne erhalten Jahresgehälter von einer Million Dollar und mehr. Wenn Führungskräfte ein Prozentgehalt (bezogen auf den Reingewinn der Firma) erhielten, würden diese riesigen Summen die Gewinnträchtigkeit ihrer Leistungen widerspiegeln. Dies ist aber nicht der Fall. Solche Führungskräfte beziehen Gehälter dieser Größenordnung, auch wenn ihre Firmen Verluste machen.

Diese Spitzenverdienste werden häufig damit gerechtfertigt, daß für Topkräfte der »Marktpreis bezahlt werden muß«, doch Drucker stellte fest, daß eine solche Erklärung Unsinn ist. Er sagte, der wahre Grund für die hohen Gehälter liege in der »inneren Logik einer hierarchischen Struktur«. Übliche Praxis vieler Firmen ist es, Vorarbeitern 30–40 % mehr zu bezahlen als den Arbeitern, die sie beaufsichtigen; den Aufsehern der Vorarbeiter steht ein ähnlich höherer Lohn zu und so weiter. Da ein vergleichbarer Prozentsatz dem Gehalt auf jeder höheren Stufe der Statusleiter zugeschlagen wird, wird das Gehalt des Spitzenmanagers nicht von seinem Einfluß auf die Firmenprofite (ein nicht greifbarer Faktor, der sich – wie die Qualität von Schulunterricht – nicht messen läßt) bestimmt, sondern durch die Anzahl der Ebenen in der Statushierarchie. Wenn Fabrikarbeiter 20 000 Dollar im Jahr verdienen und die Statusleiter dreizehn Stufen umfaßt, dann muß der Spitzenkraft mehr als eine halbe Million Dollar im Jahr bezahlt werden; gibt es fünfzehn Stufen, dann beläuft sich das Einkommen auf mindestens eine Million Dollar im Jahr. Weil Geld einen starken Einfluß auf die Psyche hat, kann man nachvollziehen, wie sich ein Gehalt dieser Größenordnung auf das Selbstwertgefühl des Angestellten auswirkt, der es bezieht. Und man kann sich ebenso leicht vorstellen, wie sich ein Jahresgehalt von 20 000 Dollar auf das Selbstwertgefühl der Arbeitnehmer am unteren Ende der Statusleiter auswirkt, die morgens in der Zeitung lesen, was der Chef ihrer Firma verdient.

Führungskräfte im mittleren Management, so Drucker, erkennen, daß das System eine bestimmte Art von Kreativität belohnt – nämlich die Fähigkeit, zusätzliche Managementebenen zu schaffen. Drucker stellte fest, daß manch ein Manager sein Salär um bis zu 50 % erhöhen konnte, indem er seine Abteilung so »reorganisierte«, daß sie fünf Ebenen von Managern und Inspektoren erforderte, wo vormals nur drei vorhanden waren. Die Regelung eines jeweils 30–40 % höheren Gehalts steht selbstverständlich niemals schwarz auf weiß in den Personalrichtlinien einer Firma. Doch bei Geldspielen zahlt es sich aus, die impliziten, inoffiziellen und zuweilen unsäglichen Regeln zu verstehen, die oftmals mehr Gewicht haben als die expliziten.

Der Dollar und unser Selbstwertgefühl

Ein Großteil unserer Zeit und Energie während der frühen Entwicklungsjahre unseres Lebens dient dem Erlernen der expliziten und impliziten Erwartungen, durch die das Sozialverhalten bestimmt wird. Diese Annahmen – von denen viele gleichbedeutend mit »Verhaltensregeln« sind – sagen uns, womit wir bei anderen und auch bei uns selbst rechnen können. Solche Erwartungen sind nicht hundertprozentig genau, weil Menschen nicht völlig kalkulierbar sind, aber sie funktionieren in den meisten Situationen gut genug, um sich auf sie zu verlassen. Würde keiner den impliziten und expliziten Regeln der Gesellschaft vertrauen, würde Anarchie herrschen; Verhandlungen jeglicher Art, finanzielle eingeschlossen, wären unmöglich. Unser Überleben als soziale Wesen hängt davon ab, die Grundsätze, die das Sozialverhalten bestimmen, zu erlernen und sie als Richtlinien anzuerkennen.

Haben wir eine gesellschaftliche Regel erlernt, neigen wir dazu, uns an sie gebunden zu fühlen. Sie wird zu einem Teil unseres phänomenalen Selbst, und wir sind bereit, sie zu verteidigen wie alles andere, was zu uns gehört. Unsere Gegenwehr kann ein Ausweichmanöver sein, wie etwa das Ignorieren oder Verwerfen von Informationen, die im Widerspruch zu einer Norm stehen, die wir verinnerlicht haben. Lassen wir es zu, daß eines unserer Prinzipien in Frage gestellt wird, wächst die Wahrscheinlichkeit, daß auch unsere anderen Thesen falsch sind, was bedeutet, daß wir unsere gesamte Sicht der Welt und die unserer eigenen Person überdenken müßten. Statt solch eine grundlegende Neubewertung in Betracht zu ziehen, verwerfen wir die Möglichkeit, daß einer unserer Grundsätze falsch sein könnte. Zuweilen überwindet das Geschehen jedoch unsere Abwehr, wie die folgenden Beispiele zeigen.

Viele Jahre lang glaubten die Amerikaner – und hielten es für selbstverständlich –, daß ihr Dollar überall als Währung akzeptiert würde. Gemäß dieser Doktrin war die Welt auf Dollars versessen. Nach dem Zweiten Weltkrieg schien die Annahme von der allgemeinen Akzeptanz des Dollars lange Zeit Gültigkeit zu haben, doch die Geldinflation und die negative Handelsbilanz der folgenden Jahre veränderten die Realität, auf der diese Gesetzmäßigkeit basierte. Und so mußten Amerikaner, die an einem bestimmten Wochenende in den frühen 1970er Jahren, als Washington wieder einmal eine Reduzierung des theoretischen Goldgehaltes des Dollars angekündigt hatte, auf einem europäischen Flughafen landeten, die desillusionierende Feststellung machen, daß ihre Dollars von den dortigen Wechselstuben nicht eingetauscht wurden. Die Wechelstuben auf den Flughäfen nahmen D-Mark, Franc und Yen an, aber keine Dollars. Die Amerikaner reagierten zunächst mit Erschütterung und Unglauben und dann mit äußerster Empörung. Ihr Selbstwertsystem geriet völlig aus den Fugen, als sie mit einem derart massiven Widerspruch zu dem konfrontiert wurden, was sie für die Wirklichkeit hielten.

Glücklicherweise gab es Taxifahrer und Restaurantbesitzer, die sich »entgegenkommenderweise« bereit erklärten, Dollars weit unter Wechselkurs anzunehmen. Ohne eine Spur von Dankbarkeit, waren die meisten amerikanischen Reisenden allerdings in höchstem Maße aufgebracht. Als dann der Montag anbrach, kamen die Devisenhändler zu Sinnen und akzeptierten wieder Dollars, wenn auch um einige Prozentpunkte niedriger als in der Woche zuvor. Der Dollar war wieder geachtet. Die Amerikaner kehrten rasch zu ihrem Dogma zurück; für sie waren »Realität« und »Wahrheit« wiederhergestellt, wenn auch durch die Beinahekatastrophe etwas angekratzt.

Nicht nur Amerikaner hatten solche Erlebnisse, die ihre Sicht der monetären Wirklichkeit in Frage stellten, ihr Selbstwertgefühl vorübergehend störten und ihren bedingungslosen Glauben an die Integrität ihrer Landeswährung ins Wanken brachten. Von Zeit zu Zeit mußten auch britische, skandinavische und französische Touristen die beunruhigende Erfahrung machen, daß sie ihr Geld auf ausländischen Flughäfen an Wochenenden nicht eintauschen konnten, weil ihre Regierungen Währungsneubewertungen angekündigt hatten.

Überzeugungen in Zusammenhang mit der Landeswährung – und unserer Heimat – sind tief in unserem Selbstwertsystem verwurzelt. Ein kanadisches Ehepaar aus meinem Bekanntenkreis fühlte sich zutiefst gedemütigt, als sich ein Verkäufer in einem Kaufhaus in Portland, Oregon, weigerte, ihre kanadischen Dollars anzunehmen, deren Wechselkurs zu diesem Zeitpunkt sogar etwas über dem des amerikanischen

Dollars lag. Da US-Dollars von kanadischen Kaufleuten bereitwillig zum Nennwert angenommen wurden, waren die beiden naiverweise davon ausgegangen, daß dies umgekehrt in Amerika ebenso der Fall sei. Am schlimmsten wurden sie jedoch in ihrem Stolz getroffen, als sie an einer Tankstelle in Kalifornien ihr Benzin bezahlten. Als der Tankwart unter dem Geld, das sie ihm gegeben hatten, einen kanadischen Penny entdeckte, schaute er auf ihr britisch-kolumbisches Nummernschild, lachte und warf den Penny quer über den Parkplatz. Er dachte, er hätte ihnen einen Gefallen getan, weil er keinen US-Penny von ihnen verlangte, aber das Ehepaar war empört, weil er ihre Landeswährung wie wertlosen Müll behandelte. Aus psychologischer Sicht steckte ein Stück der Identität der Kanadier in dem kanadischen Penny. Als der Tankwart ihre Münze ablehnte, lehnte er symbolisch auch sie als Personen ab.

Die Gefahren der Überbezahlung

Mehr noch als die Münzen, die wir benutzen, sind selbstverständlich unsere Jobs, so wie sie sich in den Produkten, die wir herstellen, oder den Dienstleistungen, die wir erbringen, ausdrücken, Erweiterungen unseres Selbstbildes. (In Kapitel 4 haben wir zum Beispiel gesehen, wie Mrs. Hensills Selbstwertgefühl stieg, als das Beratungszentrum beschloß, sie für ihre Tätigkeit zu bezahlen, die sie ehrenamtlich übernommen hatte.) Infolge unserer beruflichen Erfahrungen akzeptieren wir eine Entlohnung in bestimmter Höhe als Gegenleistung für unsere Arbeit. Wie hoch diese Summe auch sein mag – 10 Dollar pro Stunde, 1900 Dollar im Monat, 40 000 Dollar im Jahr –, sie wird zu einem Teil unseres Selbstbildes. Bietet man uns weniger, als wir erwarten, sehen wir darin eine Beleidigung, einen Versuch, uns abzuwerten. Doch was ist, wenn man uns *mehr* bezahlt, als wir erwarten?

Im Rahmen eines Experimentes, das Stanley J. Morse und sein Team durchführten, sollten Studentinnen einer Universität Korrektur lesen, während ihnen über Kopfhörer störende Hintergrundgeräusche vorgespielt wurden. Als erstes sollte jede Probandin anhand eines Textes den Schwierigkeitsgrad einschätzen und auf einem Fragebogen eintragen, wieviel man ihr ihrer Ansicht nach für die Arbeit bezahlen sollte. Der Experimentator notierte heimlich den erwarteten Betrag und sagte den Studentinnen anschließend, wieviel Geld sie bekommen würden. Der einen Hälfte der Frauen nannte er jeweils den Betrag, der auf ihrem Fragebogen stand; der anderen Hälfte versprach er das Doppelte der erwarteten Summe. Die Hälfte der Studentinnen bekam also das, was sie erwartete, und die andere Hälfte wurde maßlos überbezahlt. Im Anschluß an das Korrekturlesen wurde jede Versuchsteilnehmerin erneut gebeten, den Schwierigkeitsgrad der Arbeit anzugeben.

Bei der Auswertung der Arbeitsergebnisse der beiden Gruppen zeigte sich, daß die überbezahlte Gruppe ihre Aufgabe ernster genommen und sorgfältiger gearbeitet hatte, denn die Studentinnen hatten 14% mehr Druckfehler angestrichen als die gerecht bezahlte Gruppe. Die meisten überbezahlten Studentinnen hielten die Arbeit im nachhinein auch für schwieriger als erwartet, während die gerecht bezahlten Versuchspersonen sie leichter fanden.

Die Studentinnen, denen man das Doppelte von dem bezahlen wollte, was sie erwartet hatten, nahmen offensichtlich an, daß der Experimentator ihre Leistungen für außergewöhnlich wertvoll hielt. Eine solche Anerkennung steigerte zweifellos ihr Selbstwertgefühl, führte aber wohl auch zu einer gewissen Besorgnis, ob sie dieses hohe Maß an Vertrauen überhaupt verdienten. Infolgedessen gaben sie sich mehr Mühe. Anschließend rechtfertigten sie ihren größeren Einsatz – wie auch die Überbezahlung – damit, daß die Aufgabe schwieriger als erwartet gewesen war, und bestätigten auf diese Weise die Einschätzung ihrer Fähigkeiten durch den Experimentator.

Unsere Reaktionen auf eine Überbezahlung sind mitunter jedoch komplexer als in diesem Fall, insbesondere wenn die Ungerechtigkeit unseren Arbeitskollegen bekannt ist. Unter solchen Voraussetzungen sind wir zumeist verlegen und haben sogar ein schlechtes Gewissen – so als hätte man uns dabei ertappt, wie wir etwas nehmen, was rechtmäßig ihnen zusteht. Wir befinden uns in einem Konflikt: Einerseits sind wir verwirrt über die Überbezahlung durch unseren Arbeitgeber, aber insgeheim freuen wir uns und würden gerne glauben, daß unsere Arbeit tatsächlich *mehr* wert ist als die der anderen.

Diese Reaktionen zeigten sich bei einem Experiment, das Alba Rivera und James Tedeschi durchführten. Dabei sollten Studentinnen in Zweiergruppen eine Reihe schwieriger Anagramme lösen. Eine dritte Studentin, in Wirklichkeit eine Helferin der Experimentatoren, überwachte die Arbeit jeder Zweiergruppe. Nach zehn Minuten wurde jede Studentin in ein anderes Zimmer geführt, wo man ihr erklärte, daß sie und die andere Studentin jeweils die gleiche Anzahl an Problemen gelöst hätten und daß es die Aufgabe der Überwacherin sei, eine Belohnung von einem Dollar zwischen ihnen aufzuteilen. Einige der Probandinnen erhielten die Hälfte des Geldes. Andere dagegen bekamen neunzig Cent. (In diesen Fällen waren auch die anderen Gruppenmitglieder, die nur zehn Cent erhalten hätten, Helfer der Experimentatoren.) Den Studentinnen, die einen unangemessenen Anteil von neunzig Cent erhielten, wurde dafür keine Erklärung gegeben. Dann forderte man die Hälfte der Studentinnen auf, einen Bewertungsbogen auszufüllen, der ihre augenblickliche Stimmungslage sowie ihre Gefühle gegenüber der Überwacherin der Gruppe festhielt. (Über die andere Hälfte, die den Fragebogen nicht ausfüllte, gleich noch mehr.)

Im Vergleich zu den Frauen, die einen angemessenen Anteil des Dollars erhielten, fühlten sich diejenigen, die einen unfairen Anteil bekommen hatten, eher unglücklich und schuldig. Sie zeigten auch eine größere Abneigung gegenüber der Studentin, die sie überwacht hatte, und verzeichneten eine Unlust, bei künftigen Projekten wieder mit ihr zusammenzuarbeiten. Rivera und Tedeschi waren von diesen Ergebnissen nicht überrascht, denn sie stimmten mit Erkenntnissen aus ähnlichen Experimenten überein. Die Experimentatoren fragten sich allerdings, ob die Bewertungsbögen die wahren Gefühle der Versuchspersonen zum Ausdruck brachten. Das Ausfüllen eines solchen Bogens ist eine halböffentliche Angelegenheit; die Versuchsperson weiß, daß andere sehen, was sie schreibt. Deshalb neigen Versuchspersonen dazu, das aufzuschreiben, was die Experimentatoren ihrer Meinung nach für angemessen halten. Möglicherweise sagten die überbezahlten Versuchspersonen, daß sie unglücklich seien, sich schuldig fühlten und ihre Überwacherin nicht mochten, weil sie meinten, solche Gefühle haben zu *müssen*.

Um herauszufinden, was die Studentinnen, die mehr Geld als ihre Kolleginnen bekommen hatten, *tatsächlich* empfanden, baten Rivera und Tedeschi diejenigen Versuchspersonen, die den Bewertungsbogen nicht ausgefüllt hatten, ihre Antworten zu den gleichen Fragen in ein besonderes elektronisches Gerät einzugeben. Man sagte ihnen, das Gerät funktioniere nach Art eines Lügendetektors und sei so konstruiert, daß es ihre wahren Gefühle offenbare. Die Ergebnisse, die mit Hilfe dieses »Lügendetektors« zustande kamen, rechtfertigten die Zweifel der Experimentatoren, denn die Probandinnen hielten fest, daß sie sich in keiner Weise schuldig fühlten wegen des ungerechtfertigt hohen Anteils an der Belohnung. Diese überbezahlten Studentinnen sagten auch, daß sie die Studentin, die sie überwacht und bezahlt hatte, mochten und gerne wieder mit ihr zusammenarbeiten würden.

Der Wert, den andere unserer Arbeit beimessen, so wie er sich in der Bezahlung ausdrückt, hat einen wesentlichen Einfluß auf unsere Leistungen. Eine einleuchtende Erklärung dafür ist, daß unser Selbstbild, von dem unsere Motive in starkem Maß bestimmt werden, von der Einstellung anderer uns gegenüber abhängig ist. Das Experiment von Rivera und Tedeschi zeigt auch den Motivationskonflikt, in dem wir bei einer Überbezahlung stehen. Nach außen geben wir uns demokratisch und fair und verneinen jegliches Recht auf eine Überbezahlung; tief im Inneren freuen wir uns jedoch über eine solche Überbewertung. Anhand von Untersuchungen, die sich mit den Gefühlen und Einstellungen von Unternehmensangestellten befaßten, stellte Terrence R. Mitchell fest, daß wir uns im allgemeinen wohler fühlen, wenn wir etwas besser bezahlt werden als diejenigen, die einen ähnlichen Job verrichten, und er führte aus: »Obwohl die meisten Menschen glauben, daß ein Sinn für Gerechtigkeit ein wichtiger Faktor ist, […] scheint der Gerechtigkeitssinn bis zu einem gewissen Maß durch eigennützige Interessen verdrängt zu werden – Menschen möchten etwas mehr Gerechtigkeit für sich selbst als für andere.«

Geschlechtsunterschiede bei Bezahlung und Selbstwertgefühl

Bei den Experimenten, die wir auf den letzten Seiten beschrieben haben, waren die Versuchspersonen Frauen, ein Umstand, der es den Wissenschaftlern erlaubte, Geschlechtsunterschiede als mögliche Einflußquelle bei ihren Ergebnissen auszuschließen. In der realen Welt, außerhalb des psychologischen Labors, konkurrieren jedoch die beiden Geschlechter um monetäre Belohnungen – die Bezahlung. Im wirklichen Leben erhalten Frauen überdies im allgemeinen ein niedrigeres Gehalt als Männer, selbst wenn sie die gleiche Arbeit verrichten und die gleichen Dienstleistungen erbringen. Viele sind der Auffassung, daß diese Praxis, bezogen auf Status und Prestige, einen irrationalen, unnötigen und erniedrigenden Unterschied zwischen Männern und Frauen erzeugt. Man könnte allerdings auch argumentieren, daß die geringere Bezahlung von Frauen das *Ergebnis* des niedrigeren Status ist, den ihnen die Gesellschaft bereits zugewiesen hat, und nicht die *Ursache*. Manche behaupten, Männer allein seien für Geschlechtsunterschiede in der Bezahlung und im Status verantwortlich; Männer, so argumentieren sie, fühlen sich durch die Kompetenz von Frauen bedroht und versuchen daher, sie zu unterdrücken.

Experimente von Charlene M. Callahan-Levy und Lawrence A. Messé werfen ein interessantes Licht auf dieses Thema. Bei einem ihrer Experimente mußten College-Studenten und -Studentinnen fünfzig Minuten lang schriftlich Fragen zu Hochschulangelegenheiten beantworten. Anschließend wurden sie einzeln in eine abgeschlossene Kabine geführt, wo sie sich aus einem Umschlag, der 6 Dollar in Banknoten und Münzen enthielt, den Betrag herausnehmen sollten, den sie als Bezahlung wünschten. Die Studenten und Studentinnen wurden bei ihrer Entscheidung über die Höhe des Betrages nicht beobachtet; lediglich ihr Geschlecht und die Summe, die sie sich genommen hatten, wurden festgehalten. Bei einem zweiten Experiment war die Anfangsaufgabe identisch, doch sollten die Versuchspersonen anschließend in der Kabine den Betrag aus dem Umschlag mit den 6 Dollar nehmen, den eine der anderen Versuchspersonen, ausgewählt nach dem Zufallsprinzip, erhalten sollte. Das Geschlecht des Empfängers war auf den »Lohntüten« deutlich gekennzeichnet: Auf einigen stand »Ihr Lohn«, auf anderen »Sein Lohn«.

Es gab also zwei Versuchsanordnungen: eine, bei der die Versuchspersonen ihre eigene Bezahlung festlegten, und eine, bei der sie die Bezahlung für eine anonyme andere Versuchsperson, die nur durch ihr Geschlecht gekennzeichnet war, bestimmten.

Die Auswertung der Beträge des ersten Experimentes zeigte, daß die Frauen ihre Leistungen niedriger bewerteten, denn sie nahmen sich im Durchschnitt 3.45 Dollar, die Männer dagegen 4.26 Dollar. Da die Entscheidungen aus freiem Entschluß und unbeobachtet getroffen wurden, so daß die Experimentatoren die jeweilige Identität der Versuchspersonen nicht kannten, müssen wir davon ausgehen, daß die Entscheidung der Frauen, den Wert ihrer Arbeit geringer einzuschätzen, ohne einen Einfluß von außen erfolgte.

Das zweite Experiment machte deutlich, daß die Frauen bei der

Festlegung ihres eigenen Lohn *nicht* davon ausgingen, daß die Arbeit von Frauen generell weniger wert sei als die von Männern, denn eine Analyse der Beträge zeigte keinen wesentlichen Unterschied in den Beträgen, die Frauen und Männern zugeteilt wurden, und auch das Geschlecht des Zuteilers hatte keinen Einfluß auf den jeweiligen Betrag.

Wenn der Preis, den wir für unsere Leistungen ansetzen, den Selbstwert widerspiegelt, dann könnte das Selbstwertgefühl der weiblichen Versuchspersonen niedriger gewesen sein als das der Männer.

Ein drittes Experiment sollte Aufschluß über das Alter geben, in dem dieses Phänomen der Selbstherabsetzung bei Frauen auftritt. Versuchspersonen waren Mädchen und Jungen im Alter von 6, 9, 12 und 15 Jahren. Jedes Kind wurde zunächst kurz befragt und sollte dann Tätigkeiten und künftige Berufe aus einer Liste auswählen, die nach »männlich« und »weiblich« abgestuft war. Anschließend wurde jedes Kind aufgefordert, sich seinen Lohn aus einem Umschlag herauszunehmen, der 3 Dollar in Zehncentstücken enthielt. (Erstkläßler, die den Wert der Münzen noch nicht richtig einschätzen konnten, sollten sich aus einer Schachtel mit dreißig Negerküssen entlohnen.) Am Schluß sollten die Kinder sagen, wie gut sie ihrer Meinung nach ihre »Arbeit« gemacht hatten. Bei diesen Selbsteinschätzungen gab es keine Geschlechtsunterschiede. Die Mädchen meinten, daß sie ihre »Arbeit« ebenso gut gemacht hatten wie die Jungen.

Die Auswertung der Ergebnisse zeigte, daß sich Mädchen im Alter von 6, 9 und 12 Jahren mit einer etwa 36% niedrigeren Bezahlung entlohnten als Jungen im gleichen Alter, sich aber 15jährige Mädchen 88% weniger zugestanden. Die Tendenz, daß Frauen ihre Arbeit – relativ gesehen – unterbewerten, scheint demnach in der Kindheit einzusetzen und wird nach der Pubertät besonders stark.* Interessant ist allerdings, daß Mädchen, die Tätigkeiten im »maskulinen« Bereich der Liste auswählten, sich einen erheblich höheren Lohn zugestanden als die anderen Mädchen.

Die Wissenschaftler hielten fest, daß ihre Ergebnisse mit denen der

---

* Die Ergebnisse von Callahan-Levy und Messé stimmen mit einem Experiment überein, das ich mehrfach in meinen Universitätskursen durchführte. Bei diesem Experiment bat ich die Studenten, anonym einen Fragebogen auszufüllen, bei dem sie ihren eigenen IQ, den ihres Vaters und ihrer Mutter sowie den durchschnittlichen IQ des Kurses schätzen sollten. Außerdem sollten sie ihr Geschlecht angeben, indem sie M oder W ankreuzten.
Eine Auswertung der Antworten zeigt, daß Frauen ihren IQ durchgängig niedriger ein-

meisten vorhergegangenen Studien und den Erfahrungen des Alltags übereinstimmten: »Frauen neigen nicht zu Verhaltensweisen, die ihnen den größten wirtschaftlichen Nutzen bringen.« Sie wiesen darauf hin, daß diese »weibliche« Einstellung zu Geld von manchen als »gesünder« betrachtet wird, unabhängig davon, ob sie bei Männern oder Frauen auftritt, aber sie stellten auch fest, daß »eine solche Haltung auf Kosten jener Menschen geht, die sie einnehmen, weil es sie anfällig dafür macht, von anderen Menschen, deren Vorstellungen von Geld und Arbeit eigennütziger sind, ausgebeutet zu werden«.

Die Forscher sahen in der Tendenz der Mädchen, einen unterdurchschnittlichen Lohn zu wählen, keinen Hinweis auf ein geringes Selbstwertgefühl. Aber wir sollten dabei nicht übersehen, daß Menschen bekanntermaßen zu Verallgemeinerungen neigen und von einzelnen Teilen auf das Ganze schließen. Frauen wollen vielleicht nicht, daß ihr erwartetes Lohnniveau Einfluß auf ihren Wert als Person hat, doch in einer arbeitsorientierten Welt haben sie vielleicht keine andere Wahl.

Kampagnen der letzten Jahre, die Gehälter von Frauen und Männern anzugleichen, haben einen gewissen Erfolg gehabt, speziell bei Staatsbediensteten. Frauen, deren Gehalt auf diese Weise gestiegen ist, gewinnen vermutlich auch ein höheres Selbstwertgefühl, vor allem diejenigen, die eine aktive Rolle im Kampf gegen eine ungleiche Bezahlung gespielt haben.

schätzen als Männer und daß sie häufiger als Männer glauben, daß ihr IQ niedriger als der ihres Vater und der durchschnittliche IQ des Kurses sei. Die Tendenz, die eigenen geistigen Fähigkeiten herabzusetzen, besteht nicht nur bei Frauen im Hochschulalter, denn ich erhielt ähnliche Ergebnisse, als ich den gleichen Fragebogen in meinen Kursen am Fromm Institute in San Francisco ausfüllen ließ, wo das Durchschnittsalter bei achtundsechzig Jahren liegt.

Die Reichen und die Armen   6

> Überall ist's doch das gleiche –
> Schuld kriegt bloß die arme Bande,
> und den Spaß hat nur der Reiche.
> Ist das nicht 'ne große Schande?
> *Englische Music-Hall-Ballade*

> Geldgier ist eine Wurzel alles Bösen.
> *1. Timotheus 6:10*

> Der Mangel an Geld ist die Wurzel alles Bösen.
> *G. B. Shaw*

> Es gibt neidische Menschen, die von deinem Reichtum derart überwältigt sind, daß du sie fast schon bedauern möchtest.
> *Edmond und Jules de Goncourt*

> Armut in der Hand Gottes ist besser
> als Reichtum in der Vorratskammer.
> Brot mit einem glücklichen Herzen ist besser
> als Reichtum mit Verdruß.
> *Amenemope, 11. Jahrhundert v. Chr.*

In der Alltagssprache benutzen wir die Begriffe »Geld« und »Vermögen« recht unpräzise. Die meisten von uns glauben, die beiden Begriffe seien mehr oder weniger identisch und der Unterschied zwischen den Vermögenden und den Armen läge in der Tatsache, daß die Vermögenden erheblich mehr Geld besäßen. Volkswirtschaftler hingegen machen einen feinen Unterschied zwischen Vermögen und Geld. Aus volkswirtschaftlicher Sicht besteht Vermögen aus Eigentum, das Wert besitzt. Geld gilt nicht als Vermögen, sondern es ist das Medium, das es uns ermöglicht, Vermögen zu messen und zu tauschen.

Nehmen wir beispielsweise eine Familie mit zweihundert Hektar Weideland, knapp vierzig Kilometer von einer amerikanischen Großstadt entfernt. Sie könnten die besten Parzellen Stück für Stück verkaufen, doch wollen sie den Besitz nicht auseinanderreißen, sondern als Ganzes veräußern. Die geforderte Summe von fünf Millionen Dollar ist mehr, als Immobilienunternehmen zu zahlen bereit sind, aber die Familie besteht darauf, den in ihren Augen angemessenen Preis für ihr Land zu erzielen. Da die Grund- und Besitzsteuern ihr Einkommen stark belasten, sind sie in der Zwischenzeit gezwungen, sparsam zu leben. Sie fahren ein altes Auto, wohnen in einem baufälligen Haus und essen bescheiden. Es besteht kein Zweifel, daß sie vermögend sind, denn ihr Besitz hat einen enormen Wert; dennoch haben sie wenig Geld.

Es ist nicht ungewöhnlich, daß vermögende Menschen wenig Bargeld besitzen. Wer heutzutage mehr Geld verdient, als er für seine normalen Bedürfnisse braucht, ist gut beraten, es in etwas zu investieren, das im Wert steigt oder zumindest mehr einbringt als die üblichen Bankzinsen, die nach Abzug der Steuern nicht mit der Inflationsrate Schritt halten. Mit anderen Worten, ein kluger Mensch legt sein überschüssiges Geld in Immobilien, Aktien, Obligationen oder geschäftlichen Unternehmen an.

Dennoch wollen wir in diesem Kapitel der üblichen, wenn auch unpräzisen Praxis folgen, Geld und Vermögen mehr oder weniger gleichzusetzen, so wie es die meisten Nicht-Ökonomen tun, wenn sie über Geld schreiben. In dieser Hinsicht haben wir namhafte Vorgänger. So schrieb beispielsweise »Adam Smith« in seinem anregenden Buch *The Money Game* über Aktien, Obligationen und Warenterminkontrakte, obwohl sie kein Geld, sondern Vermögensformen darstellen. Sie lassen sich allerdings problemlos in Geld verwandeln, wodurch das Spiel, das er beschreibt, so aufregend wird.

Thomas Wiseman ist, wie andere psychoanalytische Autoren, vor allem an den Trieben interessiert, die Menschen nach Vermögen streben lassen, und weniger an ihrem Beschäftigtsein mit Geld als solchem, auch wenn der Titel seines Buches, *The Money Motive*, dies nahelegt. Sein Buch beschäftigt sich mit den Reichen und den Möchtegernreichen. Die Geldmotive der Armen interessieren ihn dagegen wenig.

Sind die Reichen tatsächlich anders als der Rest von uns? F. Scott Fitzgerald, der sie während seiner beruflichen Laufbahn eingehend studierte, war dieser Auffassung. Mit seinen Ansichten zog er sich den Spott von Ernest Hemingway zu, der Fitzgerald nicht mochte und die Reichen verachtete. Seine Ablehnung brachte Hemingway im *Esquire* zum Ausdruck, in Form eines fiktiven Gespräches zwischen Fitzgerald und einem nicht namentlich genannten Kritiker. Hemingway schrieb, die romantische Ehrfurcht vor den oberen Zehntausend habe den »armen Scott Fitzgerald« dazu gebracht, in einer seiner Geschichten zu schreiben: »Ich will Ihnen etwas über die ganz reichen Leute sagen. Sie sind anders als Sie und ich«, eine Aussage, die der Kritiker bissig mit den Worten kommentierte: »Ja, sie haben mehr Geld.« Fitzgerald ärgerte sich selbstverständlich über eine solche Verhöhnung und beschwerte sich in einem Brief bei Hemingway.

Hemingways Meinung über die Reichen stimmt mit der verbreiteten Ansicht überein, daß sich Unterschiede im gesellschaftlichen Status durch Geld erklären lassen. Fitzgeralds Auffassung hingegen wird durch die Arbeit von Verhaltensforschern gestützt, insbesondere von Soziologen wie W. Lloyd Warner und seinen Mitarbeitern, die feststellten, daß Menschen auf verschiedenen Statusniveaus, wie etwa jene, die durch die Begriffe »reich« und »arm« beschrieben werden, sich hinsichtlich der Dauer ihrer Ausbildung, ihres Berufes, ihrer Freizeitaktivitäten, ihrer Mitgliedschaft in Vereinen und Organisationen und ihres allgemeinen Lebensstils unterscheiden. Wie dem auch sei, es sind nicht die Extreme im Einkommen und in den Vermögenswerten, die eine Diskussion über die Reichen und die Armen interessant machen, sondern die Unterschiede in ihren Hoffnungen und Ängsten, Auffassungen und Einstellungen, persönlichen Werten und Erwartungen und Eltern-Kind-Beziehungen. Dies sind die Unterschiede, mit denen sich nicht nur Psychologen und Soziologen beschäftigen, sondern auch Schriftsteller wie Fitzgerald, Dickens, Tolstoi und eine Vielzahl anderer Autoren.

Die schwer definierbaren Reichen und die schwer faßbaren Armen

Von allen Untergruppen des sozialen Statussystems schenkt man den sehr reichen und den sehr armen Menschen die größte Aufmerksamkeit. Diese extremen Gesellschaftsschichten finden gleichermaßen bei Journalisten, Politikern, Schriftstellern und Soziologen großes Interesse. Die Mittelschicht erregt hingegen verhältnismäßig wenig Interesse, vermutlich weil Journalisten, Politiker etc. selbst der Mittelschicht angehören, während die Reichen und die Armen anders und damit »faszinierender« sind.

Trotz der unverhältnismäßig großen Anteilnahme lassen sich die »Reichen« und die »Armen« nicht leicht identifizieren. Zum einen bekennen nur sehr wenige Menschen, daß sie reich oder arm sind; die Bezeichnungen scheinen stets nur auf andere zuzutreffen. Zum anderen sind die Begriffe vage und bestenfalls relative Beschreibungen. Für die Langzeitarbeitslosen, die in Sozialwohnungen im Hunter's Point District von San Francisco leben, ist vielleicht jeder, der eine feste Anstellung hat, »reich«. Für den Besitzer eines Ein-Millionen-Dollar-Anwesens auf dem Telegraph Hill in derselben Stadt bezieht sich »reich« vielleicht auf jemanden wie Michael Milken, den ehemaligen Spekulantenkönig, der 1988 von seinen Auftraggebern 200 Millionen Dollar Provision kassierte. Als die Zeiten noch einfacher waren, bevor die Inflation in der Mitte des Jahrhunderts den Dollar auf weniger als ein Zehntel seines früheren Wertes reduzierte, bemerkte John Jacob Astor: »Einem Mann mit einer Million Dollar geht es so gut, als wäre er reich.«

Menschen dazu zu bringen, daß sie zugeben, arm zu sein, ist ebenfalls schwierig. Vermutlich werden einige der Obdachlosen, die auf der Straße leben, eingestehen, daß sie »arm« sind, doch andere werden mit Bestimmtheit empört reagieren und sagen, ihre Situation sei nur »vorübergehender Natur«. Eine solche Behauptung wird in der Tat durch Zahlen der Regierung gestützt, die zeigen, daß jedes Jahr etwa ein Viertel der Menschen unterhalb der Armutsgrenze ihre wirtschaftliche Situation verbessert und dann über dieser Grenze liegt (U.S. Census Bureau, 1989a). Und selbst jene, die von einer staatlichen Unterstützung abhängig sind und schon immer unterhalb der Armutsgrenze gelebt haben, kennen Leute, denen es noch schlechtergeht, genauso wie Milliardäre am oberen Ende der Skala jemanden kennen, dem es bessergeht als ihnen.

Der Umstand, daß es Amerikanern widerstrebt, sich als »reich« oder »arm« zu bezeichnen, hängt teilweise mit ihrer Einstellung gegenüber der Kategorisierung von Gesellschaftsschichten zusammen. Irving Kristol bemerkte, daß die überwältigende Mehrheit von uns, ungeachtet des wirtschaftlichen Status und des Bildungsniveaus, behauptet, der »Mittelschicht« anzugehören, und sich »lediglich eine Handvoll Exzentriker der »Oberschicht« oder der »Unterschicht« zurechnet.

Einer der Gründe, daß nur wenige zugeben, reich oder arm zu sein, liegt darin, daß beide Begriffe häufig abwertend gebraucht werden. »Wenn wir so reich wären wie ihr, brauchten wir kein Zimmer zu vermieten.« »Na ja, die haben davon keine Ahnung – die sind *reich!*« »Oh, das ist einer dieser *reichen* Sprößlinge!« Solche Aussagen lassen wenig Zweifel, daß der Sprecher reiche Leute verachtet.

Die Bezeichnung »arm« ist ebenfalls stark negativ geprägt, denn sie impliziert Inkompetenz, Unzulänglichkeit und Wertlosigkeit. Die Viktorianer sprachen von den »würdigen Armen«, die einen guten Charakter hatten, schwer arbeiteten, aber eben glücklos waren, und den »unwürdigen Armen«, die faul waren, eine lockere Moral hatten und leicht auf die schiefe Bahn gerieten. In Märchen, die man Kindern erzählte, gab es »arme, aber ehrliche« Kleinbauern und Holzfäller, was gleichzeitig implizierte, daß die meisten Armen unehrlich waren.

Joseph Luft legte College-Studenten Beschreibungen von fiktiven Personen vor, die sich, mit Ausnahme eines Details, ähnelten. Unter den Details jeder Beschreibung war eine Aussage versteckt, die andeutete, daß die jeweilige Person entweder ein hohes oder ein niedriges Einkommen hatte. Luft stellte fest, daß die Studenten jene Personen mit »hohem Einkommen« als gesund, glücklich und angepaßt beschrieben, diejenigen mit »niedrigem Einkommen« dagegen als unangepaßt und unglücklich.

Heutzutage versuchen wir, den Begriff »arm« gänzlich zu vermeiden, und benutzen statt dessen beschönigende Umschreibungen, vielleicht weil uns menschliche Beziehungen wichtig erscheinen und wir andere, denen es weniger gut geht als uns, nicht verletzen wollen. *Oder* aber unsere prozeßsüchtige Gesellschaft läßt manche von uns einen Rechtsstreit fürchten. Als Ergebnis bezeichnen jene, die in Regierungsprogrammen arbeiten und das Leben der Armen erträglicher machen sollen, sie als »Menschen unterhalb der Armutsgrenze« oder als »von Sozialhilfe abhängige Familien«. Der Euphemismus von gestern, »Ghetto-Bewohner«, ist nicht mehr zeitgemäß, und »Slum-Leute« verbietet sich aus Gründen der »political correctness« ebenfalls. Wenn es einen Preis für die kreativste Umschreibung gäbe, dann wäre das amerikanische Landwirtschaftsministerium mit der Bezeichnung »Familie mit begrenzten Mitteln« ein aussichtsreicher Kandidat.

Euphemismen werden auch benutzt, um arme Länder zu charakterisieren, die man als »Entwicklungsländer« oder »Dritte-Welt-Staaten« bezeichnet. Wenn wir ein gewisses Maß an Optimismus zum Ausdruck bringen wollen, nennen wir sie »unterentwickelte Länder«, was suggeriert, daß Wohlstandspotentiale vorhanden sind und lediglich entwickelt werden müssen, oder wir sprechen von »Entwicklungsländern«, was den Eindruck erwecken soll, die wirtschaftliche Entwicklung habe bereits begonnen. Ein Euphemismus, der einen neutraleren Klang besitzt, ist »weniger entwickelte Länder«.

In den Vereinigten Staaten sind die massiven Interventionsprogramme der Regierung, die darauf abzielen, die härtesten Folgen der Armut auszuräumen oder wenigstens zu lindern, derart komplex, daß die Definition von »arm« nicht dem Zufall, dem Gutdünken einzelner oder dem allgemeinen Sprachgebrauch überlassen bleiben kann. Um bedauernswerten Menschen jene Hilfe zukommen zu lassen, die das Gesetz zuläßt, müssen Beamte festlegen, wo die Grenze zwischen Armut (oder »unterem Einkommensniveau«, wie es das Statistische Bundesamt der USA nennt) und anderen sozioökonomischen Bedingungen verläuft. Diese Grenze wird die »Armutsgrenze« genannt. 1988 lebten 13,1% der Amerikaner unterhalb der Armutsgrenze, die auf ein Jahreseinkommen von 12092 Dollar für eine vierköpfige, nichtbäuerliche Familie festgesetzt wurde.* 1979 lag die Armutsgrenze für diese theoretische Familie bei 6700 Dollar und im Jahr davor bei 6200 Dollar. Diese Zahlen lassen den Schluß zu, daß es Jahr für Jahr mehr kostet, arm zu sein, eine Feststellung, die jene, die unterhalb der Armutsgrenze leben, aus vollem Herzen unterstützen werden. Aber die Kosten der Armut betreffen nicht allein die Armen, denn letztlich werden sie von jedem Mitglied der Gesellschaft in der einen oder anderen Form getragen.

Den Begriff »reich« zu definieren ist wie der Versuch, eine Antwort auf die Frage zu finden: »Wie weit ist oben?« »Reich« und »arm« sind relative Begriffe, aber es ist einfacher, »arm« zu definieren, weil sich recht genaue Maßstäbe aufstellen lassen, die auf Listen mit unentbehrlichen Dingen basieren, die generell vorhanden sein sollten, an denen es einzelnen Personen oder Familien jedoch häufig mangelt. Da Regierungsstellen bekanntermaßen nicht den Auftrag haben, den Reichen zu helfen, sehen sie auch keine Notwendigkeit, deren monetären Status zu definieren. Das höchste Familieneinkommen in den Tabellen des *Statistical Abstract of the United States* von 1989 betrug 75000 Dollar im Jahr. Von allen amerikanischen Familien erzielten etwa 8% dieses Einkommen oder mehr. Man könnte nun argumentieren, daß

---

* Das durchschnittliche oder mittlere Familieneinkommen lag 1988 bei 27225 Dollar.

diese Zahl eine vernünftige Grenze für »reich« darstellt, denn sie ist rund sechsmal höher als die Armutsgrenze, aber sie ist nicht annähernd hoch genug, um eine Familie für einen Auftritt in der beliebten Fernsehserie *Life Styles of the Rich and Famous* zu qualifizieren. Um dem strengen Standard dieser Sendung gerecht zu werden, müßte das Jahreseinkommen wenigstens bei einer Million Dollar liegen, ein Betrag, der lediglich 1% aller amerikanischen Familien zur Verfügung steht.

Weshalb keiner »reich« ist

Bei all den Nachteilen, die dem Begriff »arm« anhaften, könnte man meinen, daß »reich« ungefähr das Netteste ist, was wir über jemanden sagen können. »Wenn ich nur reich wäre«, ist ein Wunsch, der bei fast jedem die schönsten Vorstellungen bewirkt; und die Herzogin von Windsor, die so etwas wie eine Expertin für den Weg nach oben gewesen ist, soll gesagt haben: »Man kann nicht zu dünn oder zu reich sein.«

Viele hoffen, reich zu werden, manche kommen tatsächlich zu viel Geld; aber wenn wir dem Glauben schenken dürfen, was wohlhabende Menschen über sich sagen, dann *ist* keiner reich. Die Begüterten mögen eingestehen, daß sie »gut versorgt« oder »wohlhabend« sind (um zwei der heute gängigen Euphemismen zu benutzen), aber der Begriff »reich« ist, wie der Begriff »arm«, anderen vorbehalten. Weshalb wird dieser, wie man meinen könnte, schmeichelhafte Begriff vermieden?

Eine mögliche Erklärung ist, daß die Wohlhabenden eine moderne Form der *Hybris* fürchten – sich prahlerisch als »glücklich«, »wichtig«, »mächtig« oder »erfolgreich« zu bezeichnen. Die Griechen der Antike glaubten, daß eine solche Selbstüberhebung den Zorn der Götter heraufbeschwor, die eifersüchtig darüber wachten, daß kein Sterblicher einen göttlichen Status für sich beanspruchte. *Hybris* war damit eine Herausforderung, von den »Glücklichen« zu den »Unglücklichen« degradiert zu werden.

Heute fürchten sich die Menschen zwar nicht mehr vor dem mißgünstigen Eingreifen der griechischen Götter, aber doch vor allem, was ihrem Glück ein Ende bereiten könnte. Ein solches Eingreifen könnte aus den Reihen des allzeit wachsamen Finanzamtes kommen, dessen Beamte das moderne Gegenstück der rachsüchtigen Furien und Harpyien der antiken Mythologie darstellen – zumindest, wenn man den Gesprächen am neunzehnten Loch von Pebble Beach oder an irgendeinem Swimmingpool in Beverly Hills oder Dallas glaubt. Vom Finanzamt einmal abgesehen, hängen viele von uns dem Aberglauben nach, der sicherste Weg, eine Glückssträhne zu beenden, bestehe darin, sich als glücklich zu bezeichnen.

Die Hybris des letzten Schahs von Persien halten viele für den Auslöser seines Abstiegs, der zu seiner Abdankung führte. Aus Anlaß des 2500jährigen Bestehens des Persischen Reiches gab der Schah im Oktober 1971 ein großes Fest, das eine ganze Woche dauerte. Die Feierlichkeiten, an denen Vertreter der internationalen Gesellschaft und Repräsentanten von neunundsechzig Staaten, darunter auch der Vizepräsident der USA, Spiro T. Agnew, teilnahmen, wurden in einer Zeltstadt abgehalten, die inmitten der Ruinen der alten Hauptstadt Persepolis errichtet worden war. Das verschwenderische Fest erregte weltweit großes Aufsehen in den Medien, die es sich nicht verkneifen konnten, auf den Gegensatz zwischen der Pracht und der Opulenz der Feierlichkeiten und der Armut in den nahegelegenen Dörfern hinzuweisen. Sieben Jahre später wurde der Schah zur Abdankung gezwungen und mußte die Herrschaft an die muslimische Geistlichkeit übergeben, die er während seiner siebenunddreißig Jahre dauernden Regierungszeit immer wieder schikaniert hatte. Viele Beobachter hielten seinen Sturz für eine angemessene Strafe für die Hybris, die sich bei der Persepolis-Feier gezeigt hatte. Sollten die alten Griechen am Ende doch recht gehabt haben?

Ein weiterer Grund, weshalb Millionäre den Begriff »reich« vermeiden, ist, daß diese Bezeichnung, ebenso wie »arm«, bei anderen eine feindselige Haltung hervorrufen kann. So wie uns die Armen in unserer Mitte Sorgen bereiten (vielleicht weil ihre drängenden Bedürfnisse unsere Sicherheit bedrohen), beschäftigt uns auch der Gedanke an die Reichen, deren Macht und Prestige uns zum Nachteil gereicht. Wir müssen mit ihnen um alles konkurrieren, was knapp, erstrebenswert und zu kaufen ist: begehrte Bauplätze, Strände und unberührte Landschaften, politische Ämter, Räucherlachs und Kaviar und die besten Plätze in der Oper. Im Wettbewerb um ein erfülltes Leben sind die Reichen entschieden im Vorteil.

Die Privilegien der Reichen beschränken sich nicht auf Luxusgüter, sondern betreffen auch den normalen Besitzstand. Den 6% der amerikanischen Familien mit einem Reinvermögen von 250000 Dollar oder mehr, gehört über die Hälfte der Vermögenswerte des Landes, den 26% am unteren Ende dagegen nicht einmal ein Fünftel (U. S. Census, 1989b). In Großbritannien besitzen die oberen 5% der Bevölkerung 69% des Vermögens, die unteren 50% jedoch nur 6% (Noble).

Die allgemeine Meinung ist, daß den Reichen keiner der Vorteile, die sie genießen, zusteht. Die rationale Erklärung für diese Haltung ist einfach: Wir alle arbeiten gemeinsam an der Aufrechterhaltung einer Sozialstruktur, deren Regeln es zulassen, daß Geld gegen lebensnotwendige Dinge und den gelegentlichen Luxus eingetauscht wird. Die Reichen arbeiten nicht härter an dieser Aufgabe als jeder andere – viele arbeiten überhaupt nicht –, scheinen aber dennoch einen größeren Nutzen daraus zu ziehen und einen geringeren Preis dafür zu zahlen. Das System zwingt uns dazu, bei diesem Spiel mitzumachen, die Reichen nach deren Regeln zu behandeln, ihnen zuzuarbeiten und uns benutzen und ausbeuten zu lassen. Tief im Inneren sind wir wütend und neidisch.

Das neidische Wir, das beneidenswerte Sie

Helmut Schoeck führte in seiner Studie über den Neid aus, daß solche Gefühle völlig normal sind und daß es zu keinem Zeitpunkt eine Gesellschaft gegeben hat, die gänzlich frei von Mißgunst war. Dennoch sollte Neid nicht offen zutage treten. Ein gesellschaftliches Klima, in dem sich Kreativität im weitesten Sinne am besten und ungehindertsten entfalten kann, ist eine Atmosphäre, bei dem »anerkanntes normatives Verhalten, Brauchtum, Religion, gesunder Menschenverstand und öffentliche Meinung mehr oder weniger zu einer Haltung führen, die es erlaubt, die neidische Person praktisch zu ignorieren«. Diese Haltung ermöglicht es der Gesellschaft und ihren Führungspersonen, individuelle Unterschiede in den Fähigkeiten anzuerkennen und denjenigen, die besser abschneiden, größere Vorteile zuzugestehen, damit »die Gemeinschaft langfristig von Leistungen profitieren kann, die anfänglich vielleicht nur von wenigen erreichbar sind«.

Schoeck zufolge bringen Rechtssysteme, die die Akkumulation von Privateigentum legitimieren, das Bewußtsein der Gesellschaft zum Ausdruck, daß individuelle Unterschiede im Wohlstand allen zugutekommen, nicht nur den Bevorteilten. Manche Menschen sind jedoch derart von Neid besessen, daß sie die gesellschaftlichen Regeln mißachten. Die meisten Kriminellen, sagte Schoeck, erklären ihr Verhalten auf nihilistische Weise: Sie glauben, daß niemand etwas von Wert besitzen sollte. Neid ist nicht nur ein primäres Motiv für Raub; Neid unterliegt auch dem Vandalismus von Jugendlichen und den Gewalttaten von Terroristen, die Bomben legen, Menschen kidnappen, ermorden und verstümmeln, in ihren zielgerichteten Versuchen, den Besitzstand und dessen Eigentum zu zerstören.

Neid kann sich auch in Form von Gesetzen ausdrücken, die darauf abzielen, die offenkundigen Vergnügungen der Reichen zu zügeln. Die *Lex Didia* der Römischen Republik (143 v. Chr.) bestrafte Gastgeber, die große Festmähler gaben, und die eingeladenen Gäste gleichermaßen. Schoeck wies darauf hin, daß Gesetze, die den Luxus verdammten, bis zum Ende des 18. Jahrhunderts weit verbreitet waren, als »die Manie nach gesetzlicher Einschränkung von Luxus und Konsum in Europa und Amerika nachließ und der Entwicklung einer expandierenden und wirtschaftlich gesünderen freien Marktwirtschaft Platz machte«. Diese vernünftigere Einstellung basierte auf dem wachsenden Bewußtsein, daß sich Luxus schwer definieren ließ. So waren beispielsweise saubere Hemden im Mittelalter ein Luxus, doch halten wir sie heute für unabdingbar. Überdies war es so, daß die Menschen, sobald eine bestimmte Form des Luxus unterdrückt wurde, etwas anderes fanden, das sie mit Mißgunst betrachten konnten.

Politiker, die die Rolle von Sozialreformern spielen, machen sich den Neid, der in uns allen steckt, häufig zunutze und versprechen eine Umverteilung des Besitzes. In Louisiana führte die antikapitalistische Kampagne von Huey P. Long dazu, daß er in den US-Senat gewählt wurde und eine politische Dynastie begründen konnte, die jahrzehntelang regierte.

Nach ihrer Wahl stellen Politiker dann fest, daß eine Umverteilung des Besitzes nicht durchführbar ist, ringen sich aber mitunter zu Gesten durch, die darauf abzielen, den Neid der Masse auf die wenigen Wohlhabenden abzuschwächen. So soll die progressive Einkommensteuer, wie Schoeck meint, die Besserverdiener bestrafen, damit der Neid der Durchschnittsverdiener besänftigt wird. Aber Neid läßt sich nicht besänftigen; er blüht bei den Mitgliedern verarmter primitiver Volksstämme ebenso wie bei der Bevölkerung der wohlhabenden modernen Industrieländer.

Schoeck zitiert die Beobachtungen des französischen Anthropologen de Levchine aus dem 19. Jahrhundert, der bei den nomadischen Kasachen in Zentralasien lebte. De Levchine stellte mit Verwunderung fest, daß die Kasachen, obwohl ihre Bedürfnisse minimal waren, dermaßen von Neid und Eifersucht erfüllt waren, daß es schon wegen kleinster Kleinigkeiten zu heftigen Auseinandersetzungen kam. Wenn die Nomaden Karawanen überfielen, teilten sie ihre Beute in absurde, nutzlose Stücke.

Ähnliches läßt sich auch in kleinbäuerlichen Gesellschaften beobachten. Als der Anthropologe George M. Foster erstmals in das mexikanische Dorf Tzintzuntzan kam, wollte er sich ein Bild von der Sozialstruktur der Gemeinde machen. Er fragte: »Wer ist hier am reichsten?« Und jeder gab ihm dieselbe Antwort: »Bei uns gibt es keine Reichen; wir sind hier alle gleich.« Ähnliche Antworten erhielt er von den Dorfbewohnern in bezug auf andere persönliche Merkmale. Als Foster fragte, welche Männer im Dorf besonders *macho* (zäh und aggressiv) seien, sagte man ihm: »Bei uns gibt es keine *machos*; wir sind alle gleich.«

Die Dorfbewohner glaubten, so erkannte Foster schließlich, daß eine Verbesserung der Situation eines einzelnen das Gleichgewicht der sozialen Ordnung bedrohe. In Tzintzuntzan muß jeder, »der mehr erlangt oder von dem man glaubt, daß er mehr erlangt hat als seinen traditionellen Anteil am Guten, auf das Niveau aller zurückgebracht werden, damit das vorübergehende Ungleichgewicht in der Verteilung des Guten nicht andauert und zu ernsthaften Konsequenzen führt. Und ein Bewohner, der im Hinblick auf seinen traditionellen Anteil am Guten zurückfällt, ist ebenfalls eine Bedrohung für die Gemeinschaft: sein Neid gegenüber den anderen, die nichts verloren haben, kann ihnen Unglück bringen.«

Clyde Kluckhohn, ein anderer Anthropologe, machte ähnliche Beobachtungen bei den Navaho, einem verarmten Indianerstamm im Südwesten Amerikas. Bei den Navaho-Indianern gibt es nichts, was den angloamerikanischen Vorstellungen von »persönlichem Erfolg« oder »persönlicher Leistung« entspräche. Und ein Navaho kann auch kein Glück oder Pech haben. Der Wohlstand einzelner Stammesmitglieder läßt sich nach Auffassung dieser Indianer nur auf Kosten anderer erreichen. Navahos, denen es bessergeht, stehen daher ständig unter dem sozialen Druck, besonders gastfreundlich und freigebig zu sein. Wenn sie dieser Erwartung nicht entsprechen, so wissen sie, »meldet sich die Stimme des Neides im Flüsterton der Zauberei«, und das Leben wird »schwierig und unangenehm ...«

In der stark urbanisierten und untergliederten Gesellschaft Nordamerikas sind wir sozial weniger exponiert als die mexikanischen Dorfbewohner oder die Navaho-Indianer; und wir werden daher nur selten mit dem Neid und dem Unmut derer konfrontiert, denen es schlechtergeht als uns. Dennoch wissen wir, daß solche Gefühle normal sind. Wir verspüren deshalb eine gewisse Nervosität und auch ein gewisses Schuldgefühl, wenn andere erkennen, daß unser Lebensstil weitaus erstrebenswerter ist als der ihre.

Die Tatsache, daß Mißgunst überall auftritt, bedeutet, daß jeder von uns der Feindseligkeit anderer ausgesetzt ist. Aber die Reichen ziehen den meisten Neid auf sich. Viele wohlhabende Menschen würden sich wünschen, diesen psychologischen Preis nicht bezahlen zu müssen. Sie könnten den Feindseligkeiten selbstverständlich entgehen, wenn sie ihr Geld verschenken würden, doch ziehen nur wenige diese drastische Maßnahme in Betracht. Offenkundig reich zu sein entschädigt für die Fallstricke und Pfeile der neidischen Öffentlichkeit und auch für die eigenen Gewissensbisse.

Die Reichen und die Armen als gesellschaftliche Abweichler

In jeder Gesellschaft gelten bestimmte Verhaltensmuster als »normal«; deutliche Abweichungen von der Norm erregen Besorgnis, Angst und sogar Feindseligkeit bei der angepaßten Mehrheit.

Was läßt die Reichen und die Armen anders als den Rest von uns erscheinen? Bis zu einem gewissen Grad ist es ihr Lebensstil – ihre Kleidung, Wohnung, Freizeitgestaltung und ihr Auftreten. Die Reichen sind in der Regel an ihren großen Häusern und teuren Autos zu erkennen, doch wird ihr Status noch deutlicher, wenn ihr Leben immer wieder in den Massenmedien gezeigt wird. Durch solche Berichte erfahren wir von der Zwei-Millionen-Dollar-Geburtstagsfeier, die Malcolm Forbes in Marokko veranstaltete, von den geschäftlichen Transaktionen eines Ivan Boesky und von riesigen Erbschaften und Scheidungsabfindungen.

Abgesehen von den Extravaganzen und Indiskretionen, die von den weniger sensiblen Mitgliedern des Geldadels in die Öffentlichkeit getragen werden, treten die Reichen im allgemeinen äußerst zurückhaltend auf. Millionenschwere Rancher im amerikanischen Westen tragen beispielsweise häufig zerschlissene Arbeitskleidung und fahren verbeulte Pick-ups, in der Absicht, sich dem sozialen Umfeld anzupassen, und ihre Ehefrauen halten in den örtlichen Geschäften eifrig Ausschau nach Sonderangeboten. Während Angehörige der Mittelschicht oftmals mehr Geld ausgeben, als sie verdienen, und Schulden machen, um »mit den Joneses mithalten zu können«, leben viele wohlhabende Menschen unter ihren Verhältnissen. Aus diesem Grund unterscheidet sich der Lebensstil dieser reichen Amerikaner kaum von dem der Mittelschicht.

Die Armen hingegen haben nur geringe Möglichkeiten, weniger aufzufallen. Eine besteht selbstverständlich darin, sich aus eigener Kraft in die Mittelschicht emporzuarbeiten. Die meisten armen Menschen sehen sich dabei jedoch gewaltigen Hindernissen gegenübergestellt: die Umstände von Armut sind der Perspektive und der Einsicht, die für ein Vorwärtskommen nötig sind, nicht förderlich. Viele arme Menschen versuchen der ablehnenden Haltung innerhalb der Gesellschaft deshalb in der Weise zu begegnen, daß sie in ihrer angestammten Umgebung bleiben und ihre sozialen Kontakte eingrenzen.

Die Psychologie der Ober-, Mittel- und Unterschicht

Zwischen Armen, Reichen und Angehörigen der Mittelschicht bestehen psychologische wie auch ökonomische Unterschiede. Ein Angehöriger der Mittelschicht ist nicht bloß ein Armer, der mehr Geld hat. Nicht nur der Lebensstil, sondern auch die Einstellungen, Werte und das Selbstwertsystem unterscheiden sich erheblich auf verschiedenen wirtschaftlichen Niveaus. Einige dieser psychologischen Faktoren entspringen den ökonomischen Erfahrungen, die Menschen machen, doch die meisten werden durch die Normen und Erwartungen von anderen der gleichen Gesellschaftsschicht erzeugt. Wir beziehen uns hier auf das, was Verhaltenswissenschaftler als *Kultur* oder *Kulturgefüge* bezeichnen.

Kultur ist ein Begriff, der ursprünglich von Anthropologen benutzt wurde, um das Denken, Fühlen und Verhalten zu beschreiben, das ethnische oder nationale Gruppen kennzeichnet. Dank der Arbeit jener Soziologen, die am Anfang dieses Kapitels genannt wurden, wissen wir heute, daß Angehörige einer bestimmten sozialen Schicht im allgemeinen charakteristische Einstellungen, Überzeugungen und Werte entwickeln. Folglich ist es angemessen, von einer »Kultur der oberen Mittelschicht« und einer »Kultur der Sozialhilfeschicht« zu sprechen.

In den vergangenen fünfzig Jahren haben Verhaltensforscher eingehend die psychologischen Merkmale von Menschen unterschiedlicher Gesellschaftsschichten untersucht. Die meisten Studien haben sich dabei auf die Unterschiede zwischen der besser ausgebildeten Mittelschicht und der schlechter ausgebildeten Arbeiterklasse konzentriert. In wirtschaftlicher Hinsicht überlappen sich diese beiden Schichten, denn viele Arbeiter haben ihr Einkommen durch Tarifverträge und harte Verhandlungen auf ein Niveau gebracht, das über dem von vielen Angehörigen der Mittelschicht steht. Während ich dies schreibe, verdienen klinische Psychologen in San Francisco 50 Dollar die Stunde, Klempner und Elektriker hingegen 75 Dollar. Die meisten Arbeiter erhalten jedoch keine hohen Löhne, und das durchschnittliche Jahreseinkommen von Mitgliedern dieser Gesellschaftsschicht, zu der auch die Arbeitslosen und die Sozialhilfeempfänger zählen, ist erheblich niedriger als das von Angestellten bzw. der Mittelschicht.

Der Anthropologe Oscar Lewis untersuchte eingehend die Situation der Armen unter verschiedenen Rahmenbedingungen und in verschiedenen Ländern und fand viele Ähnlichkeiten in ihren Einstellungen und allgemeinen Verhaltensmustern – das heißt, in ihren zwischenmenschlichen Beziehungen, Familien- und Gemeinschaftsstrukturen, Ausgabegewohnheiten und ihrem Zeitbegriff. Lewis stellte fest, daß die Armen in allen Ländern sich von gesellschaftlichen Institutionen ausschließen, in dem Sinn, daß sie keinen Gewerkschaften angehören, nicht Mitglied von politischen Parteien sind und nicht zu Wahlen gehen. Sie mißtrauen den Regierungsgewalten und jedem, der Macht und Ansehen besitzt, und stehen der Polizei besonders feindselig gegenüber. Die Familien der Armen sind äußerst instabil und bieten Kindern, die erfolgreich die Schule absolvieren wollen, oder Jugendlichen, die einen Beruf erlernen und dem Kreislauf der Armut entgehen möchten, wenig Unterstützung. Entmutigt und frustriert durch die mißlungenen Versuche, die eigene Situation zu verbessern, herrscht bei ihnen eine Stimmung vor, die von Gleichgültigkeit und Fatalismus geprägt ist. Die Armen bevorzugen zumeist auch Aktivitäten, die eine unmittelbare Belohnung bieten, und verschwenden keinen Gedanken an die Zukunft. Die angenehmen Beschäftigungen des Hier-und-jetzt haben Vorrang vor langfristigen Plänen und Zielen, wie Lewis meinte.

Zur gesellschaftlichen Oberschicht gibt es relativ wenige Untersuchungen. Diese Gruppe, die nur einen Bruchteil der Gesamtbevölkerung ausmacht – Soziologen (Coleman und Neugarten) beziffern sie auf 1% –, versteht es meisterhaft, Nachforschungen zu entgehen, sei es durch Zeitungsreporter, Finanzbeamte oder Verhaltensforscher. Dank ihrer finanziellen Mittel können Angehörige dieser Gesellschaftsschicht die Arbeit von Wissenschaftlern und anderen, von denen sie ihre Privatsphäre bedroht sehen, behindern. Dennoch lassen die zur Verfügung stehenden Daten den Schluß zu, daß die Werte und Einstellungen »reicher« Menschen sich kaum von denen der Mittelschicht unterscheiden. Es ist daher nicht verwunderlich, daß die Unter- oder Arbeiterschicht das meiste wissenschaftliche Interesse erfahren hat. Vieles, was wir über die Mittelschichtkultur wissen, hat sich daraus ergeben, daß die Einstellungen und das Verhalten der Unterschicht vor diesem Hintergrund beobachtet und damit verglichen wurden.

Gesellschaftsschichten und ihre Einstellung zum Geld

Wissenschaftler haben festgestellt, daß einer der wesentlichen Unterschiede zwischen Angehörigen der Unterschicht und der Mittelschicht in ihrer Einstellung zum Geld liegt. So fanden Wernimont und Fitzpatrick in einer repräsentativen Studie heraus, daß Arbeitslose zu der Aussage neigten, der Gedanke an Geld mache sie ängstlich, nervös und unglücklich, während jene, die eine Arbeit hatten, zu einer positiveren Sichtweise tendierten und sagten, daß sie Geld für erstrebenswert, wichtig und nützlich hielten.

Der wirtschaftliche Status wirkt sich auch darauf aus, wie Menschen das Geld sehen, mit dem sie tagtäglich umgehen. So untersuchten die beiden Harvard-Psychologen Bruner und Goodman die unterschiedliche Wahrnehmung von Münzgrößen durch Kinder. Ihre Hypothese lautete: Je mehr man sich einen Gegenstand wünscht, desto intensiver nimmt man ihn wahr. Um diese Behauptung zu verifizieren, ließen sie zehnjährige Kinder von armen und von wohlhabenden Eltern die

Größe verschiedener Münzen einschätzen; die Kinder mußten zu diesem Zweck an einem Gerät die Größe einer Lichtscheibe einstellen. Die Ergebnisse bestätigten die Vermutung der Wissenschaftler: Im Gegensatz zu den realistischeren Einschätzungen der wohlhabenden Kinder neigten die armen Kinder dazu, die Größe der Münzen zu überschätzen.

Die Tendenz, daß arme Kinder die Größe von Münzen überschätzen, scheint ein allgemeines Phänomen zu sein, denn John L. M. Dawson von der Universität in Hongkong erhielt ähnliche Resultate, als er das Experiment mit Kindern von armen und von wohlhabenden chinesischen Eltern durchführte. Dieses Phänomen beschränkt sich auch nicht auf Kinder. Die Erwachsenen, die in armen Ländern regieren, scheinen nach ähnlichen Prinzipien zu verfahren. Jan L. Hitchcock und ein Wissenschaftsteam vom Pitzer College verglichen die Größe von Münzen aus vierundachtzig Nationen. Ausgehend vom Pro-Kopf-Bruttosozialprodukt als Maßstab des relativen Wohlstandes, stellten die Wissenschaftler fest, daß ärmere Länder zumeist größere Münzen in Umlauf brachten als wohlhabendere Staaten. Der Unterschied wurde besonders deutlich, als man die jeweiligen Münzen mit dem niedrigsten Nennwert miteinander verglich. Die Regierungen der ärmeren Länder schienen nach dem Grundsatz zu verfahren: Wenn diese Münzen (die häufiger von den Armen als von den Reichen benutzt werden) schon keine große Kaufkraft besitzen, dann soll zumindest ihre Größe und ihr Gewicht psychologisch beruhigend wirken.

Belohnungswert: kleine Geldbeträge contra Lob

Wenn ein kleiner Geldbetrag für die Armen »mehr bedeutet«, kann man davon ausgehen, daß er einen größeren Einfluß auf ihr Verhalten hat als auf das der Reichen. Viele Untersuchungen haben dies bestätigt. Robert E. Pierce führte beispielsweise in einer Kleinstadt in Tennessee ein Experiment mit Achtkläßlern durch. Es wurden zwei Gruppen von Schülern ausgewählt: eine, deren Eltern Sozialhilfe bezogen, und eine, deren Eltern ein mittleres Einkommen hatten. Zu Beginn des Schuljahres wurde beiden Gruppen gesagt, daß sie für jede Notenverbesserung im nächsten Zeugnis einen Dollar bekämen. Als Pierce am Ende die Leistungen dieser beiden Gruppen mit der von Schülern verglich, die nicht an dem Experiment teilnahmen, aber aus ähnlichen Einkommensverhältnissen stammten, stellte er fest, daß die versprochene Belohnung keinerlei Auswirkung auf die Mittelschichtgruppe gehabt hatte, sich die Noten der Kinder aus schwachen Einkommensverhältnissen jedoch erheblich verbessert hatten.

Im Rahmen einer kanadischen Studie sollten sich zehnjährige Kinder aus Familien mit niedrigem und mittlerem Einkommen Listen mit unsinnigen Silben einprägen. Die Kinder aus Familien mit niedrigem Einkommen zeigten ihre beste Leistung, wenn man ihnen eine Belohnung von fünfzig Cent offerierte, die Kinder aus Familien mit mittlerem Einkommen hingegen, wenn man ihnen eine soziale Belohnung versprach – das heißt, wenn man ihnen sagte, daß ihre Freunde über ihren Erfolg informiert würden (Coady). Bei einem früheren Experiment ließen Swingle und Coady eine simple, langweilige, sinnlose Tätigkeit ausführen: die Kinder mußten immer wieder auf einen Hebel drücken. Die Wissenschaftler stellten fest, daß Kinder aus ärmeren Familien den Hebel häufiger heruntergedrückten, wenn man ihnen einen kleinen Geldbetrag gab, während Mittelschichtkinder am eifrigsten bei der Sache waren, wenn sie von den Experimentatoren lediglich verbal mit dem Lob »gut« belohnt wurden.

Auch in diesem Fall scheint das, was für Kinder gilt, ebenfalls auf Erwachsene zuzutreffen. Maxine L. Reiss und ihr Team führten eine Kampagne durch (unterstützt von der öffentlichen Gesundheitspflege in Florida), deren Ziel es war, Eltern mit niedrigem Einkommen, die in ländlichen Gegenden wohnten, dazu zu bewegen, ihre Kinder zu kostenlosen Zahnbehandlungen zu schicken. Wie anderenorts auch, hatten die Beamten in Florida festgestellt, daß Eltern mit niedrigem Einkommen Hilfsprogramme für ihre Kinder kaum in Anspruch nahmen. Die Ursachen für diesen Widerstand lassen sich nur schwer ergründen. Manche fühlen sich vielleicht gedemütigt durch das Ansinnen, daß sie irgendwelcher Hilfe bedürfen; manche mögen nachlässig sein oder nicht verstehen, worum es geht; und manche sind vielleicht allzu entmutigt und gleichgültig, um das Angebot anzunehmen. Wie dem auch sei, das Hauptproblem von Hilfsprogrammen für sozial Schwache besteht darin, daß sie von den Eltern überhaupt zur Kenntnis genommen werden und einen Anreiz zum Handeln bieten – eine Art Ankurbelung sozusagen.

Reiss und ihre Mitarbeiter probierten mehrere Verfahren aus: *a)* sie gaben dem Kind einen Informationszettel mit nach Hause, unternahmen ansonsten aber nichts; *b)* das Kind bekam den Informationszettel mit, die Eltern wurden angerufen und anschließend zu Hause aufgesucht; und *c)* den Eltern wurde ein Geldbetrag von 5 Dollar versprochen, wenn sie ihre Kinder zur Behandlung schickten. Wie zu erwarten, führte die Kombination von Zettel, Anruf und Hausbesuch zu einer größeren Resonanz als der Zettel allein, doch zeigte der Anreiz von 5 Dollar die besten Ergebnisse. Überdies schickte ein höherer Prozentsatz von Eltern, die die 5 Dollar erhielten, ihre Kinder zur Nachbehandlung zum Zahnarzt, obwohl es dafür keinen zusätzlichen Geldanreiz gab. Persönliche Aufmerksamkeit (ein Anruf und ein Hausbesuch) führten also zu dem gewünschten Ergebnis, doch die Belohnung in Form von Geld hatte die dauerhaftere psychologische Wirkung. Überdies verursachte der 5-Dollar-Anreiz der Gesundheitsbehörde die geringsten Kosten pro Klient.

Es gibt eine Vielzahl ähnlicher Studien mit ähnlichen Ergebnissen: arme Menschen, Erwachsene wie Kinder, reagieren am ehesten in der gewünschten Weise, wenn man sie mit kleinen Geldbeträgen belohnt (zur Wirkung größerer Summen, siehe unten). Menschen, die der Mittelschicht angehören, sprechen dagegen kaum auf monetäre Anreize an, reagieren dafür aber positiv auf Lob. Die besten Leistungen erbringen Angehörige dieser Gesellschaftsschicht jedoch, wenn sie weder durch Geld noch durch Lob belohnt werden, sondern wenn sie die Aufgabe um ihrer selbst willen lohnenswert finden. Angehörige der Mittelschicht führen Aufgaben also eher dann mit Sorgfalt durch, wenn sie aus sich heraus – durch ihre eigenen Interessen und Bedürfnisse – dazu motiviert werden, und sind weniger an Aufgaben interessiert, die »äußere« Anreize, wie Geld, beinhalten.

Psychologen vertreten die Auffassung, daß die unterschiedliche Reaktion auf innere und äußere Anreize dazu in Beziehung steht, wie Menschen die Faktoren, die ihr Leben bestimmen, wahrnehmen. Die Armen halten sich häufig für relativ machtlos und meinen, daß die wichtigen Kräfte in ihrem Leben von außen auf sie einwirkten und nicht ihrer Kontrolle unterlägen, denn sie behaupten, daß sie nur dann glücklich, erfolgreich, vor Schaden sicher seien und genügend Geld bekommen könnten, wenn sie Glück hätten oder wenn diejenigen, die mächtiger seien als sie, ihnen helfen und sie beschützen würden. Wenn sie unglücklich, erfolglos und ohne Geld seien, liege es daran, daß sie weder Glück noch wohlhabende und einflußreiche

Freunde hätten; ferner, daß sie Opfer einer feindlich gesinnten und gleichgültigen Gesellschaft seien. Mit psychologischen Begriffen ausgedrückt, ihr »Ort der Steuerung« ist »extern« – das heißt, sie neigen dazu, die Kräfte, die ihr Leben bestimmen, nicht in sich selbst, sondern »außen« in ihrer Umwelt zu »lokalisieren« (Rotter).

Angehörige der Mittelschicht glauben dagegen zumeist, daß sich Geld und andere Formen des Erfolges eher durch ihre eigenen Anstrengungen erreichen lassen. Bei Mißerfolgen neigen sie dazu, die Verantwortung bei sich selbst zu suchen, indem sie sagen, daß sie sich nicht genügend bemüht, sich nicht die nötigen Fertigkeiten oder Informationen angeeignet oder das betreffende Problem nicht sorgfältig genug analysiert hätten. Ihr »Ort der Steuerung« ist, wie man sagt, intern.

Theorien wie diese, die versuchen, das Verhalten der Armen durch deren Einstellungen und Werte zu erklären, wurden von einigen Psychologen als »schuldzuweisend« kritisiert. Sie argumentieren, daß die Hilflosigkeit und Apathie der Armen das natürliche Ergebnis einer Umwelt ist, die ihre Versuche, sich selbständig weiterzuentwickeln, blockiert. Vertreter des erstgenannten Ansatzes heben jedoch hervor, daß *einige* der Armen in der Lage *sind*, der Armut zu entkommen, indem sie sich von Rückschlägen nicht entmutigen lassen, aus ihren Mißerfolgen lernen und Verantwortung für ihr eigenes Verhalten übernehmen – mit anderen Worten, indem sie einen »internen Ort der Steuerung« entwickeln.

Die Risiken großer Gewinne

Aktivitäten, die Spannung und Hoffnung auf plötzlichen Erfolg versprechen, sind von speziellem Reiz. Es ist daher kaum verwunderlich, daß Lotterien und andere Glücksspiele eine besonders starke Anziehungskraft auf die Menschheit ausüben.

Der vereinzelte große Gewinner muß jedoch zumeist feststellen, daß der errungene Wohlstand unerwartete Probleme mit sich bringt. In Unterschichtkulturen, wo Armut der normale Zustand ist, wird jeder, der eine große Summe Geld gewinnt, zwangsläufig »abnormal«. Untersuchungen von Sozialpsychologen zeigen, daß Menschen, die von eingeführten Gruppennormen abweichen, zur Anpassung gezwungen werden, und genau das widerfährt Bewohnern von Armutsvierteln, wenn sie unvermutet zu Reichtum kommen. Als erstes erwartet man von ihnen, daß sie ein großes Fest für ihre Freunde veranstalten, und dann, daß sie ihren Geldgewinn in Form von Geschenken oder Darlehen (die selbstverständlich nie zurückgezahlt werden) mit den anderen teilen.

Möglicherweise sind die Großzügigkeit und die Bereitschaft zu teilen, die das Leben in verarmten Gesellschaften kennzeichnen, zu einem Großteil lediglich ein Schutz vor Neid und möglicher Ablehnung, wie wir an anderer Stelle bereits festgestellt haben. Die Regel, daß keiner mehr besitzen soll als jeder andere in der Nachbarschaft oder im Dorf, bedeutet, daß Anstrengungen, die eigene Situation zu verbessern, mißbilligt werden; jene, von denen man glaubt, daß sie mehr als andere besitzen, können sogar mit Zwangsabgaben belegt werden. Der Wirtschaftswissenschaftler Thomas Sowell meinte, die hohen Lebensmittelpreise, die von den Bewohnern der Armenviertel in Großstädten bezahlt werden, seien unter anderem die Folge der »freiwilligen« Beiträge, die Kaufleute in regelmäßigen Abständen für verschiedene »ehrenwerte Angelegenheiten« entrichten müssen. Sowell zufolge werden diese »Beiträge« häufig von »brutalen jungen Burschen oder von anderen Männern, denen brutale junge Burschen zur Seite stehen, eingetrieben«. Diese Praxis, Bestandteil der kriminellen oder quasi-kriminellen Szene in Armenvierteln, spielt eine Rolle beim »Herunterstutzen«, einem Prozeß, bei dem verarmte Gemeinden ihre wohlhabenderen Mitglieder auf das »normale« wirtschaftliche Niveau zwingen.

Arme, die durch die Gunst des Schicksals zu Geld kommen, sind am besten beraten, wenn sie in die Außenwelt entfliehen. Das Fortgehen sollte in aller Heimlichkeit erfolgen, damit niemand bemerkt, daß die Gemeinde einen erstklassigen wirtschaftlichen Aktivposten verliert. Der finanzielle Erfolg einer Bewohnerin der *favelas* von Rio de Janeiro führte zu offenen Feindseligkeiten, als sie versuchte wegzuziehen. Die *favelas* sind stinkende Slums an den Hängen, von denen eine der schönsten Buchten der Welt gesäumt wird. *Faveleiros* leben in Hütten, die aus Verpackungsmaterial, Wellblech und Teerpappe zusammengezimmert sind. Wie in den *barrios*, die in anderen lateinamerikanischen Ländern am Rande der Städte aus dem Boden sprießen, wohnen in den *favelas* die geringfügig Beschäftigten, die Arbeitslosen und die Arbeitsunfähigen. Besagte Frau hatte als Prostituierte gearbeitet und

– da des Lesens und Schreibens kundiger als ihre Nachbarn – über Jahre ihre Erlebnisse und Erfahrungen in lebhafter Sprache auf Zetteln festgehalten. Mit ihrer Erlaubnis bearbeitete ein wagemutiger Zeitungsreporter ihre Notizen und gab sie als Buch heraus. Das Buch war ein großer Erfolg und brachte der Frau Geld und Ruhm ein.

Rasch stellte sie fest, daß ihre Nachbarn sie für jedermanns gute Fee hielten, deren Zauberstab eine endlose Flut von Tausend-*cruzeiro*-Scheinen hervorbrachte. Aber das Dasein einer guten Fee gehörte nicht zu ihren Wunschträumen. Vielmehr sehnte sie sich nach einem bequemeren und sichereren Leben in einem Appartement, wo es nicht bei jedem tropischen Schauer durch die Decke regnete. Sie beschloß, aus der *favela* wegzuziehen. Doch sie war nicht klug genug, um die Wirkung vorherzusehen, die ihr Fortgehen auf ihre Nachbarn hatte. Als sie versuchte, ihre wenigen Habseligkeiten aus ihrer Hütte zu holen, wurde sie von ihren früheren Freunden mit lautstarken Verwünschungen bedacht und mit Steinen und Müll beworfen.

Die Armen ertragen ihr Leid gewöhnlich mit großer Geduld; sie entschuldigen die Fehler ihrer Mitmenschen, aber Erfolg können sie nicht verzeihen.

Akkordbrecher

Fabrikarbeiter, deren Leistung beträchtlich über der Norm liegt, behandelt man ähnlich. Sie werden »Akkordbrecher« genannt, weil ihre Arbeitskollegen befürchten, daß ihre höhere Produktionsrate von der Firmenleitung als neue Normalleistung festgesetzt und der Lohn pro Stück entsprechend herabgesetzt wird. (In manchen Fabriken ist diese Angst berechtigt; in anderen, wo die Löhne nicht an Akkordraten gebunden sind, scheint sie unbegründet zu sein.) Der Akkordbrecher ist Zielscheibe von Beleidigungen, groben Witzen und Hänseleien, Belästigungen und anderen Feindseligkeiten. Diese Bestrafung soll ihm deutlich machen, daß er eine Regel verletzt hat, häufig eine inoffizielle Übereinkunft über das, was die Arbeit eines Tages darstellt.

Ein zweiter Grund für die Antipathie der einfachen Arbeiter gegenüber dem Akkordbrecher ist seine »Treulosigkeit«. Beschäftigte, speziell jene, die in der Produktion großer Unternehmen arbeiten, sind sich des Statusunterschiedes bewußt, der sie von den Angestellten des Managements trennt. Der Arbeiter, der freiwillig das Managementziel einer höheren Produktion für weniger Geld anerkennt, wird von seinen Kollegen als einer von *denen* und nicht als einer von *uns* betrachtet. Schlimmstenfalls ist er »ein Verräter in unseren Reihen«; bestenfalls ist er ein »Simpel«, wenn auch ein potentiell gefährlicher.

Das Management wiederum ist beunruhigt, wenn bekannt wird, daß ein einfacher Arbeiter schikaniert wird, weil er die Ziele der Firmenleitung gutheißt. Die übliche Reaktion besteht darin, den noblen Burschen aus den Klauen seiner Peiniger zu befreien und ihn zu belohnen. Die naheliegende Belohnung ist seine Beförderung zum Vorarbeiter oder Kontrolleur. Akkordbrecher sind nicht unbedingt die besten Kontrolleure, aber beide Seiten fühlen sich durch die Beförderung psychologisch bestätigt. Das Management meint, daß es einen loyalen Mitarbeiter vor einem bösen Schicksal bewahrt hat, und die einfachen Arbeiter sehen die Beförderung ihres ehemaligen Kollegen als einen klaren Beweis dafür, daß ihr Vorwurf der Treulosigkeit nur allzu berechtigt war. Und der Akkordbrecher, nun Vorarbeiter oder Kontrolleur, ist der Arbeiterklasse erfolgreich entkommen und hat sich in den sicheren Hafen der Mittelschicht geflüchtet. Er hat einen höheren Status erlangt und ist nun in einer besseren Position, um erfolgreich am Geldspiel der Gesellschaft teilzunehmen.

Es gibt noch einen dritten Grund für die feindselige Haltung der einfachen Arbeiter gegenüber dem Akkordbrecher. Seine bessere Leistung läßt sie »schlecht aussehen«. Seine größeren Fertigkeiten, seine höhere Intelligenz oder seine bessere Planung bewirken, daß sie ihren eigenen Wert als Arbeiter in Frage stellen. Kurz gesagt, er läßt sie an sich selbst zweifeln und untergräbt ihr Selbstwertgefühl.

Loyalität als Stärke und Schwäche

Ein ausgeprägter Sinn für Gruppenidentität – Loyalität – ist zugleich die größte Stärke und die größte Schwäche der Armen. Das Bewußtsein, daß »wir alle im gleichen Boot sitzen«, und die Norm, daß »wir alles miteinander teilen«, machen das Überleben unter schwierigen Bedingungen möglich und zuweilen sogar angenehm. Aber solche sozialen Bande können auch restriktiv sein. Sie schränken den Unternehmungsgeist des einzelnen ein und machen es armen Menschen schwer, effektivere Möglichkeiten zu finden, mit ihrem schwierigen Umfeld fertig zu werden.

Im ersten Kapitel dieses Buches haben wir die Probleme von Maria Santos beschrieben, deren Sozialhilfe knapp bemessen ist, die aber den Rat ihres Sozialarbeiters ignoriert, in einem Supermarkt einzukaufen, um Geld zu sparen. Zweifellos hat es einen finanziellen Grund, weshalb Maria lieber in die kleine *bodega*, einen Häuserblock weiter, geht: Die Besitzer gewähren ihr Kredit bis zum nächsten Sozialhilfescheck, der Supermarkt nicht. Aber es gibt auch eine Reihe psychologischer Gründe: Alle ihre spanischsprechenden Nachbarn kaufen in der *bodega* ein; somit ist das Einkaufen in der *bodega* nicht nur eine Gruppennorm, sondern es bedeutet auch, daß sie einen vertrauten Ort aufsuchen kann, wo sie sich wohl fühlt und ihre Freunde trifft. Die Besitzer der *bodega* sind Menschen, bei denen sie sich zu Hause fühlt – ihre *socios* – und denen gegenüber sie ein Gefühl der Verbundenheit empfindet, das sie bei den unpersönlicheren Angestellten des Supermarktes nicht hat, obwohl auch sie Spanisch sprechen. Der Einkauf von Lebensmitteln ist daher für Maria Santos nicht nur eine wirtschaftliche Angelegenheit, sondern auch eine Möglichkeit, an der Sozialstruktur der Gemeinschaft teilzuhaben, mit der sie sich identifiziert und die ihre Loyalität verlangt. Kurz gesagt, obwohl sich Maria Santos' finanzielle Situation vielleicht etwas verbessern würde, wenn sie in den Supermarkt ginge, steht es ihr psychologisch und sozial nicht frei, dies zu tun. Sie würde sich treulos und »anders« fühlen und erscheinen.

Die Angst, »anders zu sein«, erhöht auch auf andere Weise die Ausgaben der Armen. Untersuchungen zeigen, daß Niedrigverdiener, im Vergleich zu Familien mit mittlerem Einkommen, eher dazu neigen, relativ teure, landesweit beworbene Markenartikel zu kaufen und nicht die billigeren »Hausmarken« der Supermärkte von gleicher Menge und Qualität. Menschen mit niedrigem Einkommen halten sich an die Fernsehwerbung, die ihnen versichert, daß alle *Campbell's* Suppen, *Comet* oder *Johnson's* Babypuder mögen und kaufen. Beim Einkaufen halten sie sich an die im Fernsehen propagierten sozialen Normen und fühlen sich dadurch bestätigt, sicher und gut. Die besser ausgebildeten Mitglieder der Mittelschicht hingegen stellen Werbeversprechen eher in Frage. Infolgedessen widerstehen sie den Versuchen der Werbeindustrie, ihr Verhalten in abgepackte Kategorien zu zwängen, und entscheiden lieber selbst, welche Produkte am besten sind (Moskowitz).

Ähnliche Verhaltensmuster herrschen in England vor. Eine Untersuchung von Familien, deren Mitglieder arbeitslos waren, zeigte, daß die Tendenz, preiswert einzukaufen, nur gering war. Die Familien legten wenig Wert auf die Zubereitung von Nahrungsmitteln, sondern kauften statt dessen in Dosen konservierte oder tiefgekühlte Hamburger, Möhren, Fleischpasteten und Fischstäbchen. Fertignahrung läßt sich aus Zeitgründen durchaus rechtfertigen, aber Zeit war bei diesen Familien, die den größten Teil des Tages im Bett oder vor dem Fernseher verbrachten, nun wirklich kein Problem (Anderson).

Wenn Geld »unwichtig« ist

Maria Santos und ihre Nachbarn kaufen noch aus einem weiteren Grund nicht dort ein, wo sie Geld sparen könnten: In der Welt der Niedrigverdiener hört man Menschen häufig sagen, daß Geld nicht wichtig sei. »Wenn man gesund ist und Freunde hat«, sagen die Armen, »braucht man kein Geld.« Mit Hilfe solcher Klischees heben sozial Schwache den Unterschied zwischen sich selbst und denen, die Geld haben, hervor. Kein Geld zu haben und als natürliche Folge auch keines zu brauchen wird zu einem wesentlichen Bestandteil der Unterschichtidentität. Diejenigen, die Geld besitzen, stellen seine Bedeutung dagegen nur selten in Abrede.

Wenn ein charakteristisches Merkmal zu einem Bestandteil unseres Selbstbildes wird, besteht eine starke Motivation, es zu einer Tugend zu machen. Wir müssen mit unserem Selbst leben, und es ist erheblich leichter, mit einem Selbst zu leben, das wir mögen und bewundern, als mit einem Selbst, das wir verachten. Diesen Wesenszug besitzen wir alle, und er ist nicht auf eine bestimmte soziale Gruppe oder Schicht beschränkt. Infolgedessen wird die Verachtung von Geld Teil der sozialen und psychologischen Identität verarmter Menschen; sie erlaubt es ihnen, sich moralisch überlegen zu fühlen gegenüber denen, die Geld besitzen und die meinen, Geld sei wichtig.

Selbstverständlich widersprechen die Alltagserfahrungen eines jeden Armen der Ansicht, daß Geld unwichtig ist, aber dieser Gegenbeweis wirkt sich kaum auf die Norm aus. Eine von Freuds bedeutenderen Entdeckungen war der psychologische Abwehrmechanismus – die Fähigkeit des Menschen, die Realität zu ignorieren und an trügerischen Vorstellungen festzuhalten, um sich vor Ängsten zu schützen.

Dadurch, daß sie – durch allgemeine Übereinkunft – bestreiten, daß Geld wichtig sei, beruhigen sich die Armen gegenseitig, unterstützen sich mit allen Mitteln, deren sie habhaft werden können, und treten der Welt mutig entgegen.

Abwehrmechanismen ermöglichen uns allen, ob reich oder arm, den Kummer des Lebens zu ertragen. Die Behauptung, daß Geld bedeutungslos sei, erlaubt es den Armen, ihre Ängste zu reduzieren; da dieser Abwehrmechanismus jedoch aus falschen Daten und Selbsttäuschungen besteht, hindert er sie gleichzeitig daran, in Geldangelegenheiten realistisch zu denken und zu handeln. So dient die angebliche Unwichtigkeit von Geld beispielsweise bei Maria Santos und ihren Freunden als »Entschuldigung«, nicht im Supermarkt einzukaufen und auf diese Weise Geld zu sparen. Sie erlaubt es Maria auch, einen Ratenkaufvertrag für einen Farbfernseher einzugehen, obwohl sie größte Schwierigkeiten hat, genügend Geld für das tägliche Leben aufzutreiben.

Die Psychologie reduzierter Erwartungen

Der allgemeine Pessimismus der Arbeiterklasse und der Armen wird in einer Reihe von Untersuchungen offenbar, die in Mexiko und in den Vereinigten Staaten durchgeführt wurden. In beiden Ländern stimmten Mütter aus der Unterschicht eher als Mütter aus der Mittelschicht Aussagen wie den folgenden zu:

— Alles, was ein Mann in seiner beruflichen Karriere anstreben sollte, ist ein sicherer, nicht allzu schwieriger Job, dessen Lohn zum Leben reicht.
— Das Schicksal eines Mannes steht bereits bei seiner Geburt fest; er sollte es deshalb besser hinnehmen, als sich dagegen aufzulehnen.
— Das Geheimnis von Glück liegt darin, wenig zu erwarten und mit dem zufrieden zu sein, was kommt.
— Selbst wenn ein Mensch nicht viel erreicht, sollte er sein Leben genießen.
— Ungeachtet dessen, was die Leute sagen, wird das Leben für die Durchschnittsbevölkerung schlechter, nicht besser.
— Heutzutage weiß man nie genau, auf wen man zählen kann.

Diese Aussagen bringen auf unterschiedliche Weise die Philosophie zum Ausdruck, daß das Leben ein schlechtes Geschäft ist und wir nichts anderes tun können, als das Beste daraus zu machen (Holtzman, Diaz-Guerrero & Swartz). Jeder hat in gewissen Situationen schon so empfunden, doch solche Gefühle scheinen bei Angehörigen der Unterschicht häufiger und dauerhafter zu sein.

Empfindungen, die Mütter zum Ausdruck bringen, spiegeln sich zumeist in den Einstellungen ihrer Kinder wider. Es ist daher nicht überraschend, daß es Kindern aus armen Elternhäusern häufiger an Selbstvertrauen und Initiative mangelt als Mittelschichtkindern. Alle Kinder müssen ermutigt und bestärkt werden, aber Lehrer stellen fest, daß Kinder von armen Eltern mehr Ermutigung und Bestärkung benötigen als die meisten anderen Kinder. Viele von ihnen zeigen ein Verhaltensmuster, das Psychologen als »erlernte Hilflosigkeit« bezeichnen, ein Muster, das durch mangelnde Initiative, extreme Abhängigkeit und Apathie gekennzeichnet ist (Seligman).

Die naheliegende Frage ist, wie sich die Situation der Armen verbessern läßt. Manche glauben, sie würden das Leben befriedigender und weniger entmutigend finden, wenn sie einfach nur mehr Geld hätten. Die Frage nach einem Ausweg aus diesem Dilemma hat Denker und Politiker in aller Welt beschäftigt, von Jesus Christus bis Karl Marx, von Julius Cäsar bis Lyndon B. Johnson. Einige der psychologischen Gründe, weshalb weder Theorie noch Praxis zum gewünschten Erfolg geführt haben, sollen im folgenden Kapitel untersucht werden.

Geld verschenken   7

> Wir wissen, daß unsere Erlösung auf die Gleichheit aller vertraut.
> Die Botschaft ist stets die gleiche, von Jesus Christus bis Karl
> Marx. Aber die Natur hat uns klug geformt. Über all die Zeit ist es
> für Menschen einfacher gewesen zu nehmen, als zu geben oder zu
> teilen. Wir sind biologisch so programmiert, daß wir wissen, daß
> »eins hoch« besser ist als »eins runter«.
> *David Kipnis*

> Schuld ist der unterdrückte Haß auf jemanden, der gut zu uns war.
> *Ernst Bornemann*

> Dankbarkeit: ein ausgeprägter Sinn für Gefälligkeiten, die noch
> ausstehen.
> Verschiedene Denker, darunter *La Rochefoucauld* und *Robert Walpole*

> Die organisierte Mildtätigkeit, knauserig und vereist,
> im Namen eines vorsichtigen, statistischen Christus.
> *John Boyle O'Reilly*

Bei ihrer selbstgestellten Aufgabe, menschliches Verhalten zu erklären, sind die Verhaltensforscher – Psychologen, Volkswirtschaftler, Soziologen und Anthropologen – auf dem Gebiet des Altruismus nicht sehr weit gekommen. Nach Ansicht dieser Wissenschaftler ist der Mensch ein egozentrisches Wesen, dem es in erster Linie um das persönliche Wohlbefinden und die eigene Befriedigung geht. Ihre Forschungsarbeiten und Theorien erklären Großzügigkeit, Teilen, Liebe, Freundschaft und Loyalität daher zumeist in der Weise, daß Menschen ein solches Verhalten nur deshalb an den Tag legen, weil sie sich einen Nutzen davon versprechen.

Tatsache ist, daß die Experimentalforscher in den Reihen der Verhaltenswissenschaftler im allgemeinen nicht an den Motivationsfaktoren interessiert sind, die einem altruistischen Verhalten unterliegen; sie untersuchen lediglich die Bedingungen, unter denen Menschen ihre Geschenke oder Spenden in Form von Geld, Waren oder Dienstleistungen erhöhen oder reduzieren; freiwillig Hilfe anbieten oder Hilfe verweigern; mit Besorgnis oder Gleichgültigkeit reagieren. Die Ergebnisse dieser Versuche sagen viel über die Bedingungen aus, unter denen man sich im allgemeinen altruistisch oder egoistisch verhält. Aber sie geben kaum Hinweise darauf, wodurch »Selbstlosigkeit« motiviert wird – Hinweise, die für all jene, die gerne glauben möchten, daß uns Anständigkeit und Güte angeboren ist, nicht sehr beruhigend sind – eine Vorstellung, die Psychologen als *orthogenetisch* bezeichnen. Experimentalpsychologen haben wenig Verwendung für Orthogenetiker.

Das Problem mit der Anständigkeit

Wenden wir uns von den Experimentalisten den Theoretikern zu, finden wir auch dort nur wenig Unterstützung für die Idee der angeborenen Anständigkeit. Der größte aller Persönlichkeitsforscher, Sigmund Freud, war zutiefst pessimistisch. Er kam zu dem Schluß, das Beste, was wir erhoffen und anstreben könnten, sei ein Gleichgewicht zwischen unseren elementaren Trieben (die im wesentlichen ichbezogen und egoistisch, wenn nicht sogar gesellschaftsfeindlich sind) und den Forderungen und der herben Kritik einer herzlosen und unpersönlichen Gesellschaft. Auch wenn einige seiner Anhänger optimistischer waren, hielten sie sich recht eng an Freuds Persönlichkeitsmodell.

In dieser Hinsicht befinden sich Freud und seine Anhänger in guter Gesellschaft. Philosophen und andere Gelehrte, die die menschlichen Triebkräfte über die Jahrhunderte analysiert haben, standen der Vorstellung, der Mensch sei von Natur aus altruistisch, kritisch oder gar höhnisch gegenüber. Studieren wir die Aussagen von Gelehrten und Denkern zu diesem Thema, sind wir beschämt und deprimiert.

Weshalb lesen wir diese wenig schmeichelhaften Beschreibungen von uns und unseren Motiven? Es gibt mehrere Antworten. Zum einen schenkt man Kritikern erheblich mehr Aufmerksamkeit, wenn sie negativ und nicht positiv sind – gerade so, wie ein Stein in unserem Schuh unsere Aufmerksamkeit weckt, wir die gute Paßform des Schuhs aber für selbstverständlich erachten. Schlimme Nachrichten sind selten willkommen, aber mit ihnen lassen sich mehr Zeitungen verkaufen als mit guten Neuigkeiten, wie jeder Journalist weiß. Aus diesem Grund wird Literatur, die uns erklärt, was schlecht an uns und unserer Gesellschaft ist, in der Regel begieriger gekauft und gelesen als Bücher, die bestärkend und bekräftigend sind.

Zyniker und Pessimisten sind darüber hinaus populär, weil sie die Gewissensbisse, die die meisten von uns in sich tragen, bestätigen. Wir sehen, daß überall um uns herum Dinge falsch laufen, und wir haben den starken Verdacht, daß es unsere Schuld ist. Die Experten und Gelehrten unterstützen diesen Eindruck, spezifizieren unsere Unzulänglichkeiten und sagen uns, wo wir etwas nicht richtig gemacht haben. Sie finden diese Übung ganz offensichtlich schön und – betrachtet man den Absatz ihrer Schriften – höchst profitabel.

Doch wenn wir unser neurotisches Bedürfnis, unser Schuldgefühl von Experten massieren zu lassen, beiseite schieben und das Verhalten von Mensch und Tier objektiv ansehen, können wir vieles entdecken, was nicht zu den Theorien der Selbstsucht paßt, und vieles, was in den Experimenten von Psychologen ignoriert wird. Eltern beispielsweise bringen große Opfer für ihre Kinder und werden lediglich dadurch belohnt, daß sie miterleben, wie sich ihre Sprößlinge des Lebens erfreuen oder es erfolgreich meistern. Nachbarn versorgen Familien, die unvermittelt in eine Notlage geraten sind, mit warmen Mahlzeiten. Wir hören von einem Erdbeben oder einer Flutkatastrophe und schicken dem Roten Kreuz einen Scheck, damit Menschen geholfen werden kann, die wir nie gesehen haben und nie kennenlernen werden. Wir stiften einer Universität Geld, damit die Ausbildung von Jugendlichen oder die Stelle eines Wissenschaftlers finanziert werden kann.

Geben und helfen gehören in eine besondere Kategorie menschlichen Verhaltens; sie sollten gefördert und gepflegt werden. In den folgenden Ausführungen werden wir darstellen, daß altruistisches Verhalten nicht immer so selbstlos ist, wie es erscheint, doch soll damit nicht behauptet werden, daß Altruismus stets eigennützig ist. Viele Manifestationen von Altruismus lassen sich derzeit nicht kategorisieren und können deshalb psychologisch nicht erforscht werden, doch mag sich dies in der Zukunft ändern.

Die Schwierigkeit, Armen zu helfen

Viele, die eine tiefe Zuneigung zu den Armen empfanden, haben versucht, Pläne und Programme zur Verbesserung ihrer Lage aufzustellen. Die Politik, für die sich religiöse Anführer seit mehr als zweitausend Jahren aussprechen, ist die der Mildtätigkeit – einer vorbehaltlosen Unterstützung mit Geld. Kirchenmänner des Mittelalters forderten Almosen als Ausdruck der *caritas* – der Nächstenliebe und des Urquells aller Tugenden. Mohammed forderte die Gläubigen auf, den Armen zwischen 5% und 10% der Nahrungsvorräte eines Jahres abzugeben. Aber er verlangte von seinen Anhängern nur 2,5% ihres Geldes für die Armen. Diese Maßgabe muß wohl eines der ersten Beispiele einer Steuerbegünstigung für die Reichen gewesen sein.

Vermutlich fühlen sich nur wenige Menschen in den industrialisierten und urbanisierten Gebieten der Welt aus rein religiösen Gründen zur Mildtätigkeit verpflichtet, sondern spenden aus einem Gefühl staatsbürgerlicher Verantwortung oder moralischer Verpflichtung heraus. Eine große Zahl von Menschen gibt Schnorrern und Bettlern kleine Beträge, manchmal aus Sympathie, manchmal, um das eigene Gewissen zu beruhigen, weil es ihnen finanziell bessergeht als dem Bittsteller, doch zumeist, weil diejenigen, die um Geld bitten, das besitzen, was Psychologen »Störwert« nennen. Die einfachste Methode, sich von *dieser* Art der Störung zu befreien, ist es, den Bittstellern das zu geben, was sie fordern.

Solche Begegnungen sind irritierend und sogar beunruhigend, und viele Menschen wählen ihren Weg zur Arbeit oder zum Einkaufszentrum so, daß sie ihnen entgehen.

Bettlern Almosen zu geben stillt nur selten den inneren Drang zu helfen und zu teilen. Die beständige Macht dieses Bedürfnisses hat daher zu einer Institutionalisierung der Mildtätigkeit geführt, die sich in vielen Industrieländern in Form von steuerfinanzierten Sozialhilfeprogrammen sowie Geldsammelaktionen von Wohltätigkeitsorganisationen zeigt. Nach einer Umfrage des Gallup-Institutes spendeten amerikanische Haushalte im Jahr 1987 durchschnittlich 737 Dollar. Der Prozentsatz des Familieneinkommens, der gespendet wurde, erhöhte sich mit zunehmendem Alter von 1,6% bei Personen von 25 bis 34 Jahren auf 3% bei Personen, die 75 Jahre und älter waren (Hodgkinson und andere).

Weshalb fühlen wir uns unbehaglich, »ausgenutzt« oder reagieren gar abwehrend, wenn uns jemand um Geld bittet? Sozialpsychologen sagen, daß wir solche Forderungen als Einschränkung unserer Freiheit ansehen (Brehm). Lassen Sie mich ein Beispiel anführen. Ich sitze beim Abendessen, unterhalte mich angeregt mit meiner Gattin und Freunden, als das Telefon klingelt. Der Anrufer fragt, ob ich Professor

Lindgren sei, erklärt, daß er ein ehrenamtlicher Mitarbeiter einer Wohltätigkeitsorganisation sei, und bittet mich um eine Spende von 50 Dollar. Durch seinen Anruf hindert er mich daran, eine angenehme, entspannende und emotional lohnende Rolle zu spielen; die eines freundlichen Gastgebers. Es ist eine Rolle, die ich aus freiem Willen übernommen hatte, eine Rolle, die mir gefällt, weil sie mir die Möglichkeit gibt, mich der Welt auf meine Weise zu präsentieren. Nun habe ich diese Freiheit jedoch verloren und bin gezwungen, eine schwierige und ungewollte Entscheidung über eine heikle Angelegenheit zu treffen – Geld.

Wenn ich mich zu der Spende bereit erkläre, habe ich nicht mehr die Freiheit, selbst zu entscheiden, was ich spende, wieviel ich spende und wem ich etwas spende. Ich laufe außerdem Gefahr, als »Schwächling« oder »leichte Beute« angesehen zu werden, und werde mich ärgern, weil ein Fremder, wie ehrenwert sein Anliegen auch sein mag, mein freundliches und großzügiges Wesen ausgenutzt hat.

Wenn ich die Bitte um eine Spende jedoch ablehne, muß ich mir geizig und schäbig vorkommen, weil ich bedürftigen Menschen ein Almosen vorenthalte. Dieses Selbstbild ist ebenso unerwünscht wie das eines Trottels. Die einzige Möglichkeit, aus dieser vertrackten Situation herauszukommen, besteht für mich darin, einen niedrigeren Betrag als die geforderten 50 Dollar zu nennen. Dieses Vorgehen erlaubt mir eine gewisse Entscheidungsfreiheit, und ich kann mein Selbstbild als jemand, der wohltätige Zwecke unterstützt, aufrechterhalten. Doch welche Wahl ich auch treffe, stets bleibt ein unbehagliches Gefühl in mir zurück.

Freiwillige Spenden sind etwas völlig anderes. Wenn ich in der Zeitung lese, daß in Mittelamerika ein Vulkan ausgebrochen ist, eine nahegelegene Stadt zerstört hat und Tausende von Menschen obdachlos geworden sind, schicke ich dem Roten Kreuz einen Scheck für die Opfer der Katastrophe. In diesem Fall ist meine persönliche Freiheit nicht eingeschränkt, die Spende erfolgt spontan, und ich fühle mich wohl dabei.

Erfahrene Spendensammler wissen, daß viele der Menschen, die sie ansprechen, eine Spende verweigern, weil sie sich darüber ärgern, um Geld gebeten zu werden. Sie sind deshalb bemüht, Strategien zu finden, die bei den potentiellen Spendern keine Abwehrhaltung hervorrufen und ihnen eine gewisse Entscheidungsfreiheit lassen. Ein Experiment von James M. Weyant und Stephen L. Smith, Sozialpsychologen der University of San Diego, zeigt, wie eine solche Kampagne aussehen könnte. Die Ortsgruppe der *American Cancer Society* (Amerikanische Krebsgesellschaft) ließ die Wissenschaftler die Antwortbögen entwerfen, die zusammen mit einer Broschüre bei ihrer nächsten Postwurfsendung verschickt werden sollten. Jeder dieser umgestalteten Antwortbögen enthielt vier Kästchen, von denen die Spender eines ankreuzen sollten. Bei der einen Hälfte der Antwortbögen stand neben den einzelnen Kästchen $5, $10, $25 und »Sonstige«; bei der anderen Hälfte $50, $100, $250 und »Sonstige«. (Diese höheren Beträge entsprachen den Summen, um die Haushalte des angesprochenen Typs üblicherweise in Postwurfsendungen gebeten wurden.) Ansonsten wiesen die beiden Arten von Antwortbögen keine Unterschiede auf, und sie wurden alle an Haushalte in einem relativ wohlhabenden Stadtteil von San Diego verschickt.

Eine Auswertung der Rücksendungen zeigte, daß die zweitausend Antwortbögen mit den niedrigeren Spendenbeträgen das bessere Ergebnis brachten. Fünfunddreißig der angesprochenen Haushalte spendeten durchschnittlich einen Betrag von 12,14 Dollar, also insgesamt 424,90 Dollar. Die zweitausend Antwortbögen mit den höheren Beträgen schnitten schlechter ab, denn nur vierzehn der angesprochenen Haushalte reagierten auf den Aufruf. Durchschnittlich spendeten sie 12 Dollar, was einen Gesamtbetrag von 168 Dollar ergab. Mit anderen Worten, die Spendenaufrufe mit den niedrigeren Beträgen hatten einen Rücklauf von 1,7%, was weit über den Erfahrungen der Krebsgesellschaft lag, die »aggressiveren« Aufrufe dagegen nur einen Rücklauf von 0,7%.

Der Erfolg des bescheideneren Spendenaufrufes läßt sich daraus erklären, daß er den angesprochenen Personen eine gewisse Entscheidungsfreiheit bezüglich der Spendenhöhe ließ, während der »aggressivere« Aufruf Standards setzte, die sie nicht erfüllen konnten oder wollten. Diejenigen, die die Antwortbögen mit den Beträgen von 50 Dollar bis 250 Dollar erhielten und die, sagen wir, 15 Dollar spendeten, hatten vielleicht ein schlechtes Gewissen, die Krebsgesellschaft nicht in der gewünschten Weise zu unterstützen, aber dieses Gefühl wurde zweifellos von der Irritation über die außerordentlich hohe Summe, die die Gesellschaft forderte, überlagert.

Wohltätigkeit beginnt mit Schuld

Weshalb Menschen überhaupt auf Spendenaktionen reagieren, ist eine interessante Frage. Ein Teil der Antwort liegt wohl in den ethischen Grundsätzen einer judäisch-christlichen Kultur, die dazu führen, daß wir Wohlstand mit Vergehen und Armut mit Tugend gleichsetzen. Ein Spendenaufruf zugunsten derer, denen es schlechtergeht, beinhaltet die unausgesprochene Annahme, daß wir uns die Spende leisten können. Mit anderen Worten, ginge es uns finanziell nicht besser, hätte man uns nicht gefragt. Als »bessergestellt«, »reich«, angesprochen zu werden führt bei einigen von uns zu einem schlechten Gewissen, weil es uns bessergeht als anderen – so, als wäre unser Erfolg auf Kosten anderer zustande gekommen.

Der Ursprung dieser Einstellung, daß wir anderen, denen es schlechtergeht, helfen sollten, könnte in unseren weit zurückliegenden prähumanen Anfängen, jenseits aller judäisch-christlichen Wertvorstellungen, liegen. Das Teilen der Ressourcen mit den schwächeren und weniger glücklichen Gesellschaftsmitgliedern ist keine Eigenschaft, die auf den Menschen beschränkt ist, sondern sie tritt auch bei anderen Spezies auf. In einer ihrer faszinierenden Beschreibungen des Soziallebens einer Schimpansengruppe im Urwald von Tansania berichtete Jane Goodall, daß ranghöhere Tiere, die erfolgreich gejagt hatten, Fleischstücke von ihrer Beute abrissen und rangniedrigeren Gruppenmitgliedern gaben, die bettelnd neben ihnen standen.

So berichtete Goodall von einem aggressiven jungen Schimpansenmännchen, »Goliath«, das auf einem Baum saß und ein gerade erlegtes Pavianjunges fraß. »Worzle«, ein älteres, aber rangniedrigeres Mitglied der Affenhorde, kletterte den Baum hinauf und jammerte und bettelte nach einem Stück der Beute. Goliath versuchte, sich ihm zu entziehen, indem er von Ast zu Ast kletterte, doch Worzle folgte ihm jammernd und mit ausgestreckter Hand. Nachdem Goliath die bettelnde Hand zum vielleicht zehnten Mal weggestoßen hatte, ließ sich Worzle nach hinten aus dem Baum fallen, bekam einen Wutanfall und schlug im Unterholz wild um sich. Daraufhin gab ihm Goliath die Hälfte seiner Beute ab. Offensichtlich verursachte der Aufruhr, den Worzle veranstaltete, bei Goliath ein größeres Unbehagen, als er ertragen konnte.

Was Goodall beobachtete, könnte Ausdruck eines Gefühles gewesen sein, das sich aus Sympathie und Schuld zusammensetzte. Wie Goliath sind wir psychologisch empfänglich für das Leiden anderer; wir stellen fest, daß wir ihren Schmerz teilen, zumindest symbolisch. Wir wissen, daß wir nicht der Grund für ihre Probleme sind, fühlen uns aber dennoch irgendwie verantwortlich. Möglicherweise kommen wir uns schuldig vor, weil wir von den Schwierigkeiten, die den anderen widerfahren sind, verschont geblieben sind. Mit ihnen zu teilen oder ihnen etwas zu geben befreit uns von unserer Last. Wir sagen uns dann, daß wir alles in unserer Macht Stehende getan haben, und fühlen uns nicht mehr zuständig für das Elend, das wir gesehen haben.

Eine ausgewogene Betrachtung von Trinkgeldern

Jemandem ein Trinkgeld geben ist ein Ritual, das den höheren Status derer bekräftigt, denen ein Dienst erwiesen wird. In unserer mehr oder weniger demokratischen Gesellschaft, wo wir gerne glauben möchten, daß Statusunterschiede nicht mehr existieren, neigen wir dazu, Trinkgelder als zusätzliche Bezahlung für Dienstleistungen zu rechtfertigen, die uns Kellner und Serviererinnen, Barkeeper, Taxifahrer und Hotelpagen prompt und bereitwillig erbringen;* doch bei näherer Betrachtung gerät die Logik dieser Erklärung ins Wanken. Zum einen erwarten die Betroffenen ein Trinkgeld und erhalten es gewöhnlich auch, unabhängig von der Qualität ihrer Leistung. Zum anderen kommen Trinkgelder in vielen Restaurants und Bars in eine Gemeinschaftskasse und werden später aufgeteilt, so daß die Belohnung eines dankbaren Gastes für einen besonders aufmerksamen Kellner ihre personenbezogene Bedeutung verliert. Die einzigen Erklärungen für Trinkgelder sind deshalb folgende: Sie bekräftigen den ritualisierten Statusunterschied zwischen Empfänger und Geber, und

---

* Allgemein herrscht die Auffassung, das englische Wort »tip« sei ein Akronym für »to insure promptness«, was soviel wie »sich der Bereitwilligkeit versichern« bedeutet, doch steht es in Wirklichkeit zu dem Wort »tipple« (»alkoholisches Getränk«) in Bezug. Ursprünglich gab man es Kellnern oder Taxifahrern, damit sie sich ein Glas Bier, Wein oder Schnaps leisten konnten. Diese Bedeutung zeigt sich auch im französischen *pourboire* (»zum Trinken«) und im deutschen Wort »Trinkgeld«. Die Höhe des Trinkgeldes reflektiert auch den Preis eines Getränkes. Als ein Drink in Amerika einen Dime (zehn Cent) kostete, war das übliche Trinkgeld ebenfalls ein Dime; als Drinks dann einen Vierteldollar kosteten, stieg auch das Trinkgeld entsprechend. Heute, wo man für einen Drink einen Dollar oder mehr bezahlen muß, wird jedes Trinkgeld, das darunter liegt, von den meisten Gepäckträgern und Taxifahrern als Beleidigung angesehen.

sie ermöglichen, daß Menschen mit weniger Geld am Wohlstand derer, die mehr besitzen, teilhaben.

Gnade dem Skeptiker, der aufgrund seiner demokratischen Neigungen auf den höheren Status verzichtet, der ihm als Geber zugesprochen wird, und dessen logische Analyse dazu führt, Trinkgelder als Belohnung für besondere Dienste abzulehnen. Was macht dieser demokratische Logiker, wenn er mit dem düsteren Gesicht des Kellners, der kein Trinkgeld bekommen hat, oder dem wütenden Blick des Taxifahrers konfrontiert wird, dem er genau den Betrag gegeben hat, der auf dem Taxometer stand?

Für ihn, wie auch für den Rest von uns, ist der Druck von Sitte und sozialer Norm mehr, als die Psyche verkraften kann. Er fühlt sich schuldig. Gleichzeitig ist er verärgert, weil ihm seine Logik sagt, daß kein Grund für Gewissensbisse besteht. Aber er wurde dazu erzogen, die Erwartungen der Gesellschaft zu erfüllen; und so sucht er in seinen Taschen nach Kleingeld und gibt dem Betreffenden ein Trinkgeld, das manchmal trotzig unter der Norm und manchmal darüber liegt. Dann geht er seiner Wege, fühlt sich als Opfer, gibt dem Erpresser die Schuld, gibt sich selbst die Schuld, aber überdenkt nur selten die gesellschaftliche Dynamik seiner vorherigen Zwangslage.

In Ländern, wo Traditionen hochgehalten werden, geben Trinkgelder kaum Anlaß zu Besorgnis. Unberührt von dem Verlangen nach einer lupenreinen Demokratie, akzeptieren die Menschen dort Statusunterschiede als naturgegeben und wünschenswert; sie sind weder empört, wenn man von ihnen ein Trinkgeld erwartet, noch fühlen sie sich erniedrigt, wenn ihr sozialer Status oder ihre Stellung sie zu Trinkgeldempfängern machen. Auch die meisten Amerikaner ignorieren die antidemokratischen Hintergründe dieses Brauchs und geben Trinkgelder, ohne darüber nachzudenken.

Psychologische Untersuchungen zum Thema Trinkgeld lassen darauf schließen, daß diese Praxis dem Einfluß zwischenmenschlicher Aspekte unterliegt. Trinkgelder sind zumeist höher, wenn der Kontakt zwischen Empfänger und Geber auf einer persönlicheren Ebene stattfindet. Stephen und Zweigenhaft führten mehrere Experimente durch, bei denen Ehepaare in einem Restaurant von einer Kellnerin bedient wurden, die entweder den Mann oder die Frau leicht an der Schulter berührte, als sie fragte, ob alles in Ordnung sei. Bei dem »Kontrollexperiment« wurde niemand angefaßt. War die Frau von der

Kellnerin angefaßt worden, betrug das Trinkgeld durchschnittlich 15% der Rechnung, war es der Mann, betrug es 13%, während Ehepaare, die nicht angefaßt worden waren, durchschnittlich nur 11% Trinkgeld gaben.

Bei einem ähnlichen Experiment ließen Gäste, die beim Herausgeben des Wechselgeldes von der Bedienung leicht an der Schulter oder der Hand berührt wurden, zumeist erheblich höhere Trinkgelder auf dem Tisch liegen als Gäste, die nicht angefaßt worden waren. (Crusco & Wetzel).

Je mehr Gäste in einem Restaurant an einem Tisch sitzen, desto niedriger ist das Trinkgeld, das sie geben (Freeman, Walker, Boden & Latané). Diese Feststellung stimmt mit anderen Untersuchungsergebnissen überein, die folgendes zeigen: interagiert eine größere Anzahl von Personen mit einer einzelnen Person, wird die Haltung ihm oder ihr gegenüber entpersonalisiert. Restaurantmanager wissen um diese Tendenz, und manche gehen in der Weise damit um, daß der Rechnung 15% als Bedienungsentgelt zuschlagen werden, wenn mehr als sechs Gäste an einem Tisch sitzen.

Geben, nehmen und teilen

Kellnerinnen, Taxifahrer und Gepäckträger haben vermutlich kaum Schwierigkeiten, Geldgeschenke – Trinkgelder – anzunehmen, da dies ein Teil ihrer sozialen und beruflichen Rolle ist. Wenn sie diese Rolle wahrnehmen, erwarten sie ein Trinkgeld, und die Menschen, denen sie zu Diensten sind, gehen davon aus, Trinkgelder zu geben. In anderen sozialen Situationen erwarten sie keine Geldgeschenke und wären gekränkt, wenn man sie ihnen anböte. Eine Kellnerin zum Beispiel erwartet kein Trinkgeld, wenn sie einer Freundin beim Umzug hilft, und auch die meisten Taxifahrer erwarten keine Bezahlung, wenn sie einer hilfsbedürftigen Person über eine vielbefahrene Straße helfen.

Uriel Foa führte in seiner Untersuchung, die wir in Kapitel 4 dargestellt haben, einen Grund an, weshalb Geldgeschenke gewöhnlich als unangemessen betrachtet werden. Die Hilfe, die wir anderen freiwillig gewähren, ist durch Liebe oder Altruismus – nach Foa eine »partikularistische Ressource« – motiviert, während Geld eine »universalistische Ressource« darstellt. Foas Untersuchungen zeigten, daß

Menschen den Austausch der beiden Arten von Ressourcen im allgemeinen als unangemessen und als unvereinbar mit deren wahrer Natur betrachten.

Ebenso wie bei anderen Formen sozialer Interaktion wirkt die Beziehung bei Hilfeleistungen in beiden Richtungen. Eine behinderte Person, der über eine stark befahrene Kreuzung geholfen wird, ist dem Helfer etwas schuldig. Diese Schuld wird üblicherweise durch ein herzliches »Dankeschön« beglichen. Einige sozial unbeholfene oder unsichere Menschen meinen freilich, daß ein bloßes Dankeschön nicht ausreicht und sie dem Helfer im Gegenzug ebenfalls etwas anbieten müssen: ein Geldgeschenk. Dieses Geschenk wird von dem Helfer strikt abgewiesen, denn es zieht die Motive, die seiner Hilfe zugrunde liegen, in Zweifel. Mit anderen Worten, Geld anzunehmen käme dem Eingeständnis gleich: »Ja, ich habe es wegen des Geldes getan.« Das Anbieten von Geld impliziert, daß der Helfer keine höheren Motive besitzt, wie etwa den elementaren Wunsch, einem Mitmenschen zu helfen, der in Schwierigkeiten ist.

Ungebetene und unerwartete Geldgeschenke führen offensichtlich zu psychologischen Problemen bei den beabsichtigten Empfängern, aber wie verhält es sich, wenn Menschen um Geld *bitten*? Wir mögen annehmen, daß jene, die solche Forderungen stellen, keine Hemmungen oder andere emotionale Schwierigkeiten haben. Tatsache ist jedoch, daß sich die meisten Menschen dabei unbehaglich fühlen. Selbst sehr arme Leute fühlen sich unwohl, wenn sie andere um Geld bitten – es sei denn, es handelt sich um professionelle Bettler, die Schnorren als eine Form von bezahlter Arbeit ansehen. Die große Mehrheit der Armen schätzt ihre Würde. Sie weigern sich zu betteln. Almosen zu empfangen wird zumeist als demütigend und erniedrigend empfunden, denn es unterstreicht die Statusunterschiede: Der wie auch immer geartete Status des Spenders wird durch sein Angebot, etwas zu geben, erhöht, während der Status des beabsichtigten Empfängers durch seine Hilfsbedürftigkeit herabgesetzt wird. Durch das Annehmen des Geschenkes gibt der Empfänger zu verstehen, daß er den Statusunterschied anerkennt; lehnt er es ab, hebt er sich auf eine höhere Stufe als die, die er zuvor eingenommen hat.

Ein Experiment, bei dem es auch um den Status von Geber und Empfänger ging, wurde von Fisher und Nadler durchgeführt, die Universitätsstudenten baten, an einem Aktienspekulationsspiel teilzunehmen. Jeder Student wurde in eine abgeschlossene Kabine geschickt, wo er Geld in Form von Spielmarken erhielt sowie Informationen über fiktive Unternehmen, die Möglichkeiten zu spekulativen Investitionen boten. Man sagte den einzelnen Studenten, das Spiel diene dazu, ihre Fähigkeiten als Investor zu testen und ihre Leistung werde jeweils mit der eines anderen Studenten – ihrer Vergleichsperson – verglichen und bewertet. Die Investitionen wurden mit Hilfe eines Computerterminals in der Kabine getätigt.

Keiner der Studenten wußte, daß die Ergebnisse des Spieles so manipuliert wurden, daß das Kapital jedes Studenten nach einigen Spielzügen von dreißig Spielmarken auf vier schrumpfte, eine Situation, die nach der nächsten Runde zum Ausscheiden führen konnte. Die Hälfte der Studenten erhielt die Information, daß ihre Vergleichsspieler ihr Kapital durch kluge Investitionen von dreißig auf sechzig Spielmarken erhöht hatten; der anderen Hälfte sagte man, ihre Vergleichsspieler hätten sich verspekuliert und ihr Kapital sei auf sechzehn Spielmarken geschrumpft. Zu diesem Zeitpunkt hatten alle Versuchspersonen große Verluste gemacht und waren daher mißgestimmt – vor allem jene, die erfahren mußten, daß ihre Vergleichsspieler erheblich besser abgeschnitten hatten als sie selbst.

Man hatte den Spielern gesagt, sie könnten ihren Vergleichsspielern Nachrichten zukommen lassen, mutmaßlich zu dem Zweck, Informationen über Investitionsstrategien auszutauschen. Die Experimentatoren fungierten als Nachrichtenübermittler. Obwohl die Studenten somit auf eine Nachricht von ihren Vergleichsspielern vorbereitet waren, war jeder von ihnen überrascht, als er (ohne weitere Nachricht) einen Umschlag mit vier Spielmarken als Geschenk erhielt. Die geschenkten vier Spielmarken reichten aus, um wieder ins Spiel zu kommen und das angegriffene Selbstbild aufzupolieren. Der Zweck dieser Manipulation war, die Hälfte der Studenten glauben zu lassen, daß der Spender sehr erfolgreich gewesen war und die paar Spielmarken, die er ihnen geschickt hatte, kaum vermissen würde; die anderen sollten glauben, daß der Spender ein Verlierer war, der beschlossen hatte, seine knappen Ressourcen mit einem anderen Pechvogel zu teilen. In Wirklichkeit gab es aber gar keine Vergleichsspieler; alle Aspekte des Experimentes wurden heimlich von den Experimentatoren manipuliert. (Daten von den wenigen Versuchspersonen, die den Schwindel ahnten, wurden vor der Analyse der Ergebnisse aussortiert.)

Den Spielern wurde dann gesagt, daß das Spiel fortgesetzt werde, es sich bei den Unternehmen, in die sie investierten, nun aber um tatsächlich existierende Firmen handelte – Eastman Kodak, Procter und Gamble und dergleichen. (Sinn dieser Ankündigung war, das Interesse der Studenten aufrechtzuerhalten und die Bedeutung des Geschenkes, das sie erhalten hatten, noch zu verstärken.) An diesem Punkt wurden die Studenten aufgefordert, einen »Zwischenbericht« darüber abzugeben, was sie über das Spiel, ihre Vergleichsspieler und sich selbst dachten.

Eine Auswertung dieser Zwischenberichte bestätigte das, was wir wohl erwarten: Studenten, die glaubten, ihre Vergleichsspieler seien Verlierer wie sie selbst, verzeichneten ein höheres Selbstwertgefühl als Studenten in einer Kontrollgruppe (Spieler, die kein Geschenk erhalten hatten). Die Studenten, die die vier Spielmarken von ihren Mitverlierern bekommen hatten, beschrieben die Spender als großzügig und sagten, sie würden sie nach dem Experiment gerne kennenlernen.

Studenten, deren Spender sehr erfolgreich waren, verzeichneten ein geringeres Selbstwertgefühl als die Studenten der Kontrollgruppe, die kein Geschenk erhalten hatte. Sie hielten die Spender nicht für großzügig, sondern für machtbesessen, und wollten sie nach dem Experiment nicht kennenlernen.

Das Experiment bestätigt also unseren Eindruck von der Art und Weise, wie Empfänger von mildtätigen Gaben sich selbst und die Spender sehen. Bei einer armen Person, die Geld oder dergleichen von einer anderen armen Person erhält, erleidet das Selbstwertgefühl keinen Schaden, und sie verspürt vielleicht sogar Zuneigung und Dankbarkeit. Eine solche Gabe läßt sich eher als ein Teilen knapper Ressourcen und weniger als Mildtätigkeit betrachten. Psychologischer Trost und Bestärkung kann die Folge sein.

Geschenke der Reichen rufen völlig andere Wirkungen hervor. Die verarmte Person fühlt sich nun gedemütigt. Sie verspürt wegen des Geschenkes keine größere Zuneigung zu dem Spender, empfindet keine übermäßige Dankbarkeit und unterstellt dem Spender vielleicht sogar, daß er das Geschenk einsetzt, um den Empfänger mit seiner Macht zu beeindrucken. Die Stimmung des Empfängers ist durch psychologische Unbehaglichkeit, Undankbarkeit und Mißtrauen geprägt.

Wir könnten an diesem Punkt unserer Analyse zu dem Schluß kommen, die Reichen sollten das Spenden unterlassen und die Armen ihre knappen Mittel miteinander teilen. Aber dies ist eine kurzsichtige Betrachtungsweise. Letztlich profitiert niemand, wenn die Armen dazu verdammt sind, arm zu bleiben. Armut nagt an der Struktur der Gesellschaft und ist eine Bedrohung für das Wohlbefinden der Menschen aller sozialen Stufen. Speziell städtische Armut ist eine allgegenwärtige Quelle von politischer und wirtschaftlicher Instabilität, von Kriminalität und sozialem Abbau.

Wir alle wollen, oder sollten wollen, daß sich die Armen selber helfen. Die Erfahrungen der letzten Generation — etwa das Antiarmutsprogramm von Präsident Johnson — zeigen, daß Außenstehende die Probleme der Armen wohl nicht lösen können und daß jede wohlgemeinte Hilfsgeste Gefahr läuft, neue Probleme zu schaffen. Wie kann die Gesellschaft die Armen ermutigen, zur Selbsthilfe zu greifen?

Die Schlußphase des Experimentes, das wir gerade beschrieben haben, gibt eine mögliche Antwort. Als man die Spieler aufforderte, das Spiel fortzusetzen, indem sie in tatsächlich existierende Unternehmen investierten, erhielten sie Broschüren mit Hintergrundinformationen zu den potentiellen Investitionen. Sie hatten nur diese eine Gelegenheit, sich mit dem Material vertraut zu machen. Nachdem sie mit dem Lesen fertig waren und ihre Bereitschaft signalisiert hatten, das Spiel fortzusetzen, konnten sie nicht mehr auf die Investitionsdaten zurückgreifen.

Die Zeit, die jeder Student mit der Lektüre des Materials zubrachte, diente als Index dafür, wie stark sein Wunsch war, seine Investitionsstrategie zu verbessern. Wendete der Student wenig Zeit auf, um sich auf die Aufgabe vorzubereiten, konnte man davon ausgehen, daß er entmutigt war und beschlossen hatte, daß weitere Investitionsversuche sinnlos seien. Gleichermaßen konnte man annehmen, daß der Student, der optimistisch und entschlossen war, einen neuerlichen Versuch zu unternehmen, mehr Zeit darauf verwenden würde, sich auf eine neue Investitionsrunde vorzubereiten.

Man könnte erwarten, daß der Student, der sich psychologisch nicht verunsichert fühlte — derjenige, der Spielmarken von seinem »armen« Vergleichsspieler geschenkt bekommen hatte —, mehr Zeit damit verbringen würde, sich auf die zweite Runde vorzubereiten. Ebenso wie die Alltagssituationen, die sie widerspiegeln sollen, zeigen psychologische Experimente jedoch häufig unerwartete Ergebnisse. Es war der Student, der sich *un*behaglich fühlte – derjenige, der durch das Geschenk seines »reichen« Vergleichsspielers gedemütigt wurde –, der mehr Zeit dafür aufwendete, seine Situation zu verbessern.

Was sollen wir daraus schließen? Es scheint, daß psychologische Behaglichkeit, wie befriedigend sie kurzfristig auch sein mag, den Willen, die eigene Situation zu verbessern, unterminieren kann. Vielleicht bestärkt der Umstand, von einem anderen Verlierer geholfen zu bekommen, das Gefühl, daß man »ein Verlierer ist, der immer verliert«, so daß die eigenen Erwartungen sinken. Der Mensch jedoch, dem es nicht gefällt, ein »Objekt der Mildtätigkeit« zu sein, scheint motiviert zu sein, dafür zu sorgen, daß die Notwendigkeit zur Mildtätigkeit nicht wieder auftritt. In dieser Reaktion schwingt die Haltung mit: »Ich werde es ihnen zeigen.«

Hilfe für arme Länder: eine problematische Angelegenheit

Sowohl Nationen wie auch Menschen lassen sich als impulsiv oder zurückhaltend, aggressiv oder versöhnlich, geizig oder großzügig charakterisieren. Psychologen nennen solche Verhaltenstendenzen »Persönlichkeit«, wenn sie sie bei Menschen untersuchen; wenn Anthropologen solche Muster bei einer Nation, einem Volksstamm oder einer anderen großen Gesellschaftsgruppe beobachten, verwenden sie den Begriff »Kultur«.

Sozialpsychologen haben überdies festgestellt, daß bestimmte Wesensmerkmale mit der Rolle, die Menschen spielen, in Zusammenhang zu stehen scheinen.

Arme Länder und arme Menschen fühlen sich bei Geldgeschenken gleichermaßen gedemütigt. Betteln zu müssen ist ein Eingeständnis von Unzulänglichkeit und Hilflosigkeit, das Versagen impliziert. Und man sollte meinen, daß ein Dritte-Welt-Land, dem die geforderte Unterstützung zugesagt wurde, seinem Wohltäter eine positive Haltung – sogar Dankbarkeit – entgegenbringt, aber eine solche Reaktion ist selten. Vielmehr ist es so, als würde die Führung des Landes sagen: »Die Vereinigten Staaten sind nur deshalb reich und mächtig, weil sie ärmere, schwächere Länder wie uns ausbeuten, und sie müssen dafür bestraft werden, daß sie uns gedemütigt und gezwungen haben, wie Bettler, mit dem Hut in der Hand, nach Washington zu gehen.« Einstellungen wie diese sind bei den Armen weit verbreitet, und viele von ihnen empfinden eine starke Ablehnung gegenüber jenen, denen es bessergeht als ihnen.

Die ablehnende Haltung der Regierungen ärmerer Staaten gegenüber ihren Wohltätern zeigt sich in ihrer Position, die sie in den Vereinten Nationen einnehmen. So zeigte beispielsweise eine Auswertung der Abstimmungsergebnisse der dreiundvierzigsten UN-Vollversammlung 1988, daß die Delegierten aus den fünfzig Ländern, die die größten Summen an Hilfsgeldern aus Washington erhielten, durchschnittlich nur in 16% der Fälle in Übereinstimmung mit den USA votierten und 95% der Zeit auf seiten der Sowjetunion standen. Aus der Gesamtliste der Teilnehmerländer stimmten lediglich Israel, Portugal und Spanien in mehr als der Hälfte der Fälle genauso ab wie die US-Delegation.*

Die reichen, industrialisierten Länder Nordamerikas und Europas sowie Japan sehen sich gezwungen, solche Zeichen von Undankbarkeit und Ablehnung zu ignorieren, weil sie wissen, daß es in ihrem eigenen Interesse liegt, ärmeren Ländern bei der wirtschaftlichen Entwicklung zu helfen. Gibt es eine bessere Möglichkeit, dies zu erreichen, als den Führern eines Landes, das nicht weiß, wo seine nächste Erdöllieferung herkommen soll oder ob sie überhaupt kommt, mit einer finanziellen Unterstützung zu winken? Und sollte sich die Regierung scheuen, das verlockende Angebot anzunehmen, kann man es immer noch den Anführern einer Guerillabewegung unterbreiten, die vielleicht ohnehin in einigen Jahren die Macht im Lande übernehmen. In der Zwischenzeit erklären sich andere reiche Staaten, denen es vor allem um Sicherheit und Stabilität geht, bereit, die herrschende Regierung bei der Niederschlagung von Revolten zu unterstützen. Armut erzeugt politische Instabilität, und es ist verhängnisvoll, daß Terrorismus und andere Formen internationaler Kriminalität zu den Exporten bestimmter Dritte-Welt-Länder gehören.

Die Regierenden von reichen Ländern wollen finanzielle Hilfe auch aus humanitären Gründen und zur Aufrechterhaltung der internationalen Zusammenarbeit gewähren. Doch diese Angebote verlieren ihren altruistischen Glanz zumeist, wenn sie die politischen Instanzen

---

* *Wall Street Journal*, 1. Juni 1989, auf der Grundlage von Daten, die Mark Franz von der Heritage Foundation zusammenstellte.

durchlaufen. Staatsoberhäupter, die ein »Hilfspaket« durch das Geflecht legislativer und bürokratischer Instanzen schleusen wollen, stellen gewöhnlich fest, daß sie ihren Vorschlag mit jener Art von »praktischen« Argumenten unterstützen müssen, die sich an die eigennützige oder nationalistische Haltung starrköpfiger, skeptischer Politiker und zynischer Medienvertreter wenden.

Obwohl ein Teil der Unterstützung in Form direkter Zuwendungen erfolgt, kommt das meiste Geld von reichen Ländern in Form von Krediten in die Dritte Welt. Kredite erwecken zumindest den Anschein, diesen Ländern ein gewisses Maß an Würde zuzugestehen, wenn sie um Geld bitten. Arme Staaten, wie auch verarmte Menschen, besitzen ein stark ausgeprägtes Gefühl von Stolz, und es ist einfacher für sie, um einen Kredit zu bitten als um ein Almosen. Ein armes Land ist sich, ebenso wie Ihr stets erfolgloser Schwager, durchaus seiner Unzulänglichkeiten bewußt und hat ein geringes Selbstwertgefühl, klammert sich aber lieber, genauso wie Ihr Schwager, an die Fiktion, daß ein Kredit irgendwann einmal zurückbezahlt wird und daher keineswegs ein Geschenk ist. Ein Geschenk anzunehmen macht jemanden zum Bettler und stellt ihn an das untere Ende der sozialen Leiter, das Ersuchen und Annehmen eines Kredites dagegen ist ein geschäftsmäßiges Arrangement zwischen gleichen Partnern.

Ein Dritte-Welt-Land ersucht üblicherweise um einen Kredit zur Finanzierung wirtschaftlich lohnender Projekte: den Bau von Hafenanlagen, Straßen, Schulen und Krankenhäusern beispielsweise. Sobald diese Maßnahmen durchgeführt sind, so wird den Geldgebern versprochen, werde sich die wirtschaftliche Lage verbessern, sich das Realeinkommen erhöhen, das Steueraufkommen steigen, und es wäre dann kein Problem, den Kredit zu tilgen und die Zinsen zu bezahlen. Einige dieser Punkte mögen tatsächlich umgesetzt werden, manchmal gut und manchmal schlecht, was gewöhnlich davon abhängt, in welchem Umfang der Kreditgeber das Land bei der Überwachung der Maßnahmen unterstützt. Doch sobald ein Kredit bewilligt ist, hat das Szenario, das nur allzu häufig zutage tritt, wenig mit den optimistischen Hoffnungen gemein, von denen ursprünglich die Rede war.

Zum einen wird ein Teil des Darlehens vermutlich für Konsumgüter ausgegeben. Unterentwickelte Länder sind ständig knapp an Devisen und müssen demzufolge Kontrollen in Form von hohen Steuern auf Importwaren durchsetzen. Ist ein Kredit ausgezahlt, sind die

Devisenprobleme eines Landes zumeist weniger akut, und sei es bloß durch die Einreise von ausgabefreudigen Auslandshilfeexperten und Ratgebern, deren harte Währung in die örtliche Wirtschaft fließt. Doch auch die Regierung selbst beschließt vielleicht, die erfolgreiche Beschaffung des Darlehens in der Weise zu würdigen, daß sie einige wirtschaftliche Beschränkungen lockert. Ihre Entscheidung, einen Teil des Krediates freizugeben, führt dazu, daß sich die Menschen langersehnte Güter, wie Autos, Fernsehgeräte und Kühlschränke, kaufen können, was ökonomisch gesehen kaum zu rechtfertigen ist, aber kurzfristig betrachtet aus politischer Sicht durchaus sinnvoll sein kann. Die Führungen der meisten Dritte-Welt-Länder operieren von unsicheren und schmalen Machtbasen, und viele von ihnen üben eine diktatorische Herrschaft aus, um mit unfreundlichen politischen Gruppen fertig zu werden. Die Regierungen zahlreicher Dritte-Welt-Staaten sehen sich mit einer oder mehreren ethnischen, religiösen oder sonstigen Minoritäten konfrontiert, deren Ziel es ist, die Landesregierung zu stürzen. Es ist daher verständlich, daß die Machthaber versuchen, sich die Zustimmung der Öffentlichkeit zu erkaufen, indem sie zulassen, daß ein Teil des Auslandskredites leichtfertig verwendet wird, selbst wenn die Ausgaben nicht zur wirtschaftlichen Entwicklung des Landes beitragen und die Rückzahlung des Kredites dadurch erschwert wird.

Die Kredit- und Unterstützungsgelder der Auslandshilfe können auch in andere außerplanmäßige Kanäle fließen. In einigen weniger aufgeklärten Ländern landet das Geld möglicherweise auf den Schweizer Nummernkonten der korrupten Staatsführer. Dies ist schlimm genug, doch gibt es noch eine weitere Form von Ausgaben, die gutwillige Geldgeber und Auslandshilfeagenturen gleichermaßen alarmierend finden: Militärausgaben. In einem Bericht über die Verwendung von Hilfsgeldern in Dritte-Welt-Ländern berichtete Doug Bandow vom Cato Institut, daß die Ausgaben für importierte Militärgüter in unterentwickelten Ländern beinahe so hoch sind wie die Beträge, die sie als Auslandshilfe erhalten.

Länder der Dritten Welt erhielten zwischen 1980 und 1985 von wohlhabenden Staaten – entweder auf direktem Weg oder über internationale Agenturen – 239 Milliarden Dollar für wirtschaftliche und humanitäre Zwecke. Während des gleichen Zeitraums importierten diese Länder jedoch für 213 Milliarden Dollar Waffen, was fast 90%

der erhaltenen Hilfsgelder entspricht. Die gesamten Militärausgaben während dieser Zeit, in die Kredite und andere Zuwendungen einflossen, betrugen 924,6 Milliarden Dollar. Die Regierung von Simbabwe beispielsweise erhielt 1,5 Milliarden Dollar Auslandshilfe zwischen 1982 und 1985 und gab 1,3 Milliarden Dollar für ihr Militär aus, was die Entwicklung zu einer Einparteiendiktatur förderte. Indien, das die Armut erklärtermaßen bis zum Jahr 2000 beseitigt haben will, importierte zwischen 1982 und 1985 Waffen im Wert von 9,2 Milliarden Dollar und erhielt im gleichen Zeitraum 8,8 Milliarden Dollar an internationalen Hilfsgeldern.

Es besteht kein Zweifel, so Bandow, daß Hilfsgelder und Kredite, die angeblich wirtschaftlichen und humanitären Zwecken dienen sollen, häufig für militärische Angelegenheiten ausgegeben werden. Wann immer Hilfsgelder gekürzt wurden, wie dies 1984 und 1985 für Nigeria der Fall war, sanken die Militärausgaben in beinahe exaktem Verhältnis dazu.

Die Tatsache, daß ein Großteil der Kredite und anderer Hilfsgelder in unterentwickelten Ländern mißbraucht wurde, sollte nicht zu der Auffassung führen, daß eine solche Hilfe insgesamt eingestellt werden muß. Wie wir bereits bemerkten, sehen sich reiche Länder aus humanitären, wirtschaftlichen, politischen und Sicherheitsgründen dazu veranlaßt, solche Hilfsgelder großzügig und kontinuierlich zur Verfügung zu stellen. Was auf seiten dieser Staaten vonnöten ist, ist ein erheblich größeres Maß an Verantwortungsbewußtsein, Weltklugheit und Sensibilität, wenn es darum geht, die Bedürfnisse der Kreditnehmer einzuschätzen und ihnen dabei zu helfen, das Geld sinnvoll einzusetzen. Diese Hilfe, und sei sie noch so gut gemeint, ist selbstverständlich nicht willkommen, denn keiner Nation gefällt die Vorstellung, daß sie ihre eigenen Angelegenheiten nicht regeln kann, aber ohne eine solche Einflußnahme kann der Kredit zu einer wirtschaftlichen Katastrophe führen und noch mehr Feindseligkeit und Ablehnung hervorrufen.

Wir sollten auch ein erheblich größeres Maß an Verständnis für die Kräfte und Umstände aufbringen, die es für Dritte-Welt-Länder schwierig machen, die Hilfsgelder, die sie erhalten, in angemessener Weise einzusetzen. Einige ihrer Probleme erwachsen aus den besonderen örtlichen Gegebenheiten – politischer oder geographischer Natur –, aber einige liegen auch in den psychologischen Unterschieden begründet, die arme Menschen und arme Länder gemein haben. Eines dieser Probleme ist, daß sie ihr Geld häufig planlos und impulsiv einsetzen.

Wie man Zigeunern nicht hilft – am Beispiel Ungarns

Wie wir gesehen haben, ist es nicht leicht, den Armen zu helfen, unabhängig davon, ob die Hilfe aus Krediten, direkten Geldzuwendungen durch Wohltätigkeitsorganisationen oder Hilfsprogrammen der Regierung besteht. Die Erfahrungen in Ungarn, den Zigeunern zu helfen, sind in vieler Hinsicht typisch für die Schwierigkeiten, die entstehen, wenn eine verarmte Minderheitengruppe zum Ziel eines finanziellen Hilfsprogramms der Regierung wird.

Es gibt etwa 330 000 Zigeuner in Ungarn, was etwa 3% der Gesamtbevökerung des Landes entspricht. Mehr als die Hälfte von ihnen lebt in abgelegenen ländlichen Regionen und ist zusätzlich durch ihre Zigeunerkultur, ihre Verhaltensmuster und Wertvorstellungen von der restlichen Bevölkerung Ungarns isoliert. Fast ein Drittel von ihnen spricht nicht Ungarisch, sondern einen von mehreren Zigeunerdialekten oder Romani.

Zigeunerprobleme beginnen in der Kindheit, wie Jonathan Spivak in einem Bericht über die ungarischen Zigeuner im *Wall Street Journal* feststellte. Er berichtete, daß die Hälfte der obdachlosen Kinder in Ungarn Zigeuner seien und daß Zigeunerkinder, wie in den meisten Ländern, in der Schule zumeist schlechter abschnitten als ihre Klassenkameraden. Von den 65 000 Universitätsstudenten in Ungarn waren lediglich ein Dutzend Zigeuner.

Wie aufgrund dieser schlechten Ausgangsbedingungen zu erwarten, sind die Zigeuner nur unzureichend auf die moderne Arbeitswelt vorbereitet. Von Regierungsstellen erfuhr Spivak, daß viele keine feste Arbeit annähmen und lieber in Gruppen durch das Land zögen. Diejenigen, die eine permanente Anstellung suchten, müßten schlecht bezahlte Hilfsjobs annehmen.

Die ungarischen Behörden waren aufgebracht über die Existenz von verarmten Zigeunern in einem sozialistischen Staat, in dem es erklärtermaßen keine wirtschaftlichen Klassenunterschiede geben sollte. Aus diesem Grund wurden spezielle Programme ins Leben gerufen, die auf die schulischen, ökonomischen und sozialen Bedürfnisse der

Zigeuner abgestimmt waren. Lehrer wurden ausgebildet, um spezifische Zigeunerprobleme behandeln und Klassen in Romani (der Zigeunersprache) unterrichten zu können. Für Zigeunerkinder aus entlegenen Regionen wurden außerdem Internate eingerichtet.

Einige dieser wohlgemeinten Bemühungen schlugen jedoch gründlich fehl. Zigeunerfamilien waren, wie andere Ungarn, berechtigt, staatlich bezuschußte Wohnungen zu mieten, wenn sie vier Kinder oder mehr hatten. Einige Zigeuner machten von dieser Regelung Gebrauch, verkauften ihr Anrecht auf die Wohnungen jedoch auf dem Schwarzmarkt, suchten für sich und ihre Familien andere, schlechtere Unterkünfte und wiederholten das Ganze alle paar Jahre. Die übrigen Ungarn, die ohnehin tief verwurzelte Vorurteile gegenüber den Zigeunern hegten, waren über derartige Praktiken naturgemäß erbost. Ihre Antipathie wurde zusätzlich durch Funktionäre der Kommunistischen Partei verstärkt, die das Zigeunerproblem der Feudalgesellschaft aus der Zeit vor dem Ersten Weltkrieg zuschrieben und abstritten, daß es durch soziale und kulturelle Unterschiede zwischen den ethnischen Gruppen verursacht oder gar verschärft wurde.

Wie viele verarmte Minoritätengruppen auf der Welt besitzen die ungarischen Zigeuner einen stark ausgeprägten ethnischen Stolz, der häufig zu Schwierigkeiten führt, wenn andere versuchen, ihnen zu helfen. Spivak führte das Beispiel eines Sozialarbeiters an, der eine vierzigjährige Zigeunerin und Mutter von sechs Kindern dazu bewegen wollte, eine monatliche staatliche Unterstützung von 100 Dollar zu beantragen. Die Frau arbeitete in der Nachtschicht in einer Fabrik und ging zusätzlich putzen. Ihr Mann, ein angelernter Arbeiter, vertrank einen Großteil seines Arbeitslohns. Die Familie lebte in schlechten Verhältnissen: Ihr monatliches Einkommen betrug etwa 250 Dollar, und alle schliefen in einem Raum in zwei Betten.

Die Zigeunerin, die eine staatliche Unterstützung zuvor abgelehnt hatte, erklärte sich bereit, die Hilfe zu beantragen, aber der Sozialarbeiter war skeptisch. »Sie wird ihre Meinung ändern. Sie hat sieben Schwestern, und fünf von ihnen nehmen kein Geld vom Staat. Sie hat Angst davor, was sie sagen werden.«

Die Zwangslage der ungarischen Zigeuner ähnelt der der Beduinen im Vorderen Orient und in Nordafrika, die sich mit großem Stolz allen staatlichen Versuchen widersetzen, sie in eine moderne, industrialisierte, urbanisierte Gesellschaft einzugliedern. Wie arme Minderheiten anderenorts scheinen sie alle Anstrengungen abzulehnen, die ihnen Wege aufzeigen, wie sie ihre Lage selbst verbessern können.

Insgesamt gibt es keine einfachen Antworten auf die Frage, wie sich Armut beseitigen läßt, sei es bei einzelnen Menschen oder bei ethnischen Minderheiten. Es wäre von Regierungen inhuman, Selbsthilfeprogramme zu stoppen oder die Hilfe einzustellen, die Millionen von Armen vor dem Verhungern und vor Obdachlosigkeit rettet. Aber es besteht generell die Tendenz zu glauben, daß uns solche Programme jeglicher weiteren Verantwortung entheben. Wenn die Ergebnisse der zweiten Phase des Fisher-Nadler-Experimentes auf das Alltagsleben übertragbar wären, dann würde dies bedeuten, daß Geschenke und andere Formen der Hilfe, die Menschen in Not direkt erhalten, am ehesten dazu angetan sind, Initiative und Selbsthilfe zu fördern. Diese Folgerung ist aber selbstverständlich problematisch. Möglicherweise verhalten sich arme Menschen ganz anders als die College-Studenten, die bei dem Experiment als Versuchspersonen dienten. In jedem Fall wären weitere Experimente nötig, bei denen die Wirkungen personalisierter Geschenke von Leuten mit mehr, weniger oder den gleichen Mitteln verglichen werden, bevor sich entsprechende Kampagnen durch diese Ergebnisse stützen ließen.

Unsere gegenwärtigen Wohlfahrtsprogramme scheinen die Selbsthilfe bei den Armen nicht zu fördern; in der Tat wird häufig behauptet, daß sie sie verhindern. Ein neues System wird benötigt, selbst wenn das »neue« Konzept ein personalisiertes Geben ist – eine Form des Teilens, die von religiösen Führern seit Beginn der Geschichtsschreibung gefordert wird.

Steuern, Verdruß und Steuerhinterziehung 8

> Steuern sind der Preis, den wir für eine zivilisierte Gesellschaft bezahlen.
> *Oliver Wendall Holmes jun.*
>
> Steuern sind der Lebensnerv des Staates.
> *Marcus Tullius Cicero*
>
> Die Macht der Steuer umfaßt die Macht zur Zerstörung.
> *John Marshall*
>
> Jeder hat das Recht, Steuern zu hinterziehen, wenn er ungestraft davonkommen kann. Kein Bürger hat die moralische Verpflichtung, zur Finanzierung der Regierung beizutragen.
> *J. Pierpont Morgan*

Alexander Hamilton, der Schatzkanzler der neu gegründeten Vereinigten Staaten von Amerika, überzeugte 1791 den Kongreß, eine Steuer von einem Cent pro Gallone Branntwein zu erheben. Hamilton hatte zwei Gründe für diese unpopuläre Maßnahme. Zum einen brachte die Branntweinsteuer Geld in die Staatskasse – gab es je eine Regierung, die genug Geld hatte? Zum anderen, und dies war Hamiltons Hauptmotiv, ergab sich für die Bundesregierung so eine Möglichkeit, ihre Macht in den verschiedenen Teilen der gerade gegründeten, aber noch nicht zusammengewachsenen Republik geltend zu machen.

Hamiltons Plan funktionierte vortrefflich. Farmer, speziell jene an der Siedlungsgrenze in West-Pennsylvania, waren aufgebracht über die Erhebung dieser Steuer auf inländische Waren. Hatten sie nicht einen Krieg gegen einen tyrannischen englischen König geführt, um sich von Steuern zu befreien? Ihre Brennereien waren eine ihrer Haupteinnahmequellen, und nun bedrohte ihre eigene Regierung ihren Lebensunterhalt durch diese unerhörte Abgabe. Und sie machten ihrem Unmut Luft, indem sie die unglückseligen Finanzbeamten, die kamen, um die Steuer einzutreiben, teerten und federten und sie unverrichteter Dinge zurück nach Philadelphia schickten. Dann bewaffneten sich die Farmer und bereiteten sich auf einen weiteren Unabhängigkeitskrieg vor, dieses Mal gegen ihre eigene Regierung.

Als die Nachricht von dem drohenden Aufstand Hamilton erreichte, überredete er Präsident Washington, Truppen nach Pennsylvania zu entsenden. Das Auftauchen der Soldaten, verbunden mit dem besonnenen Handeln der örtlichen Politiker, beruhigte die Möchtegernrebellen, die ihren Ärger schließlich heruntersschluckten und die Waffen niederlegten. Hamiltons listiges Vorgehen gegen die aufständischen Grenzlandbewohner zeigte den erwünschten Erfolg: Es erhöhte das Ansehen der Bundesregierung und bestärkte ihr Recht, in den gesamten Vereinigten Staaten Gesetz, Ordnung und Steuern durchzusetzen.

Durch diese machiavellistische Machtdemonstration erwies sich Hamilton als ein Meister der Alltagspsychologie. Er wußte, daß es kaum etwas gab, was die Menschen mehr erzürnte als eine neue Steuer. In dieser Hinsicht unterschieden sich die Farmer des Grenzlandes von Pennsylvania nicht von allen anderen. Das Kapital, das wir besitzen oder zu besitzen hoffen, ist ein Teil von unserem Selbst oder Selbstkonzept (wie wir in Kapitel 4 festgestellt haben), und dies um so mehr, wenn wir ein beträchtliches Maß an Zeit und Energie darauf verwenden, dieses Geld zu erlangen. Fordert man von uns einen Teil dieses Geldes, betrachten wir dies als eine Bedrohung für uns selbst, es sei denn, wir halten diese Forderungen für legitim.

«Legitime Forderung» ist kaum der Begriff, den die Grenzlandbewohner zur Beschreibung der Steuern benutzt hätten, die ihnen von einer weit entfernten, despotischen Bundesregierung in Philadelphia auferlegt wurden. Daher empfanden sie deren Versuch, sich ein Stück von den Früchten ihrer Arbeit einzuverleiben, als eine ernsthafte Bedrohung und reagierten entsprechend. Eine gehörige Portion Realität zwang sie jedoch, ihre Wahrnehmung zu ändern, brachte sie auf den Boden der Tatsachen zurück, und sie mußten sich eingestehen, daß das Recht der Bundesregierung, Gebühren zu erheben, wohl legitim war. Damit akzeptierten sie ihre Identität und ihre Verantwortung als Mitglieder einer neuen und weitaus größeren Gesellschaft – einer Gesellschaft, zu der nicht nur die Bewohner von Pennsylvania gehörten, sondern auch die Bevölkerung von andern Bundesstaaten.

Der Preis sozialer Verantwortung: Steuern

Alle Kontakte und Interaktionen mit anderen, seien sie beiläufig oder vertraut, sind ebenso mit Kosten und Vorteilen verbunden wie die Mitgliedschaft in der Gemeinschaft, die diese zwischenmenschlichen Beziehungen ermöglicht. Bewohner der Kolonien, die den Revolutionskrieg führten, wurden von den Kosten und Vorteilen entbunden, die die Zugehörigkeit zum britischen Empire mit sich brachte, doch traten an ihre Stelle die Aufwendungen und Privilegien, die sich daraus ergaben, daß sie zu Bürgern der Vereinigten Staaten von Amerika wurden. Aus ihrer Loyalität gegenüber der britischen Krone wurde die Verpflichtung, ihren neuen Staat zu unterstützen. Sie hätten sich selbstverständlich für die Freiheit von allen Verbindlichkeiten – oder Anarchie – entscheiden können, aber Anarchie bedeutet für fast alle mehr Verluste als Vorzüge, und es ist ein Zustand, den die große Mehrheit der Menschen vermeiden möchte. Selbst die wenigen leidenschaftlichen Anhänger einer Anarchie halten sich an bestimmte Verhaltensnormen oder Standards sowie an gegenseitige Verantwortlichkeiten und bürden sich damit unwissentlich ein gewisses Maß an sozialer Ordnung auf.

Viele von uns nehmen die Vorteile, die wir als Mitglieder der Gesellschaft genießen, als selbstverständlich hin. Wir akzeptieren, gebrauchen und sind abhängig von einem gewaltigen, vielschichtigen Netzwerk an Sitten, Konventionen, gegenseitigem Verstehen und Glaubenssystemen, die Stabilität und Beständigkeit in unseren Alltag bringen. Wir benutzen auch die Straßen und Autobahnen, die uns unsere Gesellschaft zur Verfügung stellt, erfreuen uns an den Parkanlagen und Spielplätzen und werden durch ihr Rechtssystem, ihre Polizei, ihr Militär und durch ihre diplomatischen Übereinkommen mit anderen Staaten geschützt. Diese Vergünstigungen bestehen die meiste Zeit für einen Großteil der Bevölkerung, was der Grund dafür ist, daß wir sie für selbstverständlich halten und nur dann daran erinnert werden, wie sehr wir darauf vertrauen, wenn sie zu Problemen führen oder wenn jene, die sie für uns bereithalten, mehr Geld fordern, was gewöhnlich bedeutet, daß wir höhere Steuern bezahlen müssen.

Die Vorteile, die wir als Mitglieder der Gesellschaft genießen, sind vielfältig, doch sie haben ihren Preis. Dieser Preis beinhaltet, daß wir unser Recht aufgeben, uns destruktiv gegenüber fremdem Eigentum bzw. der Sozialordnung zu verhalten, andere zu verletzten oder ernsthaft zu beunruhigen. Wir müssen auch Verantwortung übernehmen, selbst wenn wir dies nicht wollen. Ein gewisses Maß an Nonkonformität ist in demokratischen Gesellschaften erlaubt, doch muß sie sich innerhalb der Grenzen bewegen, die die Gesellschaft als vernünftig erachtet. Und wir müssen Steuern entrichten. Weigern wir uns, diesen sozialen, psychologischen oder ökonomischen Tribut für die Mitgliedschaft in der Gesellschaft zu bezahlen, können wir verhaftet, vor Gericht gestellt und mit Gefängnis- oder Geldstrafen belegt werden. Und wir können aus der gesetzestreuen, steuerzahlenden Gemeinschaft ausgeschlossen werden. Steuern sind der Mietzins, den wir für unsere soziale Umwelt in Kauf nehmen müssen.

Das stillschweigende Übereinkommen, ein funktionierendes Gleichgewicht zwischen den sozialen Einrichtungen, die wir genießen, und den Kosten, die wir bezahlen müssen, aufrechtzuerhalten, ist das, was im 18. Jahrhundert der Philosoph Jean-Jacques Rousseau, basierend auf Schriften von Thomas Hobbes und John Locke, einen »Gesellschaftsvertrag« nannte. Diese Autoren stellten heraus, daß die Bereitschaft der Menschen, eine Regierungsgewalt anzuerkennen, ihnen die Möglichkeit eröffnete, die Gefahren und Unannehmlichkeiten eines Lebens als freie »Naturmenschen« auszuschalten und die zahlreichen Vorteile des Lebens in einer zivilisierten Gesellschaft wahrzunehmen. Soziologen und Politikwissenschaftler von heute haben den Umfang des Gesellschaftsvertrages jedoch erweitert, so daß er eine größere Bandbreite von Kosten und Privilegien umfaßt, von denen einige explizit in Gesetzen und Vorschriften festgehalten und einige stillschweigend vorausgesetzt und gewöhnlich für selbstverständlich erachtet werden.

Die Regierung, die den sichtbaren öffentlichen Aspekt der Gesellschaft darstellt, ist auf bestimmte finanzielle Mittel angewiesen. Als zuverlässigste Geldquelle hat sich über die Jahrtausende das Einziehen von Steuern erwiesen, und zwar von denjenigen, die Nutzen aus der Gesellschaft ziehen – das heißt von denen, die auf dem Staatsgebiet leben, arbeiten oder sonstigen Geschäften nachgehen.

Regierungen, die ihre Bürger von Steuern befreien

Eine Gesellschaft kann selbstverständlich versuchen, ihre Mitglieder von den wirtschaftlichen Beiträgen zur Unterhaltung ihres Staates freizustellen, indem sie Außenstehende dafür bezahlen läßt. So bezieht das Fürstentum Monaco beträchtliche Einnahmen von den Besuchern seines Spielkasinos, und das Fürstentum Liechtenstein bestreitet seinen Staatshaushalt, wie ein Dutzend anderer Zwergstaaten, zu einem wesentlichen Teil durch die Erlöse aus dem Verkauf von Briefmarken an Sammler. Regierungen vergangener Tage mußten auf weniger raffinierte und direktere Methoden zurückgreifen: militärische Eroberungen, die ihnen kurzfristige Kapitalgewinne in Form von Beutegut einbrachten sowie langfristige Einnahmen in Form von Tributzahlungen durch die besiegten Länder.

Die Siege Alexanders des Großen im 4. Jahrhundert v. Chr. füllten die mazedonischen Schatzkammern auf Kosten der Perser, die ihre laufenden Kosten wiederum aus den Abgaben unterworfener Staaten in Kleinasien und Afrika bestritten. Einige Generationen später wurden die Mazedonier von dem römischen Feldherrn Lucius Aemilius Paulus besiegt, der seine Kriegsbeute dem römischen Schatzamt übergab. Diese noble Geste erlaubte es dem römischen Senat, keine Steuern von den Römern zu erheben. Während der folgenden Jahrhunderte wurde die Staatskasse immer wieder durch die Kriegsbeute einer langen Reihe militärischer Feldzüge aufgefüllt, mit dem Ergebnis, daß die Römer ihre Steuerfreiheit als ein konstitutionelles Recht betrachteten. Dieses fiskalische Arrangement funktionierte sehr gut, denn Rom erfreute sich über Jahrhunderte eines stetig wachsenden Wohlstandes, bis die überbesteuerten Provinzen bankrott und nicht mehr in der Lage waren, die örtliche Verwaltung, den römischen Staat und seine Truppen zu finanzieren.

Psychologische Probleme bei der Erhebung von Steuern

In der Welt von heute hegen Staaten nicht die Erwartung, ihre Finanzen durch das Vermögen besiegter Länder aufzubessern. Vielmehr ist häufig genau das Gegenteil der Fall, wie die Behandlung der Achsenstaaten durch die USA und ihre Verbündeten nach dem Zweiten Weltkrieg gezeigt hat. In jedem Fall wäre es für moderne Staaten schwierig, ihre Infrastruktur und ihre komplexe Bürokratie aufrechtzuerhalten, wenn sie zur Finanzierung auf unverhoffte, sporadische Glücksfälle angewiesen wären. Staatseinnahmen, die auf Steuern basieren, stellen eine weitaus zuverlässigere, wenn auch unpopulärere Einkommensquelle dar. Ergänzt wird diese Vorgehensweise häufig durch zwei weitere Geldquellen: Kreditaufnahme und Inflation. Aber dazu später mehr.

Die Möglichkeiten einer Regierung, ihre Ausgaben durch Steuern zu bestreiten, sind davon abhängig, in welchem Maß sich die Öffentlichkeit mit dem Programm, das finanziert wird, identifiziert und denen vertraut, die diese Politik durchsetzen. Besteht ein angemessener Grad von Identifikation und Vertrauen, wird das Zahlen von Steuern zu einer anerkannten Praxis. Identifikation und Vertrauen sind allerdings recht verwundbar. Ihre psychologische Kraft schwindet, wenn die Öffentlichkeit 1. die Regierungspolitik ablehnt, 2. die herrschenden Parteien oder ihre Anführer ablehnt, 3. glaubt, daß die Steuereinzieher korrupt sind oder Steuern willkürlich eingetrieben werden, oder 4. meint, daß die Steuern zu hoch sind. Einer oder mehrere dieser Punkte treffen gewöhnlich immer auf einen Teil der zahlenden Öffentlichkeit zu, doch der normale Prozeß der Steuererhebung und Steuerentrichtung ist nur dann gefährdet, wenn ein beträchtlicher Prozentsatz von Steuerzahlern in starkem Maße unzufrieden ist. Die Abwehrhaltung gegenüber Steuern scheint sich lawinenartig zu verstärken, sobald die Menschen erst einmal verärgert, wütend oder argwöhnisch sind. Regierungen stellen daher fest, daß sie, so sie an der Macht bleiben wollen, ihren Part des Steuerspiels mit Bedacht spielen und sicherstellen müssen, daß ihre Politik nicht dem Willen der Öffentlichkeit entgegensteht; daß die Steuern ausreichend sind, um die Regierungspolitik durchführen zu können, aber nicht so bemessen, daß sich die Wählerschaft abwendet; und daß die Steuern, nachdem sie festgesetzt sind, gerecht und effizient, ohne erkennbare Ausnahmen, eingetrieben werden.

Die Tatsache, daß Steuern die zuverlässigste und effektivste Methode sind, die Kosten für die Leistungen, die eine Nation ihrer Bevölkerung bietet, bezahlen zu können, garantiert leider nicht ihre Popularität. Der Versuch einer Regierung, Steuern zu erheben, erscheint als eine Bürde – in der Tat sprechen wir davon, daß Steuern *aufgebürdet* werden –, was bei den Forderungen von anderen Gläubigern nicht der Fall ist. Um die besondere Einstellung, die Menschen zu Steuern haben, zu verdeutlichen, sei hier ein Beispiel aufgeführt, das die mißliche Lage von Mr. Tee, einem erfolgreichen Immobilienmakler, beschreibt.

Mr. Tee sitzt an seinem prächtigen Rosenholzschreibtisch in einem Büro im zweiundvierzigsten Stockwerk eines Hochhauses, mit Blick auf den Hafen, die Docks und eine Reihe von Immobilien, die er besitzt oder verwaltet. Das Telefon läutet. Es ist sein Kunstagent in London.

»Es ist uns gelungen, die Apollobüste bei Christie's zu ersteigern«, sagt der Agent, »aber wir mußten fast eine Million über den Betrag gehen, von dem wir gesprochen hatten. Dennoch, es ist ein außergewöhnlich schönes antikes Stück, und so wie das Geschäft mit Antiquitäten läuft, bin ich sicher, daß Sie es nicht bereuen werden.«

«Das ist o. k.«, erwidert Mr. Tee. »Mrs. Tee und ich möchten diese Büste unbedingt haben, koste es, was es wolle. Und außerdem vertrauen wir Ihrem Urteil, das wissen Sie doch. Sie haben noch nie falschgelegen, und ich bin sicher, dieses Mal wird es nicht anders sein.«

Einige Minuten später klingelt das Telefon erneut. Es ist der Steuerberater von Mr. Tee.

«Sie baten mich anzurufen, sobald ich eine Zahl von Ihrer Steuerprüfung für 1989 wüßte«, sagt der Steuerberater. »Ich bin das Ganze seit Dienstag immer wieder mit den Leuten von der Steuerbehörde durchgegangen, aber die weigern sich schlicht und einfach, unsere Abschreibungen anzuerkennen. Das Beste, was ich mit ihnen aushandeln konnte, ist eine Nachzahlung von etwas über einer halben Million. Ich glaube, wir sollten das akzeptieren. Wenn ich wieder mit denen anfange, finden sie vielleicht noch etwas anderes.«

Mr. Tee ist alles andere als versöhnlich. »Diebe!« schreit er in den Hörer. »Diebe! Als gäbe es nicht genug Verbrecher auf den Straßen – jetzt muß man sich auch noch von der Steuerbehörde ausrauben lassen! Was kann man als ehrlicher Geschäftsmann machen, wenn sich diese Bande die Hälfte von jedem Dollar schnappt, den wir verdienen?«

Er macht seinem Ärger für weitere zehn Minuten in diesem Ton Luft, ohne daß ihn sein Steuerberater beruhigen und dazu bewegen könnte, die mit der Steuerbehörde vereinbarte Nachzahlung zu akzeptieren.

Die psychologischen Unterschiede zwischen der zusätzlichen Million Dollar für das antike Kunstwerk und der halben Million, die das Finanzamt fordert, lassen sich leicht erklären. Die zusätzliche Million für die Apollobüste verstärkt Mr. Tees Selbsteinschätzung, ein großer Antiquitätensammler zu sein. Es ist gut angelegtes Geld, es bestätigt und hebt sein Selbstbild. Die Steuernachzahlung von einer halben Million ist dagegen weder bestätigend noch erhebend. Vielmehr macht sie ihm bewußt, daß er einer Institution ausgeliefert ist, die seine Abwehr durchbrechen und den Aspekt seines Selbst bedrohen kann, durch den er sich definiert: seinen Wohlstand, die Quelle seiner Macht.

Wir können die beiden Vorfälle auch als psychologische Spiele betrachten. Mr. Tee gewinnt das erste Spiel – den Wettbewerb um Apollo, aus dem er aufgrund seiner finanziellen Mittel als Sieger hervorgeht. Das zweite Spiel ist das Spiel, das jedes Unternehmen mit der Steuerbehörde spielt. Gewinnen besteht darin, so wenig Steuern wie möglich zu bezahlen und bei einer Überprüfung nicht zu einer Nachzahlung gezwungen zu sein. Die Höhe der Nachzahlung ist für einen Menschen mit Mr. Tees Einkommen eher von untergeordneter Bedeutung, aber die Tatsache, daß er dieses Spiel verloren hat, führt bei ihm zu einem Gefühl der Unzulänglichkeit, denn er muß sich einer Macht beugen, die stärker ist als alles, was er besitzt.

Die Akzeptanz von Steuern erhöhen

In seiner Antipathie gegenüber der Steuerbehörde steht Mr. Tee nicht allein. Selbst diejenigen, die die Notwendigkeit, Steuern zu bezahlen, anerkennen, verspüren eine gewisse Abneigung, einen nicht unerheblichen Teil ihres Einkommens an den Staat abzuführen. Diese unterschwellige Ablehnung von Steuern bringt Politiker von heute in eine mißliche Lage. Einerseits müssen sie das Geld für die staatlichen Programme und Leistungen beschaffen, die die Bevölkerung erwartet, andererseits riskieren sie aber eine Wahlniederlage, wenn sie die Steuern so erhöhen, daß sie über das benötigte Geld verfügen können. Infolgedessen suchen sie nach Wegen, indirekte Steuern zu erheben oder sie auf eine Weise einzutreiben, die weniger offensichtlich und, wie sie hoffen, weniger schmerzlich ist. Steuern auf Importgüter sind ein beliebtes Verfahren, denn sie fließen in den Verkaufspreis ein und lassen sich zudem »als Schutz für die heimische Wirtschaft« rechtfertigen. Importsteuern haben jedoch eine immer geringere Bedeutung, denn sie werden im Rahmen von Handelsabkommen zur Förderung der Weltwirtschaft und des internationalen Handels zunehmend gesenkt oder abgeschafft. Solche Abgaben waren in den frühen Jahren der amerikanischen Republik eine Haupteinnahmequelle, doch hat der Geldbedarf des Staates mittlerweile ein Maß erreicht, daß die Einnahmen, selbst bei maximaler Ausschöpfung der Importsteuern, lediglich ein Tropfen auf den heißen Stein wären.

Gesetzgeber halten »Lastersteuern« für eine relativ gute Möglichkeit, dem Zorn der Wähler zu entgehen. Amerikas puritanisches Erbe führt dazu, daß viele den Genuß von Alkohol und Tabak mißbilligen, und selbst die Nicht-Puritaner unter uns erkennen darin potentielle Gesundheitsrisiken. Auch Glücksspiele werden als eine Bedrohung für die wirtschaftliche Stabilität und als eine Quelle krimineller Handlungen angesehen. Der Höhe solcher Steuern sind allerdings praktische Grenzen gesetzt. Je höher die Steuer, um so größer die Versuchung, sie zu umgehen, und die Gefahr, dabei erwischt zu werden. Der Gesetzgeber steht daher vor der wenig beneidenswerten Aufgabe, das rechte Maß bei den »Lastersteuern« zu finden: sie müssen hoch genug sein, um zu angemessenen Einnahmen zu führen (und gleichzeitig die Reformisten unter uns zu erfreuen), dürfen aber nicht solche Dimensionen erreichen, daß sie dazu verleiten, sie zu umgehen.

Die progressive Einkommensteuer: das gerechteste Verfahren

Es ist unmöglich, eine Steuer zu finden, die keine Nachteile hat und die nicht den psychologischen Schmerz des Steuerzahlers nährt. Da die schmerzlose, störungsfreie Steuer allgemein als eine Illusion angesehen wird, haben Gesetzgeber ihre Bemühungen auf die Entwicklung einer Steuerstruktur verlagert, die versucht, Menschen aller Einkommensschichten gerecht zu behandeln.

Das Grundprinzip einer fairen und gerechten Besteuerung ist es, daß diejenigen, die mehr besitzen, höhere Steuern bezahlen müssen als diejenigen, die weniger haben. Solche Steuern nennt man »progressiv« und hält sie allgemein für gerechter als das Verfahren, sämtliche Einkommen nach ein und demselben Prozentsatz zu besteuern. Eine Regelung, bei der jeder Steuerzahler nach dem gleichen Prozentsatz veranschlagt wird, wäre einfacher zu erheben und leichter zu verstehen als eine abgestufte, progressive Steuer, doch sie würde all jene benachteiligen, die ein niedriges Einkommen haben. Mit anderen Worten, eine Steuer von, sagen wir, 10% würde einen Arbeiter, der mit 10000 Dollar im Jahr auskommen muß, mit 1000 Dollar belasten, während ein Football-Spieler, der eine Million Dollar im Jahr verdient, 100000 Dollar aufwenden müßte. Der schlecht bezahlte Arbeiter hat vermutlich kaum genügend Geld zum Leben, und sein Lebensstandard würde sich merklich verringern, wenn er 1000 Dollar Steuern entrichten müßte. Der Lebensstandard des gut bezahlten Football-Spielers hingegen würde sich durch die Steuerabgabe in Höhe von 100 000 Dollar nicht verändern. Gesetzgeber vermeiden daher nach Möglichkeit einheitliche Prozentsätze bei der Einkommensteuer und entwickeln Steuersysteme, bei denen ein Arbeiter mit 10 000 Dollar Jahreseinkommen vielleicht 3%, ein Football-Spieler, der eine Million Dollar erhält, jedoch 38% Steuern bezahlt.

Gesetzgeber müssen die Wählerpsychologie gut kennen, um Steuerrichtlinien aufstellen zu können, die das Wertesystem der Bevölkerung widerspiegeln. Steuern haben neben ihren wirtschaftlichen Aspekten auch soziale und psychologische Komponenten, und Gnade dem Politiker, der dieses Prinzip mißachtet. Als Politiker vor einer Generation ein Einkommensteuersystem entwickelten, das nach dem Grundsatz verfuhr, »die Reichen schröpfen«, war dies vermutlich der Versuch, Kapital aus der öffentlichen Meinung zu schlagen. In einigen Ländern wurde der Höchststeuersatz damals auf 90% festgesetzt.

Regierungen, die solche Richtlinien festlegten, machten damit selbstverständlich politische Aussagen. Sie zeigten ihren Anhängern, daß sie mutige Schritte unternehmen, um sicherzustellen, daß das wirtschaftliche Alltagsgeschehen auf einem nivellierten Spielfeld stattfand und sich die wohlbekannten Vorteile der Reichen auf ein Minimum reduzierten. Leider ist der Prozentsatz an Spitzenverdienern in jedem Land minimal, und die Abgaben, die von ihnen erhoben wurden, reichten selbst bei sehr hohen Steuersätzen nicht dazu aus, den Staatshaushalt auszugleichen und die kleinen Steuerzahler zu entlasten. Darüber hinaus gilt, wie wir bereits angemerkt haben, je höher die Steuer, um so größer die Versuchung, sie zu umgehen. Und genau das traf auch ein. Spitzenverdiener haben schon immer gut informierte, fähige Rechtsanwälte und Steuerberater gehabt, die ihnen legale und quasilegale Möglichkeiten zur Dezimierung ihrer Steuern aufzeigten. In manchen Fällen gelang es ihnen sogar, überhaupt keine Steuern bezahlen zu müssen, indem sie ihren Wohnsitz nach Monaco, San Marino, auf die Cayman-Inseln und in andere Steueroasen verlegten.

In jüngerer Zeit wurden die Reichen von den Politikern freundlicher behandelt. Dies mag daran liegen, daß die Wähler, und damit auch die Gesetzgeber, konservativer geworden sind oder daß sich überhöhte Einkommensteuersätze als unrealistisch erwiesen haben, weil sie wirtschaftliche Unternehmungen behindern und die Steuerumgehung fördern. In den Vereinigten Staaten ist der Steuerhöchstsatz für Alleinstehende mit einem Jahreseinkommen von 75 000 Dollar beispielsweise von 78% in den frühen 1960er Jahren auf 33% im Jahr 1988 gefallen.

Damit eine Steuer als gerecht gelten kann, muß sie auch von allen Steuerpflichtigen bezahlt werden. In dieser Hinsicht ist die amerikanische Einkommensteuer *relativ* gerecht, da die Steuerbehörde dank ihrer Computersysteme weiß, was verdient wird, wer es verdient und wer seine Steuern bezahlt. Überdies werden die Steuern von Angestellten durch ihre Arbeitgeber einbehalten und an die Steuerbehörde weitergeleitet.

Einige Steuerpflichtige bezeichnen sich jedoch als »selbständige Unternehmer«, die für »Honorare« arbeiten. Diejenigen, die die Leistungen dieser selbständigen Unternehmer in Anspruch nehmen, behalten keine Einkommensteuer von den gezahlten Honoraren ein, müssen Zahlungen von mehr als 600 Dollar pro Jahr aber melden. Werden diese »Honorare« allerdings bar bezahlt und der Steuerbehörde aus irgendwelchen Gründen nicht angezeigt, geben viele »Unternehmer« in ihrer Steuererklärung ein weitaus niedrigeres oder überhaupt kein Einkommen an, wie Steuerfahnder immer wieder feststellen. Die Steuerbehörde hat deshalb eine Reihe von Möglichkeiten entwickelt, nicht gemeldete Einnahmen zu ermitteln. Einige dieser Verfahren haben spektakuläre Ergebnisse gebracht. Dies führte dazu, daß zahlreiche Steuerpflichtige, die ein zu geringes Einkommen angegeben hatten, hohe Strafen bezahlen mußten oder sogar inhaftiert wurden.

Die Vereinigten Staaten haben im Laufe der Jahre mehr zur Aufdeckung und Bestrafung von Steuerbetrügereien unternommen als die meisten anderen Länder. Diese Politik spiegelt die Haltung der Bevölkerung wider. Vielleicht glauben Amerikaner fester als Menschen anderenorts daran, daß Steuererhebungsverfahren gerecht sein sollen, und drängen daher stärker darauf, daß diejenigen, die Steuern hinterziehen, gefaßt und bestraft werden.

Entsprechend dieser Haltung sorgt die amerikanische Steuerbehörde dafür, daß Fälle von Steuerhinterziehung medienwirksam in die Öffentlichkeit gelangen. Auf diese Weise will man skrupellosen Steuersündern deutlich machen, daß sie vor Gericht gestellt werden können, und sie dazu bewegen, ihr Einkommen wahrheitsgemäßer anzugeben.

Vermögensteuern: nicht einfach zu umgehen, aber auch nicht unproblematisch

Obwohl die Finanzbehörde überaus wachsam ist, kann sie nicht jeden Steuersünder ermitteln. Es gibt viele Möglichkeiten, Einkünfte zu verschleiern, und die Überwachung jedes einzelnen würde große Anstrengungen seitens der Steuerbehörde sowie die Unterstützung der Polizei erfordern. Obwohl Amerikaner, wie bereits erwähnt, eine harte Gangart zur Durchsetzung der Steuergesetze befürworten, messen sie ihr bei den Aufgaben, die die Bundesregierung ihrer Meinung nach zu erfüllen hat, keinen hohen Stellenwert bei.

Es gibt jedoch eine Steuerform, die sich nur schwer umgehen läßt: die Steuer, die auf Grundbesitz erhoben wird. Man kann sein Einkommen vertuschen, nicht aber ein Wohnhaus oder ein Geschäftsgebäude, das man besitzt.

In den Vereinigten Staaten werden Grundsteuern im allgemeinen von den örtlichen Gebietskörperschaften – den Städten und Gemeinden – festgesetzt und eingezogen. Grundstücksverträge werden in der Regel beim jeweiligen Kreisamt registriert und dienen dann als Basis zur Bewertung des Grundstückes und zur Festsetzung der Abgabenhöhe. Nachdem der Kreis oder die Kommune ihren Haushalt aufgestellt haben, setzen sie den Steuerhebesatz fest – den Prozentsatz, nach dem der eingeschätzte Grundbesitz besteuert wird. Der Schätzwert des Grundbesitzes steht also in einer direkten Beziehung zu der Steuer, die der Besitzer abführen muß.

Nach diesem einfachen Verfahren bezahlen größere und mutmaßlich reichere Grundstücksbesitzer mehr Steuern als die Eigentümer bescheidenerer Häuser. Kritiker dieses Systems weisen jedoch darauf hin, daß ein Hausbesitzer mit einem geringen Einkommen von 12 000 Dollar im Jahr, der, sagen wir, 300 Dollar Grundsteuer für ein Haus bezahlen muß, dessen Wert auf 10 000 Dollar festgesetzt wurde, prozentual stärker belastet wird als ein Millionär, der 30 000 Dollar für ein Apartmenthaus im Wert von 1 Million Dollar entrichtet.

Einige Kommunen versuchen, die Steuerlast für Eigenheimbesitzer zu verringern, indem sie gewerblich genutzten Grundbesitz nach einem höheren Prozentsatz versteuern. Geschäftsleute halten diese Praxis naturgemäß für ungerecht, bestrafend und diskriminierend. »Wir sind es«, sagen sie, »die den wirtschaftlichen Wohlstand schaffen, aus dem jeder Nutzen zieht. Ohne uns gäbe es keine Jobs, und wir alle wären Bettler.« Sie fragen: »Was würde passieren, wenn der Maschinist und die Besatzung eines Eisenbahnzuges für das Privileg bezahlen müßten, den Zug in Betrieb zu halten, und wenn dieser Betrag höher wäre als der Preis der Fahrkarten, die die Passagiere kaufen? Also, wir halten den ökonomischen Motor – das Geschäftsleben – in Betrieb, von dem jeder profitiert, und ihr wollt, daß wir höhere Steuern bezahlen als die nichtproduzierenden Nutznießer!«

So beschweren und beklagen sie sich über die Ungerechtigkeit von alledem und drohen, ihre Firmen in Gemeinden mit gerechteren Steuerrichtlinien zu verlegen. Einige Unternehmer und Geschäftsleute machen diese Drohung wahr, andere werden dagegen zu Steuerflüchtlingen. Die ungleiche Besteuerung führt jedoch zu einem angespannten Verhältnis zwischen Firmeninhabern und Eigenheimbesitzern und wirkt sich negativ auf die Zusammenarbeit verschiedener Segmente der Gemeinde aus, eine Zusammenarbeit, die nötig ist, um mit den drängenden Problemen fertig zu werden, denen jede moderne Gemeinde begegnen muß.

Inflation und die Misere der Steuerzahler mit niedrigem Einkommen

Vermögensteuern verursachen noch andere Probleme mit psychologischen Folgen. Eines dieser Probleme ergibt sich aus den Auswirkungen der Geldinflation auf den Wert von Immobilien. 1966 stieg der Index der Verbraucherpreise in den USA um 2,6%. Zuvor hatte er sich zwischen 1% und 2% bewegt, begann aber nun stark anzuwachsen und erreichte schließlich 11% im Jahr 1974 und 13,5 % im Jahr 1980. Die öffentlichen Ausgaben vermehrten sich entsprechend, wie auch die Kosten für fast jeden Bürger. Die Immobilienpreise verdoppelten und verdreifachten sich, ebenso die Grundstücksbewertungen und die auf dieser Basis erhobenen Grundsteuern. Eigenheimbesitzer waren entsetzt und beschwerten sich über die ihrer Meinung nach unzumutbaren Steuererhöhungen. (Dabei übersahen sie selbstverständlich, daß ihr Einkommen aufgrund der Inflation ebenfalls größer geworden war.)

Es kam zu dem bekannten Szenario, das mit jeder Inflation einhergeht, unabhängig davon, wo und wann sie auftritt: steigende Einkommen werden anfänglich mit Freude begrüßt, doch verwandelt sich diese schon bald in Murren und Stöhnen, wenn die Lebenshaltungskosten steigen und sich die Kaufkraft des Geldes verringert. Diese Entwicklung belastete Eigenheimbesitzer nicht stärker als andere Leute, doch das Ausschlaggebende war, daß sie *glaubten*, ungerecht behandelt zu werden. Die wirtschaftliche Realität verursacht weniger psychologischen Schmerz als die Art und Weise, wie diese Wirklichkeit wahrgenommen wird.

Einige Eigenheimbesitzer hatten jedoch einen durchaus legitimen Grund, sich zu beschweren. Es waren diejenigen, deren Einkommen nur geringfügig angestiegen waren. Und andere, zumeist Rentner und Pensionäre, wurden härter getroffen, denn sie mußten mit einer festgelegten Rente über die Runden kommen. Manche dieser stark belasteten Steuerzahler waren gezwungen, ihre Häuser zu verkaufen, während andere versuchten, sich irgendwie durchzuschlagen, in schlechten Verhältnissen lebten und kaum genug zu essen hatten. Der Prozentsatz von Eigenheimbesitzern mit festgeschriebenem Einkommen war nicht groß, aber ihr Schicksal fand große öffentliche Anteilnahme. Steuerzahlervereinigungen machten sich diese psychologische Rückendeckung rasch zunutze und starteten Kampagnen zur Senkung der Grundsteuern.

Diese Kampagnen hatten wenig Erfolg, denn es stand ihnen das Argument entgegen, daß die Steuern für diese Eigenheimbesitzer nicht herabgesetzt werden könnten, ohne die Steuern für alle Grundstücksbesitzer zu senken. Weitreichende Steuersenkungen hätten bei den Kommunen aber zu finanziellen Defiziten geführt. Die Vereinigungen der Steuerzahler entgegneten darauf, daß ein solcher Schritt nur gut sein könne. Jeder wisse, so sagten sie, daß Politiker und Staatsbedienstete sorglos mit öffentlichen Geldern umgingen, so daß es an der Zeit sei, den bürokratischen Apparat zu verkleinern, der dann gezwungen wäre, effektiver zu arbeiten. Solche Standpunkte wurden in den 1970er Jahren immer wieder vorgebracht, doch widersetzten sich Staat und örtliche Verwaltungen hartnäckig einer Steuersenkung.

Die kalifornische Steuerrevolte

Die Haltung der Politiker änderte sich 1978, als die Annahme von *Proposition 13* (»Antrag 13«) in Kalifornien eine politische Wende signalisierte. Dieser Sieg von kalifornischen Steuerzahlergruppen setzte auch in anderen US-Bundesstaaten Steuerrevolten in Gang, speziell in Massachusetts, wo die Annahme von *Proposition 2½* eine erhebliche Senkung der öffentlichen Ausgaben erzwang. Politiker im ganzen Land schenkten den Beschwerden der Steuerzahler plötzlich größere Aufmerksamkeit.

Kalifornien wurde zum Schauplatz der ersten Steuerrevolte nach dem Zweiten Weltkrieg, weil die kalifornische Verfassung den Beschluß von Gesetzen durch Volksentscheid zuläßt. Jede Bürgergruppe kann ein von ihr vorgeschlagenes Gesetz bei der nächsten planmäßigen Wahl zur Abstimmung stellen, wenn die entsprechende Petition von 12% der Wahlberechtigten unterschrieben wurde. 1978 schlossen sich verschiedene Steuerzahlerverbände unter der Führung von zwei engagierten, charismatischen Steuerreformern, Howard Jarvis und Paul Gann, zusammen und sammelten 15 Millionen Unterschriften (erheblich mehr als erforderlich), um ihren Antrag, der die offizielle Bezeichnung *Proposition 13* erhielt, zur Abstimmung zu bringen. Jarvis und Gann propagierten, daß *Proposition 13* die Grundsteuern um 57% senken werde. Werde der Gesetzesvorschlag abgelehnt, sagten sie, würden sich die Steuern innerhalb weniger Jahre verdoppeln.

Ihre Gegner prophezeiten, die Reduzierung der Steuereinnahmen, die *Proposition 13* forderte, werde die kalifornischen Städte und Gemeinden zwingen, ihre Leistungen stark einzuschränken und einige sogar gänzlich einzustellen. Doch ihre Warnungen trafen auf taube Ohren, und die Befürworter der Steuersenkung fanden schon bald eine breite Lobby.

Für die Annahme von *Proposition 13* zu stimmen bot den Wählern einige interessante psychologische Belohnungen. Die Befürworter konnten behaupten, daß sie den Antrag billigten, um armen, älteren Eigenheimbesitzern zu helfen, deren festgeschriebenes Einkommen es kaum ermöglichte, steigende Steuern zu bezahlen. Auf einer privaten, persönlicheren Ebene erkannten die Wähler in dem Gesetzesvorschlag eine einmalige Gelegenheit, von einer drastischen, unumkehrbaren Steuersenkung zu profitieren. Sie stand in greifbarer Nähe; man brauchte nur für den Antrag zu stimmen. Die Unterstützung von *Proposition 13* brachte auch eine gewisse Rachsucht zum Ausdruck, denn das Gesetz würde all den Politikern, die seit Jahren die hart verdienten Dollars der Steuerzahler verschwendeten, einen schweren Schlag versetzen.

Es war daher nicht überraschend, daß *Proposition 13* am 6. Juni 1978 mit einer Mehrheit von fast zwei Dritteln angenommen wurde.

Nachspiel der Steuerrevolte

Arthur Laffer und andere konservative Ökonomen hatten vorhergesagt, daß die Wirtschaft Kaliforniens durch die in *Proposition 13* geforderte Steuersenkung einen starken Auftrieb erfahren werde. Die Entwicklung des Pro-Kopf-Einkommens bestätigte ihre Prognose für einen kurzen Zeitraum. So konnte der kalifornische Durchschnittsverdiener 1980 – im Vergleich zu 1979, als die Steuersenkung der *Proposition 13* in Kraft trat – eine Einkommenserhöhung von 3% (inflationsbereinigt) verzeichnen. Landesweit stieg das Pro-Kopf-Einkommen dagegen nicht, da die Gesamtwirtschaft der USA während dieses Zeitraumes stagnierte.

Diese positive Entwicklung hielt jedoch nur kurze Zeit an. Zwischen 1979 und 1987 stieg das durchschnittliche Einkommen in Kalifornien um 15% (inflationsbereinigt), was nur geringfügig über dem landesweiten Wert von 14% lag.

Dabei gilt es zu bedenken, daß die Besitzer von kalifornischen Immobilien nach Inkrafttreten von *Proposition 13* in *jedem* Jahr von der Steuersenkung profitierten, nicht nur im Jahr 1979. Man hätte daher erwarten können, daß das zusätzliche Geld in den Taschen der Grundstücksbesitzer zu einem zusätzlichen wirtschaftlichen Wachstum führen würde. Die Tatsache, daß die positive wirtschaftliche Entwicklung Kaliforniens nicht anhielt, stimmt mit einem psychologischen Prinzip überein, das als *Gewöhnungseffekt* bezeichnet wird und die Alltagserfahrung widerspiegelt, daß Menschen dazu neigen, sich nach einer Weile an alles zu gewöhnen.

Es ist eine Binsenwahrheit, daß jeder Versuch, ein soziales Problem zu lösen, mindestens zwei neue Probleme schafft, selbst wenn das ursprüngliche Problem ungelöst bleibt. *Proposition 13* behob in der Tat die Notlage von Eigenheimbesitzern mit festgeschriebenem Einkommen, die ihre Häuser *vor* 1978 gekauft hatten. Das Gesetz änderte jedoch nichts für jene, die ihre Häuser *nach* diesem Datum erwarben, und es schuf außerdem eine Reihe anderer Schwierigkeiten, von denen einige vorhersehbar, andere dagegen nicht vorhersehbar waren.

Das erste Problem war eine drohende Leistungseinschränkung seitens der örtlichen Verwaltungen Kaliforniens, die auf etwa die Hälfte ihrer Einnahmen verzichten mußten. In Anbetracht einer möglichen Schließung von Polizei- und Feuerwachen, Schulen und Krankenhäusern bemühten sich die Politiker um ein »Hilfspaket«. James Ring Adams schrieb in seinem Buch über die Steuerrevolte, daß die Gesetzesvorlage, die sie verabschiedeten, nicht als ideal zu bezeichnen war. Er bemängelte, daß die Weigerung der Republikaner, die Ausgaben für Polizei und Feuerwehr zu kürzen, die Städte und Gemeinden daran hinderte, »eine einzigartige Chance wahrzunehmen, sich von politisch unantastbarem Ballast zu befreien.« Darüber hinaus bot das Gesetz wenig Unterstützung für bestimmte Steuerbezirke, wo Hochwasserschutz, Moskitobekämpfung, künstliche Bewässerung und Feuerschutzmaßnahmen eine Rolle spielten, weil die Gesetzgeber mit diesen Aufgaben nicht vertraut waren. Großstädte beklagten sich, daß kleinere Städte und weniger stark besiedelte Landkreise im Verhältnis mehr Hilfe erhielten als sie.

Dennoch brachte das »Hilfspaket« im großen und ganzen den gewünschten Erfolg. Die Auszahlung von 4 Milliarden Dollar aus den Vermögensreserven des Bundesstaates ermöglichte es den örtlichen Verwaltungen, die wichtigsten Leistungen aufrechtzuerhalten.

In den darauffolgenden Jahren waren die Kommunen weiterhin auf die finanziellen Zuschüsse des Landes angewiesen. Diese Abhängigkeit führte laut Adams zu einem zweiten Problem, denn sie schwächte die Autonomie der Städte und Gemeinden erheblich. Mit anderen Worten, indem die Wähler für *Proposition 13* votierten, gaben sie in starkem Maß ihr Vorrecht der Selbstverwaltung preis. Adams stellte dazu fest, daß »diese Einschränkung der Selbstverwaltung zu einer erheblichen Schwächung der Bürgerbeteiligung führt«.

Es gab noch ein drittes Problem. In ihrem Bemühen, die Ausgaben zu senken, kürzten die Städte und Gemeinden die Mittel zur Instandhaltung von Straßen, Brücken und Gebäuden. Das Zurückstellen solcher Gelder bedeutete jedoch nichts anderes, als daß die Steuerlast künftigen Generationen zugeschoben wurde. Gegner von *Proposition 13* hatten das Problem vorhergesehen, aber die Wähler ignorierten diesen Punkt zugunsten der finanziellen Vorteile, die ihnen eine Senkung der Grundsteuern brachte. Die allgemeine Aufregung im Zusammenhang mit der Kampagne um *Proposition 13* war klaren Denkprozessen nicht dienlich. Unter solchen Bedingungen denken die meisten Menschen mehr an die kurzfristigen Erleichterungen als an die Nachfolgekosten.

Ein viertes und damit verbundenes Problem zeigte sich einige Jahre später. Die Sozialhilfeausgaben Kaliforniens waren und sind die höchsten in den Vereinigten Staaten. Sozialhilfeleistungen unterstehen dem Landesgesetz und müssen von den Städten und Gemeinden bezahlt werden. Die Kosten der Sozialhilfe stiegen in den 1980er Jahren drastisch an, teilweise aufgrund starker Zuwanderung, und es bereitete den kalifornischen Städten und Gemeinden größte Schwierigkeiten, die sonst von ihnen erbrachten Leistungen zu finanzieren. Ihre Probleme wurden zusätzlich verstärkt, weil erhebliche Mittel aus dem Landeshaushalt in das Hilfspaket flossen, das durch *Proposition 13* erforderlich wurde. Zweifellos stiegen die Einnahmen aus den Grundsteuern, als Immobilien aus der Zeit vor 1978 verkauft und auf einem realistischeren Niveau eingeschätzt wurden, doch die Gesamtbeträge lagen weit unter dem, was Städte und Gemeinden vor Inkrafttreten von *Proposition 13* erhalten hatten. Aus diesem Grund war man vielerorts gezwungen, Büchereien, Krankenhäuser, Spielplätze und andere öffentliche Einrichtungen zu schließen. Am Ende des Jahrzehnts standen einige Kreise und Schuldistrikte vor dem Bankrott. Mit seinem Etat für Schulen hatte Kalifornien Mitte der 1970er Jahre zu den zehn führenden US-Bundesstaaten gehört, doch 1979, ein Jahr nach Inkraftreten von *Propostion 13*, fiel es auf Platz achtzehn zurück und 1981 auf Platz zweiunddreißig.

Rückblickend läßt sich schwer sagen, welche anderen Schritte Grundstücksbesitzer hätten ergreifen sollen, als die Grundsteuern in den 1970er Jahren durch die Inflation in schwindelnde Höhen getrieben wurden. Langfristig gesehen wäre es zweifellos besser gewesen, die Vertreter der Steuerzahlergruppen und der Regierung hätten sich mit Finanzexperten zusammengesetzt und einen Plan ausgearbeitet, um den betroffenen Eigenheimbesitzern ihre Häuser zu sichern und gleichzeitig die Steuerhebesätze und die öffentlichen Ausgaben in vernünftigen Grenzen zu halten. Möglicherweise lassen sich Probleme wie diese in aufgeklärten Ländern wie der Schweiz und Japan auf sachliche und intelligente Weise lösen. In den Vereinigten Staaten jedoch regiert ein Konfrontationskurs, und Versuche, Steuern zu senken oder sozialen Problemen zu begegnen, werden zu stark emotionalisierten Angelegenheiten, geprägt von ständiger Kritik, Forderungen, Vorwürfen und Tricks der Massenmedien. In einer solchen Atmosphäre ist es kaum verwunderlich, daß die kalifornischen Wähler, die nicht wußten, was sie glauben sollten, für den Plan stimmten, der ihnen den schnellsten finanziellen Vorteil brachte.

Die erfolgreiche Kampagne für *Proposition 13* erregte außerhalb von Kalifornien große Aufmerksamkeit. Maßnahmen zur Steuersenkung wurden innerhalb eines Jahres in dreizehn US-Bundesstaaten zur Abstimmung gebracht; neun davon traten als Gesetz in Kraft. Das größte Interesse fand dabei die *Proposition 2½* von Massachusetts, die die Grundsteuern auf 2,5% des »vollen und fairen Marktwertes« kürzte und die Verbrauchsteuern für Automobile um mehr als 50% auf 25 Dollar pro tausend senkte.

Die Aufregung in der Öffentlichkeit kühlte sich nach diesen beachtlichen Siegen langsam ab. In ihrer Untersuchung von Forschungsergebnissen zu Einstellungen in Zusammenhang mit Steuerrevolten stellten Furnham und Lewis fest, daß der öffentliche Druck in bezug auf radikale Steuersenkungen in den 1980er Jahren nachließ, weil die meisten Menschen keine Einschränkungen bei den staatlichen Leistungen wollten wie in Kalifornien und Massachusetts. Die allgemein herrschende Stimmungslage in den Vereinigten Staaten und Westeuropa führt nach Auffassung von Furnham und Lewis zumeist zu einer Politik, bei der sich Steuern und Staatsausgaben kaum verändern, und die beiden Wissenschaftler stellten fest, daß die Annahme von *Proposition 13* eine Anomalie, ein einmaliges Ereignis, darstellte, das zu einem Großteil durch einen beträchtlichen Überschuß im Landeshaushalt herbeigeführt wurde.

Erwartungen der Realität anpassen

Das Problem der meisten Regierungen ist es, Steuern so hoch festzusetzen, daß sich die staatlichen Leistungen, die die Bevölkerung erwartet, finanzieren lassen, die Steuerbelastungen aber gleichzeitig nicht so hoch sind, daß sie auf breiter Ebene abgelehnt oder umgangen werden. Darin liegt ein Dilemma, das nicht leicht zu lösen ist. Vorgehensweisen wie in Schweden verdienen hier einige Aufmerksamkeit, denn sie könnten als Modelle für andere Länder dienen.

Pierre-Louis Reynaud, der französische Wirtschaftspsychologe, stellt fest, daß die schwedische Regierung solchen Schwierigkeiten durch die Anwendung wirtschaftspsychologischer Prinzipien begegnet. Die Schweden wissen, daß man der Kreativität und dem Tatendrang von Unternehmern freien Lauf lassen muß, um die ökonomische Entwicklung und Produktion zu fördern und damit auch die

Steuerbemessungsgrundlage zu erhöhen. Die Initiative von Leuten, die ein Geschäft gründen, wird durch Steuersätze gefördert, die während der Evolutionsphase so niedrig wie möglich sind. Wenn die Geschäfte dann laufen, werden die Steuern auf ein Niveau angehoben, das den Staat für seine anfängliche Zurückhaltung entschädigt, gleichzeitig aber nicht so hoch ist, daß es die wirtschaftliche Motivation behindert oder zerstört. Der Staat ermuntert Unternehmer auch, freiwillig an der Planung gemeinnütziger Anlagen, der Ausbildung öffentlicher Bediensteter und einer Vielzahl anderer Aktivitäten und Tätigkeiten teilzunehmen. Diese gemeinschaftliche Handlungsstrategie unterscheidet sich stark von dem Verfahren in anderen Ländern, wo zwischen Steuerzahlern und ihrer Regierung häufig eine feindliche, gegnerische Beziehung herrscht.

Steuerzahler und Regierungen müssen keine Gegner sein. Häufig haben Steuerzahler eine positive Haltung zu Steuern, mit denen Ausgaben finanziert werden, die sie für wichtig erachten. George Katona und Burkhard Strumpel stellten fest, daß bei einer landesweiten Umfrage eine Mehrheit von Amerikanern sagte, daß der Staat mehr Geld für Maßnahmen ausgeben solle, die auf eine Verbesserung der Ausbildung, der Krankenversorgung, des sozialen Wohnungsbaus, der öffentlichen Verkehrsmittel in Städten, des Baus von Autobahnen und auf die Verringerung der Umweltverschmutzung abzielten, auch wenn solche Aufwendungen zu einer Erhöhung der Steuern führten.

Die Psychologie der Steuervermeidung

Wir haben gesehen, wie die Kalifornier ihre Steuern senkten, indem sie für die *Proposition 13* votierten. Solche konzertierten Gruppenaktionen sind jedoch recht selten. Die meisten Menschen, denen es widerstrebt, Steuern zu bezahlen, folgen einer von zwei Methoden – eine legal, die andere gesetzeswidrig –, um ihre Steuern zu verringern oder sie gänzlich zu umgehen.

Die legale Methode der Steuerumgehung erfordert einen gewissen Einsatz an Zeit, Energie und sogar Geld, um die Legislative zu Gesetzen zu bewegen, die lukrative Ausnahmen oder »Schlupflöcher« in den Steuergesetzen schaffen. Häufig bedarf es dazu keines großen Nachdrucks. So geht der Gesetzgeber beispielsweise davon aus, daß es im Interesse der Öffentlichkeit liegt, bestimmte Bereiche zu fördern: die

Erschließung von Öl- und Gasvorkommen sowie anderer natürlicher Ressourcen; Landwirtschaft; Investitionen im Bereich Produktion und Maschinen; Erwerb von Eigenheimen; und Spenden für wohltätige Zwecke. Gewinne aus der Erschließung natürlicher Ressourcen können um die »Absetzung für Substanzverringerung« gekürzt werden, die den Abschreibungsplänen für Landwirte und Industrielle ähneln. Der Erwerb von Eigenheimen wird in der Weise steuerlich gefördert, daß die Hypothekenzinsen sowie die Grundsteuern vom steuerpflichtigen Einkommen abgesetzt werden können.

Das psychologische Prinzip, das diesen Befreiungen zugrunde liegt, ist recht einfach: Es besteht aus Belohnungen oder Anreizen, um erwünschte Verhaltensformen zu fördern. Der Staat ermuntert Steuerzahler also durch eine Reduzierung der Steuern, Bodenschätze zu erschließen, Getreide anzubauen, Eigenheime zu erwerben und für wohltätige Zwecke zu spenden. Es ist eine Binsenweisheit, daß jede Belohnung auch eine Bestrafung einbezieht. Die Bestrafung dafür, diese Tätigkeiten *nicht* durchzuführen, ist die Verpflichtung, Steuern in voller Höhe entrichten zu müssen.

Ein interessantes Schlupfloch aus psychologischer Sicht ist die steuerliche Absetzbarkeit von Beiträgen für religiöse Gemeinschaften, Schulen, Krankenhäuser und sonstige gemeinnützige Einrichtungen. In der Verfassung der Vereinigten Staaten ist die Trennung von Kirche und Staat eindeutig festgeschrieben. Dennoch meint die Mehrzahl der Amerikaner, daß Religion einen »guten Einfluß« auf die Menschen hat und aus diesem Grund eine indirekte finanzielle Unterstützung vom Staat verdiene. »Zweifellos«, so würden Kirchenanhänger argumentieren, »ist Religion ebenso der Unterstützung wert wie der Tagebau, die Kultivierung von Kiwis oder der Kauf von Maschinen zur Produktion der Kriegsausrüstung, und abgesehen davon, brauchen kirchliche Einrichtungen jeden Dollar. Weshalb sollte diese wertvolle Quelle von Moral und Seelsorge von den Vergünstigungen, die die Steuerbehörde gewährt, ausgeschlossen sein?«

Aus diesem Grund haben die Gesetzgeber, die den Wählern gerne einen Gefallen erweisen, vor allem wenn sie in der Mehrheit sind, beschlossen, daß Beiträge für religiöse Organisationen steuerlich absetzbar sind – vermutlich, weil sie, wie Schulen und Krankenhäuser, Menschen helfen.

Statuten, die Beiträge für wohltätige Zwecke von der Einkommensteuer ausnehmen, weisen jedoch eine interessante psychologische Eigenart auf. Vereinfacht gesagt: Weshalb geben Menschen Geld an Kirchen und andere Organisationen, die Hilfsbedürftige unterstützen? Die Antwort: vermutlich, weil sie sich durch ihre Spende mit der Welt aussöhnen. Überdies ist Wohltätigkeit gut für die Seele oder für das eigene psychologische Wohlbefinden. Doch wenn dieses altruistische Verhalten auch finanziell durch den Staat belohnt wird, stellt sich dann nicht die Frage nach den Motiven des Spenders? Kann es wirklich Mildtätigkeit sein, wenn man dafür bezahlt wird?

Die US-Steuerbehörde hat einen Ausweg aus diesem Dilemma parat, doch betrifft er nur diejenigen, die verhältnismäßig kleine Spenden geben. In den letzten Jahren hat die Steuerbehörde Steuerzahlern einen »Pauschbetrag« zuerkannt, der 1989 – je nach Alter, Art der Behinderung und Familienstand – zwischen 2600 und 7600 Dollar lag. Dies bedeutet, daß ein Ehepaar von fünfundsechzig Jahren oder älter eine Spende von, sagen wir, 3000 Dollar an den United Nations Children's Emergency Fund (UNICEF) steuerlich nicht absetzen kann, wenn ihre sonstigen abzugsfähigen Kosten (staatliche und örtliche Steuern, Hypothekenzinsen usw.) unter 4600 Dollar liegen. Damit gehören sie zu den rund 54% der amerikanischen Steuerzahler, die den »Pauschbetrag« nutzen und keinen Steuervorteil für ihre Spenden für wohltätige Zwecke genießen. Diese Menschen können ein ruhiges Gewissen haben, denn sie wissen, daß ihre Motive, Geld zu spenden, tatsächlich selbstlos waren und nicht auf Habgier oder anderen eigennützigen Motiven beruhten. Sie sollten der Steuerbehörde daher dankbar sein, daß sie sie vor Selbstzweifeln hinsichtlich ihrer wahren Intensionen für solche Spenden bewahrt hat.

Die 46% der Steuerzahler, zumeist mit höherem Einkommen, die größere Absetzungssummen als den »Pauschbetrag« in Anspruch nehmen, stehen jedoch weiterhin vor der Frage, ob ihren Spenden gewinnsüchtige Motive zugrunde liegen. Dieses Dilemma ließe sich selbstverständlich auf einfache Weise lösen. Die Betroffenen könnten die Spenden tätigen, ohne sie von der Steuer abzusetzen. Ein solches Vorgehen würde ihnen die Gewißheit verschaffen, einzig aus humanitären Gründen Geld zu spenden, und sie könnten den psychologischen Lohn für eine gute Tat um ihrer selbst willen ernten.

Doch wie viele Steuerzahler mit hohem Einkommen entscheiden sich tatsächlich für diese Möglichkeit, ihr Gewissen von jedem Verdacht eigennütziger Interessen zu befreien? Zweifellos gibt es einige, aber der gesunde Menschenverstand legt nahe, daß ihre Zahl sehr begrenzt ist. Die meisten einkommensstarken Spender verzichten auf die immaterielle Belohnung einer friedlichen und gütigen Seele, mit möglichen Belohnungen in einem zukünftigen Leben, und bevorzugen Bargeld in Form einer Steuerrückerstattung oder einer Reduzierung ihrer Steuerschuld.

Die Psychologie der Steuerhinterziehung

Wir wenden uns nun von der *Steuerumgehung*, die zu den legalen Möglichkeiten der Steuerreduzierung oder -vermeidung gehört, der *Steuerhinterziehung* zu, die illegal ist.

Aus naheliegenden Gründen gibt es keine genauen Zahlen darüber, wieviel Geld dem Staat durch Steuerhinterziehung – Betrug – entgeht. Einige Experten schätzen, daß sich die Summe in Nordamerika und Westeuropa auf bis zu 10% des Bruttosozialproduktes beläuft (Furnham und Lewis; Gutmann). Dies bedeutet, daß den Vereinigten Staaten im Jahr 1990 mehr als eine halbe Billion Dollar an Steuern entgehen, mehr als genug, um das jährliche Bundesdefizit zu decken und die gescheiterten Sparbanken der USA zu retten.

Um eine Vorstellung vom Ausmaß der Steuerhinterziehung zu gewinnen, ließ die US-Steuerbehörde im Jahr 1979 eine Erhebung durch ein privates Forschungsinstitut durchführen. Das Institut befragte fast fünftausend Steuerzahler in fünfzig Kommunen; die gemachten Angaben blieben anonym. Dabei gaben 13% der Befragten an, daß sie in ihren Steuererklärungen ein niedrigeres Einkommen angegeben hatten als das tatsächlich erzielte. Geschätzte 4% sagten außerdem, daß sie überhöhte Absetzungsbeträge geltend gemacht hatten, während 3% nichtexistente Familienangehörige aufführten (Aitken und Bonneville). Es ist relativ wahrscheinlich, daß der tatsächliche Prozentsatz derer, die es bei ihrer Steuererklärung mit der Wahrheit nicht genau nehmen, über den genannten Zahlen liegt, denn laut Furnham und Lewis haben Forscherteams, die andere Methoden einsetzten, noch höhere Prozentsätze ermittelt.

Wahrnehmungsfaktoren spielen bei der Psychologie der Steuerhinterziehung eine Schlüsselrolle. Steuerpflichtige neigen zur Steuerhinterziehung, wenn sie meinen, daß Betrügereien weit verbreitet sind. In seiner Untersuchung zu den Einstellungen von Steuerzahlern stellte Shlomo Maital fest, daß viele Amerikaner glauben, daß die Schattenwirtschaft, wo niemand Steuern bezahlt, gewaltig ist. Die Wirklichkeit mag anders aussehen, doch je mehr die Menschen davon überzeugt sind, daß »jeder betrügt«, desto mehr neigen sie dazu, selbst zu wenig Steuern zu bezahlen.

Ein zweiter Faktor betrifft die wahrgenommene Angemessenheit von Steuern. Eine landesweite Studie des Gallup-Institutes im Auftrag der US-Handelskammer zeigte, daß die Mehrheit der Befragten glaubte, die durch ihre Steuern finanzierte Regierung sei verschwenderisch, ineffizient und durch die staatliche Ausgabenpolitik werde das wirtschaftliche Wachstum gebremst und die Inflation verschärft. Vor dem Hintergrund dieser negativen Einschätzung der Regierung ist es kaum verwunderlich, daß viele Steuerzahler meinen, dazu berechtigt zu sein, Methoden anzuwenden, die ihre Steuerschuld erheblich mindern.

Wir sollten festhalten, daß die meisten Steuerbetrügereien nicht darauf hinauslaufen, überhaupt keine Steuern zu bezahlen, sondern eher »die Wahrheit zu verbiegen«. Die Praxis entspricht dem, was Wissenschaftler als »Zahlen frisieren« bezeichnen, eine Referenz an die allzu menschliche Tendenz, Daten so auszuwählen und zu präsentieren, daß sie die eigene Theorie untermauern. Auf den Einzelfall bezogen, sind die Beträge, die der Steuerbehörde gesetzeswidrig vorenthalten werden, nicht groß, doch insgesamt gesehen, gehen sie in die Milliarden.

Es stellt sich die interessante psychologische Frage, was zuerst da war – die Betrügereien der Steuerzahler oder die Wahrnehmung, daß der Staat Steuergelder verschwendet? Steuerzahler argumentieren vermutlich vor sich selbst – und möglicherweise auch vor ihrer Familie und ihren Freunden –, daß die Inkompetenz der Regierung zuerst dagewesen sei. Sie sagen wahrscheinlich, daß sie über das, was sie von der Regierung gesehen und über sie gehört hätten, derart entsetzt gewesen seien, daß sie, um sich zu rächen, ihr Einkommen zu niedrig angegeben hätten. Mit anderen Worten: »Wenn der Staat das Geld verschwendet, das er mir aus der Tasche zieht, dann habe ich wohl das Recht, ihm einen Teil davon vorzuenthalten.«

Dem skeptischen Psychologen erscheint diese Art der Argumentation suspekt; sie sieht verdächtig nach einem Abwehrmechanismus aus, den man *Rationalisierung* nennt, einem Versuch, vernünftige Gründe für Missetaten zu finden oder zu erfinden, um die eigene Selbstachtung zu schützen und zu bewahren.

Die Geschichte der Rationalisierung reicht sehr weit in die Vergangenheit zurück. Sie taucht bereits im 1. Buch Mose auf, wo Gott Adam fragt, ob er von den verbotenen Früchten gegessen habe. Adam weist die Verantwortung von sich: »Die Frau, die du mir gegeben hast, reichte mir eine Frucht, da habe ich gegessen« (1. Buch Mose, 3:12).

Mit anderen Worten: »Weil du mir die Frau gegeben hast und sie mir den Apfel gab, dachte ich, es sei in Ordnung. Wenn das, was ich getan habe, nicht richtig war, dann war es nicht meine Schuld, sondern ihre und auch deine, weil du sie mir gegeben hast.« Die Abfolge der Ereignisse ist klar; erst ißt Adam den Apfel, und dann gibt er eine rationale Erklärung für seine Sünde, indem er Argumente vorbringt, die zeigen, daß sein Verhalten unter den gegebenen Umständen vernünftig war.

Wenn der Verdacht der Psychologen richtig ist, dann scheinen Menschen der Versuchung nicht widerstehen zu können, ihre finanzielle Lage zu verbessern, und sie nehmen aus diesem Grund einige kleine Veränderungen an den Zahlen vor, die sie der Steuerbehörde melden. Dann sagen sie sich (und den Meinungsforschern des Gallup-Institutes), daß sie nichts anderes getan haben als alle anderen und daß sich dies leicht vor folgendem vernünftigem Hintergrund rechtfertigen läßt: Da die Regierung die Menschen betrügt, haben sie jedes Recht, die Regierung ebenfalls ein wenig zu betrügen. Sie wollen sich selbst nicht als Betrüger sehen und schlüpfen deshalb in die Rolle des Opfers, das von einer gleichgültigen und korrupten Regierung ausgebeutet wird, ein Opfer aber, das zurückschlägt und das, was ihm rechtmäßig zusteht, den Klauen der gierigen Steuerbehörde entreißt.

Der Umgang mit Steuerhinterziehungen

Wie andere kleine oder große Verbrechen läßt sich Steuerhinterziehung nicht gänzlich verhindern, aber sie läßt sich bekämpfen und sogar erheblich reduzieren. Es gibt drei Methoden, die wir – als Gesellschaft – einsetzen können, um Steuerbetrügereien zu verringern. Sie beziehen sich auf das Gesetz, die Gemeinschaft und das Selbst.

Wir können das Gesetz bemühen und Steuerbetrüger vor Gericht stellen und, wenn sie für schuldig befunden werden, mit Geldbußen und/oder Haftstrafen belegen. Die Gemeinschaft kann gesellschaftlichen Druck auf Steuerhinterzieher ausüben, indem sie deren Fehlverhalten öffentlich verurteilt. Solche Aussagen können von dem allgemeinen Aufsehen profitieren, das Gerichtsverhandlungen und Verurteilungen von Steuerbetrügern oft begleitet und ihnen folgt. Diese Publizität ermöglicht es der Gemeinschaft, Steuerbetrüger als Kriminelle zu stigmatisieren und sie dem Spott der Menge preiszugeben. Bestrafung und Stigma führen, so ist zu hoffen, auch zu Schuldgefühlen, nicht nur auf seiten der verurteilten Steuerbetrüger, sondern auch bei denen, die bisher unerkannt geblieben sind.

Schuldgefühle sind natürlich selbsterzeugt. Während Bestrafung und öffentliche Verurteilung Angst hervorrufen, die möglicherweise ein Fehlverhalten verhindert, drückt sich Schuld durch Gewissensbisse und Selbsthaß aus, die dazu führen, daß sich Gesetzesbrecher ändern und potentielle Gesetzesbrecher abgeschreckt werden. Und es gibt viele, die allein schon bei dem *Gedanken*, das Gesetz zu brechen, unter Schuldgefühlen leiden.

Das Entrichten von Steuern und das »ehrliche Selbst«

Von den drei genannten Möglichkeiten sozialer Kontrolle hat das Selbst die größte Macht. Obwohl sich Menschen vor Gerichtsverfahren, Geldbußen und Haftstrafen sowie dem Spott und der Verachtung der Öffentlichkeit fürchten, sind es die Schuldgefühle – und vor allem die Angst vor *möglichen* Schuldgefühlen –, die den durchschnittlichen Steuerzahler von Steuerbetrügereien abhalten.

Obwohl Steuerhinterziehung relativ weit verbreitet ist, vor allem im kleinen Stil des »Zahlenfrisierens«, füllen die meisten Steuerzahler ihre jährlichen Steuererklärungen wahrheitsgemäß aus. Die Chance, daß kleine Fehler von der Steuerbehörde aufgedeckt werden, ist nicht annähernd so groß, wie die meisten glauben, aber die vermuteten Strafen für Irrtümer sind in den Köpfen vieler so gewaltig, daß sie selbst einfache und routinemäßige Formulare von Steuerberatern ausfüllen lassen. Und es gibt auch solche Steuerzahler, die zwar wissen, daß es nie herauskommt, wenn sie einen Teil ihres Einkommens nicht angeben, aber dennoch zu sich selbst und ihren Ehegatten sagen: »Ich gehöre einfach nicht zu diesen Leuten; ich würde niemals auch nur auf den *Gedanken* kommen, den Staat zu betrügen; es ist *mein* Staat, und weshalb sollte ich mich selbst betrügen?«

Die Frage der persönlichen Ehrlichkeit war Gegenstand einer Untersuchung, die Thomas M. Porcano, Professor der Betriebswirtschaft an der Miami University in Oxford, Ohio, durchführte. Porcano verschickte Fragebogen an 200 Steuerzahler, die er nach dem Zufallsprinzip aus dem Telefonbuch einer Stadt mit Mittleren Westen der Vereinigten Staaten ausgewählt hatte, und bot ihnen 5 Dollar für das Ausfüllen und Zurückschicken des Fragebogens. Neben Beruf und Familienstand sollten die angesprochenen Personen angeben, wie sie das Ausmaß der Steuerhinterziehung und die Gerechtigkeit des Steuersystems einschätzten. Außerdem wurden sie gefragt, ob sie in ihrer Steuererklärung jemals bewußt ein zu niedriges Einkommen angegeben, überhöhte Absetzungsbeträge geltend gemacht oder es versäumt hatten, eine Steuererstattung anzuzeigen. Eine vorab durchgeführte Pilotstudie zeigte, daß Porcanos Fragen offensichtlich wahrheitsgemäß beantwortet wurden.

Der Fragebogen enthielt auch die Lügenskala, eine kurze Liste von Fragen, die klinische Psychologen verwenden, um die Ehrlichkeit von Personen zu messen. Die Lügenskala hat sich als besonders nützlich erwiesen, wenn es darum geht, Menschen zu erkennen, die sich im allgemeinen als zuverlässiger, stabiler und rücksichtsvoller darstellen, als sie in Wirklichkeit sind. Solche Menschen bejahen zumeist Aussagen wie »Ich gerate niemals in Wut« und verneinen Aussagen wie »Ich mag nicht jeden, den ich kenne«. Diejenigen, die den ersten Typ von Fragen bejahen und den zweiten verneinen, sind selbstverständlich nicht als besonders ehrlich einzuschätzen.

Als Porcano die zurückgesandten Fragebogen auswertete, stellte er fest, daß Menschen, die sagten, daß sie ihr Einkommen zu niedrig angegeben oder Steuererstattungen nicht angezeigt hatten, zumeist auch am oberen Ende der Lügenskala standen (also nicht sehr ehrlich waren). Bei vielen dieser Personen handelte es sich um alleinstehende Männer, die meinten, Steuerhinterziehung sei weit verbreitet und das Steuersystem sei ungerecht. Befragte am anderen oder »ehrlichen« Ende der Lügenskala waren verheiratet, hatten ein relativ hohes Einkommen und keine Steuern hinterzogen. Sie meinten auch, daß das System gerecht sei, und glaubten, Steuerhinterziehung sei nicht stark verbreitet.

Porcanos Untersuchung bestätigt, was die meisten von uns wohl erwartet haben – daß Menschen, die generell ehrlich sind, ihr Einkommen wahrheitsgemäß bei der Steuerbehörde angeben, während diejenigen, die es nicht sind, versuchen, ihren gerechten Anteil an den Steuern nicht bezahlen zu müssen. Aber wie verhält es sich mit den Millionen von Menschen in der Mitte, die normalerweise, aber nicht immer ehrlich sind oder dazu neigen, gelegentlich die »Wahrheit zu verschleiern«? Gibt es eine Möglichkeit, diese große Zahl an Menschen davon zu überzeugen, daß »Ehrlichkeit der beste Weg ist«, wenn es um die Einkommensteuer geht?

Daumenschrauben an die moralischen Normen von Steuerzahlern anlegen

Ein Feldexperiment, das in Zusammenarbeit mit der US-Steuerbehörde durchgeführt wurde, deutet darauf hin, daß es Möglichkeiten gibt, die Moral dieser einfachen Steuerzahler zu verbessern, so daß ihre Angaben über ihr Einkommen näher bei der Wahrheit liegen. Wissenschaftler, von denen die Studie durchgeführt wurde, beobachteten das Verhalten von drei Gruppen von Steuerzahlern, die nicht wußten, daß sie als Versuchspersonen in einem Experiment dienten. Einen Monat vor Fälligkeit der Steuern wurden die Personen der einen Gruppe von einem Mitarbeiter der Steuerbehörde aufgesucht, der ihnen Fragen stellte. Die Fragen suggerierten oder betonten die Strafen, die bewußte Falschangaben in den Steuerformularen nach sich ziehen würden. Steuerzahler der zweiten Gruppe wurden von Mitarbeitern aufgesucht, deren Fragen darauf abzielten, die Bedeutung des Gewissens und der Verantwortung für die Gesellschaft zu unterstreichen. Mitglieder der dritten Gruppe wurden von niemandem aufgesucht und dienten als »Kontrollgruppe« in dem Experiment.

Als die Steuerformulare der drei Gruppen ausgewertet wurden, zeigte sich, daß diejenigen, die man an die gesetzlichen Strafen erinnert hatte, durchschnittlich 181 Dollar mehr angegeben hatten, als man normalerweise von ihnen erwartet hätte, während jene in der Verantwortungs-Gewissens-Gruppe ein im Durchschnitt um 804 Dollar höheres Einkommen als erwartet angegeben hatten. Das von den Mitgliedern der Kontrollgruppe angegebene Einkommen lag dagegen 87 Dollar unter der erwarteten Norm. Mit anderen Worten, die

»Drohpolitik« führte zu wahrheitsgemäßeren Angaben, jedoch nicht annähernd in dem Maß wie die Fragen, die das Gewissen um seiner selbst willen hervorhoben.

Auf den ersten Blick scheinen diese Ergebnisse dem gesunden Menschenverstand zu widersprechen. Denn schließlich sollte man meinen, daß Menschen, die sich falsch verhalten, eher auf eine »harte Gangart« ansprechen als auf eine »sanfte«. Man sollte denken, daß Bestrafung oder die Androhung von Strafe Steuerzahler eher von Steuerhinterziehungen abhalten als Appelle an ihr »besseres Ich«.

Andererseits stimmen die Ergebnisse der Studie mit Untersuchungen von Psychologen *überein*, die zeigen, daß sich Fehlverhalten besser durch Maßnahmen ändern läßt, die eine positivere Einstellung fördern, als durch eine harte Vorgehensweise. Der beste Weg, Menschen davon zu überzeugen, sich sozial verantwortlich zu verhalten, so meinen Wissenschaftler, ist es nicht, Fehlverhalten zu bestrafen oder Strafen anzudrohen, sondern dahingehend zu wirken, daß das unerwünschte Verhalten durch eine positive Verhaltensform ersetzt wird. Aus dieser Sicht betrachtet, liegt das Problem der Steuerbehörde weniger darin, Steuerzahler davon abzuhalten, ein zu niedriges Einkommen anzugeben, sondern vielmehr darin, sie dazu zu bringen, sich pflichtbewußt zu verhalten und ihr tatsächliches Einkommen anzugeben.

Versuche, Menschen dahingehend zu beeinflussen, daß sie eine Interaktionsform durch eine andere ersetzen, beinhalten im wesentlichen das, was Psychologen »Lernprobleme« nennen. Es ist die Aufgabe der Steuerbehörde, Steuerzahler dazu zu bringen, daß sie lernen, in ihren Steuerformularen wahrheitsgemäße Angaben zu machen, und darauf verzichten, die Wahrheit zu verschleiern. In dieser Hinsicht ähnelt die Position der Steuerbehörde der einer Lehrerin, die möchte, daß die Schüler aufhören, ihre Zeit zu vergeuden und irrelevante Verhaltensweisen an den Tag legen, und sich statt dessen mit der ihnen gestellten Aufgabe beschäftigen. Die Lehrerin mag einige Schüler durch die Androhung von Strafen oder schlechte Noten dazu bringen, »sich auf den Hosenboden zu setzen«, aber ihre Aussichten auf Erfolg sind erheblich größer, wenn sie die Bedeutung der gestellten Aufgabe erläutert und zu Fragen und Diskussionen ermuntert, die den Schülern helfen, eine größere Verantwortung für ihre Ausbildung zu übernehmen.

In ähnlicher Weise zeigen Studien, die Jugendliche dazu veranlassen sollten, sich durch entsprechende Maßnahmen vor Infektionskrankheiten zu schützen, daß Drohtaktiken lediglich dazu führten, daß die Versuchspersonen Angst und Besorgnis über eine mögliche Erkrankung äußerten, während eine Vorgehensweise, die ihnen einfach die nötigen Informationen bot, sie eher dazu brachte, die Empfehlungen der Gesundheitsbehörden zu befolgen (Janis und Feshbach; Dabba und Leventhal; Evans et al.). Wissenschaftler kamen zu dem Schluß, daß Versuche, Menschen einzuschüchtern oder sie in Schrecken zu versetzen, sie von dem eigentlichen Problem ablenken und sie davon abhalten, sich mit der Fragestellung auseinanderzusetzen. Statt das zu tun, was man von ihnen erwartet, versuchen sie, ihre Ängste zu beruhigen, indem sie sie verdrängen und sich Tätigkeiten zuwenden, die eine bestärkende Wirkung auf sie haben, wie etwa das Zusammensein mit Freunden, trinken, essen oder Sport – Aktivitäten, die angenehm sind, aber keine Probleme lösen.

Wie Politiker die Erhebung von Steuern umgehen

Nicht nur Einzelpersonen können Steuern umgehen, sondern auch Regierungen. Die beiden gängigen Methoden, Kreditaufnahme und Inflation der Landeswährung, sind Taschenspielertricks, die die unerwünschte Steuerlast lediglich zu eliminieren *scheinen*. Diese Methoden führen kurzfristig zu Erfolgen, die den Steuerzahlern jedoch im allgemeinen langfristig mehr Kosten verursachen.

Die Aufnahme von Krediten verschiebt das Bezahlen von staatlichen Leistungen selbstverständlich nur auf einen späteren Zeitpunkt. Sie birgt auch die Gefahr, daß sich der Druck auf die Staatsfinanzen durch die Zahlung von Zinsen und die Tilgung der Kredite zusätzlich verstärkt. Dennoch hat die Methode ihre Vorzüge, solange das Ganze im Rahmen bleibt. Die Vereinigten Staaten finanzieren die Differenz zwischen ihren Steuereinnahmen und ihren Ausgaben durch den Verkauf von Zahlungsversprechen – Anleihen und Schatzanweisungen. Institutionen aus Übersee haben riesige Mengen dieser Wertpapiere gekauft, die sie mit den überschüssigen Dollars aus ihrer positiven Handelsbilanz mit den USA begleichen. Dies ist ein praktisches Arrangement für alle Beteiligten. Amerikanische Konsumenten können ihr Verlangen nach ausländischen Waren mit Dollars stillen, die im Ausland bereitwillig von Banken angenommen werden, die sie wiederum der US-Staatskasse leihen können. Amerikanische Konsumenten profitieren von Waren guter Qualität, die relativ preiswert sind, und ausländische Banken sind zufrieden, weil ihnen das US-Finanzministerium einen höheren Zinssatz bezahlt, als sie in ihrem eigenen Land erzielen könnten.

Ausländische Institutionen sind selbstverständlich nicht die einzigen Käufer von US-Schatzpapieren. Auch Privatpersonen und Institutionen in den Vereinigten Staaten kaufen einen nennenswerten Anteil. Wie Steuerzahler bezahlen sie Geld für die Leistungen des Staates, doch im Gegensatz zu Steuerzahlern werden sie dafür in Form von Zinsen finanziell belohnt.

Regierungen, die ihre Ausgaben durch den Verkauf von Wertpapieren finanzieren, erzielen einen wesentlichen psychologischen Vorteil. Menschen zeigen zumeist ein starkes Interesse an Institutionen, in die sie investiert haben, und unterstützen sie. Mit anderen Worten, wir werden kaum versuchen, eine Regierung zu stürzen oder zu schwächen, der wir einen Teil unserer Ersparnisse geliehen haben. Anders als Steuerzahler haben Obligationäre im allgemeinen eine positive Meinung von der Regierung, der sie ihr Geld anvertraut haben, es sei denn, die Regierung verstrickt sich in Abenteuer, die Ängste hervorrufen.

All dies trifft jedoch nur zu, wenn Regierungen relativ begrenzte Schuldbeträge auf den Markt bringen. Der Grad der Beschränkung, den sie sich auferlegen muß, ist zum Teil von dem Verhältnis zwischen dem Schuldbetrag, dem Bruttosozialprodukt und der Handelsbilanz abhängig. Ein noch bedeutsamerer psychologischer Faktor ist das Ansehen, das eine Regierung auf den Finanzmärkten der Welt genießt. Die Vereinigten Staaten sind in einer besonders günstigen Position, teilweise aufgrund ihrer stabilen Regierung und ihrer starken Wirtschaft, aber auch, weil die meisten internationalen Transaktionen in US-Dollars denominiert werden. Die Verbindlichkeiten der USA werden in US-Dollars ausgestellt, eine finanzielle »Ware«, für die sie das Monopol besitzt. Die öffentlichen Schulden (des Bundes, der Länder und Kommunen) beliefen sich 1985 auf etwa 60% des Bruttosozialproduktes der USA. Jedes kleinere Land, dessen Verhältnis von Schulden und Bruttosozialprodukt dieses Niveau erreicht, würde als »arm- und beinamputiert« betrachtet. Die Länder, die aufgrund ihrer

Staatsverschuldung von der internationalen Bankengemeinschaft als »Problemfälle« eingestuft werden (Argentinien, Brasilien, Mexiko und Peru), hatten 1985 ein Schulden-BSP-Verhältnis von 54%, 38%, 44% und 56%, was deutlich niedriger als der Prozentsatz der Vereinigten Staaten ist. Wenn diese Länder andere Staaten dazu bewegen könnten, ihre jeweilige Landeswährung zur Bezahlung ihrer Schulden zu akzeptieren, wie dies bei den USA der Fall ist, wäre das Leben für alle leichter. Aber ein solches Arrangement liegt selbstverständlich im Bereich der Phantasie.

Wir haben im vorhergehenden Kapitel die besonderen Probleme diskutiert, die Dritte-Welt-Länder im Hinblick auf Auslandskredite haben, deshalb wenden wir uns nun der zweiten Methode zu, die Regierungen anwenden, um ihre Ausgaben vermeintlich ohne Rückgriff auf Steuern finanzieren zu können: die Geldinflation.

Inflation als eine Form der Steuer

Eine Regierung, die versucht, ihre Ausgaben durch ein erhöhtes Geldangebot zu finanzieren, verzichtet nur *scheinbar* auf Steuern. Ein solches Verfahren erlaubt es einem Staat, einen Teil der Vermögenswerte des Landes, einschließlich der menschlichen Arbeitskraft, zu konfiszieren, um ihn für Aktivitäten verwenden zu können, die ihm lohnend erscheinen.

Dieses Vorgehen kann zu positiven Ergebnissen führen. Die Inflation in den Vereinigten Staaten konnte die große Depression der 1930er Jahre nicht »kurieren«, aber sie kurbelte die Wirtschaft an und ermöglichte vielen Amerikanern das Überleben in einer schweren Zeit. Überdies hat sie Projekte von bleibendem wirtschaftlichem Wert finanziert.

Auch der Kontinentalkongreß hätte keinen Erfolg gehabt in seinem Bemühen, der Amerikanischen Revolution zum Sieg zu verhelfen, wenn er seine Ausgaben nicht erfolgreich durch die Herausgabe von Papierdollars finanziert hätte, wie wir in Kapitel 3 (Galbraith) gesehen haben. Der Kongreß verfügte nicht über den erforderlichen Verwaltungsapparat zum Einziehen von Steuern, und die meisten Leute hätten sie nicht bezahlt.

Selbst die Gegner der Revolution halfen, deren Kosten zu bezahlen, und zwar jedesmal, wenn sie einen Kontinentaldollar annahmen oder ausgaben; dabei war ihnen nicht bewußt, daß sie dadurch indirekt besteuert wurden. Viele Amerikaner, vor allem diejenigen, die der britischen Krone loyal gegenüberstanden, akzeptierten die Kontinentalwährung widerwillig, aber sie akzeptierten sie – anderenfalls hätten sie riskiert, daß ihre Waren und ihr Besitz von der Bürgerwehr oder ihren revolutionsfreundlichen Nachbarn konfisziert worden wären.

Heute, in der letzten Dekade des 20. Jahrhunderts, halten die Zentralbanken der Industrieländer die Inflation stark unter Kontrolle, so daß sie pro Jahr nur wenige Prozent beträgt, eine Maßnahme, die das wirtschaftliche Wachstum anzuregen scheint. Andere Länder sind weniger erfolgreich, speziell in der Dritten Welt, wo schwache und instabile Regierungen große Probleme haben, Steuern einzutreiben.

Die Erhebung von Steuern kann nur funktionieren, wenn die potentiellen Steuerzahler kooperativ sind, zumindest bis zu einem gewissen Grad. Das bedeutet, sie müssen das Gefühl haben, daß die Regierung, die von ihnen Steuern fordert, *ihre* Regierung ist, die es lohnt zu unterstützen. Sie müssen außerdem glauben, daß sich die Regierungsführer um *ihr* Wohlergehen kümmern und nicht nur eine Bande von machtgierigen Politikern sind, die sich auf Kosten der Allgemeinheit bereichern wollen. Der Gedankensprung in der Logik, der erforderlich ist, damit sich die Bevölkerung in Ländern der Dritten Welt für ihre Regierung verantwortlich fühlt und auf sie eingeht, ist in den meisten Fällen zu groß, was bedeutet, daß sich sowohl ehrliche wie auch korrupte Regierungen in diesen Ländern nicht in der Lage sehen, genügend Steuern zu erheben, um ihre Staatsfinanzen auszugleichen. Sie sind daher gezwungen, ihre Ausgaben durch Kredite und Hilfsgelder aus dem Ausland zu finanzieren, wie wir im letzten Kapitel gesehen haben, oder durch eine Inflation ihrer Landeswährung. Beide Methoden werden in fast allen Fällen eingesetzt.

Eine Besteuerung durch Inflation ist daher unumgänglich. Die meisten Menschen erkennen nicht, daß Inflation eine Form der Steuer ist, aber sie beklagen sich selbstverständlich bitterlich, wenn die Preise für Nahrungsmittel und Transportkosten in schwindelerregende Höhen steigen. Ihre Regierung, die sich ihrer Verwundbarkeit bewußt ist, versucht, die Preise von lebensnotwendigen Gütern und Leistungen zu kontrollieren, indem sie sie subventioniert und/oder die Unternehmen verstaatlicht, von denen sie geliefert werden. Diese Verfahren führen zu einer instabilen, zusammengestückelten Wirtschaftsstruktur, die täglich zusammenzubrechen droht. Gläubigerländer sind verständlicherweise beunruhigt, denn die Kredite und Hilfsgelder wurden vor dem Hintergrund gewährt, daß das Schuldnerland seine Wirtschaft auf eine »solide ökonomische Basis« stellt – nach europäischen Maßstäben, versteht sich.

Es ist eine Situation, die scheinbar zwangsläufig zur Katastrophe führen muß. Vielleicht ist »Katastrophe« ein zu starker Begriff. Das Dach der internationalen Finanzwelt ist noch nicht eingestürzt, vermutlich weil die Wirtschaft der Dritte-Welt-Länder winzig ist im Vergleich zu der mächtigen Produktions- und Handelsmaschinerie von Westeuropa, Ostasien und Nordamerika.

Der Preis, den die Bevölkerung der Industrieländer für ihren relativen Wohlstand und für politische Stabilität bezahlt, läßt sich zu einem Großteil an den Steuern messen, die sie mehr oder weniger bereitwillig entrichtet. Sollte das funktionierende Arrangement zwischen Steuerzahler und Regierung jedoch ernsthaft beeinträchtigt werden, käme es zu der gleichen ökonomischen und politischen Unordnung wie in so vielen Ländern der Dritten Welt. Es gibt viele Abstufungen zwischen der weitgehenden Anarchie von Staaten wie etwa Haiti und der soliden Stabilität der Niederlande, mit einer Vielzahl von anderen Ländern zwischen diesen Extremen.

Betrachtet man die wirtschaftlichen und politischen Abläufe einzelner Länder, so zeigt sich in jedem Fall folgendes: Je bereitwilliger die Bevölkerung Steuern bezahlt, um so stabiler und effektiver ist ihre Regierung und um so größer das Angebot und die Qualität der Leistungen, die der Staat für sie erbringt.

Geldmotive, Sexualität und schuldbesetzte Ängste 9

> Liebe und Geld sind merkwürdige Bettgenossen.
> *Anonym*

> Ich glaube, ich könnte eine gute Frau sein, wenn ich fünftausend im Jahr hätte.
> *Becky Sharp* in *Vanity Fair* von *W. M. Thackeray*

> Es ist eine Art geistiger Snobismus, der Menschen zu dem Glauben bringt, ohne Geld glücklich sein zu können.
> *Albert Camus*

> Mit Geld läßt sich kein Glück kaufen, das ist wahr, aber es beruhigt zweifellos die Nerven.
> *Irisches Sprichwort*

Obwohl das Geldmotiv in der einen oder anderen Form für die meisten von uns ein wichtiges Thema darstellt, ist es eine verhältnismäßig junge Erscheinung. In Kapitel 2 haben wir festgestellt, daß Geld erstmals im 7. Jahrhundert v. Chr. auftauchte. Würde man die Menschheitsgeschichte auf eine Spanne von nur einer Woche reduzieren, wäre Geld erst vor fünfzehn Minuten auf den Plan getreten. Dennoch hat es die menschliche Psyche mehr als jede andere Erfindung, mit Ausnahme der Sprache, durchdrungen. Der Geldtrieb ist so gut mit psychologischen und sozialen Verhaltensmustern verwoben, daß er zu einem festen Bestandteil der Erwartungen, Pläne, Träume, Hoffnungen, Ängste und Enttäuschungen fast aller Menschen geworden ist.

Das Geldmotiv bei Primaten

Auch wenn das Geldmotiv erlernt werden muß, kann man es sich leicht aneignen. In einem der klassischen Experimente der Psychologie brachte John B. Wolfe, der in den Primate Biology Laboratories der Yale University arbeitete, Schimpansen eine Form des Geldmotives bei. Die Schimpansen lernten, für Pokerspielmarken zu arbeiten, mit denen sie Weintrauben »kaufen« konnten, wenn sie sie in den Schlitz eines speziell konstruierten Verkaufsautomaten steckten – ein

Schimp-o-Mat sozusagen. Wolfe vermittelte den Schimpansen auf diese Weise ein monetäres System, bei dem eine Art ungedeckte Währung – Pokerspielmarken – in Obst eintauschbar war.

Nachdem die Tiere dieses rudimentäre Geldmotiv erfaßt hatten, lernten sie, Spielmarken zu sparen und später auszugeben. Dann fügte Wolfe eine weitere Stufe hinzu. Er führte einen neuen Automaten mit einem Hebel ein, der von kräftigen Federn gehalten wurde. Der Hebel ließ sich so schwer bedienen, daß ihn drei Schimpansen mit aller Kraft herunterdrücken mußten, um eine einzige Weintraube zu bekommen.

Nachdem die Schimpansen gelernt hatten, wie der neue Automat funktionierte, wurde er so verändert, daß er eine Pokerspielmarke auswarf, mit der sich eine Weintraube am Schimp-o-Maten kaufen ließ. Die Veränderung störte die Schimpansen in keiner Weise. Wie ihre menschlichen Gegenstücke arbeiteten sie gemeinsam mit großer Energie, um das »Geld« zu verdienen, das sie gegen Weintrauben eintauschten. Im weiteren Verlauf des Experimentes lernten die Schimpansen, besondere Spielmarken zu erkennen, für die sich zwei Weintrauben anstelle von einer kaufen ließen. Außerdem wurden Spielmarken unterschiedlicher Farbe eingeführt, die gegen etwas zu trinken oder gegen die Möglichkeit, mit den Experimentatoren zu spielen, eingetauscht werden konnten. Auch dies lernten die Schimpansen.

Wolfe stellte einige erstaunlich menschliche Eigenschaften bei den Schimpansen fest. Ein Affenweibchen bettelte bei ihren »reicheren« Freunden um Spielmarken, »indem sie winselnd ihre offene Hand ausstreckte«. Bekam sie ein Almosen, eilte sie zum Schimp-o-Maten und bekam die Trauben, die sie haben wollte.

Die Schimpansen konkurrierten miteinander, den Automaten zu bedienen. Gab es keine Belohnung, arbeiteten sie wenig. Gab man den Schimpansen direkt Spielmarken, entzogen sie sich dem Arbeitsmarkt und weigerten sich, den Hebel zu bedienen. Wie ihre menschlichen Gegenstücke fanden sie es leichter, Geschmack am Geld zu finden als an der Arbeit.

Die Versuche fanden unter bestimmten zeitlichen Begrenzungen statt. Wolfe beobachtete, daß je mehr Spielmarken ein Tier unter solchen Beschränkungen durch seine Arbeit verdiente, um so weniger Energie widmete es der Arbeit. Er ging jedoch davon aus, daß sich diese Tendenz umkehren würde, wenn die Tiere unbegrenzt Zeit hätten,

Spielmarken zu erwerben. »Schimpansen«, stellte er fest, »können zwischen Spielmarken mit unterschiedlichem Belohnungswert unterscheiden und sie im Einklang mit ihren Trieben oder Motiven einsetzen.«

Menschen haben noch weniger Schwierigkeiten, sich monetäre Kenntnisse und Bedürfnisse anzueignen, als die Schimpansen. Wenn sie in die Schule kommen, haben die meisten Kinder ein recht ausgeprägtes Wissen über Dollars und Cents oder Pfund und Pence und machen bereits aktiven Gebrauch vom Geldsystem ihrer Gesellschaft. Sobald monetäre Motive erlernt sind, stehen sie weit oben in der Hierarchie unserer Bedürfnisse. Wenige Geräusche verursachen bei uns soviel Aufmerksamkeit wie das Klingeln einer Münze, die neben uns auf den Bürgersteig fällt.

Geld als Verstärker

Psychologen, die die Motivation erforschen, unterscheiden zwei Arten von Trieben: primäre und sekundäre. Primäre Triebe sind all jene Triebe, die angeboren sind: Hunger, Durst, Sexualität, Schmerzvermeidung, Schlaf und Bedürfnisse nach Erregung und Aktivität, um einige der wichtigsten zu nennen. Sekundäre Triebe sind erlernte Motive, die zunächst mit einem Verhalten verknüpft sind, das auf die Befriedigung primärer Triebe abzielt, aber auch eine »funktionale Autonomie« erlangen und selbständig existieren können. D. O. Hebb wies darauf hin, daß das Essen von einigen Erdnüssen nicht das Bedürfnis nach Erdnüssen als Nahrungsmittel befriedigt, sondern vielmehr den Wunsch nach mehr Erdnüssen hervorruft. Wie das Bedürfnis nach Erdnüssen kann auch das Geldmotiv den Status eines funktional autonomen Triebes annehmen, der dazu führen kann, daß wir nach Geld um seiner selbst willen streben. Wenn das Geldmotiv völlig autonom wird, nimmt es die Form eines »neurotischen Bedürfnisses« an, wie es Karen Horney nannte.

Edward Emmet Lawler III. behauptete in seinem Buch über Bezahlung und organisatorische Effektivität, daß Geld weniger das primäre Ziel eines Triebes ist, sondern vielmehr ein »Verstärker«.

Verstärker sind Elemente in unserer Umwelt, die mit der Befriedigung oder der Verminderung von Trieben in Zusammenhang stehen und es uns daher ermöglichen, angemessene Verhaltensformen zu erlernen. Elemente, durch die Triebe unmittelbar befriedigt werden, sind primäre Verstärker, während es sich bei solchen, die weniger direkt beteiligt sind, um sekundäre Verstärker handelt. Nahrung ist ein primärer Verstärker, wenn sie dazu beiträgt, daß Kleinkinder lernen, wie man sich Essen in den Mund steckt; Geld dagegen ist ein sekundärer Verstärker, wenn es uns zeigt, wie wir uns das Verhalten aneignen können – bezahlte Arbeit beispielsweise –, das erforderlich ist, um die Mittel zu erlangen, mit denen sich Nahrung überhaupt erst kaufen läßt. In dem oben beschriebenen Experiment von Wolfe würden die Spielmarken, die die Schimpansen für das Bedienen der Hebel bekamen, als sekundäre Verstärker gelten.

Lawler meinte, daß die Schimpansenexperimente zwar interessant seien, aber kaum Aufschluß über das Verhalten von Menschen in bezug auf Geld gäben. Geld, so wie es von Menschen benutzt wird, unterscheidet sich von den Spielmarken der Schimpansen in entscheidender Weise. Die Spielmarken, die die Schimpansen benutzten, hatten nur eine einzige Bedeutung – etwas, das gegen Nahrung eingetauscht werden konnte –, aber Geld hat für uns *mehrfache* Bedeutungen, denn es steht für uns mit einer Vielzahl anderer Verstärker in Zusammenhang: Kleidung, Unterkunft, Unterhaltung, soziale Beziehungen, Sicherheit, Prestige, Status und so weiter. Im Gegensatz zu den Schimpansen müssen wir auch nicht alle Auswirkungen, die Geld haben kann, selbst erleben. In einem delikat formulierten Beispiel wies Lawler darauf hin, daß ein Mann »glauben kann, daß er sich in einem bestimmten Stadtbezirk die Aufmerksamkeit junger Damen mit Geld erkaufen kann, diese Verbindung zwischen Geld und weiblicher Aufmerksamkeit selbst aber noch nie erlebt haben muß«. Mit anderen Worten, was wir über Geld wissen, beruht nur zum Teil auf persönlichen Erfahrungen; es beruht auch auf dem, was uns andere erzählen, und auf Verallgemeinerungen, die wir aus der Art und Weise treffen, wie andere mit Geld umgehen.

Lawler ging auch auf eine Theorie ein, die Abraham H. Maslow über die grundlegenden menschlichen Bedürfnisse entwickelte. Maslow stellte sie in eine hierarchische Ordnung, bei der Bedürfnisse auf einer höheren Stufe erst dann Vorrang haben, wenn jene auf der niedrigeren Stufe befriedigt sind. Maslows Bedürfnishierarchie gliedert sich in folgende fünf Hauptkategorien:

1. Physiologische Bedürfnisse
2. Sicherheit
3. Geborgenheit und Liebe
4. Wertschätzung
5. Selbstverwirklichung

Physiologische Bedürfnisse, die das Bedürfnis nach Wasser, Nahrung, Sauerstoff usw. umfassen, müssen befriedigt werden, damit der Organismus überleben kann. Beinahe ebenso wichtig für das Überleben sind die Sicherheitsbedürfnisse, wie etwa das Bedürfnis, sich vor Naturgewalten und Gefahren zu schützen. Das Bedürfnis nach Geborgenheit und Liebe ist das wichtigste psychologische Bedürfnis, gefolgt von dem Bedürfnis nach Wertschätzung – dem Bedürfnis, von anderen anerkannt und respektiert zu werden. Das Bedürfnis der höchsten Stufe – die Selbstverwirklichung – kann durch eine Vielfalt von Aktivitäten befriedigt werden, darunter persönliche Weiterbildung, die Aneignung neuer Fertigkeiten und Fähigkeiten und kreative Anstrengungen.

Lawler hebt hervor, daß sich mit Geld Ziele erreichen lassen, die für alle Bedürfnisse relevant sind, auch wenn seine Bedeutung geringer wird, je weiter wir in der Bedürfnishierarchie nach oben gelangen. Mit Geld läßt sich Nahrung, Kleidung und Gesundheitsvorsorge kaufen, aber keine Liebe, gesellschaftliche Anerkennung oder Selbstrealisierung. Dennoch kann es eine unterstützende Rolle spielen bei unseren Versuchen, diesen ranghöheren Bedürfnissen gerecht zu werden. Die Annehmlichkeiten, die sich durch Geld erwerben lassen, helfen uns, Bedürfnisse nach Liebe und gesellschaftlicher Akzeptanz zu befriedigen. Auch Selbstverwirklichung wird durch den Kauf von »Werkzeugen« ermöglicht, mit denen wir uns darstellen. In jedem Fall ist Geld ein Hilfs- oder Fördermittel und kein Selbstzweck. Psychologen, so sagt Lawler, sprechen nicht »von einem Bedürfnis nach Geld«, da man »nicht nach Geld strebt, es sei denn, daß es zu anderen Ergebnissen führt«.

Lawler hätte vermutlich die Meinung vertreten, daß ein Mensch, der beharrlich – und offenbar um seiner selbst willen – nach Geld strebt, nicht aus einem »Bedürfnis nach Geld« heraus handelt, sondern aus einem neurotischen Bedürfnis heraus, konkurrenzfähig, aggressiv, gewinnsüchtig, mächtig oder sicher zu sein. Die Bedürfnisse nach Stimulation und Aktivation, von denen wir in früheren Kapiteln gesprochen haben, tauchen in seiner Analyse nicht auf.

Obwohl Lawlers Argumente überzeugend sind, wollen wir in diesem Buch weiterhin von einem »Geldmotiv« sprechen. Geld mag, wie er sagt, kein Antrieb sein – ein Objekt, das einen Trieb »auslöst« und damit eine entsprechende Verhaltenssequenz in Gang setzt –, aber es scheint dennoch häufig diese Funktion zu erfüllen. Würden wir an einer Ladenfront in der Innenstadt ein Schild anbringen, das Passanten 10 Dollar für »fünf Minuten Ihrer Zeit« verspricht, würde sich in kürzester Zeit eine Schlange von Menschen bilden, die auf leicht verdientes Geld hoffen, obwohl sie überhaupt nicht wissen, was »fünf Minuten Ihrer Zeit« beinhalten würden. Es ist auch nicht ungewöhnlich, daß Menschen eine Handlungssequenz initiieren, in der offen eingestandenen Absicht, »Geld zu verdienen«.

Es besteht kein Zweifel, daß Geld im wirklichen Leben wie auch im Labor als Verstärker von Bedeutung ist, und wir werden einige Untersuchungen anführen, bei denen es diesen Zweck erfüllt. Aber die Rolle des Geldes als Antrieb scheint wichtiger zu sein. Wir wollen deshalb jene Erwartungen, Einstellungen, Gefühle und Werte, die dazu führen, daß wir Geld als einen Antrieb betrachten, als Bestandteil des »Geldmotives« ansehen.

Geld contra Sex: ein ungleicher Kampf

In unserer komplexen, reizüberfluteten Umwelt müssen wir entscheiden, wie wir unsere Zeit und unsere Aufmerksamkeit auf eine Vielzahl von potentiell befriedigenden Objekten und Erfahrungen verteilen. Obwohl wir eine gewisse Ökonomie in unseren Handlungen anstreben, um in einer einzigen Verhaltenssequenz so vielen Bedürfnissen wie möglich gerecht zu werden, werden einige Motive zu »Verlierern«, ganz gleich, was wir tun. Wir können beispielsweise eine Party veranstalten, zu der wir unsere Familie und Freunde einladen, und damit Bedürfnisse nach Liebe und gesellschaftlicher Anerkennung sowie nach Essen und Trinken befriedigen, doch indem wir dies tun, vernachlässigen wir möglicherweise Bedürfnisse nach Selbstverwirklichung, Sex und Schlaf. Aus diesem Grund neigen wir dazu, unsere Bedürfnisse, Triebe oder Motive (wir folgen der allgemeinen psychologischen Praxis, diese Begriffe als mehr oder weniger synonym anzusehen) hierarchisch nach ihrer Priorität zu ordnen, die dem betreffenden Zeitpunkt und Ort angemessen ist. Wir versuchen, die relative Wichtigkeit jedes Bedürfnisses seinen Möglichkeiten, befriedigt zu werden, gegenüberzustellen. Beim Ordnen unserer Motive erkennen wir, daß eine Kategorie von Bedürfnissen – die biologischen – mehr oder weniger mit einer zweiten Kategorie – den sozialen Bedürfnissen – kollidiert. Der Gegensatz zwischen diesen beiden Arten von Motiven hat Gelehrte seit den Anfängen der Philosophie beschäftigt. Aus der modernen Zeit gehören die Schriften von Jean-Jacques Rousseau aus dem 18. Jahrhundert und die von Sigmund Freud aus dem 20. Jahrhundert zu den besser bekannten Analysen von Problemen, die durch diesen Konflikt entstehen.

Der Anthropologe Edward T. Hall hat beschrieben, auf welche Weise die Forderungen der Gesellschaft, in Form von Zeitzwängen, mit unserer biologischen Natur kollidieren. Hall konstatiert, die ersten Erfahrungen mit Zeit habe der Mensch in Form von Rhythmen gemacht, wie sie täglichen, monatlichen und jährlichen Kreisläufen innewohnen. Aber nun, sagt er, wird uns Zeit »als ein Zwang von außen auferlegt, dessen Fangarme in alle Winkel und Ecken reichen, selbst unserer privatesten Handlungen (Stuhlgang und Sex werden von der Uhr und dem Kalender bestimmt). Wie viele junge Menschen festgestellt haben, hat unser Zeitsystem in der westlichen Welt viel zur Entfremdung der Menschen von sich selbst beigetragen. Ein Grund, weshalb Menschen krank werden, ist, daß sie, um den Fesseln der Zeit zu entgehen, zu ihren eigenen Rhythmen zurückkehren und sie wieder erleben wollen, aber um welchen Preis!«

Bei den verschiedenen Motiven, die um unsere Aufmerksamkeit ringen, stehen soziale Motive, die Geld beinhalten, im größten Konflikt zur Liebe, insbesondere wie sie sich biologisch im Geschlechtstrieb ausdrückt. Die beiden Motive stellen das klassiche Beispiel des Konfliktes zwischen unserer sozialen und unserer biologischen Natur dar. Auf seine Art ist jedes Motiv faszinierend, aufregend und fordernd – in so starkem Maß, daß es die meisten Menschen schwierig finden, beiden Motiven gleichzeitig nachzugehen, mit der naheliegenden Ausnahme derer, die im Geschäft der Prostitution oder der Pornographie tätig sind. Für die meisten von uns befinden sich Sex- und Geldmotive die meiste Zeit über in verschiedenen Abteilungen. Wie Foa in seinen Untersuchungen zeigte, die wir in Kapitel 4 beschrieben haben, fällt den meisten Menschen der Gedanke schwer, Liebe gegen Geld zu tauschen und umgekehrt. Liebe und Geld sind in der Tat merkwürdige Bettgenossen.

Die Tatsache, daß der Geschlechtstrieb im Wettbewerb um unsere Aufmerksamkeit zuweilen über den Geldtrieb obsiegt, sollte uns nicht den Blick dafür verstellen, daß wir erheblich mehr Zeit und Energie auf das Streben nach Geld als auf das Streben nach Sex verwenden. Angeblich gibt es einige, bei denen diese Prioritäten umgekehrt sind, doch eine nüchterne und objektive Bewertung der Beweise legt nahe, daß solche Behauptungen mehr faszinierend als wahr sind. So zeigt beispielsweise die sorgfältige Lektüre der Autobiographie von Casanova, dem italienischen Abenteurer des 18. Jahrhunderts, dessen Heldentaten jenen als Maßstab dienen, die sich gerne ihrer sexuellen Tüchtigkeit brüsten, daß er weitaus mehr Zeit damit verbrachte, Dukaten nachzujagen als Bettgespielinnen. Vermutlich hätte er seinem britischen Zeitgenossen Dr. Samuel Johnson zugestimmt, der laut Boswell sagte: »Es gibt wenige Möglichkeiten, sich unschuldiger zu betätigen als im Gelderwerb.«

Freud und seine Anhänger würden das, was wir bisher in diesem Kapitel vermerkt haben, wohl zu einem Großteil als belanglos abtun, doch zu der Äußerung von Dr. Johnson hätten sie sicher einiges zu sagen. Als erstes würden sie darauf verweisen, daß *jedes* menschliche Verhalten in irgendeiner Form mit dem Geschlechtstrieb in Zusammenhang steht, und zweitens, daß monetäre Motive sowohl entwürdigend wie auch ungesund sind. Lassen Sie uns zunächst ihre Position zum Thema Sexualität untersuchen.

Sexualität aus psychoanalytischer Sicht

Die Wissenschaft der Psychoanalyse entwickelte sich vor rund einhundert Jahren. Die meisten der frühen Psychologen sind in Vergessenheit geraten, doch einer ragt wie ein Riese heraus: Sigmund Freud. Freud war der Begründer der Persönlichkeitspsychologie und lieferte wichtige Beiträge zur modernen klinischen Psychologie sowie zur Entwicklungs- und Sozialpsychologie. Freud ist es zu verdanken, daß die meisten Psychologen von heute es als selbstverständlich erachten, daß frühe Kindheitserlebnisse wesentliche Auswirkungen auf das zwischenmenschliche Verhalten und die Persönlichkeitsentwicklung haben – Auswirkungen, die das ganze Leben hindurch andauern. Freud zeigte eindeutig, daß uns viele der wichtigsten Motive, die dem Alltagsverhalten zugrunde liegen, unbekannt sind; sie sind sozusagen unbewußt. Freud skizzierte auch die Rolle der Angst in unserem Leben. Er hob hervor, daß wir komplizierte, beinahe ritualisierte Verhaltensformen – als *Abwehrmechanismen* bezeichnet – an den Tag legen, um uns vor der beunruhigenden und zuweilen schmerzlichen Erfahrung zu schützen, angstbesetzten Wahrnehmungen unmittelbar ausgesetzt zu sein.

Doch kein Genie, und sei es noch so herausragend, kann in allen Fällen recht haben. Vor dem Hintergrund dessen, was wir heute wissen, scheinen einige von Freuds Prämissen auf einer allzu schmalen Basis zu stehen. Seine Behauptungen über die sexuelle Grundlage des menschlichen Verhaltens werden mittlerweile von vielen Verhaltenswissenschaftlern in Frage gestellt.

Freud und seine Anhänger konstruierten eine Theorie auf der Basis, daß unangemessenes und fehlgeleitetes Verhalten – Neurosen – ein unvermeidliches Ergebnis unserer Versuche sei, sexuelle Triebe falsch zu deuten, zu entstellen, zu verbergen oder zu unterdrücken. Die Heilung von Neurosen liege darin, durch die Psychoanalyse zu verstehen, wie sexuelle Motive das Verhalten beeinflußten. Patienten müßten dieses Verstehen einsetzen, um mit sich ins reine zu kommen und um wirkungsvollere Strategien zu entwickeln, mit der sexuellen Seite des Lebens und ihren Problemen fertig zu werden.

Freud und seine Deuter entwickelten ihre Theorien und ihre Verfahren zu einer Zeit, als öffentliche Äußerungen über Sexualität als schockierend und abstoßend galten. Frances Trollope beobachtete am Vorabend der Viktorianischen Ära in Philadelphia, daß Frauen und Männer antike Statuen nicht gemeinsam ansehen durften. Einige Jahrzehnte später besuchte Samuel Butler das Museum von Montreal und stellte fest, daß die Statue eines nackten griechischen Diskuswerfers der Öffentlichkeit vorenthalten wurde, weil man sie als »ziemlich vulgär« ansah. Prüderie wurde in diesen Tagen mit Tugend und gutem Geschmack gleichgesetzt. Heute konzentriert sich unsere Nostalgie auf die Edwardianische Epoche, als Königin Viktorias Sohn vorsichtig grünes Licht für das Ausdrücken von Sexualität gab, zumindest soweit es die Aristokratie betraf.

Die Bemühungen, die Sexualität in den Untergrund zu verbannen, nahmen nicht erst im 19. Jahrhundert ihren Anfang. Die Verfasser des

Neuen wie auch des Alten Testamentes neigten zu einer verkrampften Auffassung von Sexualität. Die offizielle Haltung der Kirche war (und ist), daß Sex nur innerhalb der Ehe zulässig ist; selbst in diesem Zusammenhang wird er nicht als eine Form der Unterhaltung betrachtet. Diese strenge Sichtweise wurde jedoch häufig durch zweckdienliche Ansichten und die Notwendigkeit abgemildert, mit den Gegebenheiten des täglichen Lebens fertig zu werden. Die Oberschicht ist mit dem Thema Sexualität daher im allgemeinen recht freizügig umgegangen, und die Arbeiterklasse und die Armen, denen das Leben wenig Freude schenkt, haben ihre Sexualität, wenn sie konnten, befriedigt, ohne an die möglichen Folgen in diesem oder dem nächsten Leben zu denken; aber die Mittelschicht hat oftmals versucht, darüber zu schweigen und die freie Äußerung von Sexualität zu verhindern. Martin Luther brachte ihren Standpunkt recht gut zum Ausdruck, als er wetterte: »Es ist der Teufel, der diese vergängliche Leidenschaft weckt, um die Beteiligten vom Gebet abzuhalten.« Um Luther gerecht zu werden, sollte man jedoch auch erwähnen, daß er es war, der weise beobachtete: »Zweimal in der Woche macht einhundertundvier« und damit einen vernünftigen Maßstab für ein vernunftloses Zeitalter setzte.

Freuds Angriff auf die konventionelle Fassade vorgetäuschter sexueller Unschuld und Schicklichkeit war bis zu einem gewissen Grad die ungehaltene und etwas rachsüchtige Geste eines Intellektuellen, der zum Angriff übergeht. Er hatte einen Schwachpunkt im Panzer seiner Gegner entdeckt – in diesem Fall die arroganten und selbstzufriedenen Mitglieder der Wiener Mittelschicht, die ihn zurückgewiesen und gedemütigt hatten. Aber die Normen und Werte der Wiener Bourgeoisie unterschieden sich kaum von denen der Mittelschicht anderenorts.

Als Freuds Theorien auf breiter Ebene diskutiert wurden, versetzten sie den konventionellen Vorstellungen über Sexualität einen Schlag, von dem sie sich nicht mehr erholen sollten. Heute dauert die Revolution, die Freud in Gang setzte, noch immer an und erschüttert die Grundfesten traditioneller Institutionen wie Liebeswerben, Ehe und Elternschaft.

Das Geldmotiv aus psychoanalytischer Sicht

Nach der Freudschen Theorie ist der wichtigste Trieb die *Libido*, die sich je nach Interpretation auf sexuelles Verlangen, auf erotische Lust oder auf »jede *triebhafte* Manifestation bezieht, die zum Leben und nicht zum Tod, zu Integration und nicht zu Destruktion tendiert« (English & English). Freud verwendete den Begriff »Libido« in allen diesen Bedeutungen, doch im allgemeinen Sprachgebrauch, dem wir uns anschließen wollen, ist damit ausschließlich der Geschlechtstrieb gemeint.

Freud sah das menschliche Problem als einen Kampf zwischen der Libido des Individuums und einer unversöhnlichen Gesellschaft, die die Unterdrückung triebhafter Impulse fordert. Obwohl Freud die Notwendigkeit erkannte, die gesellschaftlichen Bedingungen zu akzeptieren, neigte er hinsichtlich der sexuellen Äußerung des Individuums zu einer bekräftigenden Haltung und sah Neurosen stets als das Ergebnis gesellschaftlicher Einflüsse auf das Individuum (Borneman).

Einige von Freuds Anhängern priesen den Sexualtrieb und verdammten die Gesellschaft als Feind. Sie hielten Geld für besonders schlimm, weil es eine Schlüsselrolle bei den Regeln und Vereinbarungen spielt, deren sich die Gesellschaft bedient, um den einzelnen zu knebeln. Je bedeutender Geld in unserem Leben wird, erklärten sie, um so stärker neigen wir dazu, die geschlechtliche Seite unseres Wesens zu unterdrücken, denn das Geldmotiv ist mit der Libido unvereinbar.

Geld ist im Freudschen Lexikon symbolischer Kot. Wenn ein Kind lernt, aufs Töpfchen zu gehen, gewinnt es ein Gefühl der Macht aus seiner neu entdeckten Fähigkeit, seine Ausscheidungen zu kontrollieren; dieses Vergnügen, wird behauptet, entwickelt sich schließlich zu einem Machtgefühl, das mit dem erfolgreichen Aneignen von Geld in Zusammenhang steht. Aktivitäten wie Geld sparen und gut einteilen, sind nach Freudscher Auffassung mit einer Verstopfung gleichzusetzen, und diejenigen, die besonders sparsam und knauserig sind, sind »auf der analretentiven Stufe« ihrer frühen psychologischen Entwicklung stehengeblieben: wenn man sie als Kind aufs Töpfchen setzte, fanden sie mehr Vergnügen daran, ihre Ausscheidungen hartnäckig zurückzuhalten, als sie kooperativ und großzügig freizusetzen, wie dies ein normales Kind tut. Das Interesse von Kindern, mit ihrem Kot zu spielen, so wird außerdem behauptet, zeigt sich im Erwachsenenalter erneut als das Vergnügen, mit Geld umzugehen.

Diese Verbindung von Geld und Kot und von Geldverdienen und Darmtätigkeit taucht in den Schriften von Freuds Nachfolgern immer wieder als Thema auf. So charakterisierte beispielsweise Sandor Ferenczi Geld als »geruchlosen, dehydrierten Dreck, der zum Glänzen gebracht wurde«, und Thomas Wiseman behauptete in seiner psychoanalytischen Betrachtung monetärer Motive, daß Freuds »Analcharakter ein Eckpfeiler der modernen Psychologie und die klassische Erklärung für das Interesse an Geld liefert«.

Der deutsche Psychoanalytiker Ernest Borneman schrieb folgendes: »Die Lust am Besitz, die sich oft im Betrachten des Geldes oder des Eigentums ausdrückt, entspringt der kindlichen Freude am Anschauen der eigenen Darmprodukte. Zieht ein solcher Mensch beim Bezahlen kleiner Rechnungen jedesmal ganze Bündel von Banknoten aus der Tasche, so können wir sicher sein, daß wir hier regredierte Freude am Manipulieren der eigenen Fäkalien vorfinden.«

Bei ihrer Herabsetzung des Geldes gehen Psychoanalytiker davon aus, daß jedes geldbezogene Verhalten einzig darauf abzielt, sich Geld um seiner selbst willen anzueignen, und sie ignorieren dabei die naheliegende Sichtweise, daß die meisten Menschen nach Geld streben, weil es das Mittel für andere Zwecke ist. Psychoanalytiker scheinen die Möglichkeit zu übersehen, daß der Durchschnittsmensch vielleicht Geld ansammelt, um sich einen angenehmen, sorgenfreien Urlaub oder einen Swimmingpool im Garten leisten zu können. Man könnte argumentieren, daß sich Freudianer nur mit zwanghaftem Verhalten in bezug auf Geld befassen, aber eine Durchsicht psychoanalytischer Schriften zeigt deutlich, daß ihnen *jedes* geldbezogene Verhalten zuwider ist.

Die beste Erklärung für die psychoanalytischen Grundprinzipien scheint zu sein, daß Freud und seine intellektuellen Anhänger die Anal-Fäkal-Metapher als einen geistigen Kunstgriff einsetzten, um ihre Verachtung für die Bourgeoisie zum Ausdruck zu bringen. Pragmatische Werte und das unerschrockene Vergnügen am Geschäftsleben haben die Bourgeoisie zur traditionellen Zielscheibe der schießwütigen Intellektuellen gemacht, die – wenigstens seit der Zeit Juvenals – großen Gefallen daran fanden, diese als ungehobelte Geldraffer zu bezeichnen.

Die Verbindung von Geld und Kot hat ihren Ursprung nicht bei den Freudianern, sondern taucht bereits im europäischen Volkstum auf. So zeigen beispielsweise mittelalterliche Holzschnitte Szenen, wie das nackte Gesäß eines Geldwechslers oder Bankiers, Dukaten aus einem Fenster im zweiten Stock defäkiert. Darstellungen wie diese könnten übrigens der Ursprung für den Ausdruck »stinkreich« sein.

Psychoanalytiker aus späterer Zeit, insbesondere die Neo-Freudianer, haben diese Gleichsetzung von Geld und Kot zwar verworfen, doch sind auch sie der intellektuellen Tradition treu geblieben und haben monetäre Aktivitäten geschmäht. Erich Fromm schrieb zum Beispiel von der »entfremdenden Funktion des Geldes«, und die Sichtweise anderer Psychoanalytiker reicht von verhaltener Kritik bis zu gänzlicher Abwertung. Wiseman gab die typische psychoanalytische Sichtweise wieder, als er bemerkte, er sei zum Studium des Geldes gekommen, weil es »eine Institution [ist], deren ›Krankheit‹ Tag für Tag offenkundig ist«.

Norman O. Brown, ein Psychoanalytiker, der sich umfangreich zu Geschichte und Wirtschaft äußerte, war vernichtend in seiner Kritik über das Geld und die Arbeit, aus der es hervorgeht. Entfremdung, schrieb er, wurzelt in dem Zwang zu arbeiten, der »den Menschen den Dingen unterordnet, gleichzeitig Verwirrung in der Bewertung von Dingen hervorruft ... und die Entwertung des menschlichen Körpers ... Er reduziert die Triebe des Menschen zu Habgier und Konkurrenz ... Das Verlangen nach Geld tritt an die Stelle aller natürlichen menschlichen Bedürfnisse.« An einer späteren Stelle sagt Brown, daß Geld komprimierte Schuld und daß Schuld unrein ist.

In seiner geistreichen Schilderung des Geldspieles der Wall Street meinte der New Yorker Finanzfachmann George J. Y. Goodman, der unter dem Pseudonym »Adam Smith« schrieb, daß er bei der Lektüre von Norman Browns Büchern den Eindruck habe, daß er seine Nachmittage besser mit Angeln oder Biertrinken verbringen sollte, um der Entwürdigung durch zwanghafte, schuldbesessene Arbeit zu entgehen. Aber dann, sagte Goodman, »hege ich heimlich die Vermutung, daß Brown – während ich angle – an einem neuen Buch schreibt«.

Goodman wollte zum Ausdruck bringen, daß seine Freude an dem Geldspiel so groß war, daß es nicht völlig falsch sein konnte, daran teilzunehmen, selbst nach den Maßstäben von Brown und anderen hyperkritischen Psychoanalytikern. Goodman sagte, er fühle sich in keiner Weise schuldig, wenn er sich an dem Geldspiel beteilige; er fühle sich nur dann in bezug auf Geld schuldig, wenn er Norman Browns Bücher lese.

Comfort, Freude und ein Haufen Geld

Goodmans zynischer Kommentar über Browns heimliche Freude an seiner Arbeit (und vermutlich auch am Geld) erinnert an den Fall Alexander Comforts, eines medizinischen Biologen aus London, dessen 1972 verfaßtes Buch *Freude am Sex* eine libidinöse Philosophie vertritt, die weitgehend dem derzeitigen psychoanalytischen Denken entspricht.

Robert M. Hutchins hatte jahrelang versucht, Comfort dazu zu überreden, in sein Center for the Study of Democratic Institutions in Santa Barbara, Kalifornien, umzusiedeln. Die meisten wären dieser Einladung freudig gefolgt, denn die in einer Villa wohnenden Mitarbeiter des Centers erhielten ansehnliche Stipendien, schliefen in komfortablen Quartieren und wurden von erstklassigen Köchen mit Feinschmeckermenüs verköstigt. Comfort lehnte jedoch immer wieder ab, bis *Freude am Sex* auf der Bestsellerliste stand und er seine nicht unerheblichen Tantiemen in Großbritannien versteuern mußte, wo die Steuersätze mit zu den höchsten der Welt zählten. Die Möglichkeit, in die Vereinigten Staaten umzusiedeln, wo die Einkommensteuern erheblich niedriger sind, wurde plötzlich weitaus interessanter.

Comfort verlegte seinen Wohnsitz in das Center und überschrieb ihm den Vertrag für *Freude am Sex*, mit der Klausel, daß er 80% der Tantiemen sowie ein jährliches Stipendium in Höhe von 28000 Dollar* erhielt. Die Vereinbarung funktionierte einige Jahre lang zur Zufriedenheit aller. Comfort schrieb *Mehr Freude am Sex* und andere gelehrte Abhandlungen. Hutchins wiederum schätzte sich glücklich, einen so prominenten Wissenschaftler an seinem Center zu haben.

Doch selbst in irdischen Paradiesen sind Geldprobleme unausweichlich. Der sybaritische Lebensstil der Bewohner und Mitarbeiter des Centers war teuer, und die Kosten waren weitaus höher als die großzügig bemessenen Mittel, die eine nachsichtige Stiftung in Chicago zur Verfügung stellte. Hutchins war daher gezwungen, die Villa zu schließen und das Center und dessen Mitarbeiter in preiswertere und schmucklosere Quartiere in Chicago zu verlegen.

Comfort war von diesen Veränderungen naturgemäß nicht erbaut. Er hatte sich wohl gefühlt in Santa Barbara und war davon ausgegangen, dort bleiben zu können, solange er wollte. Er weigerte sich umzuziehen und sagte, die Vereinbarung habe den Wohnsitz in der Villa in Santa Barbara eingeschlossen und die Verlegung des Centers nach Chicago stelle einen Vertragsbruch dar. Er verklagte das Center deshalb auf 93 000 Dollar* Tantiemen, 63 000 Dollar* rückständige Zahlungen und 250 000 Dollar* Schadenersatz. Welches Interesse Comfort an der *Freude am Sex* auch gehabt haben mag, sein Interesse am Geld hatte es offensichtlich in keiner Weise geschmälert.

Comforts Fall wurde von einem Bundesbezirksrichter verhandelt, der entschied, daß das Center Comfort tatsächlich im Stich gelassen hatte, und verurteilte es, ihm seine rückständigen Tantiemen auszuzahlen und ihm die Rechte an seinem Buch zurückzugeben. Aber er entschied gegen die Schadenersatzansprüche und warf statt dessen beiden Parteien in mehr als deutlichen Worten vor, einen »schäbigen Pakt« eingegangen zu sein, bei dem »Comfort unaufrichtigerweise behauptet habe, *Freude am Sex* in den Vereinigten Staaten unter der Schirmherrschaft des Centers und unter Benutzung seiner Einrichtungen geschrieben zu haben.... Und das Center habe den Betrug gebilligt.«

Die Comfort-Affäre macht deutlich, daß sich mit Büchern über Sex viel Geld verdienen läßt, und zeigt, daß »Adam Smith« mit seinen Vermutungen über die Motive psychoanalytischer Autoren wohl doch ins Schwarze getroffen hat.

Geld und Schuldgefühle

Von diesen Widersprüchlichkeiten zwischen der offiziellen Position von Psychoanalytikern zum Thema Geld und ihrem allzu menschlichen Verhalten in Geldangelegenheiten erhalten wir nur selten Kenntnis. Die Zweifel, die sie bei uns wecken, werden durch die stetige Flut von Büchern und Zeitungsartikeln ausgeräumt, die uns immer wieder dazu auffordern, glücklich über unsere Sexualität zu sein, und direkt oder indirekt suggerieren, daß wir uns in bezug auf Arbeit und andere geldbezogene Aktivitäten schuldig fühlen sollten.

* Um den entsprechenden Dollarwert für 1990 zu erhalten, die Summe mit 3 multiplizieren.

Diese Sichtweise hat großen Anklang bei der bücherlesenden Öffentlichkeit gefunden und übt einen beträchtlichen Einfluß auf die Einstellung von College- und Universitätsstudenten aus. Die meisten Studenten haben wenig Geld, und es ist für sie eine attraktive Vorstellung, daß diejenigen, die Geld besitzen, Schuldgefühle haben sollten. Sie streiten mitunter vehement ab, daß das Geldmotiv in ihrem Leben eine Rolle spielt oder jemals spielen wird.

Der deutsche Soziologe Helmut Schoeck schrieb, daß ein solches Verhalten durch den Neid hervorgerufen wird, den die Studenten gegenüber jedem empfinden, der über ihnen steht. Sie erwägen ein Leben in Armut – »das Aussteigen aus der Gesellschaft« –, doch dies führt zu ihrer heimlichen Mißgunst auf die Gesellschaftsschicht, die sie aufgegeben haben. Schoeck fuhr fort: »Es gibt einen naheliegenden Weg aus diesem Dilemma, aus diesen ambivalenten Gefühlen: die Glorifizierung selbstgewählter Armut in Gesellschaft der wirklich (oder angeblich) Armen und Unterdrückten, deren Utopie oder geplante soziale Revolution verspricht, daß am Ende keiner mehr in der Lage sein wird, sich ein angenehmes Leben zu leisten.«

Schoeck notierte diese Gedanken zu einer Zeit, als Studenten Hörsäle und Bibliotheken »besetzten« und ihr Studium an den Nagel hängten, um in Kommunen ein Leben in Bescheidenheit zu führen. Ihr Negativismus in bezug auf Geld und bezahlte Arbeit hat sich mittlerweile etwas gelegt, und es ist heute wieder ehrenhaft für Studenten, Volkswirtschaft, Betriebswirtschaft und Finanzwirtschaft zu studieren. Aber es gibt weiterhin viele, die glauben, die einzig sinnvollen Karrieren seien jene, die relativ wenig mit Geld zu tun haben und die Möglichkeit zur Selbsterfahrung und zur Hilfe für andere bieten. Aus diesem Grund studieren sie Fächer, die sie auf Berufe in Bereichen wie Ethnologie, Ökologie, Frauenfragen, Kunst, Sexualtherapie, Sozialpädagogik und Familienberatung vorbereiten.

Viele entscheiden sich für den Lehrerberuf, wo die Aussichten, eine Stelle zu finden, besser sind. Lehrer zu sein ist ein deutlich sichtbarer Weg, Menschen zu helfen, und dies wiederum ist die absolute Antithese zur »Jagd nach dem Geld«. Da der Lehrerberuf bekanntermaßen unterbezahlt ist, kann ihnen niemand ein Interesse am Geld vorwerfen. Sobald sie jedoch ihr Examen und eine Stelle haben, streiken sie selbstverständlich für höhere Gehälter, wie jeder andere auch. Doch während ihrer Ausbildungszeit sind sie von dem Gedanken erfüllt, »zu lernen, wie man Kindern hilft«, und sie können sich nicht vorstellen, in wenigen Jahren mit der Schulbehörde in Streit zu geraten, weil sie eine Gehaltserhöhung von 10% erwarten und ihnen nur 4% zugestanden werden.

Verlierer sind sympathischer als Gewinner

Im Lauf der Jahre habe ich die Einstellung von Studenten zu Geld studiert. In einem Experiment sollten Studenten die Beschreibung eines jungen Mannes namens Smith lesen, der seine Lehrerstelle an einer High-School aufgibt, um als Koordinator für Bürgerrechtsorganisationen in Ghettovierteln zu arbeiten. Nach einem Jahr macht Smith eine Bestandsaufnahme und führt sich die positiven und die negativen Aspekte seines neuen Jobs vor Augen. Er findet seine Arbeit spannend und anregend, aber sehr anstrengend. Er vermißt auch das Unterrichten, sieht seine Familie nur selten und ist besorgt, weil seine Frau von Scheidung spricht. Das Persönlichkeitsprofil des Ex-Lehrers zeigte Einzelheiten dieser Art in einem positiven Licht und ermutigte die Studenten, sich mit ihm zu identifizieren. Am Ende der Beschreibung standen sechs Aussagen, wie »Er ist ein Mensch, den ich gerne besser kennenlernen würde«, »Ich billige seine Motive, die neue Arbeitsstelle anzunehmen« und dergleichen. Hinter jeder Aussage stand eine fünfstufige Bewertungsskala, die von »starker Zustimmung« bis zu »starker Ablehnung« reichte und messen sollte, wie sehr jeder Student Mr. Smith mochte und akzeptierte.

Es gab zwei Formen dieser Kurzbiographie, eine von »Joe Smith«, die andere von »J. Smith«. Beide waren identisch im Wortlaut und in der Aufmachung, mit Ausnahme eines Details: als Joe Smith seinen Arbeitsplatz wechselte, erhöhte sich sein Jahresgehalt um 15000 Dollar (der Betrag stieg in späteren Jahren, um den inflationsbedingten Kaufkraftverlust des Dollars auszugleichen), während J. Smith eine Gehaltssenkung von 5000 Dollar jährlich in Kauf nahm, als er seinen neuen Job antrat. Die beiden Kurzbiographien wurden nach dem Zufallsprinzip ausgeteilt, so daß die Hälfte der Studenten ihre Meinung über Joe Smith, den Gewinner, äußerte und die andere Hälfte über J. Smith, den Verlierer. Die Studenten wußten nicht, daß es zwei Versionen der Personenbeschreibung gab, bis sämtliche Fragebogen zurückgegeben waren.

Nachdem die Fragebogen eingesammelt waren, informierte ich die Studenten über die beiden verschiedenen Versionen und schrieb die unterschiedlichen Bewertungen als Diskussionsgrundlage an die Tafel. Die Analyse der Ergebnisse entsprach im allgemeinen meiner Erwartung, daß Studenten der Psychologie und der Geisteswissenschaften J. Smith, dem 5000-Dollar-Verlierer, mehr Sympathie entgegenbrachten als Joe Smith, dem 15 000-Dollar-Gewinner. In der Welt dieser Studenten waren Menschen, die ein niedrigeres Gehalt in Kauf nahmen, anziehender als solche, die mehr verdienten. Mit anderen Worten, Verlierer waren sympathischer als Gewinner. Studenten anderer Studiengänge waren gewöhnlich ambivalenter in ihrer Haltung, auch wenn Studenten der Betriebs- und Volkswirtschaft dazu tendierten, Joe Smith, den 15 000-Dollar-Gewinner, zu favorisieren.

Das Geldmotiv: nicht erwünscht und nicht beansprucht

Wenn wir Menschen bitten, uns etwas über die möglichen Ziele ihrer Lebensplanung zu erzählen, dann führen sie vermutlich etwas an, das höhere und »edlere« Werte suggeriert als die Ziele von anderen in der gleichen Situation. Insbesondere neigen sie zu der Aussage, daß *andere* glauben, daß Geld wichtig ist, während *sie* meinen, daß es von geringerer Bedeutung ist. Diese Tendenz offenbarte sich in einer Studie, die Ronald J. Burke durchführte, der College-Studenten bat, verschiedene Berufsmerkmale nach ihrer Bedeutung für sie selbst und für andere einzustufen. Die Auswertung ihrer Antworten ergab, daß sie der Auffassung waren, andere Menschen würden ein »gutes Gehalt« am wichtigsten finden, während dies für sie selbst nicht zutraf. Männer sagten, daß »Aufstiegsmöglichkeiten« für sie der wichtigste Faktor seien, während Frauen äußerten, daß die »berufliche Herausforderung« die höchste Priorität habe.

Als ich den Fragebogen von meinen eigenen Studenten ausfüllen ließ, gaben sie wie Burkes Versuchspersonen an, daß andere Menschen Geld für den wichtigsten Aspekt hielten, es in ihrem Denken jedoch eine zweitrangige Bedeutung habe. Die Tendenz zu denken, daß Geld für andere wichtiger ist als für einen selbst, ist vermutlich überall vorhanden, denn ich erhielt ähnliche Ergebnisse, als ich die Fragebogen von älteren Mitbürgern, die an einem Erwachsenenbildungskurs teilnahmen, ausfüllen ließ.

Vermutlich ist für uns die Vorstellung normal, daß *wir* mehr als andere mit wünschenswerten menschlichen Eigenschaften, darunter ein gutes Urteilsvermögen, ausgestattet sind. Was uns die Studenten also sagten, war, daß ihr besseres Urteilsvermögen dazu führte, daß sie die finanzielle Gegenleistung an die zweite oder dritte Stelle bei den Berufsmerkmalen setzten, die sie sich für ihre eigene Person wünschten. Die Tatsache, daß sie anderen unterstellten, Geld höher zu bewerten, war ein indirekter Beweis für seinen geringeren Wert für die Studenten, die die Einstufung vornahmen.

Geld als »korrumpierender Einfluß« und »Obszönität«

Wie kommen College-Studenten zu ihrer Haltung gegenüber Geld? Ihre Einstellungen gehen auf verschiedene Urheber zurück – Eltern, Freunde und Medien –, aber eine wichtige Einflußquelle während ihrer College-Zeit ist die Anschauung, die Professoren vermitteln. Demgemäß stellte ich zwölf Aussagen zusammen, von denen sechs eine positive Einstellung zu Geld widerspiegelten (wie etwa »Geld ist für das Funktionieren jeder modernen Gesellschaft absolut notwendig«) und sechs eine negative Einschätzung zum Ausdruck brachten (wie etwa »Geld korrumpiert alles, mit dem es in Berührung kommt«, und »Geld ist die ultimative Obszönität«).

Der Fragebogen mit den zwölf Aussagen wurde etwa einhundert Universitätsprofessoren in ihr Postfach gelegt. Jeder Professor wurde gebeten, den Grad seiner Zustimmung oder Ablehnung zu den Ansichten, die in jeder Aussage zum Ausdruck kamen, anzugeben.

Die Auswertung zeigte, daß die meisten Professoren bei den positiven Aussagen über Geld eine schwache Zustimmung äußerten und bei den negativen eine schwache Ablehnung zum Ausdruck brachten. Ihr durchschnittlicher Ergebniswert war zweiundvierzig, im Vergleich zu einem völlig neutralen Wert von sechsunddreißig. Mit anderen Worten, insgesamt war ihre Einstellung zu Geld schwach positiv ausgeprägt. In Anbetracht der Tatsache, daß sie aufgrund ihres durchschnittlichen Gehaltes zum oberen Fünftel der Verdiener in den USA gehörten, mag man sich vielleicht fragen, weshalb ihre Einstellung zu Geld nicht positiver war.

Der genannte durchschnittliche Ergebniswert bringt jedoch einige interessante Gesichtspunkte der Überzeugung der Professoren nicht zum Ausdruck. Über die Hälfte der Befragten lehnte die Vorstellung ab, daß Geld einen positiven Beitrag zum menschlichen Wohlergehen leiste, und ein Drittel meinte, daß Geld menschliche Beziehungen zwangsläufig verschlechtere. Einer unter sechs Professoren hatte eine durchweg negative Beziehung zum Geld und stimmte Aussagen zu wie »Geld ist die Wurzel allen Übels« und »Die meisten pathologischen Probleme der Welt würden entweder durch Geld verursacht oder verstärkt«.

Bei einhundert Studenten erbrachte der gleiche Fragebogen einen Durchschnittswert von vierzig, was sich kaum von dem Ergebnis der Professoren unterschied, aber dennoch eine etwas negativere Haltung gegenüber Geld zeigte.

Die Studien waren nicht repräsentativ, aber sie zeigten, daß eine negative Bewertung von Geld bei College-Studenten und Professoren recht weit verbreitet ist. Die Resultate stimmen außerdem mit unserem generellen Eindruck überein, daß die Einstellung von Intellektuellen zu Geld heute in vielen Fällen von Schuldgefühlen, Feindseligkeit und Ablehnung geprägt ist. Obwohl die Zahl der psychoanalytischen Autoren klein ist, scheint ihr Einfluß auf unser Denken über die Jahre beträchtlich gewesen zu sein.

Wenn wir unbefangen mit unserer Sexualität umgehen, müssen wir dann Schuldgefühle in bezug auf Geld haben?

Womit wir in diesem Zusammenhang konfrontiert werden, ist eine Umkehrung der Werte im Lauf des letzten Jahrhunderts. Während die Viktorianer, wie die Puritaner vor ihnen, Arbeit und Geldmotive als lobenswert und sexuelle Motive als verabscheuungswürdig betrachteten, ist der moderne Trend das genaue Gegenteil. Die Ironie dieser Umkehrung liegt in der Tatsache, daß man in der heutigen Welt ohne Geld kaum leben kann. Die Ansicht, die viele Menschen vertreten – daß das Streben nach Sex weitaus wichtiger ist als das Streben nach Geld –, ist nur durch eine Unterdrückung monetärer Bedürfnisse möglich, die der Verdrängung sexueller Bedürfnisse in Viktorianischer Zeit entspricht. Immer wieder gibt es einige verwegene Rechtgläubige, die ein Gemeinschaftsexperiment starten, um zu demonstrieren, daß das Streben nach Sex lebenswichtig ist, das Streben nach Geld aber nicht. Einige dieser Experimente dauern nur so lange, bis den Beteiligten das Geld ausgeht (offenbar scheint einem Sex niemals auszugehen). Andere halten sich nur, weil die finanziellen Bedürfnisse durch Beiträge von Verwandten und Freunden sowie durch Essensgutscheine und Sozialhilfeschecks gedeckt werden.

Vieles deutet darauf hin, daß die Haltung der Gesellschaft zur Sexualität in den letzten Jahrzehnten eine Kehrtwende um 180 Grad vollzogen hat. So hat es beispielsweise in den vergangenen dreißig Jahren einen stetigen Anstieg von Geschlechtskrankheiten gegeben, und der Prozentsatz von unehelichen Kindern ist hoch und nimmt beständig zu.*

Es besteht kein Zweifel, daß »das Herauslassen der Sexualtität« Auswirkungen auf psychische Erkrankungen hatte. Die klassischen neurotischen Symptome, die mit sexueller Inhibition verbunden sind, finden sich heute nur selten, und klinische Mediziner haben kaum noch mit Fällen von völliger sexueller Verdrängung und Hysterie zu tun, die Freuds Ruf begründeten. Mit Sicherheit haben Sexkliniken stark zugenommen, aber ihre Klienten sind in erster Linie an der Verbesserung ihrer sexuellen Ausdrucksfähigkeiten interessiert, und Phobien, Hysterie, übermäßige Schuld und andere sexualbezogene Symptome spielen nur eine untergeordnete Rolle.

Die meisten der Fälle, die Psychotherapeuten heute behandeln, haben mit Selbstvertrauen, Selbstwertgefühl und Sozialkompetenz zu tun. Es ist naheliegend, daß solche Probleme eher Geld als Sexualität beinhalten. Geld trägt immerhin dazu bei, Statusunterschiede zu schaffen und aufrechtzuerhalten. Es liegt im Wesen des Systems, daß jeder von uns in der Hierarchie niedriger steht als jemand anderes. Über solche Dinge nachzugrübeln ist dem Selbstwertgefühl kaum dienlich.

Die Tatsache, daß wir dem Geldmotiv unausweichlich ausgesetzt sind, macht uns jedoch für Manipulationen anfällig. Geld läßt sich als Köder oder Anreiz benutzen, als Möglichkeit, große Erwartungen zu wecken. Das Geldmotiv läßt uns vielleicht nicht zu Wachs in den Händen des Manipulators werden, doch man kann nicht bestreiten, daß es ihm einen erheblichen Vorteil verschafft.

---

* Die *Statistical Abstracts of the United States*, die vom *U.S. Bureau of the Census* herausgegeben werden, verzeichnen einen Anstieg der Gonorrhöe-Erkrankungen von 145 pro 100 000 Einwohner im Jahr 1955 auf 312 im Jahr 1987. Gleichzeitig stieg der Prozentsatz an Geburten bei ledigen Müttern von unter 5% im Jahr 1955 auf 23% im Jahr 1986.

Im folgenden Kapitel wollen wir untersuchen, wie man Menschen mit Hilfe von Geld dazu bringen kann, Dinge zu tun, an denen sie sonst kaum Interesse hätten. Und wir wollen uns mit der überraschenden Erkenntnis befassen, daß eine kleine Geldsumme größere Überzeugungskraft besitzt als eine große.

Geld, der Motivator

10

> Gegen die beredte Macht des Geldes sind Worte nutzlos.
> *Erasmus von Rotterdam*

> Alle Dinge gehorchen dem Gelde.
> *Chaucer*

> Schulden: ein genialer Ersatz für die Kette und Peitsche des Sklaventreibers.
> *Ambroise Bierce*

Trotz vorübergehender oder länger andauernder »Fehltritte« reagieren die meisten von uns positiv auf Geld. Wir alle machen die Erfahrung, daß der Erhalt, der Besitz und der Gebrauch von Geld positive Empfindungen wecken, eine Feststellung, die durch die negativen und bedrückenden Assoziationen, die ein Mangel an Geld hervorruft, noch verstärkt werden. Zu den positiven Assoziationen gehört, für getane Arbeit entlohnt zu werden, Geld zu benutzen, um Familie und Freunde zu erfreuen und es für gewünschte Waren und Leistungen auszugeben. Dieser Einsatz von Geld vermittelt uns ein Gefühl von Macht, Zufriedenheit und Autarkie. Zu den negativen Assoziationen gehört, Geld zu verlieren, unterbezahlt zu werden, nicht in der Lage zu sein, geliebten Menschen und Freunden in Not zu helfen, Schulden nicht zurückzahlen zu können und nicht genügend Geld für gewünschte Waren und Leistungen zu besitzen. Durch solche Einsichten fühlen wir uns machtlos, hilflos und unzulänglich.

Psychologisch gesehen haben uns diese Erfahrungen so *konditioniert*, daß wir auf die Perspektive, Geld zu bekommen oder zu haben, positiv reagieren, und auf die Aussicht, Geld zu verlieren oder zu wenig Geld zu haben, negativ.

In vielen Fällen bewegt sich unser erlerntes Verhalten gegenüber Geld außerhalb der normalen Bewußtseinsebenen. Wir sind uns seiner Wirkung auf uns ebenso wenig bewußt wie darüber, was uns dazu bringt, vom Gaspedal auf die Bremse zu treten und umgekehrt, wenn wir mit dem Auto auf einer belebten Straße entlangfahren. Bei den meisten Aktivitäten richten wir unsere Aufmerksamkeit auf das, was momentan von größtem Interesse ist, und Dinge, die nachhaltig erlernt wurden, wie Einstellungen zu Geld und der Gebrauch unseres rechten Fußes beim Autofahren, werden ignoriert.

Geld als »Verstärker«

Die allgemeine Nichtbeachtung der Wirkungen unserer Geldmotive – und auch die Nützlichkeit von Geld als Verstärker – läßt sich einfach im psychologischen Labor demonstrieren. Bei einem Experiment sollten College-Studenten eine Reihe von Themen diskutieren. Während sie redeten, gab ihnen der Experimentator jedesmal ein Fünfcentstück, wenn sie ein affirmatives Wort, wie »ja« oder »zustimmen« benutzten. Die Folge war, daß die Studenten mehr affirmative Wörter gebrauchten.

Als man die Studenten nach einiger Zeit fragte, ob sie wüßten, wofür sie bezahlt würden, mußten sie dies verneinen. Es war ihnen weder bewußt, daß sie für das Äußern affirmativer Wörter belohnt wurden, noch daß sie solche Wörter häufiger benutzt hatten (Koffer, Coulson, & Hammond).

Das bei diesem Experiment von den Psychologen eingesetzte Verfahren wird als »Verstärkung« bezeichnet, weil das, was der Experimentator mit der Versuchsperson macht – in diesem Fall, ihr ein Fünfcentstück zu geben –, das vorangegangene Verhalten »verstärkt«. Durch eine solche Maßnahme erhöht sich die Wahrscheinlichkeit, daß die Versuchsperson das Verhalten wiederholt. Wie bereits erwähnt, sind wir durch die Erfahrungen unseres Lebens so programmiert, daß wir positiv auf Geld reagieren. Es symbolisiert persönliche Belohnung und die Anerkennung durch andere. Somit ist der Erhalt einer unbedeutenden Summe angenehm, und wir möchten die Erfahrung wiederholen.

Noch ein weiterer Punkt ist von Bedeutung. Es war nicht nötig, die Versuchspersonen *jedesmal* zu bezahlen, wenn sie eines der Schlüsselworte benutzten. Sie bekamen das bestärkende Fünfcentstück für jedes *dritte* affirmative Wort. Diese Vorgehensweise heißt bei Psychologen *partielle oder intermittierende Verstärkung*, eine Methode, die erwiesenermaßen zu besseren Ergebnissen führt als eine *kontinuierliche Verstärkung*. Die Experimentatoren hätten möglicherweise noch bessere Resultate erhalten, wenn sie die Verstärkung nicht in festen, sondern in variablen Intervallen eingesetzt hätten. Die Wirksamkeit einer intermittierenden Verstärkung in variablen Intervallen ist den Betreibern von Spielcasinos seit langem bekannt. Die Aussicht auf Geld beflügelt Spieler mehr als Geld an sich.

Als die Waldbesucher tatsächlich für Sauberkeit sorgten

Die Wirksamkeit der intermittierenden Verstärkung wurde in einem Feldexperiment demonstriert, bei dem ein Psychologenteam der US-Forstverwaltung half, mit einem Müllproblem fertig zu werden. Die Forstverwaltung war besorgt über die wachsenden Mengen an Müll, die Besucher in unbeaufsichtigten Waldgebieten zurückließen. Man hatte versucht, der Schwierigkeit in der üblichen Weise zu begegnen – und Schilder aufgestellt, die Camper und Picknicker aufforderten, ihren Abfall zu ausgewiesenen Müllsammelplätzen zu bringen. Diese Hinweistafeln mit den üblichen Appellen an das Gewissen, den persönlichen Stolz und den Altruismus der Besucher hatten wenig Erfolg.

Die Psychologen schlugen eine andere Vorgehensweise vor. In einem Waldgebiet wurden Schilder aufgestellt, die den Waldbesuchern für jeden Beutel Müll, den sie bei der Forstzentrale abgaben, 25 Cent versprachen; in einem anderen Gebiet offerierten die Anschläge für jeden Müllbeutel ein Los für eine 20-Dollar-Lotterie. Die Anschläge sagten nichts über den Ursprung des Mülls aus, und es war klar, daß ein Besucher auch den Müll anderer Waldbenutzer einsammeln konnte und von der Zentrale das Geld oder das Los erhielt.

Nur jeweils vier von tausend Besuchern nahmen die Angebote an, aber diese wenigen waren so begeistert bei der Sache, daß es zu einer sichtbaren Müllreduzierung in den Waldgebieten kam.

Eine Auswertung der Ergebnisse zeigte, daß die Lotteriemethode das billigere der beiden Verfahren war: Sie erzielte mehr geleistete Arbeit zu niedrigeren Kosten. Eine intermittierende und unbestimmte Verstärkung, die Erwartungen weckte, war also wirkungsvoller als eine kontinuierliche Verstärkung. Die Gewinner der Lotterie bekamen das Geld; die Bemühungen der Verlierer wurden durch die Hoffnung auf einen Gewinn aufrechterhalten (Powers, Osborne & Anderson).

Menschen für etwas bezahlen, was sie ohnehin tun sollten

Sicherheitsexperten sind sich darüber einig, daß Autofahrer Gurte anlegen sollten, selbst bei kurzen Fahrten, aber Gesetze zur Anschnallpflicht haben in den Vereinigten Staaten nur begrenzten Erfolg gehabt. In Massachusetts beispielsweise führte eine gesetzliche Gurtpflicht zu erheblichem Widerstand. Sieben Monate nachdem die Wähler das Gesetz wieder außer Kraft gesetzt hatten, zeigte eine Studie, daß der Prozentsatz von Autofahrern, die sich anschnallten, nun noch niedriger war als vor Inkrafttreten des Gesetzes (Horn).

Autofahrer davon zu überzeugen, Sicherheitsgurte anzulegen, ist aus verschiedenen Gründen schwierig. Viele betrachten die Gurtpflicht als einen Eingriff in ihre persönliche Freiheit und Privatsphäre. Autofahrer weigern sich auch, ihr herkömmliches Verhalten hinter dem Steuer zu verändern. In ihren Augen lassen sich alte Gewohnheiten nur schwer ablegen. Drittens hat die vorherrschende Sitte, ohne Sicherheitsgurt zu fahren, die Wirkung einer anerkannten sozialen Norm und übt als solche einen starken Einfluß auf das Verhalten von Autofahrern aus, die sich sonst vielleicht für das Anlegen des Sicherheitsgurtes entscheiden würden.

Aufklärungsprogramme scheinen in diesem Zusammenhang nur wenig Erfolg und Überzeugungskraft zu haben. So führten Informationsveranstaltungen zum Thema Sicherheitsgurt in einem pharmazeutischen Betrieb zwar dazu, daß weitaus mehr Angestellte im Auto den Gurt anlegten, doch sank die Zahl wieder drastisch, nachdem die Veranstaltungsreihe abgeschlossen war. Ein weniger direktes, psychologisch raffinierteres Verfahren schien nötig zu sein, um die Belegschaft von der Notwendigkeit des Anschnallens zu überzeugen. Die für die Kampagne zuständigen Psychologen schlugen daher eine Strategie mit variabler Belohnung und Bargeld als Anreiz vor, ein Verfahren, das auch nach Beendigung des Projektes fortgeführt werden konnte.

In den ersten drei Wochen des Projektes beobachteten die Psychologen die Angestellten, wenn sie morgens auf das Betriebsgelände fuhren und es nachmittags verließen. Dabei zeigte sich, daß durchschnittlich 32% der Betriebsangehörigen angeschnallt waren. Dann hängten die Psychologen überall im Betrieb Mitteilungen auf, die ein »Sicherheitsgurt-Gewinnspiel« ankündigten, das nach folgenden Regeln ablief: jedesmal, wenn ein Mitarbeiter angeschnallt auf das Betriebsgelände fuhr oder es verließ, wurde seine Autonummer notiert, und er nahm an einer wöchentlichen Geldverlosung teil. Betrug der Prozentsatz an angeschnallten Mitarbeitern 30% oder weniger, wurden 30 Dollar verlost, lag er darüber, wurden bis zu 100 Dollar ausgespielt. Am Ende jeder Woche wurden überall im Betrieb Tafeln aufgestellt, auf denen jeweils die Autonummer des Gewinners, der durchschnittliche Prozentsatz angeschnallter Fahrer und die Höhe des Geldgewinnes standen.

In den zehn Wochen, in denen das Spiel lief, waren durchschnittlich 53% der Belegschaft angeschnallt, doch fiel der Prozentsatz während der darauffolgenden sechs Wochen wieder auf 37%. Diese Zahl lag aber dennoch 5% über den 32% der Beobachtungsphase, die vor dem Spiel stattgefunden hatte. Als das Anschnallverhalten nach sechs Monaten erneut überprüft wurde, hatte es sich auf 38% stabilisiert (Cope, Smith und Grossnickle).

Das Verstärkungsverfahren, das von dem betreffenden Psychologenteam eingesetzt wurde, beinhaltete zwei Arten von Anreiz. Einzelne Autofahrer wurden dazu gebracht, sich anzuschnallen, weil sie hofften, den wöchentlichen Geldpreis zu gewinnen. Die Aussicht, ohne finanziellen Einsatz etwas gewinnen zu können, machte das Spiel zusätzlich attraktiv. Da die Gewinnchancen eines Autofahrers jedoch nur bei etwa zehntausend zu eins lagen, bedurfte es eines weiteren Anreizes für die Teilnahme. Um den Prozentsatz an angeschnallten Fahrern zu erhöhen, stieg der Geldgewinn deshalb unter bestimmten Voraussetzungen. Die Spielregeln waren so gestaltet, daß sich der Geldbetrag für den Gewinner durch die gemeinsame Anstrengung der Mitarbeiter erhöhte. Die angestrebte Kooperation wurde zusätzlich durch Schilder gefördert, die man zur Wochenmitte aufstellte und die verkündeten: »Wir haben es beinahe geschafft. Fast 61% sind angeschnallt. Weiter so.« (Bei 61% stieg der wöchentliche Gewinn von 50 Dollar auf 100 Dollar.) Sobald das Ziel erreicht war, hieß es auf den Schildern: »Wir haben's geschafft. Letzte Woche waren 61% angeschnallt. Weiter so.«

Der Erfolg, den die Psychologen mit ihrem Experiment erzielten, beruhte auf ihrer Manipulation sozialer Appelle (die Firmenmitarbeiter zur Kooperation und zur Unterstützung der erwünschten Verhaltensnorm zu bringen) und dem Einsatz eines angemessenen finanziellen Anreizes. Beide Elemente sind bei jedem Versuch, das Verhalten einer Gruppe zu verändern, nötig: die sozialen Bedingungen müssen günstig sein, und der monetäre Anreiz muß von den Gruppenmitgliedern als angemessen betrachtet werden, das heißt interessant und lohnenswert.

Geld als bedingte Belohnung

Als unsere Tochter zur High-School ging, beschwerte sie sich, daß ihre Klassenkameraden von ihren Eltern für jede Eins im Zeugnis einen Dollar bekamen, während sie lediglich ein paar freundliche Worte erntete. Wir waren selbstverständlich der Meinung, daß schulische Leistungen ihr eigener Lohn sein sollten und daß Eltern, die diese mit Geld belohnten, die falsche Botschaft vermittelten.

Was die anderen Eltern – aus psychologischer Sicht – taten, war eine Art »bedingte Verstärkung«, das heißt Belohnungen, die von einer bestimmten Verhaltensweise ihrer Kinder abhängig waren – Einsen zu bekommen.

Eine bedingte Verstärkung kann einen großen Einfluß auf das Verhalten haben, insbesondere wenn Experimentatoren versuchen, Menschen von festen Gewohnheiten abzubringen, wie beispielsweise dem Rauchen. Maxine L. Stitzer und George E. Bigelow führten eine Studie durch, bei der sie chronischen Rauchern Geld und kostenlose Zigaretten anboten, wenn sie an einem zweiwöchigen Experiment teilnahmen. In welchem Maß die Teilnehmer die von den Experimentatoren festgesetzten Ziele erreichten, wurde durch das Messen der Kohlenmonoxydkonzentration in ihrer Atemluft ermittelt. (Der Kohlenmonoxydgehalt zeigt das Raucherverhalten während der letzten Stunden: je höher die Konzentration, desto größer die Anzahl der gerauchten Zigaretten.) Die freiwilligen Teilnehmer an dem Experiment rauchten durchschnittlich dreißig Zigaretten am Tag, und die CO-Konzentration in ihrer Atemluft lag im Durchschnitt bei 40 ppm (parts per million).

Alle Personen, die an der Studie teilnahmen, erhielten für ihre Mitarbeit eine feste Geldsumme, doch offerierte man jenen in den Experimentalgruppen zusätzliche Belohnungen, wenn sie ihren CO-Gehalt auf einen bestimmten Wert senkten. Die Messung ihrer Atemluft erfolgte jeden Nachmittag, und alle, die den festgesetzten CO-Wert erreichten, bekamen 5 Dollar bar auf die Hand. Die Mitglieder der

Kontroll- oder Vergleichsgruppe drängte man – wie die anderen – dazu, weniger zu rauchen, um den angestrebten CO-Wert zu erreichen, doch erhielten sie im Erfolgsfall keine Geldbelohnung.

Die Auswertung der Ergebnisse zeigte, daß jene Teilnehmer, denen man Belohnungen versprochen hatte, den CO-Gehalt in ihrer Atemluft auf durchschnittlich 18 ppm senkten, während die Kontrollgruppe, die nicht belohnt wurde, einen erheblich höheren Durchschnittswert von 33 ppm aufwies. Die Mitglieder der mit Geld belohnten Gruppen senkten ihren täglichen Zigarettenkonsum um 60%, die Kontrollgruppe dagegen nur um 30%.

Diese Ergebnisse zeigen, daß sich bereits die bloße Teilnahme an dem Experiment auf den Zigarettenkonsum auswirkte, daß aber Teilnahme plus finanzielle Belohnung zu weitaus beeindruckenderen Ergebnissen führte.

Während diese Studie das Ziel hatte, daß die Teilnehmer ihren Zigarettenkonsum einschränkten, versuchten die Experimentatoren eines Folgeexperimentes, Raucher dazu zu bringen, gänzlich mit dem Rauchen aufzuhören. Bei den Teilnehmern des zweiten Experimentes wurde die Atemluft eine Woche lang dreimal täglich gemessen, und sie erhielten entsprechende Belohnungen, wenn sich der CO-Gehalt verringert hatte. Am Ende dieser Phase bot man ihnen zusätzlich 12 Dollar für jeden Tag, an dem sie nicht rauchten. Zwei Drittel der Teilnehmer erklärten sich dazu bereit, und sie und die übrigen Experimentteilnehmer wurden in den folgenden zwei Wochen dreimal täglich auf ihren CO-Gehalt in der Atemluft untersucht.

Die Analyse der CO-Werte während dieser zwei Wochen zeigte, daß diejenigen, die sich bereit erklärt hatten, dem Rauchen zu entsagen, etwa 80% der Zeit tatsächlich nicht rauchten. Die tägliche Belohnung von 12 Dollar erwies sich also als wirkungsvoller Anreiz. Selbst die Werte der übrigen Teilnehmer zeigten, daß sie ihren Zigarettenkonsum während der zwei Wochen drastisch eingeschränkt hatten, was darauf hindeutet, daß allein die Teilnahme an einem Experiment ein gewohnheitsmäßiges Verhalten verändern kann.

Als das Experiment beendet war, kam es jedoch zu dem unvermeidlichen Rückschlag. Eine Untersuchung, die drei Wochen später durchgeführt wurde, zeigte, daß nur vier Personen (17%) der Abstinenzlergruppe das Rauchen aufgegeben hatten, doch die meisten der anderen Teilnehmer ihren Zigarettenkonsum erheblich eingeschränkt hatten, zumindest während des Tages. Selbst bei denjenigen, die am stärksten rückfällig wurden, zeigte sich eine gewisse Verbesserung, denn ihre CO-Werte lagen 16% unter ihren Basiswerten, die zu Beginn des Experimentes ermittelt worden waren (Stitzer, Rand, Bigelow und Mead).

Die Experimente zur Kontrolle des Rauchens durch eine bedingte Verstärkung deuten auf Möglichkeiten hin, wie sich auch anderes Suchtverhalten überwinden lassen könnte, doch muß eine Reihe spezieller Voraussetzungen gegeben sein, bevor man auf Erfolge hoffen kann. Die erste und wichtigste Voraussetzung ist der Wunsch, frei von der Sucht zu sein – nicht bloß der geäußerte Wunsch, kuriert zu werden, sondern ein starkes Bedürfnis, die Sucht zu besiegen. Die Personen, die ihren Zigarettenkonsum bei dem gerade beschriebenen Experiment am stärksten einschränkten oder ganz mit dem Rauchen aufhörten, sagten den Experimentatoren bereits im Eingangsgespräch, daß sie vorhätten, das Rauchen einzustellen.

Auch die soziale Umwelt muß unterstützend wirken. In dem oben beschriebenen Experiment kam dieser Beistand von den Experimentatoren, die die Belohnungen aushändigten, und von anderen Teilnehmern an der Studie. Damit ein Programm Erfolg hat, muß es über einen sehr langen Zeitraum laufen und nicht nur über zwei oder drei Wochen, wie dies für Experimente typisch ist. Nur wenn alle diese Voraussetzungen erfüllt sind, können die relativ kleinen Geldbeträge, die als Anreiz eingesetzt werden, ausreichend wirkungsvoll sein, um Menschen von den Suchtmitteln, die sie benutzen, und dem Lebensstil, der ihr Verhalten bewirkt, abzubringen.

Geld und Gemütslage

Wie wir in den vorhergehenden Abschnitten ausgeführt haben, kann Geld einen starken Einfluß auf die Emotionen und Motive von Menschen ausüben, indem es das Äußern ihres Geschlechtstriebes verhindert oder fördert. Einige wissenschaftliche Untersuchungen zeigen, daß sich andere Motivationsmuster durch sehr kleine Geldsummen beeinflussen lassen.

Zwei Psychologen aus Pennsylvania, Alice Isen und Paula Levin, führten eine Studie durch, die sich eines ähnlichen Verfahrens bediente wie das in Kapitel 4 erläuterte Experiment, bei dem Personen zugaben oder nicht zugaben, in einer Telefonzelle ein Zehncentstück gefunden zu haben (Bickman). Isen und Levin waren nicht an der Ehrlichkeit der Befragten interessiert, sondern daran, welchen Einfluß das Finden eines Zehncentstückes auf ihr anschließendes Verhalten hatte. Bei der Hälfte der Experimentdurchgänge legten sie ein Zehncentstück in das Geldrückgabefach eines öffentlichen Fernsprechers; in den übrigen Fällen befand sich kein Geld darin. Als die einzelnen Telefonbenutzer aus der Telefonzelle kamen, ließ eine Mitarbeiterin der Experimentatoren ganz in ihrer Nähe »versehentlich« eine Aktenmappe mit Papieren fallen. Beinahe alle (88%) der Personen, die ein Zehncentstück gefunden hatten, halfen der Frau beim Aufheben ihrer Papiere, aber praktisch keiner (4%) von denen, die kein Zehncentstück gefunden hatten, bot seine Hilfe an.

Diese Ergebnisse deuten darauf hin, daß das Finden des Zehncentstückes eine angenehme Überraschung war, die den Betreffenden in die Stimmung versetzte, der Frau beim Aufsammeln ihrer Schriftstücke zu helfen. Vielleicht verspürt eine Person, die unverhofft Glück hat, für einen kurzen Augenblick das Gefühl, daß sie dieser angenehmen Fügung etwas schuldet, und sie hilft deshalb »zum Ausgleich« jemandem in Not.

Obwohl die Versuchspersonen nicht zu ihrer Motivation befragt wurden, erscheint es recht wahrscheinlich, daß für sie keine bewußte Verbindung zwischen dem Zehncentstück, das sie gefunden hatten, und ihrer Hilfsbereitschaft bestand. Wie wir bereits bei dem Experiment mit den verstärkenden Fünfcentstücken angemerkt haben, können kleine Geldbeträge einen erheblichen Einfluß auf die Handlungen von Menschen haben, ohne daß sie sich dessen bewußt sind.

Geld und Gemütslage per Post

Die Feststellung, daß Menschen durch den unerwarteten Erhalt einer kleinen Geldsumme in eine gute Stimmung versetzt werden, haben Versender von Fragebogen praktisch umgesetzt. Rund vierzig Studien haben gezeigt, daß sich die Rücklaufquote von Fragebogen erheblich vergrößert, wenn den Anfragen etwas Geld beiliegt.

Bei einer Studie verschickten Wissenschaftler Fragebogen an etwa 500 Bibliothekare in Arizona und baten um Auskünfte über ihre Bestände von Büchern in spanischer Sprache. Der Hälfte der Fragebogen lag ein Dollar bei, als »kleine Anerkennung für Ihre Mitarbeit«. Da Bibliothekare solchen Erhebungen im allgemeinen sehr aufgeschlossen gegenüberstehen, war es nicht überraschend, daß 59% der angeschriebenen Personen, die keine Belohnung erhielten, den Fragebogen ausfüllten und zurückschickten – etwa doppelt so viele, wie bei anderen Berufsgruppen zu erwarten wäre, die weniger für eine Zusammenarbeit motiviert sind. Bei jenen, die als Belohnung einen Dollar erhielten, betrug die Rücklaufquote jedoch 80%. Anders gesagt, der Prozentsatz der Nichtantworter in der Gruppe, die keine Belohnung erhielt (41%), war mehr als doppelt so hoch wie der Prozentsatz in der belohnten Gruppe (20%) (Hopkins, Hopkins, und Schon).

Im Rahmen einer zweiten Untersuchung wurden 600 Fragebogen an Personen verschickt, die man willkürlich aus den Telefonbüchern von Chicago und Phoenix ausgewählt hatte. Es wurden sechs verschiedene Verfahren ausprobiert, jedes bei einhundert Adressen. Eine Gruppe erhielt eine 25-Cent-Münze; die zweite Gruppe einen Scheck über 25 Cent; die dritte eine Zahlungsanweisung über 25 Cent; die vierte das Versprechen, daß unter all denen, die den Fragebogen ausfüllten und bis zu einem bestimmten Datum zurückschickten, ein Geldpreis von 25 Dollar aufgeteilt werde; die fünfte das Versprechen, daß jeder, der den Fragebogen bis zu einem bestimmten Datum zurückschickte, an der Verlosung von 25 Dollar teilnehmen würde; und die sechste, die Kontrollgruppe, erhielt keinen Anreiz.

Bei der Kontrollgruppe betrug die Rücklaufquote der ausgefüllten Fragebogen 37%. Ähnliche Prozentzahlen waren bei den Angeschriebenen zu verzeichnen, die den Scheck und die Zahlungsanweisung erhalten hatten, während die beiden Versprechen des anteiligen oder des kompletten 25-Dollar-Gewinnes zu einer Rücklaufquote von 33% beziehungsweise 30% führten. Die 25-Cent-Münze dagegen erbrachte eine Rücklaufquote von 50%, das beste Ergebnis der sechs unterschiedlichen Verfahren.

Bei kleinen Geldbeträgen scheint nur tatsächliches Geld – nicht die symbolischen Verkörperungen von Geld (Scheck oder Zahlungsanweisung) oder die Aussicht auf eine Auszahlung oder einen Gewinn – genügend »Aktivationskraft« zu besitzen, um die weit verbreitete Abneigung gegen Fragebogen zu überwinden (Donmeyer).

Wer bei Fragebogenaktionen die maximale Rücklaufquote erreichen will, aber feststellt, daß die Kosten seine finanziellen Möglichkeiten übersteigen, kann die 25-Cent-Münze auch nur dem Erinnerungsbrief beilegen, der an all jene verschickt wird, die den ersten Aufruf ignoriert haben; die Erfahrung zeigt, daß eine solche Strategie etwa die Hälfte der Kosten einspart, ohne daß die Rücklaufquote beeinträchtigt wird (Huck & Gleason). Und zwei andere Forscher stellten fest, daß auch ein 10-Cent-Stück, das dem Fragebogen beiliegt, beinahe so gut wie ein 25-Cent-Stück funktioniert, selbst bei hoch dotierten Geschäftsleuten (Pressley und Tuller).

Weshalb veranlaßt ein armseliges 10- oder 25-Cent-Stück vielbeschäftigte Menschen, ihre Arbeit zu unterbrechen, um einen Fragebogen auszufüllen?

Es gibt verschiedene Erklärungsmöglichkeiten. Geld hat, wie bereits erwähnt, eine aktivierende Wirkung mit einem angenehmen Beigeschmack. Ein bißchen Geld zu finden versetzt uns in gute Laune. Wir sind dermaßen auf eine positive Reaktion auf Geld konditioniert, daß uns selbst der Erhalt einer kleinen Summe freut und wir geneigt sind, das zu tun, worum uns andere bitten.

Überraschung oder Schock ist eine zweite Erklärung. Wir erwarten im allgemeinen keine ungebetenen Geldgeschenke, wenn wir unsere Post öffnen. Die ungewöhnliche Art der Erfahrung führt dazu, der Bitte, die mit dem Geld verbunden ist, mehr Aufmerksamkeit als üblich zu schenken. Unsere Neugier und unser Interesse werden geweckt, und wir lesen auf einmal den Fragebogen und füllen ihn aus, statt ihn wegzuwerfen, wie wir dies sonst getan hätten.

Diese Erklärungen schließen sich nicht gegenseitig aus: sie können auch beide zutreffen, zusammen mit der komplizierteren Erklärung, die wir im nächsten Abschnitt erläutern wollen und die im Psychologenjargon *kognitive Dissonanz* heißt.

Kognitive Dissonanzmanipulationen: mehr für weniger bekommen

Die Theorie der kognitiven Dissonanz ist der Versuch, bestimmten Handlungen, die unlogisch erscheinen, einen Sinn zuzuweisen. In der Art von Situation, die diese Theorie abdeckt, erkennen Personen eine Unvereinbarkeit oder »Dissonanz« zwischen einigen ihrer Handlungen oder inneren Verpflichtungen. Diese Dissonanz ist unangenehm, und die Person unternimmt zumeist Schritte, mentaler oder anderer Art, um sie zu beseitigen oder zu verringern. Das sich daraus ergebende Verhalten erscheint dem Beobachter oftmals unlogisch, der betreffenden Person dagegen durchaus vernünftig und angemessen.

Die klassische Studie zur kognitiven Dissonanz wurde von Leon Festinger und J. Merrill Carlsmith von der Stanford University durchgeführt. Ihre Untersuchung unterscheidet sich in mehreren Punkten von den Experimenten, die wir bisher angeführt haben. Erstens gab man den Versuchspersonen Geld nicht ohne eine Erklärung oder als uneingeschränktes Geschenk, sondern es fungierte als Bestechungsgeld, um eine Lüge zu erzählen. Zweitens versuchten die Wissenschaftler nicht, das Verhalten der Probanden zu bestärken oder sie in gute Laune zu versetzen. Ihre Absicht war es vielmehr, ein manipulatives, machiavellistisches Spiel mit der »Motivationsstruktur« der Versuchspersonen zu treiben. Drittens waren die Experimentatoren nicht an dem interessiert, was die Versuchspersonen taten, sondern daran, was sie über sie und die gestellte Aufgabe dachten.

Jeder Student, der sich freiwillig zur Teilnahme an dem Experiment gemeldet hatte, verbrachte zunächst eine volle Stunde damit, Stifte auf einem Laborgerät, dem sogenannten »Spielbrett«, zu drehen – eine Aufgabe, die eintöniger und langweiliger nicht hätte sein können. Anschließend sagte man dem Studenten, daß ein weiterer Freiwilliger im Nebenzimmer warte und daß die Experimentatoren nicht sicher seien, ob diese nächste Versuchsperson die Aufgabe ernst nehmen würde. Ob ihnen der Student wohl helfen könnte und dem anderen Freiwilligen erzählen würde, daß die Tätigkeit recht interessant und der Mühe wert sei? Täte er dies, würden ihn die Experimentatoren für seine Hilfe bezahlen. Der einen Hälfte der Studenten bot man einen Dollar, damit sie diese glatte Lüge erzählten, der anderen Hälfte 20 Dollar. Die meisten erklärten sich dazu bereit.

Der »Freiwillige« im Nebenzimmer, dem der Student die Lüge erzählte, war in Wirklichkeit ein Komplize der Experimentatoren. Bezweifelte er, daß die Aufgabe interessant war, verschlimmerten die meisten der Studenten ihre Lüge, indem sie behaupteten, daß die Erfahrung tatsächlich lohnenswert und interessant sei, »sobald man erst einmal damit angefangen habe«.

Dann schickte man die Studenten in das Fachschaftsbüro, wo sie ihr Geld erhalten sollten. Der Büromitarbeiter, der sie ausbezahlte, bat sie, einen kurzen Fragebogen auszufüllen, der angeblich den Zweck hatte, die Verfügbarkeit von Versuchspersonen für künftige psychologische Experimente festzuhalten. Der tatsächliche Zweck des Fragebogens war es jedoch, Angaben über die Einstellung der Testpersonen zu der Aufgabe am »Spielbrett« zu erhalten. Sie war offensichtlich ermüdend und langweilig gewesen, doch würde das Bestechungsgeld etwas an der Einstellung der Studenten ändern?

Die Vermutung liegt nahe, daß die Studenten, die 20 Dollar bekamen, das Drehen der Stifte positiver bewerteten als die Studenten, die nur einen Dollar erhalten hatten. Die Ergebnisse zeigten allerdings genau das Gegenteil. Es waren die Studenten, die nur einen Dollar bekommen hatten, die auf entsprechende Fragen antworteten, daß sie die Aufgabe angenehm fanden, daß das Experiment vermutlich wissenschaftlich wertvoll sei und daß sie bereit wären, an künftigen und möglicherweise ähnlichen Experimenten teilzunehmen. Studenten, die als Bestechungsgeld 20 Dollar erhalten hatten, urteilten weitaus negativer. Sie sagten seltener, daß die Aufgabe angenehm gewesen war; sie hatten größere Vorbehalte hinsichtlich des wissenschaftlichen Wertes des Experimentes; und sie waren weniger daran interessiert, an künftigen Experimenten teilzunehmen.

Festinger und Carlsmith erklärten diese anscheinend unlogischen Ergebnisse folgendermaßen: Der Student, dem man 20 Dollar bezahlt hatte, dachte vermutlich: »Es war wirklich eine langweilige Aufgabe, und mir ist klar, weshalb sie Probleme hatten, dafür Freiwillige zu finden. Na ja, es war keine schlimme Lüge, und 20 Dollar sind unter diesen Umständen wohl eine angemessene Bezahlung.« Mit anderen Worten, der Student wußte, daß die Aufgabe wirklich langweilig war; er hatte keine Probleme, sich seine Lüge zu erklären – er war mit 20 Dollar bezahlt worden, um zu lügen.

Der Student, der nur einen Dollar bekommen hatte, konnte sich nicht in dieser Weise rechtfertigen. Er mag folgendes gedacht haben: »Warum habe ich diesem Mann gesagt, die Aufgabe sei interessant? An dem Geld, das ich dafür bekommen habe, kann es nicht gelegen haben – ein Dollar ist so gut wie nichts. Es muß daran gelegen haben, daß die Aufgabe *tatsächlich* interessant war. Ja, so muß es gewesen sein.«

Der Student kann sich seine Handlungsweise leichter erklären, wenn er seine Empfindungen verändert und glaubt, daß die Aufgabe interessant war. Offensichtlich ist es wichtig, daß wir unser eigenes Verhalten vernünftig und folgerichtig finden und nicht unstimmig oder »dissonant«. Wir verändern deshalb unsere Gedanken und Einstellungen, so daß sie damit übereinstimmen. Der Seelenfrieden ist wichtiger als Dollars, vor allem wenn wir nicht sehr viele davon bekommen haben.

Das Phänomen der kognitiven Dissonanz kann hilfreich sein bei der Erklärung, weshalb Menschen daran interessiert sind, Fragebogen auszufüllen, denen ein 10- oder 25-Cent-Stück beiliegt. Vielleicht denken sie folgendes: »Ein 10-Cent-Stück bedeutet mir überhaupt nichts. Es reicht nicht einmal für eine Tasse Kaffee. Eigentlich ist es eine Beleidigung, und ich sollte es zurückschicken, aber das macht mehr Arbeit, als es zu behalten. Also behalte ich es. Wenn ich es aber behalte, dann habe ich es akzeptiert. Weshalb habe ich es akzeptiert? Vielleicht weil ich denke, daß der Fragebogen interessant ist. Ich werde ihn mir mal anschauen...«

In ihrem Bemühen, die kognitive Dissonanz aufzulösen, wird die Person, die den Fragebogen erhält, dazu veranlaßt, die Tür zur Kooperation und Teilnahme zu öffnen. Durch den Versuch, sich das eigene Verhalten zu erklären, beschäftigt sie sich – trotz ihres anfänglichen Widerstandes – mit der Aufgabe.

Der »Fuß-in-der-Tür-Trick«

Das Anwenden der kognitiven Dissonanztheorie ist nicht immer erfolgreich, aber es scheinen sich bei bestimmten Arten von Situationen durchaus interessante Resultate zu ergeben, insbesondere wenn Personen partiell auf ein vorgeschlagenes Unternehmen eingehen und zulassen, daß man sie zu größerem Engagement überredet.

Die Fuß-in-der-Tür-Technik, die Vertreter benutzen, ist eine verbreitete Anwendung der Theorie. Der Vertreter gibt dem Wohnungsinhaber an der Tür ein kleines Geschenk und bittet dann darum, hereinkommen zu dürfen, um ihm seine Waren zu zeigen. Die Annahme des Geschenks ruft beim Wohnungsinhaber ein Gefühl der Verpflichtung hervor, und es fällt ihm oder ihr schwer, den Vertreter abzuweisen. Das Geschenk anzunehmen, die Bitte des Vertreters jedoch abzulehnen, würde eine kognitive Dissonanz bewirken, die sich der Wohnungsinhaber folgendermaßen rational erklärt: »Ich hätte das Geschenk nicht angenommen, wenn ich nicht zur Kooperation bereit wäre.«

Sobald der Vertreter die Wohnung betreten hat, ist es einfach, einen Handel abzuschließen, denn die Weigerung, etwas zu kaufen, würde bei dem Wohnungsbesitzer eine erneute kognitive Dissonanz hervorrufen, da er nun denkt: »Ich würde einen Vertreter nicht in meine Wohnung lassen, wenn ich nicht die Absicht hätte, etwas zu kaufen.« Jemanden in die Wohnung zu lassen ist eine Geste der Gastfreundschaft; sie erfordert ein liebenswürdiges und kooperatives Verhalten, so wie wir es im allgemeinen Gästen entgegenbringen.

Die Fuß-in-der-Tür-Technik wurde von Psychologen untersucht. Bei einem Experiment klingelte eine junge Frau bei verschiedenen Personen an der Haustür und fragte, ob sie bereit wären, am nächsten Tag eine Plastikanstecknadel zu tragen, um auf eine Spendenaktion der *Cancer Society* (Krebsgesellschaft) aufmerksam zu machen. Alle erklärten sich bereit, dieser Bitte nachzukommen. Am nächsten Abend sammelte eine zweite Frau Spenden für die Cancer Society, wobei sie sowohl zu den Personen ging, die am Abend zuvor von ihrer Kollegin aufgesucht worden waren, wie auch zu anderen Wohnungen. (Sie wußte aber nicht, bei wem ihre Kollegin schon gewesen war.) Von den Personen, die sich zuvor bereit erklärt hatten, die Anstecknadel zu tragen, machten 77% eine Spende. Von den anderen Personen, die zuvor nicht aufgesucht worden waren, spendeten nur 46% Geld. Umgerechnet spendeten die Personen, die zuvor aufgesucht worden waren, durchschnittlich 92 Cent, die übrigen hingegen im Durchschnitt nur 58 Cent (Pliner et al.).

Das Cancer-Society-Experiment basierte auf einer früheren Studie, bei der Personen am Telefon über die Seifenprodukte befragt wurden, die sie in ihrem Haushalt benutzten. Einige Tage später meldete sich der Anrufer erneut mit einer weitreichenderen Bitte. Er sagte, daß die Umfrage ausgeweitet werde und seine Auftraggeber fünf oder sechs Männer zu ihnen in die Wohnung schicken wollten, um alle verwendeten Haushaltsprodukte zu klassifizieren und aufzulisten. Um diese Erhebung erfolgreich durchführen zu können, sei es nötig, daß die Männer uneingeschränkt in sämtliche Schränke und andere Vorratsplätze schauen dürften.

Die Tatsache, daß sie bei der vorherigen, sehr begrenzten Telefonumfrage mitgemacht hatten, erzeugte zweifellos bei einem hohen Prozentsatz der angesprochenen Personen eine kognitive Dissonanz, denn über die Hälfte von ihnen stimmte diesem neuen und recht unverschämten Ansinnen zu. Im Gegensatz dazu erlaubte in einer Vergleichsgruppe nur jeder fünfte Wohnungsbesitzer die zweistündige Bestandsaufnahme von Haushaltsprodukten (Freedman & Fraser).

Wir neigen eher zu einem scheinbar irrationalen oder albernen Verhalten, wenn wir uns öffentlich zu einem Verfahren, einer Idee oder einer Alternative bekannt haben. Bei einem der früheren Experimente zur kognitiven Dissonanz ließ man Jungen in der Vorschule einzeln eine Reihe von Spielsachen bewerten. Dann wurden jeweils zwei Spielsachen ausgewählt, denen das Kind den gleichen Interessantheitsgrad und den gleichen Wert beimaß. Nachdem der Experimentator verifiziert hatte, daß die beiden Spielzeuge tatsächlich gleich attraktiv waren, wurde das Kind aufgefordert, sich eines davon als Geschenk auszusuchen, und anschließend gefragt, welches der beiden Spielzeuge schöner oder interessanter sei. In allen Fällen sagten die Kinder, das von ihnen gewählte Spielzeug sei das schönere, obwohl sie noch wenige Augenblicke zuvor keinen Unterschied gesehen hatten.

Die Frage erzeugte bei den Kindern augenscheinlich eine kognitive Dissonanz, die sie offenbar auf folgende Weise auflösten:

»Obwohl mir die Eisenbahn und der Lastwagen gleich gut gefallen haben, bevor ich meine Wahl getroffen habe, muß der Zug doch schöner sein – sonst hätte ich ihn mir nicht ausgesucht.«

In ähnlicher Weise lesen Leute, die sich vor kurzem ein Auto gekauft haben, eher Werbeanzeigen für die von ihnen gewählte Automarke als für andere Marken. Es wäre selbstverständlich logisch, daß sie *vor* dem Kauf des Autos, das ihnen gefällt, die entsprechenden Anzeigen lesen, aber aus welchem Grund sollten sie sie auch *nach* dem Kauf noch lesen?

Die Antwort, die Psychologen auf diese Frage geben, lautet, daß die Autokäufer offensichtlich versuchen, die bestehende kognitive Dissonanz zu verringern, die nach ihrer Entscheidung immer noch vorhanden ist. Sie versuchen, sich selbst darin zu bestärken, das Richtige getan zu haben. Auf dieser Erklärungsgrundlage versuchte das Kind, das sagte, daß es den Zug lieber hätte, sich mit Hilfe dieser öffentlichen Äußerung darin zu bestärken, die richtige Wahl getroffen zu haben.

Persönliches Engagement erkaufen

Menschen, die eine bestimmte Art von Programm durchführen (z. B. einen Fitneß-, Diät- oder Computerkurs), müssen dafür im voraus ein Entgeld oder eine Kursgebühr entrichten. Wie wirkt sich das bezahlte Geld auf ihr Verhalten aus?

Bei einem Experiment erhielten Frauen, die an einem Kursus gegen Fettleibigkeit teilnahmen, ein Handbuch mit Verhaltensanweisungen und mußten Sitzungen besuchen, die die Gewichtsreduzierung fördern sollten. Von einigen Frauen forderte man zu Beginn eine Gebühr. Die Experimentatoren befürcheten anfänglich, das Zahlen der Gebühr könne die unerwünschte Wirkung haben, die Schuldgefühle der Teilnehmerinnen zu verringern, wenn sie entgegen ihrem Versprechen nicht zu den Sitzungen kamen. Die Befürchtungen waren grundlos. Die Frauen, die eine Gebühr entrichten mußten, hatten eine bessere Anwesenheitsquote als die Frauen, die kostenlos an dem Programm teilnahmen; sie hielten die Verhaltensregeln auch für wichtiger (Hagen, Foreyt & Durham). Ähnliche Ergebnisse zeigten sich auch bei einer anderen Therapie gegen Fettleibigkeit, die wissenschaftlich begleitet wurde. Patienten, die die übliche Therapiegebühr entrichteten, verloren mehr Gewicht als jene, die nichts bezahlten (Stanton).

Das Prinzip bei diesen beiden Studien ist das gleiche: Die Person, die einen persönlichen Beitrag in Form einer Geldzahlung leistet, hält das Programm zur Selbstverbesserung eher durch als eine Person, die dafür kein Geld bezahlt. Das Geld hat einen erheblichen symbolischen Wert. In dem Kapitel über Geld und Selbstwert haben wir gezeigt, daß unser Geld einen Teil von unserem wahrgenommenen Selbst darstellt. Personen, die eine Kurs- oder Therapiegebühr bezahlen, bringen damit einen kleinen Teil von sich selbst ein und verpflichten sich öffentlich, das Programm durchzuführen.

Die öffentliche Verpflichtung ist wichtig, weil unsere Meinung von uns selbst in großem Maß davon abhängig ist, was andere über uns denken. Eine öffentliche Verpflichtung nicht einzuhalten schadet unserem Selbstbild mehr, als ein Versprechen zu brechen, das wir nur uns selbst gegeben haben. Es liegt auch ein Element kognitiver Dissonanz in der Art, wie wir die öffentliche Verpflichtung empfinden. Wir sagen uns: »Es muß mir ernst sein, das durchzuziehen, sonst hätte ich nicht das Geld dafür bezahlt.«

Wie viele andere vertragliche Vereinbarungen in der Sozialwelt hat Verpflichtung ein Preisschild.

Einstellungen zu Preis und Wert manipulieren

Die Beziehung zwischen Preis und Wert wird von Kindheit an tausende Male erlernt. Schließlich kommen wir soweit, Preis als einen Index für die Qualität der Gegenstände und Leistungen anzusehen, die wir kaufen. In einer Welt, wo Entscheidungen oftmals unter Zeitnot und aufgrund unzureichender Informationen getroffen werden – mitunter aus der Notwendigkeit heraus, am häufigsten jedoch aus Gewohnheit –, gehen wir vielfach davon aus, daß teurere Gegenstände von besserer Qualität sein müssen als billigere. Diese falsche Annahme ist Gegenstand zahlreicher Untersuchungen auf dem Gebiet der Marketingpsychologie. Bei einem Experiment sollten männliche Universitätsstudenten sechs angeblich unterschiedliche Biere bewerten – jeweils zwei Marken aus drei Preiskategorien: niedrig, mittel und hoch. Tatsächlich handelte es sich aber nur um zwei Biermarken – ein Billigbier, dem eine Expertenrunde zuvor eine schlechte Qualität (»ähnlich wie Apfelwein«) bescheinigt hatte, und eine Marke, die nach Meinung der Experten von hoher Qualität war. Die Proben wurden in neutralen Plastikgläsern gereicht, und die Studenten erfuhren nur den angeblichen Preis.

Die Bewertung der Studenten zeigte, daß sie nicht in der Lage waren, die beiden Biermarken zu unterscheiden, denn die Qualitätsunterschiede, die sie feststellten, stimmten vollständig mit dem überein, was man ihnen über die Verkaufspreise der Biere gesagt hatte (Valenzi & Eldridge).

Ein ähnliches Experiment wurde in einem Supermarkt durchgeführt, wo Kunden drei Sorten von Brotaufstrich bewerten sollten, bei denen es sich, ohne daß sie es wußten, um Butter, Margarine guter Qualität und Margarine schlechter Qualität handelte. Wie bei dem Bierexperiment erhielten sie falsche Angaben über den Preis der Produkte. Die Ergebnisse zeigten, daß die Supermarktkunden bei ihrer Bewertung teilweise durch die tatsächliche Qualität der Produkte beeinflußt wurden, die angeblichen Preise bei ihrer Einschätzung jedoch den wichtigsten Faktor darstellten (Cimbalo & Webdale).

Diese beiden Experimente zeigen, daß wir uns bei der Klassifizierung von Produkten häufig mehr auf deren Preis als auf unsere Sinne verlassen. Wenn Waren billiger sind, als wir erwarten, bezweifeln wir häufig ihre Qualität. Wir haben gelernt, zu Recht oder Unrecht, daß

»billiger schlechter bedeutet«. In der Tat birgt das Wort »billig« Konnotationen, die Minderwertigkeit suggerieren. Selbstverständlich sind sich Einzelhändler dieser Tatsache bewußt; wenn sie ihre Preise senken, versuchen sie daher, uns von der Qualität der angebotenen Ware zu überzeugen, indem sie darauf hinweisen, daß es sich bei den herabgesetzten Artikeln um »bekannte Marken« handelt, oder indem sie einen plausiblen Grund für die Preissenkung angeben – »Wir haben zuviel Ware eingekauft«, »und unser Verlust ist Ihr Gewinn«; »unser Mietvertrag ist abgelaufen«; »dies ist ein besonderer, einmaliger Jubiläumsverkauf«.

Der Trugschluß reduzierter Preise

Einzelhändler kommen mitunter zu dem Schluß, daß der Wunsch der Kunden, Qualitätsware zu niedrigen Preisen zu kaufen, ihre Tendenz überwiegt, preiswerte Waren geringzuschätzen. Es ist daher allgemein üblich, neue Produktlinien zu niedrigen Preisen einzuführen, damit sie zu eingeführten Marken konkurrenzfähig sind. Dieser Vorgehensweise liegt die Idee zugrunde, daß die Vorbehalte gegenüber der unbekannten Marke durch ihren attraktiven Preis ausgeräumt werden. Haben die Kunden die neue Marke erst einmal gekauft und festgestellt, daß sie ebenso gut wie die besser bekannten Marken ist, werden sie sie vermutlich weiter kaufen, selbst wenn der Preis nach der Einführungsphase steigt.

Diese Gedankenkette klingt logisch, aber sie könnte auf einer falschen Psychologie basieren. In einer Studie untersuchten Psychologen die Verkaufszahlen von neuen Produkten in Discountgeschäften. Die Hälfte der Läden bot die Produkte anfänglich zu einem niedrigen Preis an, der nach der Einführungsphase auf das übliche Niveau stieg.

Eine Auswertung der Verkaufszahlen der Produkte über einen Zeitraum von mehreren Monaten deutete darauf hin, daß der niedrige Einführungspreis dem Absatz eher schädlich als förderlich war. Die preisreduzierten Artikel verkauften sich gut, doch sank der Absatz, als die Preise auf das normale Niveau angehoben wurden. Bei Artikeln, die zu normalen Preisen eingeführt wurden, war der Absatz zunächst schlecht, doch stieg er beständig; am Ende lagen die Verkaufszahlen weitaus höher als die der anfänglich preisreduzierten Artikel (Doob). Die Kunden scheinen die preisreduzierten Artikel nicht sehr hoch bewertet zu haben, obwohl ihre Qualität der der teureren Artikel entsprach.

Die Ergebnisse von solchen Experimenten erinnern uns daran, daß die »Realität«, auf die wir reagieren, die »Realität« ist, die wir wahrnehmen, eine »Realität«, die nichts mit dem zu tun haben muß, was wir zu erreichen versuchen. Wir mögen denken, daß wir eine bessere Qualität bekommen, wenn wir mehr bezahlen, aber bei vielen Konsumgütern ist die Beziehung zwischen Preis und Qualität nur sehr gering (Birnbaum).

Zur Entschuldigung der Konsumenten sollte man aber folgendes sagen: Wenn wir einkaufen, richtet sich unsere Aufmerksamkeit auf den Preis der Produkte, und Informationen, die ihre Qualität betreffen, sind knapp und schwer oder gar nicht erhältlich. Wir müssen unsere Kaufentscheidung daher auf den Preis und allein den Preis gründen, in der Hoffnung, daß Unterschiede im Preis Unterschiede in der Qualität widerspiegeln.

Der Schnäppchenjäger-Komplex

Einzelhändler, die ihre Ware reduzieren, ziehen häufig in erster Linie überzeugte »Schnäppchenjäger« an und nicht einen repräsentativen Querschnitt der Käuferschicht. Die Alltagserfahrung zeigt offenbar, daß einige Menschen mehr an Preisunterschieden interessiert sind als andere. Die Frage, ob solche Personen einen speziellen »Persönlichkeitstyp« ausmachen, untersuchten Charles Daviet und George Rotter vom Montclair State College in New Jersey.

Daviet und Rotter stellten eine Liste mit typischen Merkmalen von Schnäppchenjägern zusammen, die sie an über fünfhundert College-Studenten verteilten. Die Studenten füllten außerdem einen Fragebogen über ihr tatsächliches Kaufverhalten und einen allgemeinen Persönlichkeitstest aus. Eine Analyse der Antworten zeigte, daß es den überzeugten »Schnäppchenjäger« tatsächlich gibt. Menschen, die ständig nach Sonderangeboten suchen, scheinen Menschen zu sein, die gerne planen, ein starkes Bedürfnis nach Ordnung haben und Launen und Impulsen mißtrauen. Sie sind keine »schluderigen Konsumenten«. Wenn Schnäppchenjäger einkaufen, wissen sie, daß sie keine spontanen Einkäufe tätigen. Sie wägen ab und vergleichen; sie planen ihre Einkäufe, um das Beste für ihr Geld zu bekommen.

Impulsive Käufer, die keine Sonderangebote suchen, verhalten sich laut Daviet und Rotter in umgekehrter Weise. Sehen sie ein Produkt, das ihnen gefällt, kaufen sie es. Selten, wenn überhaupt, stellen sie einen Preisvergleich an, es sei denn, der Verkäufer erwähnt dies zufällig; selbst dann lassen sie sich jedoch eher von der Persönlichkeit des Verkäufers oder der Verkäuferin beeindrucken als von dem, was er oder sie tatsächlich sagt.

Die Jagd nach Sonderangeboten kann, treibt man sie zu weit, zur Besesssenheit werden.

Die Jagd nach Sonderangeboten, sei sie neurotisch oder nicht, hat mit den anderen Verhaltensformen, die wir in diesem Kapitel beschrieben haben, folgendes gemein: Sie ist ein Beispiel für den Einfluß, den eine kleine monetäre Belohnung auf unser Verhalten haben kann.

Geld, Arbeit und Leistung **11**

> Arbeit bekämpft drei Übel: Langeweile, Laster und Not.
> *Voltaire*

> Die Hälfte der Arbeiterklasse plagt sich ab, um Reichtümer anzuhäufen, die ihnen die Oberschicht wieder raubt. Die andere Hälfte beraubt die Räuber.
> *G. B. Shaw*

> Wir betrachten körperliche Arbeit nicht als einen Fluch oder eine bittere Notwendigkeit, nicht einmal als ein Mittel zum Bestreiten des Lebensunterhaltes. Wir betrachten sie als eine bedeutende menschliche Tätigkeit, als eine Grundlage des menschlichen Lebens, die würdigste Sache im Leben eines Menschen und die frei, kreativ sein sollte. Die Menschen sollten stolz darauf sein.
> *David Ben Gurion*

In den frühen Jahren dieses Jahrhunderts lautete die Parole der Industriellen »Wirtschaftlichkeit«. »Rationalisierungsfachleute« wurden angeheuert, damit sie unökonomische Praktiken abstellten und die Arbeitgeber einen höheren Profit aus ihren Investitionen für Maschinen und Arbeitskräfte erwirtschaften konnten. Einer der ersten dieser »Rationalisierungsexperten«, die zu dieser Zeit in der Industrie tätig waren, war Frederick Winslow Taylor, der in seinen 1911 veröffentlichten *Principles of Scientific Management* zu Recht behauptete, die Unwirtschaftlichkeit in der Industrie beruhe zu einem erheblichen Teil darauf, daß man die Entscheidung darüber, wie eine Arbeit durchgeführt wurde, den Arbeitern überließ.

Taylors klassischer Fall war ein Pennsylvania-Deutscher namens Schmidt, einer von fünfundsiebzig Arbeitern, die Roheisen auf Güterwagen verluden. Die Männer schafften durchschnittlich 12,5 Tonnen am Tag. Taylor glaubte, daß sich ihre Arbeitsleistung ohne größere Kraftanstrengung erheblich erhöhen ließ, wenn die Arbeit nur richtig geplant wurde. Er sagte Schmidt, daß dieser mehr Geld verdienen könne, wenn er genau das tat, was Taylor ihm sagte. Als Schmidt zustimmte, begleitete ihn Taylor zur Arbeit und gab ihm genaue Anweisungen – wie er das Eisen aufnehmen und wie er laufen sollte, wann er es absetzen und wie lange er eine Pause machen sollte und so weiter.

Am Ende des Tages hatte Schmidt 47,5 Tonnen Roheisen verladen und bewältigte während der folgenden drei Jahre, in denen Taylor die Arbeit überwachte, an jedem Tag in etwa die gleiche Menge. Zwei Faktoren machten diese erstaunlichen Ergebnisse möglich: Einer war Taylors Fähigkeit, Arbeitsabläufe so zu planen, daß unnötige Bewegungen entfielen. Der andere war Schmidts Eifer, mehr Geld zu verdienen.

Planung + finanzieller Anreiz = Wirtschaftlichkeit

Alles, was die Arbeitgeber nach Taylors Auffassung tun mußten, um eine höhere Produktivität bei niedrigeren Kosten zu erzielen, war es, eine wissenschaftliche Untersuchung der Arbeitssituation durchführen zu lassen und finanzielle Anreize für die Arbeiter zu schaffen, die die verbesserten Arbeitsroutinen befolgten. Taylor hatte keine Zweifel, daß die Arbeiter bereitwillig kooperieren würden, denn sie hatten nur ein Motiv: Geld verdienen.

Taylors Prinzipien des wissenschaftlichen Managements führten zu Zeitstudien, zur Automation und zu wütenden Angriffen von Arbeitern, deren Jobs als überflüssig abgeschafft wurden. Niemand kritisierte Taylors Vermutungen über die Motive der Arbeiter, denn sie stimmten mit der gängigen Meinung überein. Interessanterweise wurden Taylors Theorien aber ausschließlich bei Arbeitern in der Produktion und nicht bei Aufsichtskräften und Managern angewendet. Die übliche Erklärung hierfür ist, daß Zeitstudien angemessen sind, wenn Arbeiter eine begrenzte Anzahl von Tätigkeiten ausüben, nicht aber, wenn Mitarbeiter eine komplexe Vielfalt von Tätigkeiten verrichten müssen, wie dies auf der Kontroll- und Managerebene der Fall ist. Es ist allerdings möglich, daß die Manager, die glücklich waren, daß die Aufgaben ihrer Untergebenen analysiert wurden, haltmachten, als es um ihre eigene Arbeit ging. Vielleicht waren sie auch der Auffassung, daß Taylors Ansichten über finanzielle Anreize für die Managerebene weniger gut geeignet waren als für den Produktionsbereich.

Intrinsische Motivation contra extrinsische Motivation

Taylors Vorstellungen über Wirtschaftlichkeit und Motivation in der Arbeitswelt blieben unwidersprochen, bis in den späten 1920er Jahren eine Gruppe von Psychologen und Rationalisierungsexperten unter der Leitung von F. J. Roethlisberger und William J. Dickson eine Reihe von Untersuchungen im Elektrizitätswerk von Hawthorne bei Chicago durchführten. Die Forscher sprachen mit über 20 000 Mitarbeitern, die anonym blieben, damit sie ihre Meinung über ihre Arbeit, die Arbeitsbedingungen und die Kontrolle frei äußern konnten. Eine Auswertung der Gespräche, die eine Vielfalt von Themen umfaßten, zeigte, daß die Frage der Bezahlung nur bei etwa einem Siebtel der aufgezeichneten Kommentare zur Sprache kam. Im Gegensatz dazu ging es in etwa einem Viertel der Kommentare um Aspekte der pysikalischen Arbeitsbedingungen, wie beispielsweise die Maschinen, die Belüftung und die Ausstattung der Waschräume, und ein weiteres Viertel betraf psychosoziale Aspekte der Arbeit, wie etwa Clubaktivitäten, Aufstiegschancen und Urlaub.

Die Hawthorne-Wissenschaftler führten auch eine Reihe von Experimenten durch, mit deren Hilfe sie die Auswirkungen verschiedener Lohnanreize und Veränderungen bei unterschiedlichen Aspekten der Arbeitsbedingungen untersuchten. Die Produktivität der betroffenen Arbeiter erhöhte sich während der zwei Jahre, in denen die Experimente liefen, stetig, aber diese Entwicklung war nur zum Teil auf die finanziellen Anreize zurückzuführen. Und auch die Veränderungen bei anderen Aspekten der Arbeitsbedingungen trugen nur in begrenztem Maß zu der gestiegenen Produktivität bei. Der wichtigste Faktor war das erhöhte Interesse, das die Mitarbeiter an ihrer Arbeit zeigten. Dieses Engagement schien durch das Bewußtsein hervorgerufen zu werden, daß sie eine Schlüsselrolle in einem wichtigen Experiment spielten. Obwohl die Aufmerksamkeit, die die Wissenschaftler auf sie lenkten, als Teil ihrer sozialen Umwelt angesehen werden konnte, waren die Arbeiter *aus sich heraus* bemüht, einen guten Job zu verrichten. Ihre größere Produktivität war daher weitgehend das Ergebnis innerer oder *intrinsischer* Faktoren und beruhte nur in sehr geringem Ausmaß auf äußeren oder *extrinsischen* Faktoren, wie Lohnanreize und Veränderungen der Arbeitsbedingungen.*

Frederick W. Taylors Auffassung, daß Geld und nur Geld Mitarbeiter motiviert, war eine Bekräftigung seines Glaubens an die Kraft der extrinsischen Motivation und stimmte mit der allgemein verbreiteten Meinung und dem herkömmlichen Wissen überein, woran sich bis

---

* Die Ausführungen in Kapitel 6 zum internen und externen Ort der Steuerung sind in diesem Zusammenhang von Bedeutung.

heute kaum etwas geändert hat. Die Ergebnisse der Hawthorne-Wissenschaftler stützten dagegen eine psychologische Sichtweise, die dem traditionellen Wissen widersprach und zu der Erkenntnis führte, daß die intrinsische Motivation bei der Frage, wieviel Zeit und Energie Mitarbeiter in ihre Arbeit investieren, die wichtigste Rolle spielt. Wir sollten jedoch festhalten, daß die Hawthorne-Experimente nicht zeigten, daß finanzielle Anreize und andere Aspekte der Arbeitsumwelt irrelevant und unwichtig sind, sondern vielmehr, daß diese äußeren Faktoren nur einen Teil der Arbeitssituation ausmachen, auf die die Mitarbeiter reagieren. Der andere Teil – intrinsische Faktoren –, wie Enthusiasmus, der Glaube an die Wichtigkeit der eigenen Arbeit und Moral, sind zumeist bedeutender als die extrinsischen Faktoren, die unter die Kontrolle der Arbeitgeber fallen.

Vor den Hawthorne-Studien waren die Aufgaben des Managments relativ einfach: Manager gaben den Mitarbeitern ihre Anweisungen, bezahlten ihre Löhne und sorgten für eine vernünftige Arbeitsumgebung. Nach Hawthorne wurden die Aufgaben der Manager unglaublich komplex, denn sie wußten nun, daß sie die Moral der Mitarbeiter, ihr Interesse an der Arbeit, ihre Einstellung gegenüber dem Management und ihre Empfindungen gegenüber anderen Mitarbeitern berücksichtigen mußten – kurzum, eine breite Palette psychologischer Faktoren, die schwer zu messen, zu verstehen und umzusetzen waren.

Aufsichtskräfte und Manager der mittleren Ebene, insbesondere im technischen Bereich, reagierten ungeduldig und frustriert, als die Führungsebene von ihnen verlangte, solche Unwägbarkeiten zu berücksichtigen. Die meisten von ihnen hatten weder eine Ausbildung noch Erfahrungen in solchen Fragen. Die Notwendigkeit einer anderen Art von Experten führte zu einem neuen Berufszweig – dem Betriebspsychologen, der Manager und Aufsichtskräfte schulte und ihnen dabei half, intrinsische Motivationsfaktoren zu erkennen, die eine größere Produktivität der Mitarbeiter bewirkten.

Finanzielle Anreize, »gesunder Menschenverstand« und intrinsische Motivationsfaktoren

Die Hawthorne-Studien brachten jedoch nicht das Paradies auf Erden. Die Vorstellung, daß Geld der wichtigste Motivationsfaktor für die Arbeit ist, ist weiterhin fest verwurzelt in dem, was wir als gesunden Menschenverstand bezeichnen. Heute, fünfzig Jahre nach den Hawthorne-Studien, fällt es noch immer vielen Managern schwer zu glauben, daß die intrinsische Motivation eine große Rolle bei der Arbeit spielt. Opsahl und Dunnette, Industriepsychologen, die eine Vielzahl von Untersuchungen ausgewertet haben, die im Geschäfts- und Industriebereich durchgeführt wurden, führen an, daß Beschäftigte, die angeben sollen, welche Bedeutung verschiedene Aspekte ihrer Arbeit für sie haben, nur selten die Bezahlung an die Spitze der Liste stellen; gewöhnlich steht sie irgendwo in der Mitte. Fordert man jedoch Arbeitgeber auf, die gleichen Faktoren aus der Sicht der Mitarbeiter in eine Rangfolge zu bringen, meinen fast alle, daß für die Mitarbeiter die Bezahlung an erster Stelle steht.

Dieser interessante Unterschied erinnert an die Studie, die wir in Kapitel 9 angeführt haben. Als man College-Studenten bat, die Bedeutung von Berufsmerkmalen aus der Sicht anderer Studenten einzuordnen, neigten sie zu der Aussage, daß »Gehalt oder Einkommen« oberste Priorität hätten. Bewerteten sie jedoch die gleichen Merkmale aus ihrer Sicht, stand Geld – je nach Geschlecht der Studenten – an zweiter oder dritter Stelle.

Hätte man die Manager gefragt, was bei *ihrer* Arbeit wichtig ist, hätten sie Geld wahrscheinlich ebenso an die vierte Stelle gesetzt wie die übrigen Mitarbeiter. Und um die Spekulationen noch weiter zu treiben, erscheint es ebenso wahrscheinlich, daß in den Augen der Mitarbeiter Geld die wichtigste Rolle bei *deren* Arbeit spielt. Wie wir bereits in Kapitel 9 festgestellt haben, sind es immer die *anderen*, die in erster Linie durch Geld motiviert sind; die *eigenen* Motive sind stets von höherer Natur.

Victor H. Vroom, ein Pionier in der Motivforschung im Bereich der Arbeitswelt, führte an, daß die Bedeutung von finanziellen Anreizen für Mitarbeiter eine ständige Quelle von Auseinandersetzungen ist. Volkswirtschaftler und Unternehmensleiter beharren darauf, daß die Höhe des Gehaltsschecks sowohl die Zufriedenheit der Mitarbeiter mit ihrer Arbeit bestimmt wie auch die Wahrscheinlichkeit, daß sie ihre Stelle nicht kündigen. Psychologen hingegen argumentieren, daß persönliche und soziale Bedürfnisse die bedeutenderen Motivationsfaktoren darstellen und daß wirtschaftliche Faktoren von Arbeitgebern zumeist überbewertet werden. Vroom stellte fest, daß sich bei dieser Auseinandersetzung Belege für beide Seiten finden lassen.

Wenn Mitarbeiter verschiedene Aspekte ihrer Arbeitswelt nach ihrer Bedeutung ordnen sollen, steht die Bezahlung zumeist im mittleren Bereich. Fragt man Mitarbeiter jedoch, weshalb sie *un*zufrieden mit ihrer Arbeit sind, steht die Bezahlung immer wieder an erster Stelle. Überdies zeigt sich bei Studien zur Wechselbeziehung verschiedener Aspekte des Arbeitslebens, daß Menschen, die hohe Gehälter beziehen, im allgemeinen zufriedener mit ihrer Arbeit sind als jene mit niedrigen Gehältern.

Die Tatsache, daß Bezahlung und Zufriedenheit zueinander in Beziehung stehen, bedeutet weder, daß die Bezahlung unbedingt den Grad der Zufriedenheit beeinflußt, noch, daß die Zufriedenheit Einfluß auf die Bezahlung hat, aber es bleibt die Vermutung bestehen, daß beides in irgendeiner Weise miteinander verknüpft ist. Bei breit angelegten Studien über die Motivationsaspekte der Arbeit zeigt sich, daß positive persönliche Merkmale immer wieder mit beruflichem Erfolg, Zufriedenheit im Beruf und höherem Gehalt in Verbindung gebracht werden. Menschen, die erheblich gesünder und glücklicher sind als der Durchschnitt, genießen zumeist auch in anderer Hinsicht größere Vorteile, einschließlich ihres Einkommens, während Leute, die erheblich kranker und unglücklicher sind als die breite Masse, zumeist auch weniger Einkommen beziehen und auf manches verzichten müssen. Wir werden dieses Phänomen in dem Kapitel über Geld und mentale Gesundheit erneut aufgreifen.

Die Frage nach einer »gerechten Bezahlung«

Als Vroom in seiner Untersuchung der Frage nach einer gerechten Bezahlung nachging, kam er zu dem Ergebnis, daß die absolute Höhe der Bezahlung weniger bedeutend ist als das Verhältnis zu dem, was andere für die gleiche oder eine ähnliche Arbeit bekommen. Was Beschäftigte als »gerecht« empfinden, hängt von der Situation ab, in der sie sich befinden. Eine Psychologin in einer Klinik für psychisch Kranke, die, sagen wir, 50 000 Dollar im Jahr verdient, hält sich möglicherweise für unterbezahlt, wenn andere Psychologen mit vergleichbarer Ausbildung und Erfahrung in einer Privatpraxis 75 000 Dollar im Jahr erhalten. Doch nehmen wir einen Wanderarbeiter, der von einem Farmer angeheuert wird, der seine Ernte möglichst rasch einbringen und vermarkten will und ihm deshalb 70 Dollar am Tag bezahlt anstatt des üblichen Lohns von 50 Dollar für Erntehelfer. In diesem Fall hält der Arbeiter seine Bezahlung für »mehr als gerecht«. Mit anderen Worten, die »übliche Bezahlung für vergleichbare Tätigkeiten« ist ein Maßstab für »Gerechtigkeit«.

Ein weiteres Kriterium ist die Beziehung zwischen Gehalt und Statusniveau. Ein Vorarbeiter ist im allgemeinen mit seinem Lohn zufrieden, wenn er weniger Geld bekommt als sein Vorgesetzter, aber mehr als die normalen Arbeiter. Liegt seine Bezahlung dicht bei den Spitzenlöhnen der Arbeiter, die ihm unterstehen, fühlt er sich unterbezahlt und beklagt sich: »Ich weiß wirklich nicht, weshalb ich mich mit all den Problemen dieses Jobs herumschlage. Für einen Dollar weniger die Stunde könnte ich wieder am Fließband stehen und brauchte mich um nichts zu kümmern. Die Differenz könnte ich durch Überstunden wettmachen.«

Der höhere Status und das größere Prestige des Vorarbeiters sind für ihn irrelevant, wenn sein Lohn nicht deutlich höher als der seiner Untergebenen ist. In der Gesellschaft, die wir geschaffen haben, setzt man voraus, daß Gehälter die Unterschiede in Status und Prestige widerspiegeln. Eine Disparität ist ein deutliches Zeichen dafür, daß *etwas nicht stimmt*.

In dem Kapitel über Geld, Status und Macht haben wir festgestellt, daß wir unser Gehalt als eine Form gesellschaftlicher Anerkennung betrachten. Werden wir (nach unseren Vorstellungen) angemessen bezahlt, sehen wir dies als Beweis, daß wir unsere Arbeit korrekt verrichten und in einer gerechten Welt leben. Erhalten wir jedoch weniger Geld, als wir für angemessen halten, nehmen wir diese Tatsache entweder als Beweis dafür, daß wir unsere Arbeit nicht korrekt verrichten – *Versager* sind –, oder daß die Welt nicht so gerecht ist, wie wir angenommen haben.

Zu welcher dieser beiden Schlußfolgerungen wir kommen, ist teilweise eine Frage der Persönlichkeit. Menschen, die eine geringe Meinung von sich haben oder deren Leben durch Depression oder Apathie gekennzeichnet ist, nehmen die Unterbezahlung als naturgegeben hin, als Bestätigung ihres Selbstbildes. Menschen mit normalem Selbstwertgefühl oder normaler Ich-Stärke, die unterbezahlt sind, suchen im allgemeinen nach Wegen, die Situation zu korrigieren: vielleicht sind sich die Zuständigen der Disparität nicht bewußt; vielleicht interessiert es sie nicht; vielleicht muß man sie darauf aufmerksam machen, indem man Belegschaftsvertreter zu ihnen schickt, die sie informieren und überzeugen; wenn dies scheitert, muß die Belegschaft vielleicht streiken. Hinter all dem steht jedoch immer der Gedanke, daß das System gerecht sein *kann* und daß die Ungleichheit in der Bezahlung bedeutet, daß die Arbeiter minderwertig sind. Solche Gedanken sind beunruhigend. Treten sie auf, werden sie bestritten und unterdrückt.

»Geldbedürfnisse« als Tarnmanöver

Beschäftigte, die ihrer Meinung nach unterbezahlt werden, können einen Streik anstrengen. Diejenigen, die von solchen Aktionen betroffen sind, mögen glauben, daß die Motive der Streikenden ausschließlich wirtschaftlicher Natur sind. In der heutigen Welt gibt es kaum einen Mann, eine Frau, ein Kind, eine Familie, ein Land oder eine Nation, die nicht mehr Geld brauchen. Selbst wenn Streiks andere Gründe als Lohnerhöhungen haben, wie etwa den Schutz der Arbeitsbedingungen, enthält das »Paket«, mit dem sie beigelegt werden, oftmals eine Erhöhung der Löhne. Aufgrund dieser Praxis meint man, daß Geld ein wesentlicher Punkt bei Streiks ist. Aber stimmt das tatsächlich?

Aus psychologischer Sicht ist das »Bedürfnis nach Geld« häufig ein psychologisches Tarnmanöver, das andere Motive verschleiert – Motive, durch deren Preisgabe die Streikenden für andere und auch sich selbst lächerlich erscheinen würden.

Nehmen wir beispielsweise an, daß die Beziehung der Mitarbeiter zu ihrem Arbeitgeber vor dem Streik so war, daß sie – zu Recht oder Unrecht – glaubten, er halte sie für unzulänglich, inkompetent und verantwortungslos. Sie hatten den Eindruck, daß ihn das, was sie über die Arbeitsbedingungen zu sagen hatten, nicht interessierte; er fragte sie nicht um ihre Meinung, wenn er Entscheidungen fällte, die sie betrafen. Ihr Unmut wuchs, bis ein Vorfall, vermutlich von geringer wirtschaftlicher Bedeutung, aber von großem symbolischem Wert, das Faß zum Überlaufen brachte. Sie begannen zu streiken.

Die »offizielle« Forderung heißt »höhere Löhne«, aber der tiefere Grund ist der Wunsch, daß ihr Arbeitgeber sie respektiert. Mitarbeiter können nicht sagen: »Wir streiken, weil wir nicht anerkannt werden.« Für eine solche Erklärung ist in der ritualisierten Sprache von Streikverhandlungen kein Platz. Es ist außerdem wahrscheinlich, daß die Mitarbeiter, wie wir alle, nicht bereit und vermutlich auch nicht in der Lage sind, sich Motiven zu stellen, die potentiell peinlich sind. Geld wird daher als symbolischer Preis für empfundene Verletzungen ins Spiel gebracht.

Die Tatsache, daß Geld und nicht das Bedürfnis nach Anerkennung zum zentralen Thema wird, kann jedoch dazu führen, daß Arbeitgeber und Arbeitnehmer das eigentliche Problem nicht lösen. Bei den anschließenden Verhandlungen geht es dann darum, ob die Forderungen der Arbeitnehmer nach mehr Geld unannehmbar und inflationär sind oder ob die Weigerung des Arbeitgebers, die Löhne zu erhöhen, unzumutbar und ausbeuterisch ist. Die Frage, ob sich der Arbeitgeber rücksichtslos verhalten hat oder ob die Erwartungshaltung der Arbeitnehmer, wie er sich verhalten sollte oder nicht, unrealistisch war, kommt dabei selten, wenn überhaupt zur Sprache.

Sobald der Streik beigelegt ist, sind die Geldfragen bereinigt, aber das Thema verletzte Gefühle und verletzter Stolz gärt vermutlich weiter. Vereinbarungen in finanzieller Hinsicht können eine rein kosmetische Lösung sein.

Zufriedenheit und Unzufriedenheit im Beruf

Wie dieses Beispiel zeigt, leben die Menschen auf verschiedenen Ebenen – privaten Ebenen, die bedeutende und zwingende Motive umfassen, die schwer zu erkennen sind und über die sich noch schwerer sprechen läßt; und öffentliche Ebenen, die stereotype Probleme und Symbole enthalten, die das Medium der alltäglichen sozialen Interaktionen bilden.

Frederick Herzberg von der Universität in Utah, einer der führenden Wissenschaftler auf dem Gebiet der Arbeitspsychologie, behauptet seit vielen Jahren, daß die berufliche Zufriedenheit weitgehend von den persönlichen Motivationsfaktoren abhängt und andere Faktoren der Arbeitswelt, die bei Lohn- und Tarifverhandlungen eine so große Rolle spielen, in Wirklichkeit nur wenig Einfluß auf die Zufriedenheit im Beruf haben. Die Motivationsfaktoren, denen die Zufriedenheit im Beruf unterliegt, sind alle intrinsischer Natur, denn sie umfassen die Möglichkeit, etwas zu erreichen, die Anerkennung geleisteter Arbeit, Interesse an und Engagement für die Arbeit an sich, Verantwortlichkeit und Möglichkeiten zur persönlichen und beruflichen Weiterentwicklung. Obwohl es sich dabei um Verhaltensaspekte handelt, die sich von uns allen nur schwer bestimmen lassen, können Psychologen diese Aspekte mit Hilfe entsprechender mündlicher oder schriftlicher Fragemethoden identifizieren und messen.

Herzberg sagt, daß die Ursachen beruflicher *Un*zufriedenheit nicht bloß das direkte Gegenteil der Ursachen beruflicher Zufriedenheit sind. Während die Ursachen der Zufriedenheit intrinsisch und selbsterzeugend sind, konzentriert sich die Unzufriedenheit auf die äußere Arbeitswelt – die *Hygienefaktoren*, wie Herzberg es nennt. Dazu gehören solche extrinsischen Faktoren wie Bezahlung, Unternehmerpolitik, das Maß und die Art der Kontrolle, Beziehungen zu Arbeitskollegen während und nach der Arbeit und die Sicherheit des Arbeitsplatzes.

Unsere Gefühle über intrinsische Motivationsfaktoren und extrinsische Hygienefaktoren lassen sich getrennt voneinander bewerten. So können beispielsweise Mitarbeiter des Friedenskorps ihre Arbeit in den Dschungeldörfern Zentralafrikas als aufregend, fordernd, kreativ, erfüllend und engagiert bezeichnen – alles Motivationsfaktoren. Gleichzeitig können sie sich aber auch über die schlechte Bezahlung beschweren, über die unzureichende Unterstützung aus Washington, über ihre mangelnden Kenntnisse der fremden Sprache, über ihre Schwierigkeiten, sich der fremden Kultur anzupassen, über Gesundheitsprobleme und Heimweh – alles Umfeld- oder Hygieneprobleme.

Wissenschaftliche Untersuchungen zeigen, daß Herzbergs Theorie von der Vorrangstellung intrinsischer Belohnungen vor allem auf Angestellte und insbesondere auf Führungskräfte anwendbar ist (Gurin, Veroff & Feld; Ronan). Für Arbeiter, speziell solche in Großstadtgebieten, scheinen die Hygienefaktoren oder die extrinsischen Aspekte ihrer Arbeit eine größere Rolle zu spielen, als die Theorie vermuten läßt. Psychologische Studien zur Einstellung von Arbeitern über berufliche Aufstiegschancen sind in diesem Zusammenhang überaus aufschlußreich. Arbeiter in Kleinstädten und ländlichen Regionen neigen, wie Angestellte, eher dazu, sich mit den Vorstellungen der Firmenleitung zu identifizieren und die Verantwortung und die Möglichkeiten zur Selbstverwirklichung, die mit einer Beförderung einhergehen, aufregend und verlockend zu finden. Für die meisten Arbeiter in Großstadtgebieten scheint eine Beförderung kaum eine Befriedigung darzustellen, und sie erklären häufig, daß ihre neuen

Aufgaben mehr Ängste und andere psychologische Störungen verursachen, als sie hinzunehmen bereit sind (Hulin & Blood).

Der Fließbandarbeiter in einer städtischen Fabrik, dem die Beförderung zum Vorarbeiter angeboten wird, findet den höheren Lohn vielleicht reizvoll, doch wenn er den Job erst einmal übernommen hat, stellt er fest, daß die Macht, seine früheren Arbeitskollegen überwachen, kontrollieren und vor allem disziplinieren zu können, Neid und sogar offene Feindseligkeit hervorruft. Er hat auch ein ungeschriebenes Gesetz der Arbeiterklasse* verletzt, das Versuche bestraft, etwas außerhalb der Norm zu tun, insbesondere wenn es darauf abzielt, zu einem höheren sozialen Rang aufzusteigen. Manche ehemalige Fließbandarbeiter können dem psychologischen Druck der Beförderung standhalten und steigen auf der Statusleiter nach oben; doch die Mehrheit sieht in ihrer Beförderung in erster Linie eine Quelle von Angst, wie Hulin und Blood in ihren Untersuchungen feststellten. Viele kündigen sogar ihre Jobs und kehren erleichtert an ihre schlechter bezahlten, aber psychologisch angenehmeren früheren Arbeitsplätze zurück.

Das Vergnügen purer Monotonie

Ehemalige Vorarbeiter sind bereitwillig zu einem scheinbar monotonen Arbeitsleben zurückgekehrt, weil das Fließband Reize besitzt, die dem Angestellten aus der Mittelschicht fremd sind. Untersuchungen von Arbeitspsychologen haben gezeigt, daß Fließbandarbeiter ihre Arbeit nicht als stumpfsinnige Schinderei ansehen. So sagten in einer Fabrik 80% der Arbeiter, daß es ihnen lieber sei, wenn das Arbeitstempo mechanisch vorgegeben werde, wie bei einem Fließband, und nur 10% wollten nach ihrem eigenen Tempo arbeiten (Kilbridge). (Vermutlich würden diese 10% eine Beförderung zum Vorarbeiter am meisten schätzen.) In einer anderen Fabrik sagten die Fließbandarbeiter, daß ihnen ihre monotone Arbeit Spaß mache. Sie beklagten sich lediglich über die Unterbrechungen durch Kontrolleure und andere Mitarbeiter – die, wie sie sagten, ihre Bemühungen störten, bestimmte Quantitäts- und Qualitätsnormen zu erfüllen (Turner & Miclette).

* Siehe dazu Kapitel 6.

Die Ergebnisse solcher Studien stimmen mit den Untersuchungen von Hulin und Blood überein, die keine Erhärtung für die Mittelschichtvorstellung fanden, daß jeder eine gleichförmige, sich ständig wiederholende Arbeit langweilig finden muß. Ihre Untersuchungen zeigten deutlich, daß die meisten Arbeiter eine solche Arbeit vorziehen, weil sie einfach und unkompliziert ist und ein Minimum an Eigenverantwortung erfordert.

Vor einigen Jahren nahm eine Gruppe von sechs Arbeitern der Automobilindustrie in Detroit die Einladung an, einige Wochen in der Produktion des schwedischen Automobilherstellers Saab zu arbeiten. In den meisten Industrieländern, wie in den Vereinigten Staaten, führen Autoarbeiter immer wieder die gleichen Handgriffe an den einzelnen Motoren oder Chassis auf dem Montageband aus. Bei Saab funktioniert die Montage dagegen anders. Die Beschäftigten arbeiten in Dreiergruppen und setzen die Motoren komplett zusammen. Jedes Team entscheidet selbst, wie die Arbeit aufgeteilt und verrichtet wird. Das Verfahren trägt dazu bei, daß die Arbeiter eine breite Palette von Tätigkeiten lernen und ausführen und stolz darauf sind, was sie produziert haben.

Lediglich einem der amerikanischen Arbeiter gefiel die Saab-Methode. Die anderen fünf, die die nach Hulin und Blood typische Einstellung zeigten, bevorzugten ihre Arbeit am Montageband in Detroit, weil es ein langsameres und entspannteres Arbeitstempo vorgab und sie auf diese Weise ihren eigenen Gedanken nachgehen konnten. Sie führten an, daß die Teammethode bei Saab ständige Konzentration erforderte und ermüdender sei. Wenn Herzbergs Theorie auf Arbeiter zutrifft, dann scheint sie die Haltung der schwedischen Automobilarbeiter besser zu erklären als die der Arbeiter aus Detroit.

Monotonie ist demzufolge nicht der Hauptgrund der beruflichen Unzufriedenheit von Arbeitern. Eintönigkeit und Langeweile werden selten in Untersuchungen genannt. Statt dessen beinhaltet die Unzufriedenheit zumeist finanzielle Aspekte, insbesondere die Bezahlung. Geld spielt selbstverständlich sowohl für Arbeiter wie auch für Angestellte eine wichtige Rolle. Obwohl Angestellte zumeist sagen, daß extrinsische Motivationsfaktoren, wie Bezahlung, für sie nur von untergeordneter Bedeutung sind, stellt sich der objektive Beobachter die Frage, was wohl passieren würde, wenn Ärzte, Wirtschaftsprüfer und Rechtsanwälte üblicherweise das gleiche Gehalt wie Fließbandarbeiter erhielten. Dies ist selbstverständlich nicht der Fall, und da es vermutlich auch niemals so sein wird, bleibt die Antwort auf diese interessante Frage offen.

Mit Status und Einkommen Schritt halten

Das Durchschnittseinkommen von Angestellten wird niemals niedriger sein als das von Arbeitern, weil wir als Mitglieder der Gesellschaft drei Arten von Status – den beruflichen, den finanziellen und den gesellschaftlichen – mehr oder weniger gleichsetzen. In der modernen amerikanischen Gesellschaft kann der einzelne einen bestimmten Status erlangen, indem er auf der beruflichen Leiter nach oben steigt, die vom Gelegenheitsarbeiter am unteren Ende bis zum Arzt am oberen Ende reicht. Wie wir in Kapitel 4 festgestellt haben, drückt sich Status durch die Macht aus, das Verhalten und die Einstellung anderer zu beeinflussen. Der Besitz von einer Art der sozialen Macht bietet die Mittel, andere Formen zu erlangen. So wird beispielsweise Menschen, deren beruflicher Status steigt, zumeist auch ein höheres Einkommen zuerkannt. Der Unternehmensleiter, der einen jungen Mitarbeiter befördert, verbindet damit automatisch eine Gehaltserhöhung, und für den öffentlichen Dienst werden Löhne und Gehälter festgesetzt, die mit dem Status der zu besetzenden Stellen im Einklang stehen.

Diese Beziehung zwischen monetären Belohnungen und Status besteht nicht nur in kapitalistischen, sondern auch in sozialistischen Wirtschaftssystemen. Auch in der Sowjetunion gab es unter dem kommunistischen Regime Lohnunterschiede zwischen beruflichen Statusniveaus, auch wenn sie zumeist geringer als in kapitalistischen Ländern waren. Personen in angesehenen Positionen wurden jedoch mit Privilegien belohnt, die mehr wert waren als bloße Rubel – z. B. Waren und Leistungen, die für Bürger mit niedrigerem Status nicht erhältlich waren, wie etwa das Recht, knappe Konsumgüter in speziellen Läden kaufen zu können, der Zugriff auf Ferienwohnungen und Datschen in abgeschiedenen und gut bewachten Feriengebieten, die Erlaubnis, ins Ausland reisen zu dürfen, und das Benutzen von Limousinen mit Chauffeur.

Untersuchungen, die zeigen, daß Angehörige der Mittelschicht in Amerika die intrinsischen oder psychologischen Belohnungen für ihre

Arbeit höher bewerten als das Geld, das sie dafür erhalten, können durchaus die Überzeugung der Mittelschicht reflektieren, daß sich die wirtschaftlichen Aspekte der Arbeit in der Regel von selbst erledigen. Dies bedeutet nicht, daß sich Angehörige der Mittelschicht keine Sorgen um Geld machen, sondern eher, daß das soziale System ihnen in bezug auf finanzielle Sicherheit mehr bietet als den Arbeitern. Wirtschaftsprüfer, die ihren College-Abschluß gemacht haben, wissen, daß sie eine ausgezeichnete Chance haben, eine gut dotierte Stelle zu finden. Im Gegensatz dazu haben Bautischler, die gerade ihre Lehre abgeschlossen haben, diese Aussichten nicht. Sie sind mit einer Welt konfrontiert, in der vorübergehende Entlassungen, Streiks und lange Zeiten der Untätigkeit an der Tagesordnung sind. Ihre Tageslöhne sind möglicherweise höher als die von jungen Wirtschaftsprüfern, doch wenn sie nicht das Glück haben, ständig Arbeit zu finden, ist ihr Jahreseinkommen vermutlich niedriger.

Ungelernte und angelernte Arbeiter stehen zumeist vor noch größeren Problemen. Die wachsende Nachfrage der Industrie nach Facharbeitern, die hochtechnisierte Maschinen und Geräte bedienen können, hat zu einem Überangebot an Arbeitsuchenden geführt, die unbedingt arbeiten wollen, aber nicht für Jobs qualifiziert sind, die mehr als ein Minimum an Ausbildung erfordern. Die heutige Situation unterscheidet sich daher erheblich von der vor zehn oder zwanzig Jahren. Arbeiter, so stellte Peter F. Drucker fest, waren vor einigen Jahren die Lieblinge der Gesellschaft, doch heute werden sie immer mehr zu ihren Stiefkindern.

Die Suche nach Freiheit

Arbeiter haben noch weitere Sorgen. Die meisten von ihnen leben in einer sozialen Welt, wo das Einkommen nicht voraussagbar und unsicher ist. Die Arbeit kann ihnen aus verschiedenen psychologischen Gründen durchaus Spaß machen, z. B. weil sie aktiv und produktiv ist oder aufgrund der sozialen Belohnungen durch die Zugehörigkeit zu einer Berufsgruppe und der Interaktion mit Arbeitskollegen. Das Schreckgespenst der Arbeitslosigkeit, ohne Geld auf der Bank und mit überfälligen Mieten, schwebt jedoch stets im Hintergrund.

Die Angestellten aus der Mittelschicht haben diese finanziellen Sorgen zumeist nicht. Statt dessen machen sie sich Gedanken über das, was sie ihrer Meinung nach nicht in ausreichendem Maß genießen: Freiheit. Freiheit bedeutet für sie einen größeren Spielraum, eigene Entscheidungen zu treffen, kreativ zu sein, Neuerungen einzuführen und ihre Arbeit nach ihren eigenen Bedürfnissen gestalten zu können. Arbeiter haben noch weniger Freiheit als Angestellte, aber ihre finanziellen Ängste zwingen sie, ihr einen geringeren Stellenwert beizumessen. Abgesehen davon, teilen Arbeiter zumeist nicht die Mittelschichtromantik in bezug auf die Arbeit.

In der Mittelschichtwelt wird Arbeit oftmals in aufgeregte oder gar glühende Worte gefaßt, da sie als eine wichtige Form – wenn nicht *die* wichtigste Form – der Selbstverwirklichung gilt. Für jene, die ihre eigene Persönlichkeit zum Ausdruck bringen wollen, ist das Maß an Freiheit niemals groß genug. Solche Menschen sind unduldsam, wenn es um bürokratische Regularien, Ablieferungstermine und Richtlinien ihrer Bosse und Klienten, unnötige Unterbrechungen, Bagatellen und Kleinigkeiten geht. Obwohl die Arbeit Möglichkeiten zur Selbstverwirklichung bietet, fordert sie auch einen Preis: man muß sich den Forderungen und Erwartungen von Vorgesetzten, Kollegen und Klienten oder Kunden anpassen. Dieser Umgang verringert die Freiheit des einzelnen Angestellten. Vor dem Hintergrund solcher Einschränkungen streben viele Menschen nach Jobs mit höherem Status, weil sie erkennen, daß größere Macht und höherer Status die Möglichkeit bieten, selbst mehr Freiheit zu erlangen. Andere finden Freiheit nur außerhalb ihrer Arbeitszeit – beispielsweise am Wochenende oder bei ausgedehnten Mittagspausen mit zwei oder drei Martinis. Manchen wird sie erst zuteil, wenn sie sich zur Ruhe setzen; anderen dagegen niemals.

Eine Ursache für diese Sorge um die Möglichkeit zur Selbstverwirklichung im Beruf liegt möglicherweise in den Kindheitserfahrungen von Angehörigen der Mittelschicht. Psychologische Studien über Erziehungsmuster haben gezeigt, daß sich Eltern der Mittelschicht und der Arbeiterklasse völlig unterschiedlich verhalten. Melvin L. Kohn, der am National Institute for Mental Health Untersuchungen zum sozialen Milieu leitete, wertete Hunderte solcher Studien aus. Er stellte fest, daß Eltern aus der Arbeiterschicht in der Regel wollen, daß ihre Kinder die Forderungen und Erwartungen von anderen erfüllen, speziell von Autoritätspersonen. Das Beste, was man ihrer Meinung nach von einem Kind sagen kann, ist, daß es gehorsam ist.

Eltern aus der Mittelschicht hingegen wollen, daß ihre Kinder Probleme durchdenken und ihre eigenen Entscheidungen treffen. Selbstbestimmung und Unabhängigkeit, verbunden mit Selbstbeherrschung, sind die Merkmale, die sie als die wichtigsten bei Kindern erachten.

Eltern der Mittel- und der Arbeiterschicht sehen die Welt unterschiedlich. Die Jobs von Eltern der Arbeiterschicht ermöglichen selten den Luxus selbständiger Problemlösungen, der Option zur Selbstverwirklichung und der persönlichen Entwicklung. Die meisten Arbeiter werden bezahlt, damit sie genau das tun, was man ihnen sagt. Befolgt ein Arbeiter die Anweisungen, ist er ein guter Arbeiter; tut er dies nicht, wird er gefeuert, bekommt kein Geld mehr und wird arbeitslos – ein Kandidat für die Sozialhilfe. Eltern der Arbeiterschicht vermitteln ihren Kindern deshalb das, was sie für das Rezept finanziellen Überlebens halten: Diskutiere nicht; stell keine Fragen; tu, was man dir sagt.

Mittelschichteltern wiederum bereiten ihre Kinder auf jene Welt vor, die *sie* kennen. Jobs in ihrem Umfeld erfordern Eigeninitiative, Unabhängigkeit im Denken und Verantwortungsbewußtsein. Infolgedessen bemühen sich Mittelschichteltern, ihre Kinder in Problemlösungsstrategien zu unterweisen, von denen sie hoffen, daß sie zu Unabhängigkeit und Selbstbestimmung führen. Sie halten Selbstbeherrschung für wichtig, weil Wut und Aggression den Entscheidungsprozeß beeinträchtigen und andere abstoßen, deren Hilfe zur Ausübung der Arbeit nötig ist. Kohn stellte fest, daß Mittelschichteltern ihre Kinder eher bestrafen, wenn sie die Selbstbeherrschung verlieren, Eltern aus der Arbeiterschicht hingegen eher dann, wenn sie ungehorsam sind.

Psychisches Einkommen, Status und Bezahlung

Wir haben bislang noch nicht über Angehörige der Mittelschicht gesprochen, die einen relativ hohen Status besitzen, aber schlecht bezahlt werden, eine Kombination, die der engen Beziehung, die wir zwischen beruflichem Status und monetärer Belohnung konstatiert haben, zu widersprechen scheint. Zwei typische Berufsgruppen, die in diese Kategorie fallen, sind die Geistlichen und die Künstler, wobei letzteres als Sammelbegriff für Maler, Töpfer, Bildhauer, Musiker,

Schauspieler und freischaffende Autoren gilt. Auch Lehrer scheinen nicht unbedingt der Status-gleich-Geld-Gleichung zu entsprechen, denn der durchschnittliche Lehrer verdient weniger als das mittlere Gehalt von Männern aller Berufe. (Die durchschnittliche Lehrerin bekommt etwas mehr als das mittlere Gehalt aller berufstätigen Frauen.) Das gleiche trifft weitgehend auch auf Sozialarbeiter zu.

Diese Abweichung läßt sich teilweise durch den großen Wert erklären, den Künstler, Lehrer, Sozialarbeiter und Geistliche auf psychologische Belohnungen legen, die ihr unterdurchschnittliches Gehalt, zumindest teilweise, ausgleichen.

Es ist dieser Wert, den der ehemalige Gouverneur von Kalifornien, Jerry Brown, im Sinn hatte, als er eine Gehaltserhöhung für Professoren staatlicher Universitäten und Colleges mit der Begründung ablehnte, das »psychische Einkommen«, das sie für ihre Arbeit erhielten, sei größer als das von anderen Staatsbediensteten. Gouverneur Browns Entscheidung erzürnte selbstverständlich die Professoren, insbesondere weil ihn die meisten von ihnen gewählt hatten, doch sie erfreute die Nichtakademiker.

Professoren handeln allerdings mitunter in einer Art und Weise, die Gouverneur Browns Einschätzung zu bestätigen scheint. So zog beispielsweise die britische Regierung vor einiger Zeit eine leistungsbezogene Bezahlung für Professoren in Erwägung, die deren jährliches Einkommen um bis zu 13 000 Dollar erhöhen konnte und ein Anreiz sein sollte, die Lehrverfahren zu verbessern und die Abwanderung talentierter Wissenschaftler in die Vereinigten Staaten einzudämmen. Verschiedene Professoren an der Cambridge University widersetzten sich diesem Plan jedoch mit aller Kraft und unterzeichneten einen Brief, indem sie es ablehnten, für solche Belohnungen in Betracht gezogen zu werden. Ein Professor bezeichnete den Plan als eine »erbärmliche Erhöhung menschlicher Habgier nicht nur zu einer reinen Motivkraft, sondern zu einer Tugend« (Crawford).

Die Auffassung, die wir erörtert haben, läßt sich folgendermaßen formulieren: Niedriges Gehalt plus hohes psychisches Einkommen übersteigt den Wert von hohem Gehalt mit oder ohne psychisches Einkommen.

Obwohl diese Formulierung einleuchtend klingt, ist ihre Logik lückenhaft, wie eine Untersuchung der Relation zwischen psychischen und monetären Belohnungen auf unterschiedlichen beruflichen

Ebenen zeigt. Das psychische Einkommen von Straßenarbeitern, die Gräben schaufeln, und Hilfskräften in der Landwirtschaft ist ebenso verschwindend gering wie ihre Löhne. Am oberen Ende der Statusleiter finden wir Berufe, die reich an psychischen und monetären Belohnungen sind. Ärzte zum Beispiel werden bewundert und respektiert, vollbringen medizinische Wunder, beschäftigen sich mit grundlegenden Problemen, planen ihre Arbeit selbst, treffen ihre eigenen Entscheidungen und verdienen im Durchschnitt mehr Geld als Menschen jeder anderen Berufsgruppe. Auch Unternehmensleiter sind mit psychischen und monetären Belohnungen reichlich gesegnet.

Die Vorstellung, daß College-Professoren weniger Geld bekommen sollten, weil sie reichlich psychische Belohnungen ernten, scheint nicht mit der Funktionsweise des Statussystems übereinzustimmen. Würden Professoren nach der üblichen Status-Einkommen-Formel bezahlt, würden sie ebenso viel verdienen wie Ärzte, denen sie laut landesweiter Meinungsumfragen im Status praktisch gleichkommen (Treiman).

Tatsache ist jedoch, daß Professoren *nicht* so gut bezahlt werden wie Ärzte. Und weshalb? Ein wichtiger Grund für das niedrige Einkommen von Professoren und Mitgliedern anderer unterbezahlter Berufsgruppen ist die Disparität zwischen der Anzahl an Personen, die psychische Belohnungen in ihrer Arbeit suchen, und der Anzahl an Stellen in den entsprechenden Berufen. Die Anzahl an Personen, die die psychischen Belohnungen des Lehrerberufes ernten wollen, ist größer als die Anzahl der Lehrerstellen auf allen Bildungsstufen, insbesondere an Colleges und Universitäten. Dies bedeutet, daß Colleges, die Professoren anstellen wollen, sie für beinahe jedes Gehalt bekommen. Auf vielen Colleges wird die Hälfte der Kurse oder mehr von Teilzeitlehrkräften gegeben, die nicht nur weniger Geld als Vollzeitkräfte erhalten, sondern auch auf die üblichen Lohnnebenleistungen verzichten müssen: Kranken-, Renten- und Arbeitslosenversicherung.

Die Misere der Teilzeitlehrkräfte ist ein deutlicher Beweis dafür, daß eine große Anzahl von Angehörigen der Mittelschicht bereit ist, auf eine angemessene finanzielle Entlohnung zu verzichten, um selbst in geringem Umfang eine intrinsisch motivierende Arbeit zu verrichten. Eine ähnliche Situation herrscht bei den Künsten, wo das Ungleichgewicht zwischen Arbeitseinkommen und Arbeitsaufwand noch weitaus größer ist als bei College-Lehrkräften und eine erheblich längere Geschichte hat. Unabhängig davon, welchen der verschiedenen künstlerischen Bereiche wir betrachten, es scheint stets das gleiche zu sein: Es wird mehr Kunst produziert, als sich selbst zu sehr geringen Preisen absetzen läßt, und die Zahl der Künstler, die versuchen, ihren Lebensunterhalt durch ihre kreative Arbeit zu bestreiten, ist erheblich größer als die Zahl, die der Markt zu einem angemessenen Lohn aufnehmen kann. Robert Hughes, ein Essayist der *Time*, schrieb: »Das amerikanische Ausbildungssystem im Bereich der Kunst, das alle fünf Jahre soviel graduierte Künstler hervorbringt, wie Florenz im späten 15. Jahrhundert *Einwohner* hatte, hat ein nicht verwendungsfähiges Künstlerproletariat hervorgebracht, dessen Arbeit die Gesellschaft nicht ›gewinnbringend‹ aufnehmen kann.«

Nach einigen Jahren erkennen die meisten Künstler, daß ihre Arbeit kaum das einbringt, was die Gesellschaft als ein normales Einkommen bezeichnet. Einige hören auf, entmutigt und desillusioniert; eine größere Anzahl macht weiter und hält sich durch Teilzeitjobs über Wasser, die häufig nichts mit ihrem künstlerischen Beruf zu tun haben. Viele widmen sich ausschließlich ihrer Kunst und schlagen sich mühsam mit Almosen von Freunden und Verwandten, Arbeitslosenunterstützung, Sozialhilfe und dem Einkommen der Ehegatten durch. Für manche Künstler sind die finanziellen Tatsachen des Lebens kränkend und oftmals erniedrigend, aber ihr künstlerischer Drang, der psychologisch befriedigend – intrinsisch lohnend – ist, scheint den Preis zu rechtfertigen.

Hoher Status, hohes Gehalt, hohe Motivation – die beste aller Welten

Die Arbeitssituation der meisten Menschen mit hohem Status – Rechtsanwälte, Unternehmensleiter und Staatsbeamte, Ärzte, Wirtschaftsprüfer, Beratungsingenieure – bietet in unserer Gesellschaft ein hohes Maß an intrinsischen *und* extrinsischen Belohnungen. Weshalb sind extrinsische Belohnungen für diese Menschen hoch, für die sozialen und künstlerischen Berufe jedoch niedrig?

Eine Erklärung ist der ökonomische Aspekt, die Beziehung zwischen Angebot und Nachfrage, die wir bereits angeführt haben – nämlich, daß die hochdotierten Berufe eine bessere Kontrolle über das Angebot an Berufskandidaten haben. Die Zahl der Berufsanfänger wird von Ausbildungsschulen niedrig gehalten, die nur einen kleinen Prozentsatz von Bewerbern aufnehmen und ihre Anzahl weiter reduzieren, indem sie ihnen eine langjährige Ausbildung abverlangen. In einigen Bereichen, speziell im Fach Jura, fallen darüber hinaus viele Absolventen durch die Zulassungsprüfungen. Das Verfahren ist selbstverständlich nicht absolut sicher. In manchen Jahren drängen zu viele Ingenieure auf den Arbeitsmarkt, und heutzutage gibt es ein Überangebot an jungen Rechtsanwälten. Aber der Bedarf an erfahrenen, renommierten Juristen ist ausreichend groß, um die monetären Belohnungen für etablierte Rechtsanwälte auf einem hohen Niveau zu halten.

Hochrangige Führungskräfte haben nicht den gleichen Einfluß auf die Anzahl der Berufsanwärter wie Ärzte und andere Berufsgruppen, aber ihre Kontrolle über die Beförderungen in ihren Unternehmen führt im Grunde zu dem gleichen Ergebnis.

Sind extrinsische und intrinsische Belohnungen austauschbar?

Die Kombination von hoher intrinsischer Befriedigung und niedrigem Einkommen, die die sozialen und künstlerischen Berufe kennzeichnet, wird manchmal durch die Unvereinbarkeit von intrinsischen Befriedigungen und extrinsischen Belohnungen, insbesondere in Form von Geld, erklärt. Diesen Gedanken mag der kalifornische Gouverneur Brown verfolgt haben, als er den Professoren der staatlichen Colleges und Universitäten erklärte, daß sie sich mit dem »psychischen Einkommen« begnügen sollten. Eine solche Auffassung stimmt mit Browns Hintergrund überein sowie mit seiner Ausbildung durch den Jesuitenorden, dessen Armutsgelübde seine Anhänger von der Sorge über extrinsische Befriedigungen, zumindest weltliche wie Geld, befreien sollte.

Die Ablehnung extrinsischer Belohnungen – im besonderen Geld – hat eine lange Geschichte. Sie spielte eine wichtige Rolle im Alltagsleben der Europäer des Mittelalters, wie wir in Kapitel 3 angeführt haben, und sie hat einen festen Platz in den Wertesystemen asiatischer Kulturen, die diejenigen verehren, die weltlichem Gewinn zugunsten religiöser oder philosophischer Kontemplation abgeschworen haben.

Die Vorstellung, daß intrinsische Motive durch extrinsische Erwägungen beeinträchtigt werden könnten, wurde ebenfalls von Psychologen untersucht. Richard DeCharms, ein Sozialpsychologe von der Washington University in St. Louis, hat intrinsische und extrinsische Motivationsfaktoren auf der Basis der Wahrnehmung definiert. Er sagt, daß Menschen bei ihrer Arbeit intrinsisch motiviert sind, wenn sie die Ursache für ihr Verhalten in sich selber sehen, und daß sie extrinsisch motiviert sind, wenn sie die Ursache für ihr Verhalten für extern halten – wenn sie sich sozusagen als bloße Schachfiguren fühlen.

DeCharms behauptet, daß extrinsische Belohnungen die intrinsische Freude an einer Aufgabe beeinträchtigen, weil sie das Individuum von der Quelle der Belohnungen abhängig machen. Von anderen abhängig zu sein schränkt unsere Freiheit ein, selbst Entscheidungen zu treffen und zu handeln. Unser Engagement und auch unsere Motivation für die Aufgabe schwinden.

DeCharms Theorie wurde von Calder und Staw überprüft, zwei Sozialpsychologen von der University of Illinois in Urbana. Sie teilten ihre Versuchspersonen – männliche Studenten – in vier Gruppen auf. Die Mitglieder von zwei der Gruppen sollten – jeder für sich – Puzzles mit aktionsreichen Fotos aus dem *Life*-Magazin sowie einigen Playmate-Fotos aus dem *Playboy* zusammensetzen. Die anderen beiden Gruppen arbeiteten an Puzzles ohne irgendeine Abbildung. Einer Hälfte der Teilnehmer sagte man, sie würden für das Zusammensetzen der Puzzles bezahlt, und das Geld wurde am Ende der Puzzlereihe, die sie zusammensetzen sollten, offen auf den Tisch gelegt. Die andere Gruppe wurde nicht bezahlt.

Am Ende des Experimentes füllten die Studenten Fragebogen aus, die sich auf ihre Gefühle und ihre Einstellung zu der von ihnen durchgeführten Aufgabe bezogen. Wie zu erwarten, verzeichneten die Männer, die die Bilderpuzzles zusammengesetzt hatten, ein größeres Interesse an ihrer Arbeit als diejenigen, die leere Flächen zusammengefügt hatten, doch führte die Bezahlung beziehungsweise Nichtbezahlung zu einem interessanten Unterschied in ihren Reaktionen. Die Männer, die für das Zusammensetzen der Bilderpuzzles bezahlt wurden, vermerkten ein geringeres Interesse an der Aufgabe als diejenigen, die nicht bezahlt wurden. Die umgekehrte Wirkung zeigte sich bei den Männern, die die leeren Flächen zusammensetzten. Diejenigen, die bezahlt wurden, fanden die Arbeit weitaus interessanter als diejenigen, die kein Geld erhielten.

Die Parallele zur realen Arbeitswelt ist offensichtlich. Arbeit mit geringem intrinsischem Reiz wird angenehmer, wenn eine extrinsische Belohnung, wie etwa Geld, ins Spiel kommt. Das Geld wird nicht während der Arbeit ausgehändigt, sondern erst am Ende. Aber der Arbeiter weiß, daß er bezahlt wird, er wartet auf den glücklichen Moment, in dem ihm das Geld gegeben wird, und er arbeitet zufrieden, denkt an die Belohnung, die er erhält, und daran, wie er sie ausgibt. Wie in Kapitel 10 angeführt, ist es die *Erwartung*, Geld zu bekommen, die den Geist antreibt und wachhält, mehr als das Geld an sich. Es ist diese Erwartung, die Menschen alle möglichen Arten von langweiligen, aber absolut notwendigen Arbeiten verrichten läßt – das Säubern von Kleidungsstücken, Straßen und Toiletten; das Wechseln der Bettwäsche und der Bettpfannen in Krankenhäusern; und das Arbeiten als Nachtwächter in Lagerhäusern und leerstehenden Gebäuden. In den Händen von intelligenten und sensiblen Managern können monetäre Anreize eine wesentliche Rolle für wohlüberlegte Programme spielen, die alle zufriedenstellen und Teams von Arbeitern *als Gruppe* für ihre größere Produktivität belohnen (Wagner, Rubin und Callahan). Aber die primäre Motivation ist weiterhin extrinsisch.

Wenn eine Arbeit reich an intrinsischem Reiz ist – erfreulich um ihrer selbst willen –, dann scheint das Angebot einer extrinsischen Belohnung zumeist belanglos zu sein. Die ablehnende Haltung der Cambridge-Professoren gegenüber einer leistungsbezogenen Bezahlung, die wir weiter oben erwähnt haben, war ein deutlicher Ausdruck dieser Position. Ein solches Angebot schafft nicht nur eine unerwünschte Abhängigkeit, sondern es wirkt auch ablenkend und verwirrend. Wir können verstehen, daß die Studenten, die die Fotopuzzles zusammensetzten, nicht genau wußten, ob sie nun da waren, um sich an den Playmates aus dem *Playboy* zu erfreuen oder um Geld zu verdienen.

Parallelen zu dieser Situation im wirklichen Leben gibt es nur selten, aber sie existieren. Nehmen wir Julie Roxas, eine Malerin, von der Kritiker sagen, daß sie sich »irgendwo zwischen bloßer Qualifikation und wirklicher Größe« bewegt. Frau Roxas hat sich diese Bewertung zu Herzen genommen und widmet sich voll und ganz dem Prozeß der künstlerischen Selbsterfahrung. Sie hat gerade mit ihrer Arbeit begonnen, als das Telefon läutet. Ein Galeriebesitzer ruft an und sagt ihr, daß er einen Kunden hat, der fünftausend Dollar für ihr nächstes

Bild bezahlen will, ganz gleich, was es sein wird. Sein Motiv? Er meint, ihre Arbeit besitzt »Investitionspotential«.

Julie findet das Geld verlockend, denn die Miete ist fällig, und es gibt Rechnungen für Arbeitsmaterial, die bezahlt werden müssen. Doch wie wird sich dieser extrinsische Motivationsfaktor, den man ihr aufdrängt, auf ihre Suche nach der eigenen künstlerischen Identität auswirken? Vielleicht freut sie sich über das Vertrauen, das der mögliche Investor in ihre Fähigkeiten setzt, aber gleichzeitig fühlt sie sich auch als Ware und wird durch ihre diesbezüglichen Gedanken abgelenkt, wenn sie versucht, ein Gemälde zu schaffen, das ihren eigenen Maßstäben entspricht. Während sie noch vor fünf Minuten ausschließlich für Julie Roxas malte, muß sie nun für eine unbekannte Person malen, deren einziges reizvolles Merkmal die Bereitschaft ist, ihr fünftausend Dollar zu bezahlen.

Um jedoch zu dem Puzzleexperiment zurückzukehren: die Ergebnisse scheinen im Widerspruch zu der Tatsache zu stehen, daß viele Freiberufler und Führungskräfte Spaß an ihrer Arbeit haben und gleichzeitig gut bezahlt werden.

Die Erklärung für diesen scheinbaren Widerspruch mag darin liegen, wie die Betreffenden ihre Situation wahrnehmen. DeCharms sagt, daß extrinsisch motivierte Menschen sich als Schachfiguren sehen. Es ist ziemlich unwahrscheinlich, daß sich erfolgreiche Freiberufler und Führungskräfte als Schachfiguren betrachten. Im Gegenteil, sie halten sich selbst für »Ursprünge«, um das Wort zu gebrauchen, das DeCharms verwendet, um intrinsisch motivierte Menschen zu charakterisieren. Menschen in solchen Positionen haben ein großes Maß an Entscheidungsfreiheit, wenn es darum geht, was sie tun und wie sie es tun. Bedeutet dies, daß Geld ohne Belang ist? Wohl kaum. Vermutlich ist es eher ein Teil des »Paketes« Status, Prestige, Macht und Wohlstand, das ihnen durch die Kombination von erfolgreicher Arbeit und Glück zukommt. Geld ist nicht ein Hauptziel, aber sie würden es vermissen, wenn es nicht da wäre.

Intrinsisch contra extrinsisch: ein Gleichgewicht erreichen

Um die Beziehung zwischen intrinsischen und extrinsischen Belohnungen wirklich objektiv zu betrachten, sollten wir darauf hinweisen, daß es einige Fälle gibt, bei denen beide zusammenwirken können.

Helmut, ein Physikochemiker, verfolgt die Idee, Energie durch Kältefusion zu erzeugen. Er kann zwei seiner Kollegen für diese Idee begeistern, und die drei investieren Tausende von Stunden, Tag und Nacht, fünfzehn Monate lang, bis ihnen schließlich ein entscheidendes Experiment gelingt, das eindeutig ein neues Verfahren demonstriert. Ihre Motivation ist während dieser Zeit fast ausschließlich intrinsisch. Sicher, als Universitätsprofessoren werden sie dafür bezahlt, Lehre und Forschung zu betreiben, aber keiner der drei hat während der fünfzehn Monate gedacht oder gesagt: »Das ist es, wofür wir *bezahlt* werden!« Nein, Position und Bezahlung werden als selbstverständlich erachtet, und sie sind bereit, dreißig, vierzig, sechzig Stunden die Woche darauf zu verwenden, dieses aufregende Forschungsspiel zu betreiben, das möglicherweise zu etwas führt, wodurch sie persönlich belohnt werden.

Nachdem das Experiment zufriedenstellend abgeschlossen ist, was dann? An diesem Punkt wird es nötig, einen Bericht zu schreiben, der jeder Prüfung – sei sie noch so intensiv und übergenau – durch Kollegen, andere Physikochemiker und Physiker standhält. Die Anerkennung, die sie von seiten dieser Wissenschaftler suchen, ist eine extrinsische Belohnung, doch ist sie unentwirrbar mit ihrer intrinsisch motivierten Forschungsarbeit verbunden. Ohne dieses externe Element – Anerkennung durch andere Wissenschaftler – sind sie enttäuscht, frustriert.

Geld ist nicht das Motiv bei dem Beispiel, das wir angeführt haben, auch wenn die drei Wissenschaftler davon träumen mögen, den Nobelpreis zu gewinnen. Doch es ist die *Anerkennung*, den der Nobelpreis symbolisiert, die ihn für Wissenschaftler wichtig macht. Das Preisgeld ist nützlich, ja sogar willkommen, aber es bedeutet weniger als die Tatsache, daß die eigene Arbeit und die eigenen Ideen in wissenschaftlichen Kreisen als wichtig und bedeutend anerkannt werden.

Es gibt selbstverständlich Fälle, wo Geld, als ein extrinsischer Motivationsfaktor, eng mit dem Streben nach intrinsischen Belohnungen verflochten ist. Sergej ist ein Wertpapieranalytiker, der mit Hilfe statistischer Methoden seine Theorien über die Beziehung zwischen den Trends von Unternehmensgewinnen und dem anschließenden Marktwert ihrer Aktien überprüft. Er hat eine faszinierende Formel entwickelt, die auf dem Papier bestens funktioniert, aber sie muß einem Härtetest standhalten: Wie gut funktioniert sie in der täglichen

Praxis? Mit anderen Worten, zahlen sich Investitionen, die auf der Grundlage seiner Formel getätigt werden, wirklich aus? Und entwickeln sich die Aktien, die er auswählt, besser als bestimmte Aktienindizes, wie etwa der von *Standard and Poor's*?

Sergejs Interesse an dieser faszinierenden Aufgabe ist intrinsisch motiviert, auch wenn man argumentieren könnte, daß er als Wertpapieranalytiker auf der Gehaltsliste einer Brokerfirma steht, um das zu tun, was er tut. Wie für die Physikochemiker sind Position und Gehalt für ihn jedoch selbstverständlich, und er investiert Zeit und Energie, weit über das Maß seiner erwarteten Pflichterfüllung hinaus, um eine Formel zu finden, mit der sich Aktienkurse relativ zuverlässig vorhersagen lassen.

Bei wirtschaftlichen Unternehmungen, wie etwa der Anwendung von Sergejs Investmentformel, wird der Erfolg in monetären Kategorien gemessen. Ohne den externen Beweis in Form von Profiten oder Verlusten läßt sich der Wert seiner intrinsisch motivierten Arbeit nicht bestimmen. In dieser Hinsicht ähnelt Sergejs Tätigkeit der von Menschen, die auf anderen Gebieten ökonomische Anstrengungen unternehmen – Einzelhandel, Großhandel, Fabrikation, Transportwesen, Landwirtschaft oder was auch immer. Ihre Motivation mag intrinsisch, extrinsisch oder eine Kombination von beidem sein, aber der Erfolg wird stets in monetären Kategorien gemessen.

Weil Geld in der Wirtschaft der Maßstab für Erfolg ist, glauben die meisten, daß allen Geschäften die Motivation zugrunde liegt, Geld zu verdienen und *nur* Geld zu verdienen. Diese Meinung bringt die allgemeine Ansicht zum Ausdruck, daß andere mehr an Geld interessiert sind als wir selbst. Aber die Tatsache, daß Gewinne bei einem Unternehmen der Gradmesser für Leistung sind, bedeutet nicht unbedingt, daß sie das *primäre* Motiv von allen sind, die daran beteiligt sind.

Das Profitmotiv und das Bedürfnis, etwas zu leisten

Die Rolle, die Geld im Belohnungssystem von vielen hart arbeitenden, tatkräftigen Menschen spielt, wurde von David C. McClelland analysiert, einem Harvard-Psychologen, der sich auf die Untersuchung der Persönlichkeit spezialisiert hat. McClelland behauptete, daß das sogenannte »Profitmotiv« von geringer Bedeutung ist für das, wie er es nennt, »Bedürfnis, etwas zu leisten«, ein Motiv, das besonders stark bei jenen Menschen ausgeprägt ist, die aus sich heraus den Drang verspüren, energisch, beharrlich und sogar eifrig zu arbeiten, um selbstgestellte Aufgaben auszuführen, um Tätigkeiten, die sie begonnen haben, zu beenden und um neue und noch verlockendere Beschäftigungsfelder zu suchen.

McClelland sah den Wunsch, etwas zu leisten, als einen grundlegenden Faktor für das Wirtschaftswachstum einer Nation. Seine Untersuchungen zeigten, daß wirtschaftlich erfolgreiche Länder mit vielen Bürgern gesegnet sind, die danach drängen, Geschäfts- und Fabrikationsunternehmen zu gründen und aufzubauen. Solche Menschen tragen dazu bei, daß ein psychologisches Klima entsteht, das zu Einfallsreichtum, Problembewältigung, Sparsamkeit, Fleiß und Bildungsmöglichkeiten ermutigt. Wachsende Wirtschaftssysteme sind auch auf Führungskräfte angewiesen, die dieses spezielle Motiv vielleicht nicht teilen, die aber ein starkes Verlangen nach gesellschaftlichem Erfolg haben (ein Motiv, das nach McClelland mit dem Bedürfnis nach Macht in Zusammenhang steht) und die bereit sind, die Leistungsmotivation bei anderen zu stärken und zu unterstützen.

McClelland wies besonders darauf hin, daß Geld kein Hauptanreiz für leistungsorientierte Menschen ist, räumte jedoch ein, daß sie es als ein *Symbol* für ihre Leistung brauchen. Und er kam zu dem Schluß, daß man »gallonenweise Tinte und hektarweise Papier hätte sparen können, wenn ökonomische und politische Theoretiker diese Unterscheidung verstanden hätten« zwischen Geld als Leistungsmaßstab und Geld als Ziel, das man entweder um seiner selbst willen oder als ein Mittel, um andere zu beherrschen, anstrebt.

Erfolgsmenschen erwecken bei dem Rest von uns auch Neid, denn ihr Erfolg führt dazu, daß wir unsere eigenen Fähigkeiten in Frage stellen. Doch wir sind in der Lage, solche schmerzlichen Selbstprüfungen zu umgehen und ein Gefühl moralischer Überlegenheit wiederzugewinnen, indem wir uns gegenseitig versichern: »Die machen das bloß des Geldes wegen.« Mit anderen Worten, wenn *wir* uns ausschließlich auf das Geldverdienen konzentrieren würden, wären *wir* genauso erfolgreich.

Diese schlagfertige Herabsetzung bricht jedoch auseinander, wenn wir versuchen, die Motive einer landesweit beliebten Persönlichkeit zu erklären, die alles Geld hat, was man sich nur wünschen kann, aber *trotzdem* weiter arbeitet. Ich erinnere mich an einen Werbespot für eine Sparkasse, in dem der beliebte und unglaublich reiche Bob Hope auftrat. Ein Freund, der mit mir vor dem Fernseher saß, schüttelte etwas verwirrt den Kopf. Dann fragte er verwundert, ohne eine Antwort zu erwarten: »Weshalb, glaubst du, macht er das? Bei all *seinem* Geld kann er wohl nicht noch mehr brauchen.«

Das Geldmotiv ist in der Tat allgegenwärtig; es ist bei uns allen vorhanden. Aber es erklärt nicht alles; genaugenommen erklärt es nur sehr wenig.

Glückliche Zufälle, kluges Handeln und Geld

12

> Bewegt man sich zuversichtlich in die Richtung seiner Träume und strebt danach, das Leben zu führen, das man sich vorstellt, erlebt man Erfolge, die man nicht erwartet hat.
>
> *Henry David Thoreau*

> So wissen wir, gewitzigt, helles Volk,
> mit Krümmungen und mit verstecktem Angriff
> durch einen Umweg auf den Weg zu kommen.
>
> *Shakespeare, Hamlet II, 1*

> Der rechtschaffene Mann macht die Schwierigkeit, die es zu überwinden gilt, zu seiner ersten Aufgabe, den Erfolg aber nur zu einer nachträglichen Überlegung.
>
> *Konfuzius*

> Wie viele der schönsten Dinge im Leben, wie Glück und Gelassenheit und Ruhm, war der wertvollste Gewinn nicht das, wonach man strebte, sondern das, was sich auf der Suche nach etwas anderem von selbst einstellte.
>
> *Benjamin N. Cardozo*

Nachdem die erste Auflage der *Psychologie des Geldes* erschienen war, wurde ich gelegentlich von denen kritisiert, die das Buch in der Erwartung gekauft hatten, daß es die Geheimnisse des Geldverdienens offenbare. Als Antwort auf diese Kritik sagte ich, daß Geldverdienen kein Verhaltensgebiet sei, das von Psychologen untersucht werde, und daß ich beobachtet hätte, daß diejenigen, die sich ausschließlich damit beschäftigten, Geld zu verdienen, zumeist auch diejenigen seien, die den geringsten Erfolg dabei hätten. Wenn meine Beobachtungen zuträfen, sagte ich, wäre wohl der beste Weg, Geld zu machen, es sich nicht zu einem Ziel zu setzen, das es zu erreichen gelte.

Ich bin überzeugt, daß diese Ausführungen auf taube Ohren stießen, denn die meisten Menschen glauben fest daran, der beste Weg, Geld zu machen, sei es, sich einzig und allein auf diesen Gegenstand zu konzentrieren. Ich erinnere mich an die Worte eines Mitreisenden auf einem Transkontinentalflug, der behauptete, er habe bereits dreimal eine Million Dollar gemacht und wieder verloren: »Es ist einfach, eine Million zu verdienen – du mußt bloß alles andere aufgeben.«

Diese Aussage erschien mir damals überaus scharfsinnig – sie besaß zweifellos den Klang der Weisheit und die Schärfe der harten Realität –, aber die Untersuchungen und Analysen, die ich durchgeführt habe, um dieses Buch schreiben zu können, haben mich davon überzeugt, daß es lediglich eine gewitzte Neuformulierung der herkömmlichen Vorstellung war, wie sich eine Menge Geld verdienen läßt. Ich habe eine Reihe von Millionären kennengelernt, und nicht einer von ihnen zeigte irgendwelche Anzeichen davon, »alles andere aufgegeben zu haben«. Im Gegenteil, es waren Menschen, die ein reiches, erfülltes, interessantes Leben geführt hatten und die ihre Arbeit, ihre Freunde und ihr Familienleben genossen, wenn auch nicht unbedingt in dieser Reihenfolge.

Der nicht so königliche Weg zum Reichtum

Einer dieser Millionäre – nennen wir ihn Sam – arbeitete während seiner College-Zeit als Nachtportier in einem Hotel. Als er sein Studium abgeschlossen hatte, bot ihm das Hotel eine Stelle als stellvertretender Geschäftsführer an. Das Gehalt war nicht hoch, aber er mochte die Leute, mit denen er zusammenarbeitete, und sein Verhältnis zu den Besitzern war sehr gut, da sich seine Arbeit durch eine glückliche Kombination von Freundlichkeit und Effizienz auszeichnete. Als Sam dreißig war, hatte er in zwei weiteren Hotels, die die Hotelbetreiber erworben hatten, als stellvertretender Geschäftsführer gearbeitet.

Die Hotelkette war ein straff geführtes Unternehmen, aber man ermutigte die Angestellten dazu, Aktien zu kaufen, die für sie in einem Trustfond verwaltet wurden. Sam kaufte so viele Aktien, wie er sich leisten konnte, und borgte sich sogar Geld von seinem Schwiegervater, um seine Anteile zu erhöhen. Ich erinnere mich, daß ich ihn fragte, weshalb er soviel Geld in Wertpapiere investierte, die nicht auf dem freien Markt gehandelt werden konnten und nur 2% Rendite brachten. Sam antwortete, daß er nicht viel von Kapitalanlagen verstand, daß er aber sein Unternehmen kannte. Sie hatten ein außergewöhnlich gutes Verhältnis zu ihren Mitarbeitern, ihre Belegungsrate war überdurchschnittlich hoch, und er schätzte sich glücklich, solch einem dynamischen Unternehmen anzugehören.

Die Hotelkette expandierte rasch und baute oder kaufte alle paar Jahre ein weiteres neues Hotel. Im Alter von fünfundvierzig war Sam Regionalmanager und für ein halbes Dutzend Hotels verantwortlich.

Obwohl er Geschäftsreisen unternehmen und viel Zeit in seinen Job investieren mußte, war er ein hingebungsvoller Vater, der jede Gelegenheit nutzte, bei seiner Familie zu sein, und sie sogar mitnahm, wenn er für längere Zeit von zu Hause weg mußte.

Als Sam dreiundfünfzig war, ließ die Hotelkette ihre Aktien öffentlich auflegen, und sein Aktienpaket machte ihn zum Millionär. Einige Jahre später wurde das Unternehmen von einer landesweiten Hotelkette übernommen, und der Wert seiner Aktien verdreifachte sich. Er setzte sich mit zweiundsechzig zur Ruhe und widmete sich dem Golfspiel, dem Sportangeln und dem Großelterndasein.

Sams Aufstieg zum Millionärsstatus war keine dramatische Entwicklung. Seine Lebensgeschichte ist nicht besonders interessant; sie würde sich nicht für Hollywood oder als Bestseller eignen. Sam ließ sich nicht auf finanzielle Manipulationen ein und kämpfte sich nicht rücksichtslos auf Kosten anderer nach oben. Und er begann seine Laufbahn in der Hotelbranche auch nicht mit dem Vorsatz, »eine Million Dollar zu machen«. Wie bei anderen Millionären, die ich kennengelernt habe, war Geldverdienen nicht Sams primäres Interesse, sondern weitgehend ein Nebenprodukt. Seine Vorgehensweise war nach heutigen Maßstäben widersinnig einfach, sogar naiv. Ausschlaggebend für seinen Erfolg war seine Begeisterung für das Hotelgewerbe im allgemeinen und speziell für das Unternehmen, das ihn angestellt hatte, als er noch ein junger College-Student war. Fast ebenso wichtig war seine Gabe, Möglichkeiten zu erkennen, die das Wachstum des Unternehmens förderten und seine eigene Position verbesserten. Er verfolgte diese beiden Ziele mit großer Energie, aber er war nicht aggressiv, sondern nur geduldig und beharrlich.

Sam hatte auch eine positive Einstellung zum Geld. Er respektierte es als eine Quelle von Macht und einen Maßstab für Erfolg, aber nicht mehr als das. Und er verstand es, Geld richtig einzusetzen. So wußte er beispielsweise, daß sich Loyalität nicht mit Geld erkaufen ließ, aber daß man sie mit Geld belohnen konnte. Geld zu verdienen war angenehm für ihn, aber es führte bei ihm nicht zu großer Erregung. Zweifellos war er aufgeregt, als das Unternehmen an die Börse ging und er zum Millionär wurde, aber er gab keine große Party, um das Ereignis zu feiern. Statt dessen gingen er und seine Frau in ein feines Restaurant und stießen vor dem Essen mit einem Glas Sekt auf ihren neuen Status an.

Ich habe Sams Karriere so ausführlich geschildert, weil ich glaube, daß sie ein mehr oder weniger typisches Beispiel dafür ist, wie die meisten Menschen zu Reichtum kommen. Das Merkmal, das ihren Erfolg kennzeichnet, läßt sich meines Erachtens am besten in den englischen Begriff *serendipity* fassen.

»Serendipity«, ein schwer faßbares Merkmal

Serendipity ist ein kurioses Wort mit skurriler Vergangenheit und unklarem Ursprung. Seine Form läßt zwar vermuten, daß sich der Begriff aus dem Lateinischen ableitet, doch bezieht er sich in Wirklichkeit auf das alte Wort für Ceylon (heute Sri Lanka): Serendip. Theodore G. Remer, der eine maßgebliche Arbeit über *serendipity* verfaßte, schrieb, daß sich »Serendip« aus altindischen oder Sanskritworten zusammensetzt und »Insel des singhalesischen Volkes« bedeutet.

Horace Walpole, ein bekannter Schriftsteller und Politiker des 18. Jahrhunderts, führte *serendipity* in die englische Sprache ein und verwendete das Wort als Bezeichnung für etwas, das man durch eine Kombination aus »Zufall und Klugheit« erlangt. Walpole prägte seine Wortschöpfung in Anspielung auf *The Three Princes of Serendip*, eine Erzählung unbekannten Ursprungs. Laut Remer wurde die Legende erstmals 1557 von Michele Tramezzino, einem Drucker aus Venedig, veröffentlicht.

Das Buch beschrieb die Abenteuer von drei jungen Prinzen mit edlem Charakter, die von ihrem Vater, dem König von Serendip, auf eine lange Wanderschaft geschickt wurden, um ihre Treue zu ihm unter Beweis zu stellen. Auf ihrer Reise erlebten sie viele merkwürdige Abenteuer, in deren Verlauf sie Erfolge erzielten, die nichts mit ihren ursprünglichen Zielen oder Absichten zu tun hatten.

Obwohl der Begriff *serendipity* in der englischen Sprache häufig als Synonym für »zufällige Entdeckung« benutzt wird, lautet seine eigentliche Bedeutung »Entdeckung durch Zufall *und* Klugheit«, eine Interpretation, die Walpoles ursprüngliche Absicht widerspiegelt.

Charles Goodyears Erfindung der Kautschukvulkanisation wird zuweilen mit dem Wort *serendipity* beschrieben, denn sie kam zustande, als Kautschuk und Schwefel zufällig auf einen heißen Ofen fielen. Goodyears Entdeckung beinhaltete zweifellos einige Elemente von *serendipity*, denn sie umfaßte einen *Zufall*, und Goodyear besaß die

Klugheit zu erkennen, daß er endlich das vor sich hatte, wonach er schon seit zehn Jahren suchte. Aber die Entdeckung hatte noch andere Aspekte, denn sie war der krönende Abschluß seiner Suche nach einem Verfahren, das verhinderte, daß Kautschuk bei extremen Temperaturen riß oder schmolz.

Ein besseres Beispiel für *serendipity* liefert Crawford Williamson Long, der 1842 bei James Venable eine Operation am Hals durchführte und dabei als erster Arzt Äther als Narkosemittel einsetzte. Die Idee dazu kam ihm bei seinen abendlichen Treffen mit Freunden, wo man alberne Spiele trieb und Äther inhalierte, damit einem schwindelig wurde. Solcher »Äther-Jux« war in den 1840er Jahren beliebt, und Long hatte beobachtet, daß die Betreffenden keinen Schmerz verspürten, wenn sie hinfielen oder an Möbelstücke stießen, nachdem sie ein oder zwei Züge Äther eingeatmet hatten. Aufgrund dieser Beobachtungen fragte er sich, ob sich dieser narkotisierende Effekt auch dazu einsetzen ließ, den Schmerz von Patienten während einer Operation auszuschalten, was die Arbeit des Chirurgen erheblich vereinfachte.

Longs Entdeckung, Äther als Hilfsmittel bei Operationen einzusetzen, erfüllt alle Kriterien des Begriffes *serendipity*. Die Rolle, die er beim »Äther-Jux« spielte, stand in keinerlei Zusammenhang mit seinem beruflichen Interesse, ein Narkosemittel zu finden, und er besaß den Scharfsinn – die *Klugheit* – zu erkennen, daß die schmerztötenden Eigenschaften des Äthers von medizinischem Nutzen sein konnten.

»Serendipity« im täglichen Leben

Der Alltag von Menschen mit Unternehmer- oder Forschergeist ist voller Beispiele glücklicher und unerwarteter Entdeckungen. Hier ist ein solches Beispiel. Heather wurde in den Finanzausschuß ihrer Kirchengemeinde berufen, der für deren Effektenportefeuille verantwortlich war. Sie war ein aktives Mitglied in einem Investmentclub und verwaltete den Wertpapierbestand ihrer Familie, der aus Einlagenzertifikaten und US-Schatzobligationen bestand. Obwohl sie ein gutes Verständnis von der Funktionsweise der Wertpapierbörse besaß, war sie nur mit einer begrenzten Gruppe von Wertpapieren vertraut – jene, die ihr Investmentclub studiert hatte.

Im Verlauf ihrer dreijährigen Tätigkeit im Finanzausschuß lernte Heather eine Menge über die Analyse und Auswahl von Wertpapieren.

So machte sie sich zum Beispiel mit Versorgungswerten vertraut, eine Anlageform, die sie zuvor nicht interessiert hatte, und sie lernte auch, solide Unternehmen mit guten Wachstumspotentialen zu erkennen, deren Aktien zu vernünftigen Preisen gehandelt wurden. Dieses Wissen versetzte sie in die Lage, die Hälfte des Wertpapierbestandes ihrer Familie in verhältnismäßig sichere Wachstumsaktien umzuwandeln und eine aktivere Rolle bei der Effektenauswahl für ihren Investmentclub zu übernehmen. Fünf Jahre nachdem sie aus dem Finanzausschuß der Kirchengemeinde ausgeschieden war, hatten sich die Wertpapierbestände ihrer Familie verdoppelt, und der Inventarwert der Anteile des Investmentclubs hatte sich verdreifacht.

Das *serendipity*-Prinzip trifft auf viele Aspekte des Lebens zu – nicht nur auf Geld. Schauspieler und andere Vertreter der Unterhaltungsbranche beispielsweise befinden sich in den Fängen der Popularität, denn besitzen sie keine Anziehungskraft, können sie sich genausogut eine andere Art der Beschäftigung suchen. Diejenigen, die ihre Popularität über die Jahre am erfolgreichsten aufrecht erhalten haben, sind zumeist diejenigen, deren Ziel es ist, ihre beruflichen Fähigkeiten zu entwickeln und zu erweitern, während jene, die mit aller Macht versuchen, populär zu werden, in der Regel weniger erfolgreich sind. Das gleiche trifft auch auf Glück, Liebe und andere reizvolle Lebensziele zu.

Auf dem Geldtiger reiten

Was geschieht, wenn das *serendipity*-Prinzip ignoriert oder mißachtet wird? Nehmen wir den Fall von Brian Houseman. Als Brian zehn war, fragte ihn sein Onkel: »Was willst du einmal werden, wenn du groß bist, Brian?«

Brian antwortete kurz und bündig: »Reich. Ich will reich werden.«

Brians Antwort wurde zu einem Familienwitz, aber reich zu werden war für Brian kein Witz. Mit zwölf schnitt er einen Coupon aus *Popular Mechanics* aus und schickte ihn an ein Versandhausunternehmen in Pennsylvania, das ihn als Teilzeitvertreter für Hemden und andere Kleidungsstücke von Tür zu Tür schickte. Innerhalb von sechs Monaten hatte Brian jedes Haus auf seiner Seite der Stadt abgeklappert und Bestellungen im Wert von 500 Dollar gesammelt, was ihm 100 Dollar Provision einbrachte.

Es war schwer, zu Brian »nein« zu sagen. Er besaß ein gewinnendes Lächeln, ein freundliches Wesen und eine Art, daß sich die Menschen wichtig vorkamen. Die Leute glaubten, ihm vertrauen zu können, weil sein Vater der Direktor der Grundschule war. Seine Eltern unterbanden Brians Geschäfte erst, als sie feststellten, daß er an ihre Gäste, die sie zum Dinner eingeladen hatten, Hemden verkaufte.

Während seiner High-School-Zeit fand Brian neue Wege, Geld zu verdienen. Er verkaufte Programme und Fanartikel bei College-Football-Spielen; er stellte einen Stand in einer Einkaufspassage auf und sammelte Unterschriften zu je 50 Cent für eine politische Petition; und er warb im Auftrag einer Telemarketingfirma per Telefon um Spenden für wohltätige Zwecke, wofür er Provisionen erhielt.

Nach einer durchschnittlichen Laufbahn am staatlichen College erhielt er die Zulassung zum Effektenverkäufer und nahm eine Stelle bei einer Brokerfirma an. Brian war endlich auf dem Weg, reich zu werden. Er kannte das Rezept; er hatte es viele Male erprobt.

«Um reich zu werden«, sagte er sich und jedem, der ihm zuhörte, »mußt du reich *denken*. Du mußt dich so benehmen, als *wärst* du reich. Du mußt die richtige Garderobe tragen, das richtige Auto fahren, den richtigen Clubs angehören, die richtige Frau heiraten und das richtige Haus kaufen.«

Mit seiner Freundlichkeit und seinem Charme gewann er das Vertrauen einer rasch anwachsenden Kundenschar und die bedingungslose Unterstützung seines Chefs. Unzufrieden mit der zeitraubenden Wertpapieranalyse, empfahl er seinen Klienten, das zu kaufen, was auf der Empfehlungsliste seines Arbeitgebers stand. Ein steigender Aktienmarkt arbeitete zu seinem Vorteil, und er machte sich einen Namen als jemand, der »sein Geschäft verstand«.

Praktisch vom ersten Arbeitstag an wandte er sein Erfolgsrezept an – »reich denken«. Ausgestattet mit dem Wunder des Plastikgeldes, erwarb er eine neue und elegante Garderobe, einen Sportwagen der Marke Jaguar und die Mitgliedschaft in einem vornehmen Fitneß-Center. Einige Monate später heiratete er die Tochter einer angesehenen Familie und kaufte, mit finanzieller Unterstützung seines Schwiegervaters, ein hübsches Haus in der Nähe des Country-Clubs, oberhalb des Golfplatzes. Das junge Paar gab prächtige Feste und spielte eine führende Rolle bei allen wichtigen gesellschaftlichen Ereignissen.

Brian sah nun reich aus, benahm sich reich und fühlte sich die meiste Zeit reich. Während der übrigen Zeit waren seine Gefühle durch eine Mischung aus Angst und Wut gekennzeichnet – Angst, daß der wachsende Schuldenberg ihn auffressen könnte, und Wut darüber, daß er auf seiner Position als stellvertretender Filialleiter festsaß, die ihm nicht die Möglichkeit bot, das Geld zu verdienen, das er dringend brauchte, um seinen Lebensstil aufrechterhalten zu können.

Von nun an wird die Geschichte häßlich. Der Aktienmarkt tendierte nach unten, wie das bei Aktienmärkten so ist. Brian verlor einige seiner Kunden, die seinem Charme und seiner Überredungskunst widerstanden und ihre Konten auflösten. Er versuchte, diesen Verlust durch Provisionsschneiderei auszugleichen, indem er bei Konten, die er nach eigenem Ermessen verwalten konnte, unnötige Käufe und Verkäufe von Wertpapieren tätigte. Aber solche Manöver brachten nur einige tausend Dollar, und er benötigte sehr viel mehr. Also »borgte« er sich einige Fremdgelder, spekulierte heftig – und verlor.

Selbstverständlich flog das Ganze auf. Als alles vorbei war, behauptete Brian, seine Arbeitgeber hätten ihn ausgenutzt und seine Freunde hätten ihn im Stich gelassen. Andere meinten, er sei glimpflich davongekommen, denn die Anwälte seines Schwiegervaters konnten den Richter dazu bringen, ihn nicht ins Gefängnis zu stecken. Statt dessen bekam er eine hohe Geldstrafe, die selbstverständlich sein Schwiegervater bezahlte, weil Brian bankrott war. Er verlor auch seine Brokerlizenz. Aber er hatte noch immer eine charmante Frau und zwei reizende Töchter. Sie gingen mit ihm in einen anderen Bundesstaat, wo er nach der gleichen Methode ein ähnliches Spiel trieb, nur dieses Mal im Versicherungsgeschäft.

Es ist einfach zu sagen, daß Brians Niedergang nicht dadurch verursacht wurde, daß er Geld zu seinem Hauptziel machte, sondern durch seine gravierenden Charakterfehler – Ungeduld, Mangel an Urteilsvermögen und manipulatorisches Wesen. Eine solche Bewertung trifft jedoch nicht den Kern. Die Welt ist voller Menschen, die ungeduldig und manipulatorisch sind und Situationen nicht richtig einschätzen können, und viele von uns teilen diese Eigenschaften bis zu einem gewissen Grad. Aber relativ wenige erheben Geld zu ihrem höchsten Ziel. Dies zu tun wäre neurotisch oder gar psychopathisch.

Wenn Geldverdienen zum obersten Ziel wird, verschärft und verstärkt es im allgemeinen die negativeren Eigenschaften eines Menschen und bewirkt eine verzerrte Sicht der Welt. In Brians Fall hieß diese Sicht: »Wenn man seine Phantasien überzeugend in Szene setzt, werden sie schließlich auch wahr.«

»Serendipity« in der Praxis: die Geschichte eines Investmentclubs

Menschen, die sich der Illusion hingeben, daß sich ständige Trugbilder auf wundersame Weise in pures Gold der Realität verwandeln, akzeptieren wohl kaum den Gedanken, daß sich wirtschaftlicher Erfolg wie auch andere gute Dinge im Leben am besten durch glückliche Zufälle und Klugheit erzielen lassen – also indem man hart an dem arbeitet, was man am besten kennt, und günstige Gelegenheiten durch *kluges Handeln* nutzt.

Solche Chancen fallen manchmal denen in den Schoß, die warten, doch zumeist bieten sie sich eher denen, die handeln. Die drei Prinzen kamen schließlich auch nicht zu ihren lohnenden Erfahrungen, während sie zu Hause im Palast von Serendip saßen, sondern auf ihrer langen Wanderschaft, die es ihnen ermöglichte, mit der Außenwelt zu interagieren. Die meisten von uns sind zweifellos nicht in der Position, auf Wanderschaft gehen zu können, aber wir können uns Aktivitäten widmen, die uns der täglichen Routine entziehen und uns neue Situationen, neue Ideen und neue Gelegenheiten bieten.

Eine Maßnahme, die besonders gut dazu geeignet ist, Menschen aus ihrem täglichen Trott herauszuholen und sie zu Aktivitäten zu veranlassen, die zu unerwarteten Ergebnissen führen, ist die Mitgliedschaft in einer freiwilligen Organisation – einem Verein oder Club. Und die Art von Verein, wo sich solche Resultate am ehesten in Form von monetären Gewinnen zeigen, ist der Investmentclub.

Die Struktur eines Investmentclubs ist einfach: Er ist ein Zusammenschluß von Einzelpersonen oder Ehepaaren, die sich regelmäßig – vielleicht einmal im Monat – treffen, um ihre eingezahlten Beiträge gemeinsam in Wertpapiere zu investieren.

Auf den ersten Blick mag der Eindruck entstehen, daß ich mir selbst widerspreche. Wenn sich finanzieller Erfolg am besten durch *serendipity* erreichen läßt, das heißt, indem man einer nichtfinanziellen Beschäftigung nachgeht, weshalb empfehle ich dann die Mitgliedschaft in einem Investmentclub, dessen erklärtes Ziel es ist, Geld auf dem Börsenmarkt zu verdienen? Dieser anscheinende Widerspruch läßt sich vielleicht auflösen, wenn ich die Geschichte eines sehr erfolgreichen Investmentclubs erzähle, den ich den MMM nennen will. Er wurde in den frühen 1950er Jahren von einigen Mitgliedern einer städtischen Kirchengemeinde gegründet. Etwa ein Drittel der Gruppe kannte sich mit Wertpapieren und dem Aktienmarkt recht gut aus; ein Drittel hatte sich oberflächlich damit befaßt und einige Aktien oder offene Investmentfonds gekauft; und ein weiteres Drittel wußte gar nichts über Wertpapiere, wollte aber etwas darüber lernen. Das Alter der Gruppenmitglieder reichte von dreißig bis über sechzig, ihr beruflicher Status vom Kirchenmitarbeiter bis zum Arzt. Am wichtigsten war jedoch, daß sie sich sympathisch fanden und einander *mochten*.

Zielen eine Rangordnung zuweisen

Die Ziele des MMM waren einfach und direkt. In der Rangfolge ihrer Wichtigkeit waren es:

1. *Sozialer Aspekt:* das Zusammensein mit den anderen genießen.
2. *Bildungsaspekt:* etwas über Wertpapiere lernen.
3. *Finanzieller Aspekt:* ein wenig Geld verdienen.

Der MMM besteht noch heute, rund dreißig Jahre nach der Gründung, und seine monetären Gewinne sind zwar nicht spektakulär, aber dennoch sehr zufriedenstellend. Meiner Meinung nach war der Club sowohl als Organisation wie auch als finanzielles Unternehmen deshalb erfolgreich, weil er sich stets an die *Rangordnung* seiner Ziele gehalten hat, insbesondere Nr. 1: Sozialer Aspekt. Daraus können wir etwas lernen: Ein Investmentclub, der sozial keinen Erfolg hat, hat auch finanziell keinen Erfolg. Es ist selbstverständlich möglich, daß ein Investmentclub sozial erfolgreich, aber finanziell nicht besonders erfolgreich ist, aber das ist nicht die schlechteste aller Welten.

Als sich die MMM-Mitglieder anfangs trafen, hatten sie eine diebische Freude daran, so zu tun, als seien sie darauf aus, hohe Spekulationsgewinne an der Börse zu erzielen, was auch an dem Namen abzulesen ist, den sie ihrem Club gaben – MMM stand für »Making More Money« (»mehr Geld machen«).

In Wirklichkeit verloren die Clubmitglieder aber nie ihr erstes Ziel, den sozialen Aspekt, aus den Augen. Sie trafen verschiedene Maßnahmen, um die Vorrangstellung dieses Zieles zu unterstreichen. Zum einen fanden die Sitzungen zu Hause bei den Mitgliedern statt. Es wäre geschäftsmäßiger gewesen, in einem der Tagungsräume ihres Gemeindehauses zusammenzukommen, aber die Bedeutung des sozialen Zieles sprach dagegen, allzu geschäftsmäßig zu sein. Die Versammlungen wurden am ersten Sonntagabend jeden Monats abgehalten, einem Termin, der nur verlegt wurde, wenn er mit Feiertagen kollidierte und einige Mitglieder vielleicht wegfuhren. Diese festen Termine erlaubten es den Mitglieder, ihre anderen gesellschaftlichen Aktivitäten so zu planen, daß sie nicht mit den Clubtreffen in Konflikt gerieten. Der geschäftliche Teil des Abends dauerte gewöhnlich nicht länger als eine Stunde, und den Rest des Abends verbrachten sie damit, an einem Buffettisch zu stehen, an einem Glas Wein zu nippen, Käsehäppchen, Cracker und Kuchen zu essen und sich zu unterhalten – über die Fehler des Hilfspfarrers ihrer Kirchengemeinde, über Urlaubserlebnisse und geplante Reisen, über Erziehungsprobleme bei Jugendlichen und die letzte Torheit der Regierung.

Der soziale Zusammenhalt des MMM wurde zusätzlich vom Schriftführer unterstützt, der seine Protokolle jeweils um die Monatsmitte an die Mitglieder verschickte. Auf diese Weise wurden ihnen die Berichte der letzten Sitzung, durchgeführte Maßnahmen und der Ort des nächsten Treffens ins Gedächtnis gerufen. Rundschreiben üben eine soziale Bindekraft aus. Sie erinnern die Mitglieder an die Aktivitäten und Ziele der Gruppe und stärken das Zusammengehörigkeitsgefühl.

Wie ein Investmentclub nicht agieren sollte

Verheiratete Mitglieder des MMM nahmen als Ehepaare an den Clubtreffen teil. Meine Beobachtungen zum Aufstieg und Niedergang eines anderen Investmentclubs demonstrierten die Bedeutung dieser Praxis.

Der andere Club – wir wollen ihn die »Hellseher« nennen – setzte sich aus Universitätsangehörigen zusammen. Er begann mehr oder weniger genauso wie der MMM, mit Treffen in den Häusern der Mitglieder, an denen beide Ehepartner teilnahmen, und einem anschließenden Buffet. Auf dieser Basis funktionierte der Club der Hellseher einige Jahre lang reibungslos, bis eine Reihe scheinbar unbedeutender

Veränderungen zu einer Auflösung des sozialen Zusammenhaltes führte. Einige der Gründungsmitglieder zogen weg, und neueren Mitgliedern lag weniger an den sozialen Banden. Mehr Zeit wurde mit geschäftlichen Angelegenheiten verbracht, die von Männern beherrscht wurden, die ökonomische Trends und deren Bedeutung für den Wertpapiermarkt diskutieren wollten. Die Hellseher trafen sich weiterhin zu Hause bei den Mitgliedern, aber die Ehefrauen nahmen nicht mehr aktiv daran teil, sondern beschränkten sich darauf, Erfrischungen vorzubereiten und zu reichen. Zu diesem Zeitpunkt gewann das Ziel, Geld zu machen, eindeutig an Bedeutung, und die Mitglieder begannen, mehr Energie auf detaillierte Studien der Börsentrends zu verwenden. Im Endstadium verlegten die Hellseher ihre Sitzungen in die Universität und trafen sich während der Mittagszeit in einem Raum im Fakultätsclub. Die Anzahl der Mitglieder war auf ein halbes Dutzend gesunken. Die Teilnahme war mittelmäßig, da der Termin mit den Sitzungen akademischer Ausschüsse kollidierte. Das Interesse der Mitglieder schwand, und nach einem Jahr schlechter Investmententscheidungen löste sich der Club auf.

Wie im Investmentclub der Universität kam es im MMM zu Verschiebungen, als einige Mitglieder wegzogen, aber man wich nicht von der ursprünglichen Vorrangstellung des geselligen Aspektes ab und traf sich weiterhin zu Hause bei den Mitgliedern.

Ziele verfolgen, um Spaß zu haben und nicht, um Profit zu machen

Die Mitglieder des MMM waren weniger erfolgreich in bezug auf ihr zweites Ziel, *Bildungsaspekt*. Die Vorsitzenden stellten fest, daß sich die Mitglieder nur schwer dazu bewegen ließen, Berichte über Wertpapiere zu geben, die der Club in seinen Effektenbestand aufnehmen wollte, und die Berichte, die sie widerwillig präsentierten, waren kurz, langweilig und nicht besonders informativ. Möglicherweise fanden die Mitglieder, daß sie die positiven sozialen Aspekte der Treffen genießen konnten, ohne sich großartig an dem Bildungsprogramm zu beteiligen. Nach einiger Zeit war es so, daß die meisten Berichte von denjenigen abgegeben wurden, die etwas vom Börsengeschäft verstanden. Trotzdem lernten die Mitglieder des MMM einiges über das Börsenwesen.

Lois H. Mitchell, ein Finanzkolumnist, stellte fest, daß »die meisten Amerikaner, die in Wertpapiere investieren, meinen, Geldmanagement sei eine Art Hexerei«. Diese Vorstellung hatten möglicherweise auch einige MMM-Mitglieder, als sie dem Club beitraten, doch im Lauf der Jahre führten die monatlichen Berichte und Diskussionen über Aktien und den Börsenmarkt dazu, daß sich die Geheimnisse des Börsengeschäftes für sie lüfteten. Sie eigneten sich Redewendungen aus dem Börsenjargon an und bekamen auch eine Vorstellung davon, wie die Wall Street funktioniert. Obwohl diese Information für erfolgreiche Investitionen nötig ist, spielt sie nur eine kleine Rolle, wenn es darum geht, gute Investitionsentscheidungen zu treffen. Daß die Mitglieder schließlich auch *diese* Fähigkeit entwickelten, ergab sich eher zufällig (im Sinne von *serendipity*) und führte gleichzeitig dazu, daß sie ihrem Ziel zur Weiterbildung näher kamen. Doch dazu später mehr.

Der Erfolg des Clubs in bezug auf das Ziel Nr. 3, *etwas Geld verdienen*, läßt sich an der Entwicklung des Inventarwertes pro Partnerschaftsanteil objektiv messen. Der MMM-Club operiert wie ein offener Investmentfond, dessen Inventarwert pro Anteil sich daraus errechnet, daß der Gesamtbestand (Effektenbestand plus Bargeld) durch die Gesamtzahl der Mitgliederanteile dividiert wird. Jedes Mitglied (oder jede Mitgliedsfamilie) zahlt bei jedem monatlichen Treffen 20 Dollar ein. Beim ersten Clubtreffen, als noch keine Wertpapiere gekauft worden waren, entsprach dieser Betrag zwanzig Anteilen (zu 1 Dollar pro Anteil). Als das Clubvermögen auf einen niedrigen Stand sank und Partnerschaftsanteile nur 33 Cent wert waren, entsprachen 20 Dollar sechzig Anteilen, als sich die Lage einige Jahre später jedoch verbesserte, war jeder Anteil 5 Dollar wert, und 20 Dollar entsprachen nur vier Anteilen.

Ein Blick auf den Wert der monatlichen Partnerschaftsanteile zeigt, daß die Clubmitglieder in den ersten fünfzehn Jahren eher Geld verloren als verdienten, denn der Wert lag gewöhnlich erheblich unter dem Ausgangswert von 1 Dollar und fiel im fünfzehnten Jahr auf nur 30 Cent.

Im sechzehnten Jahr begann sich die Lage zu verbessern, und der Inventarwert pro Anteil stieg auf 50 Cent. Von diesem Zeitpunkt an stieg das Vermögen des Clubs beständig. Im neunzehnten Jahr des Clubbestehens erreichte der Inventarwert pro Anteil den Anfangswert von 1 Dollar. Zehn Jahre später war der Anteilswert auf 8 Dollar gestiegen.

Die Vermögensentwicklung des Clubs spiegelte sich auch im Marktwert seines Wertpapierbestandes wider, der in den ersten zwölf Jahren zwischen drei- und fünftausend Dollar schwankte und im sechzehnten Jahr 10 000 Dollar betrug. Im fünfundzwanzigsten Jahr erreichte er 100 000 Dollar und fünf Jahre später fast 200 000 Dollar, was mehr als fünfmal soviel war wie die 40 000 Dollar, die die Mitglieder in Form ihrer monatlichen Beiträge von 20 bis 25 Dollar investiert hatten.

Die Vermögenslage des MMM-Clubs begann sich im sechzehnten Jahr eindeutig zu verbessern. Weshalb war es in den Anfangsjahren so schlecht gelaufen, und was bewirkte die Wende?

Wie man nicht in Wertpapiere investieren sollte

Wie die meisten Menschen, die wenig vom Börsengeschäft verstehen, waren die MMM-Mitglieder in den ersten Jahren davon überzeugt, daß man »am Markt spekulieren« muß, um mit Aktien Geld zu verdienen – das heißt, die Stimmung an der Wall Street zum eigenen Vorteil zu nutzen oder auf »besondere Situationen« zu spekulieren (etwa Aktien von Firmen zu kaufen, die möglicherweise von anderen Unternehmen übernommen werden). Sie waren ständig auf der Suche nach »heißen Aktien« – solche, die von Tipgebern empfohlen worden waren, oder solche, die in der Woche vor dem Clubtreffen größere Gewinne zu verzeichnen hatten. Ihre Analyse war gewöhnlich oberflächlich und fehlerhaft. So kauften sie beispielsweise im Herbst Aktien von Spielzeugherstellern, weil sie meinten, die Gewinne des Weihnachtsgeschäftes würden die Kurse dieser Aktien im darauffolgenden Frühjahr in die Höhe treiben, und im Frühjahr kauften sie Aktien von Fluggesellschaften, weil sie erwarteten, daß die Profite der sommerlichen Reisesaison die Aktienkurse im Herbst anheben würden.

Einige der Clubmitglieder glaubten, Aktiengewinne ließen sich am besten erzielen, wenn man »unten einstieg« und niedrig bewertete Aktien (unter 10 Dollar pro Anteil) kaufte. Sie hatten gehört, daß *IBM*-Aktien, die zu dieser Zeit bei 300 Dollar standen, zehn oder zwanzig Jahre zuvor für, sagen wir, 5 Dollar zu haben waren und daß andere Spitzenwerte auf dem Markt zur gleichen Zeit ebenso billig gewesen waren. Weshalb, so argumentierten sie, sollen wir uns den Kopf über 50-Dollar-Aktien zerbrechen, die lediglich einen Gewinn von 10% oder 20% versprechen, wenn wir unser Geld durch den Kauf von *High-*

Tech Ltd. oder *Tamtam Inc.* für 3 Dollar verdrei- oder vervierfachen können? (Erfahrene Anleger wissen selbstverständlich, daß nur ein geringer Prozentsatz von niedrig bewerteten Aktien jemals den beneidenswerten Preis und Status einer Aktie von *IBM*, *Walt Disney* oder *Toys-R-Us* erreicht.)

Es gab auch Auseinandersetzungen zwischen Mitgliedern, die der Meinung waren, am besten kaufe man »Aktien, die steigen«, und Mitgliedern, die den Club drängten, »Werte zu kaufen«, womit sie Aktien meinten, die unter ihrem »Buchwert« – ihrem Inventarwert pro Anteil – gehandelt werden.

Manchmal setzte sich die eine Gruppe an Mitgliedern durch, manchmal die andere. Der sich daraus ergebende Effektenbestand war deshalb ein Sammelsurium an Aktien, von oftmals zweifelhaftem Wert, und repräsentierte verschiedene Investmentphilosophien. Der Club spekulierte mitunter erfolgreich, doch die dabei erzielten Gewinne lagen weit unter den Verlusten.

Der MMM-Club verläßt das Tief

Die finanzielle Wende des Clubs vollzog sich nach und nach. Einige der erfahreneren Mitglieder begannen, eine neue Philosophie zu propagieren: keine »blinden Spekulationen« und keine Versuche mehr, ungewöhnlich hohe Spekulationsgewinne zu erzielen, sondern versuchen, Aktien von finanziell soliden Unternehmen zu finden, deren Gewinne jedes Jahr oder in den meisten Jahren zu nennenswerten Kursanstiegen führten. Sie drängten auch darauf, daß Mitglieder, die bestimmte Aktien zum Kauf vorschlagen wollten, ihre Empfehlungen durch Finanzdaten bekannter Börsendienste, wie etwa *Value Line* und *Standard & Poor's*, absicherten.

Die Bemühungen des Clubs, sein Geld gewinnbringend anzulegen, waren dadurch unterminiert worden, daß etwa die Hälfte der Mitglieder nur eine passive Rolle einnahm; sie hörten sich die Berichte und Diskussionen an, stellten selten Fragen, gaben kaum Kommentare ab und beschränkten ihre Mitarbeit auf ihre Stimmabgabe. Was sie schließlich und endlich in das Geschehen einbezog, war ein Investmentspiel, das eine Teilnehmerin vorschlug.

«Wäre es nicht amüsant«, schlug sie vor, »wenn jeder von uns ein fiktives Kapital von 10 000 Dollar hätte, es nach eigenem Ermessen in

Aktien anlegen und die Kurse ein Jahr lang verfolgen würde? Dann könnten wir feststellen, wie gut unsere Aktienwahl war.«

Die Mitglieder nahmen den Vorschlag an, und jemand erklärte sich freiwillig dazu bereit, alles schriftlich festzuhalten und monatliche Entwicklungsberichte abzufassen, die die prozentualen Gewinne und Verluste der einzelnen Mitglieder zeigten. Jeder Spieler hatte ein fiktives Startkapital von 10000 Dollar, das er in drei verschiedene Aktienpakete investieren konnte, die im Verlauf von zwölf Monaten nach Belieben wieder verkauft und durch andere Aktien ersetzt werden durften. Und so wurde das Börsenspiel zu einem festen Bestandteil der Clubaktivitäten.

Das Börsenspiel war für die MMM-Mitglieder ein unverhoffter Glücksfall. Die meisten ihrer Treffen waren ziemlich routinemäßig abgelaufen, aber nun brachte der monatliche Börsenspielbericht ein wenig Spannung und Aufregung in das Geschehen. Auch wenn das investierte Geld nur fiktiv war, war das persönliche Engagement echt, denn das Urteilsvermögen jedes Mitgliedes kam sozusagen für alle sichtbar auf den Prüfstand. Die Einbeziehung des Dow-Jones-Index und anderer Aktienindizes in die monatlichen Berichte ermöglichten es den Spielern, ihre eigenen Ergebnisse mit der allgemeinen Entwicklung des Aktienmarktes zu vergleichen. Ein gewisses Wettbewerbsdenken hielt Einzug in die Diskussionen, und Mitglieder, die zuvor kein Wort gesagt hatten, diskutierten nun angeregt über Börsentrends, die Auswirkungen von »Anlagefehlern« und die Frage, ob sinkende Börsenspielaktien abgestoßen werden sollten oder nicht.

Eine Analyse der Börsenspielberichte zeigt, daß die Spieler lernten, vielversprechende Aktien auszuwählen. Während der ersten sechs Jahre, in denen das Spiel lief, brachten die ausgewählten Aktien einen Gewinn von durchschnittlich 10% pro Jahr, während der Dow-Jones-Index im gleichen Zeitraum einen Jahresdurchschnitt von 2% aufwies.

Wie sich »glückliche Zufälle und kluges Handeln« für den MMM-Club auszahlten

Der Zugewinn an realem Geld war sogar noch beeindruckender, denn der Wert der Partnerschaftsanteile des MMM-Clubs stieg während der sechs Jahre von 32 Cent auf fast 2 Dollar, ein Anstieg von über 500%. Der Marktwert des gesamten MMM-Wertpapierbestandes stieg in der gleichen Zeit von 7000 Dollar auf 55000 Dollar, das sind beinahe 700%. Diese Entwicklung, gekennzeichnet durch glückliche Zufälle und kluges Handeln – *serendipity* –, hielt in den folgenden Jahren an. Ende 1989 waren die Partnerschaftsanteile jeweils 7.63 Dollar wert, und der Wert des Effektenbestandes betrug 196000 Dollar.

Die »Wanderschaft« des MMM durch das Dickicht, den Dschungel, die Wüsten und Sümpfe der Finanzmärkte bietet einige interessante Lektionen für alle, die in ähnlicher Weise ihr Glück versuchen wollen.

Erstens führte die Tatsache, daß die MMM-Mitglieder soziale Ziele an die oberste Stelle ihrer Prioritätenliste setzten, dazu, daß sie Erfahrungen machen konnten, die durch das *serendipity*-Prinzip gekennzeichnet waren. Hätte sich der Club nach fünf, zehn oder mehr Jahren aufgelöst, ohne Geld gemacht zu haben, hätten die Mitglieder dennoch sagen können, daß er ihnen einige wertvolle persönliche und soziale Belohnungen gebracht hatte.

Wir sollten die finanziellen Aspekte des Clubs jedoch nicht unterbewerten. Sosehr die MMM-Mitglieder das Zusammensein mit den anderen auch genossen haben, sie hätten sich nicht so häufig getroffen, wenn es nicht noch einen anderen, »geschäftlichen« Grund dafür gegeben hätte. Börsengeschäfte waren nicht ihr Hauptinteresse, aber sie waren der Anlaß für ihre regelmäßigen Zusammenkünfte. Aus psychologischer Sicht boten die *Börsengeschäfte* die *Struktur*, die es den Mitgliedern ermöglichte, einige ihrer sozialen Bedürfnisse zu befriedigen.

Die Erfahrungen des MMM-Clubs zeigen auch exemplarisch, welche Rolle Geduld bei dem Prozeß spielt, ein erfolgreicher Investor zu werden. Der Club überlebte als eine vitale Organisation, trotz jahrelanger finanzieller Rückschläge. Aufgrund der sozialen Belohnungen, die er den Mitgliedern bot, waren sie in der Lage, ihre finanziellen Verluste hinzunehmen. Ihre Geduld und Nachsicht gaben ihnen die Zeit, die sie brauchten, um sich das Wissen und die Fähigkeiten anzueignen, die für erfolgreiche Börsengeschäfte nötig sind.

Jahrelanges Beobachten des Verhaltens von Kapitalanlegern hat mich gelehrt, daß diejenigen, die den größten Erfolg haben, diejenigen sind, denen es am meisten Spaß macht. Auch die Mitglieder des MMM erreichten schließlich diesen glücklichen Zustand, dank der Einführung des Börsenspieles, aber sie waren darauf vorbereitet, sich an dem Spiel zu erfreuen, weil sie angenehme Erfahrungen gemacht hatten mit Aktivitäten, die mit dem Investieren *in Zusammenhang standen* – den kurzweiligen Gespächen, die im Anschluß an den geschäftlichen Teil stattfanden. Ich sollte nicht unerwähnt lassen, daß Personen, die eine niedrige Toleranzschwelle für Frustrationen und wiederholte Mißerfolge hatten oder denen der Gedanke, Geld auf dem Börsenmarkt zu riskieren, Angst einjagte, nicht sehr lange Mitglied im Club blieben oder ihm erst gar nicht beitraten.

Die Einführung des Börsenspieles machte die Clubtreffen noch interessanter und vergnüglicher und bewirkte außerdem, daß sich einzelne Mitglieder stärker in das Geschehen einbrachten. Ihre aktivere Rolle führte bei ihnen zu dem Bedürfnis, mehr über die Merkmale einer aussichtsreichen Geldanlage zu erfahren. Sie lernten, risikoreiche Aktien zu meiden, die fälschlicherweise einen schnellen, ungewöhnlich hohen Spekulationsgewinn versprachen. Sie stellten auch fest, daß »blindes Spekulieren«, der Versuch, aus Modeerscheinungen und kurzlebigen Trends Nutzen zu ziehen, unprofitabel war.

Diejenigen Mitglieder, die einige Zeit darauf verwendeten, das Börsengeschehen zu studieren und zu analysieren, konnten bei dem Börsenspiel höhere prozentuale Gewinne verzeichnen. Sie hörten auf die Empfehlungen »der Experten«, aber sie trafen ihre eigenen Entscheidungen. Aufgrund dieser Erfahrungen konnten sie das entwickeln, was Horace Walpole *Klugheit* nannte, eine wesentliche Voraussetzung für alle, die aus Unternehmen profitieren wollen, die in die Kategorie *serendipity* fallen. Die *Klugheit*, die diese Börsenspielteilnehmer im Verlauf ihres Investmentspieles erlangten, ermöglichte es ihnen auch, eine führende Rolle einzunehmen, wenn es darum ging, den Club bei Entscheidungen hinsichtlich des Wertpapierbestandes zu beraten. Wie bereits an früherer Stelle erwähnt, führten diese Entscheidungen dazu, daß der Club Aktien von Unternehmen kaufte, deren Erträge stetig stiegen und deren Finanzen eine solide Basis hatten.

Frauen als erfolgreiche Kapitalanleger

Noch ein weiterer Punkt zum MMM-Investmentclub sei hier angemerkt. Sein großer Erfolg ist vermutlich zum Teil darauf zurückzuführen, daß etwa zwei Drittel der Mitglieder Frauen sind. Im Durchschnitt scheinen Frauen als Kapitalanleger auf dem Aktienmarkt erfolgreicher als Männer zu sein. Dies zumindest stellte William C. Baker fest, als er die Ergebnisse eines Börsenspieles untersuchte, das dem des MMM glich und über einen Zeitraum von acht Wochen lief. Er kam zu dem Schluß, daß die Frauen besser als die Männer abschnitten, weil sie konservativer waren und extreme Risiken eher vermieden.

Ähnliches beobachtete Ken Janke, der Präsident der National Association of Investment Clubs, der berichtete, daß Investmentclubs, die aus Frauen bestehen, alle männlichen Clubs in den Schatten stellen. Janke führte an, daß Frauen eher bereit sind, sorgfältige Börsenanalysen durchzuführen, und nicht dazu neigen, »heiße Tips« zu befolgen (Feinberg).

Der Umstand, daß Frauen häufig besser abschneiden, zeigte sich auch bei dem Börsenspiel des MMM-Clubs. Eine Analyse der jährlichen Gewinne und Verluste der einzelnen Spieler ergab, daß die Frauen in zehn der sechzehn Jahre, in denen das Spiel lief, bessere Ergebnisse erzielten als die Männer.

Investmentclubs als Psychohygiene-Erfahrungen

Die Einführung des Börsenspieles hat dazu geführt, daß die MMM-Mitglieder noch mehr Spaß haben, wenn sie sich einmal im Monat treffen, um ihren Wertpapierbestand unter die Lupe zu nehmen, Anlageentscheidungen zu treffen und, was am wichtigsten ist, mit Menschen zusammenzusein und zu reden, zu denen sie im Lauf der Jahre starke persönliche und soziale Bande geknüpft haben.

Serendipity hat den MMM-Mitgliedern einen doppelten Gewinn gebracht. Ihr Interesse und Engagement in bezug auf Börsengeschäfte hat durch glückliche Umstände und kluges Handeln zu einer wertvollen Kameradschaft geführt, und die Tatsache, daß sie sozialen Zielen eine Vorrangstellung einräumten, hat es ihnen ermöglicht, reiche finanzielle Belohnungen zu ernten. Klinische Psychologen würden sagen, daß die Teilnahme am MMM-Investmentclub eine lohnenswerte »Psychohygiene-Erfahrung« ist.

Der Gedanke, daß der Umgang mit Geld unter den richtigen Voraussetzungen eine psychologisch einträgliche Erfahrung sein kann, führt uns zum letzten Kapitel, das sich damit beschäftigt, in welcher Weise Geld die psychische Gesundheit beeinflussen kann.

Geld und psychische Gesundheit 13

> Es ist besser, daß ein Mann tyrannisch über sein Bankguthaben herrscht als über seine Mitmenschen. *John Maynard Keynes*
>
> Jährliches Einkommen zwanzig Pfund, jährliche Ausgaben neunzehn Pfund, neunzehn Schillinge und sechs Pence bedeutet Glück. Jährliches Einkommen zwanzig Pfund, jährliche Ausgaben zwanzig Pfund und einen Schilling bedeutet Elend.
> *Mr. Micawber, Charles Dickens* in David Copperfield
>
> Wer sein Geld nutzlos hinauswirft, verliert seinen Rückhalt. Wer zu sehr an ihm hängt, verliert es und auch sich selbst. *John Locke*

Geld ist eine gesellschaftliche Erfindung, die es uns ermöglicht, eine Bilanz zwischen den Kosten und den Vorteilen im Leben zu ziehen. Es ist eine Erfindung, die sich bewährt, sofern sie umsichtig gehandhabt wird. Damit die moderne Gesellschaft reibungslos funktioniert, muß das Gleichgewicht zwischen Kosten und Nutzen mit der größtmöglichen Gerechtigkeit für alle aufrechterhalten werden. Auf der persönlichen Ebene gilt die Pflege eines vernünftigen und gerechten Gleichgewichtes im allgemeinen als ein wichtiges Kriterium für die psychische Gesundheit – das heißt als Hinweis darauf, bis zu welchem Grad ein Individuum als ein tragendes, kooperatives, zuverlässiges und geachtetes Mitglied der Gesellschaft gelten kann. Und es herrscht die wohlbegründete und weitverbreitete Auffassung, daß man jemandem, dem bei Geldangelegenheiten nicht zu trauen ist, auch in anderer Hinsicht nicht trauen kann. In Anbetracht der Tatsache, daß gegenseitiges Vertrauen der Kitt ist, der Gesellschaften zusammenhält und ihr Funktionieren erlaubt, beobachten wir zumeist genau, wie andere sich Geld gegenüber verhalten und damit umgehen.

An der Kosten-Nutzen-Bilanz herumbasteln

In einer perfekten Gesellschaft wäre die Kosten-Nutzen-Bilanz stets ausgeglichen. Ein solcher Zustand wäre absolut gerecht, doch niemand möchte wirklich eine perfekte Gesellschaft. Zum einen gäbe es nichts, was sich verbessern ließe, doch was noch wichtiger ist, stets bestünde der heimliche Verdacht, das Gleichgewicht könnte sich doch zugunsten eines anderen leicht verschoben haben. Und folglich wären wir versucht, so wie wir es auch in der nicht perfekten Gesellschaft von heute sind, das vermeintliche Ungleichgewicht so zu korrigieren, daß es mehr zu unseren Gunsten ausfällt.

Im täglichen Leben bemühen wir uns daher, unsere Kosten im Vergleich zu unseren Vorteilen zu reduzieren oder unsere Vorteile im Vergleich zu unseren Kosten zu vergrößern. Wir nennen solche Praktiken ein »gutes Geschäft« und »gesunden Menschenverstand«. Die Versuchung, an der Kosten-Nutzen-Bilanz herumzubasteln, ist besonders groß, wenn wir glauben, daß uns jemand übervorteilt hat oder dies beabsichtigt.

Diejenigen, die cleverer und aggressiver sind als der Rest von uns, haben zumeist mehr Erfolg, wenn es darum geht, die Bilanz zu ihren Gunsten zu verschieben, während diejenigen, die weniger verständig oder eher passiv sind, sich gewöhnlich am falschen Ende wiederfinden. Diese Tendenzen gibt es in der menschlichen Gesellschaft seit Anbeginn der Zeit. Die meisten von uns sind auf der Hut vor allem, was uns auf die falsche Seite der Bilanz bringt, und arbeiten eifrig daran, tatsächliches oder eingebildetes Unrecht zu beseitigen, indem wir Schwankungen im sich verschiebenden Gleichgewicht zwischen Kosten und Vorteilen ausnutzen.

Meine Klinikkollegen berichten mir, daß die Taktiken und die manipulativen Verhaltensweisen, die Menschen einsetzen, wenn sie glauben, daß sie aufgrund einer nachteiligen Kosten-Nutzen-Bilanz »draufzahlen« oder »draufzahlen könnten«, in psychologischer und ökonomischer Hinsicht gewöhnlich destruktiver sind als die Verletzungen oder die Verluste, die sie erleiden würden, wenn sie die scheinbar ungünstige Bilanz akzeptiert und versucht hätten, damit zu leben.

Viele – wenn nicht die meisten – unserer Versuche, die Kosten-Nutzen-Bilanz zu korrigieren, sind auf ihre monetären Aspekte gerichtet. Wir stellten in Kapitel 11 unter anderem fest, daß Menschen ihre Bezahlung für »gerecht« halten, wenn sie ungefähr dem entspricht, was andere mit ähnlicher Ausbildung, ähnlicher Erfahrung und ähnlichem Hintergrund erhalten, sie aber glücklicher sind, wenn sie etwas mehr als der Durchschnitt bekommen – selbstverständlich nur, um ganz sicherzugehen.

Hier ist ein Beispiel. Die Großhändler von tiefgefrorenem Orangensaft erhöhen ihre Preise um, sagen wir, 30%, als sie erfahren, daß ein strenger Frost die Orangenernte in Florida weitgehend zerstört hat. Da sie diese Preiserhöhung vornehmen, *bevor* sie gezwungen sind, ihre Lager mit teureren Orangen aus Brasilien aufzufüllen, müssen wir annehmen, daß es ein Versuch ist, die Kosten-Nutzen-Bilanz zu ihren Gunsten zu verschieben. Wenn Großhändler den hilflosen Verbraucher derart offenkundig ausbeuten, ruft dies selbstverständlich Schreie der Empörung hervor, doch diejenigen von uns, die es sich zur Gewohnheit gemacht haben, übertrieben ehrlich zu sein, sagen sich: »Ich würde das gleiche tun, wenn ich die Möglichkeit dazu hätte.«

Wir wissen, daß auch wir einmal die Chance bekommen, die Bilanz zu unseren Gunsten zu verschieben, denn Kosten, Nutzen und ihr Wert in monetärer Hinsicht sind untereinander in ständiger Bewegung. Wie unsere Bilanz zu irgendeinem Zeitpunkt im Vergleich zu anderen oder im Vergleich zu dem, was wir zuvor erlebt haben, aussieht, läßt sich somit nur schwer bestimmen. Diese Ungewißheit trägt viel zu der Angst bei, die die meisten von uns in bezug auf Geld verspüren, eine Angst, die auch die Unsicherheit widerspiegelt, die unsere Begegnungen mit anderen Menschen und mit der Gesellschaft im allgemeinen durchdringt.

Angst ist, wie Rollo May einmal sagte, ein unausweichlicher Teil des Lebens in einer modernen Gesellschaft. Unsere klassische Antwort auf Angst ist eine Schutzreaktion. Aber wovor sollen wir uns schützen? Angst nennt niemals ihre Quelle, und deshalb kennen wir niemals ihren wahren Ursprung. Wir meinen, daß wir uns vor etwas schützen müßten, und verschieben deshalb die Kosten-Nutzen-Bilanz, in der vergeblichen Hoffnung, daß die Angst verschwindet, wenn wir uns sicherer und daher besser fühlen.

Angst im modernen Leben

Wenn wir von Angst sprechen, dann sprechen wir von einem Leiden, das erheblich stärker verbreitet ist als eine gewöhnliche Erkältung. Angst befällt die meisten von uns mehrmals am Tag; manche Menschen leiden sogar ständig darunter. Das Leiden ist psychologischer Natur, und es ist so sehr ein Teil des täglichen Lebens, daß die wenigen, die immun dagegen sind, wirklich nicht ganz normal sind.

Angst entsteht aus unserem Bedürfnis, dem Leben und der Welt um uns herum einen Sinn zuzuweisen. Dinge, die keinen Sinn ergeben – die keine Bedeutung haben –, sind störend. Wir wissen nicht, wie sie unser Leben beeinflussen oder beeinflussen werden, und sind daher unsicher, wie wir damit umgehen sollen. Angst ist ein emotionaler Zustand, der durch unsere Unfähigkeit hervorgerufen wird, Probleme, Fragen und Ereignisse, die uns betreffen, zu verstehen und ihnen entschlossen zu begegnen.

Soziale Interaktion erzeugt bei uns zweifellos eine gewisse Angst, weil alle menschlichen Beziehungen unwägbare Elemente aufweisen. Wir sind niemals ganz sicher, wo wir mit anderen stehen. Infolgedessen sind wir auch niemals ganz sicher, wie wir uns ihnen gegenüber verhalten sollen. Wenn wir unsere Zweifel unterdrücken und einfach drauflosmarschieren, lösen sich die Probleme zumeist von selbst. Zuweilen ist dies jedoch nicht der Fall, und dies reicht aus, um unsere Angst wachzuhalten. Die Tatsache, daß unser Erfolg oder unser Versagen als Mitglieder der Gesellschaft von dem Urteil anderer abhängig ist, schürt ebenfalls unsere Ängste.

Die ungewisse Zukunft ist eine zusätzliche Quelle von Angst. Die Ungewißheit, was als nächstes passieren wird, und das Gefühl, daß wir wenig Einfluß auf künftige Geschehnisse haben, machen uns nervös – angespannt und besorgt. Es ist eine verbreitete Feststellung, daß wir im »Zeitalter der Angst« leben. Die Welt verändert sich schneller als früher, und wir geraten immer wieder aus dem Gleichgewicht, wenn uns eine neuerliche Wende der Ereignisse trifft, bevor wir die letzte verarbeitet haben.

Angst und ihre Tricks

Angst ist die schmerzlichste aller Emotionen. Es ist kaum verwunderlich, daß wir uns manchmal mit aller Macht bemühen, Schutzmechanismen dagegen aufzubauen. Manche dieser Maßnahmen sind praktisch und vernünftig: wir erlernen beispielsweise gesellschaftliche Konventionen, mit deren Hilfe wir voraussagen können, wie sich andere uns gegenüber verhalten werden, und durch die wir andere so behandeln, daß sie uns eher Respekt und Anerkennung entgegenbringen als Feindschaft und Verachtung. Wir versuchen, mit den Ängsten einer ungewissen Zukunft fertig zu werden, indem wir Geld für Notfälle zurücklegen, einen Beruf erlernen, der uns finanziell absichert, und eine Kranken-, Unfall- und Rentenversicherung abschließen. Diese vernünftigen und realistischen Maßnahmen zielen darauf ab, potentielle Bedrohungen für unser Wohlergehen abzuwenden, und ermöglichen es uns daher, gegenwärtigen und künftigen Ängsten vorzubeugen.

Aber wir lassen uns auch auf Aktivitäten ein, die weniger realitätsbezogen sind – Versuche, unsere Aufmerksamkeit von Situationen und Ereignissen abzulenken, die tatsächliche oder potentielle Quellen von Angst darstellen. Einige dieser Aktivitäten sind harmlose Formen der Flucht und eigentlich recht gesund – z. B. das Sammeln von altem Porzellan, Lesen, Reisen oder Tischlern. Andere sind eher neurotisch oder pathologisch, wie etwa exzessives Trinken oder Essen, mit Familienangehörigen Streit suchen, bei Einkaufstouren mehr Geld ausgeben, als wir uns leisten können, die eigenen Finanzen in aller Ausführlichkeit mit Freunden diskutieren oder dem Glücksspiel verfallen.

In ihrem Buch *Money Madness* diskutierten die beiden klinischen Psychologen Herb Goldberg und Robert T. Lewis eine Reihe von irrationalen Verhaltensformen in bezug auf Geld. Sie sagen, daß wir vermutlich neurotische Probleme mit Geld haben, wenn wir:

– Geld über alles andere in unserem Leben stellen.
– Dinge kaufen, die wir nicht brauchen oder wollen, nur weil sie im Sonderangebot sind.
– Schuldgefühle haben, wenn wir Geld ausgeben, obwohl wir genügend Geld besitzen.
– Für andere großzügig und sogar töricht Geld ausgeben, aber knauserig sind, wenn es um uns selbst geht.
– Automatisch sagen: »Das kann ich mir nicht leisten«, egal, ob es stimmt oder nicht.
– Stets auf den Pfennig genau wissen, wieviel Geld wir im Portemonnaie oder in der Tasche haben.
– Uns unterlegen fühlen gegenüber denen, die mehr Geld haben als wir.
– Uns überlegen fühlen gegenüber denen, die weniger Geld haben als wir.
– Ängstlich und abwehrend reagieren, wenn wir über unsere persönlichen Finanzen befragt werden, selbst von Menschen, die ein Recht darauf haben, es zu erfahren.

– Geld verächtlich betrachten und auf diejenigen herabschauen, die welches haben.
– Bargeld auf der Bank Investitionen vorziehen, weil wir ständig befürchten, daß alles zusammenbricht.
– Glauben, daß Geld das einzige ist, worauf wir wirklich vertrauen können, und daß Geld – und nur Geld – unsere Probleme lösen kann.

Solche Symptome bringen die »Mechanismen« zum Ausdruck, die wir alle benutzen, um uns vor Ängsten zu schützen. Hier sind einige der wichtigsten Abwehrmechanismen, die Freud und andere Psychoanalytiker erkannt haben:

Verdrängung: das Abstreiten oder Übersehen von unangenehmen Gedanken, Gefühlen oder Erinnerungen. Zum Beispiel, sich selbst als einen »ehrlichen Steuerzahler« sehen, obwohl man in der Steuererklärung nicht alle Einkünfte angegeben hat. Jede Form des Abwehrverhaltens beinhaltet eine Verdrängung in der einen oder anderen Weise. Verdrängung ist der häufigste aller Abwehrmechanismen.

Rationalisierung: der Versuch, sinnlose, dumme, irrationale oder verwerfliche Handlungen vernünftig erscheinen zu lassen. Zum Beispiel, wenn man einem Kellner irrtümlich ein Trinkgeld in doppelter Höhe des sonst üblichen Betrages gibt und dann, wenn einen die anderen am Tisch auf den Irrtum aufmerksam machen, sagt, daß der Service außergewöhnlich gut gewesen sei und man im übrigen in besseren Restaurants immer ein höheres Trinkgeld gebe.

Projektion: andere für negative Eigenschaften kritisieren, die auch auf einen selbst zutreffen. Menschen, die zum Beispiel sagen: »Oh, das machen die bloß des Geldes wegen«, haben vermutlich ähnliche Motive.

Verschiebung: Gefühle oder Einstellungen, die durch Person A oder Situation A hervorgerufen werden, auf Person B oder Situation B übertragen. Nehmen wir an, Sie glauben, daß Sie Ihr Chef ungerechtfertigterweise kritisiert hat. Die Sache geht Ihnen den ganzen Tag lang durch den Kopf. Später, zu Hause, öffnen Sie die Post und finden einen Spendenaufruf Ihrer Universität. Normalerweise spenden Sie

100 Dollar, aber dieses Mal sagen Sie zu ihrem Ehepartner: »Das reicht mir jetzt langsam – alle wollen immer nur Geld, Geld, Geld!« Und Sie schreiben einen Scheck in Höhe von 25 Dollar aus.

Überkompensation: das übersteigerte Bestreben, tatsächliche oder eingebildete persönliche Mängel auszugleichen, zum Beispiel ständig dem Geld nachzujagen, weil man sich ungeliebt fühlt und glaubt, keine Freunde zu haben.

Reaktionsbildung: Überreaktionen auf Furcht oder Angst in der entgegengesetzten Richtung (bei Investitionen zum Beispiel übervorsichtig sein).

Zwanghaftigkeit: nicht in der Lage zu sein, von einem kontraproduktiven Verhaltensmuster abzulassen (zum Beispiel Sonderangeboten oder Neuheiten, die als der »letzte Schrei« gelten, nicht widerstehen zu können).

Geldbezogene Abwehrmechanismen werden häufig gegen Ängste eingesetzt, die durch tatsächliche oder eingebildete persönliche Unzulänglichkeiten hervorgerufen werden. So kann es beispielsweise sein, daß uns eine Person, zu der wir uns stark hingezogen fühlen, mit Gleichgültigkeit, Lässigkeit und Desinteresse begegnet. Enttäuscht und verletzt darüber, daß unsere Liebes- oder Freundschaftssignale nicht erwidert werden, kommen wir zu dem Schluß, daß »Menschen alles andere als gut sind«. Und aus diesem Grund führen wir deutlich sichtbar ein Leben, bei dem »nur Geld zählt«.

Geldbezogene Abwehrmechanismen gegen Ängste

Was ich bislang beschrieben habe, sind alles relativ einfache Beispiele unserer Versuche, uns mit Hilfe von Abwehrmechanismen vor Ängsten zu schützen. Die Wechselwirkung zwischen Angst und Abwehrverhalten ist gewöhnlich recht kompliziert und nimmt oftmals Formen an, die bizarr erscheinen – selbst bei recht normalen Menschen, die sich ansonsten ziemlich durchschnittlich verhalten. Hier ist ein Beispiel dafür, wie Geld und Abwehrverhalten ineinander verwoben sein können:

Philip Shotsky geriet in einen heftigen Streit mit Ellen, seiner seit zehn Monaten angetrauten Ehefrau, weil sie seiner Meinung nach zuviel Zeit in ihren Job als Immobilienmaklerin investierte. Sie verließ ihn und zog zu ihrem Chef und seiner Frau, Bob und Norma Gash, die schon immer äußerst verständnisvoll gewesen waren und ihre Karriere gefördert hatten. Philip war immer eifersüchtig auf Ellens Verhältnis zu den Gashes gewesen, und so war ihre Entscheidung, zu ihnen zu ziehen, für ihn ein Tiefschlag.

Zwei Tage nachdem Ellen ihn verlassen hatte, verkaufte Philip seinen ein Jahr alten Porsche an einen Gebrauchtwagenhändler zu einem Preis, der weit unter dem tatsächlichen Wert des Autos lag. Er hatte seinen Porsche geliebt, ihn an den Wochenenden sorgfältig poliert und am Motor herumgebastelt. Als seine Freunde ihr Erstaunen zum Ausdruck brachten und ihn fragten, weshalb er sein geliebtes Auto verkauft habe, antwortete Philip: »Ich habe das Geld gebraucht.« Er weigerte sich, weitere Erklärungen abzugeben.

Kliniker würden Philips Verhalten auf unterschiedliche Weise interpretieren. Vertreter der Freudschen Schule würden den Verkauf vermutlich als symbolische Selbstkastration bezeichnen, vor dem Hintergrund, daß ein schneller Sportwagen ein Fetisch ist, der den Penis symbolisiert. Als Ellen Philip »entmannte«, indem sie ihn verließ und zu den Gashes zog, erkannte er, daß er geschlagen war, und vollendete den Prozeß, indem er diese gepriesene Verlängerung seines männlichen Ichs »abschnitt«.

Kliniker anderer Richtungen würden Philips Handlung vielleicht als symbolischen Selbstmord interpretieren. Indem er das opfert, was er nach Ellen am meisten liebt, zeigt er der Welt, wie tief verletzt er ist. Insgeheim hofft er, daß Ellen von seiner dramatischen Geste erfährt, sich schuldig fühlt, weil sie ihn so sehr verletzt hat, und zu ihm zurückkommt, reumütig. Aber er ist realistisch genug zu wissen, daß seine Geste eigentlich albern ist; deshalb gibt er ihr den Anschein von Solidität und führt die eine Begründung an, die *jeder* verstehen wird: »Ich habe das Geld gebraucht.«

Philips Verhalten ist neurotisch und unreif. Es ist nicht so schlimm wie ein tatsächlicher Versuch der Selbstzerstörung; aber es ist schlimm genug, denn es hindert ihn daran, seine Beziehung zu Ellen zu überdenken, eine vernünftige Lösung des Problems zu finden oder das Auto dazu einzusetzen, eine andere potentielle Partnerin zu umwerben.

Kliniker aller Schulen würden vermutlich zustimmen, daß Philip von Angst erfüllt ist und daß ein Versuch, die Ursachen des Problems zu ergründen, noch mehr Angst bei ihm hervorrufen würde. Das Auto zu verkaufen ist daher eine Möglichkeit, die Angelegenheit abzuschließen. Vermutlich ist Philip sogar selbst davon überzeugt, daß Ellen daran schuld ist, daß er sein Auto verkauft hat. Das Auto zu opfern ergibt für ihn daher einen (neurotischen) Sinn.

Besonders interessant für diese Diskussion ist die Begründung, die Philip gibt: »Ich habe das Geld gebraucht.« Er verhält sich, als würde dies alles erklären. Es erklärt selbstverständlich gar nichts, aber er bringt es vor, weil Geldbedarf in unserer Kultur zur umfassenden Erklärung für alles geworden ist.

»Geldbedarf« als Rationalisierung

In Kapitel 11 haben wir angeführt, in welcher Weise streikende Arbeitnehmer den Bedarf an Geld einsetzen, um Motive zu verbergen, denen sie sich nicht offen stellen wollen. Arbeitgeber bedienen sich ähnlicher Verfahren, um ihre Motive vor sich selbst zu verstecken.

Der Bedarf an Geld kann auch positivere Motive verschleiern, Motive, die zu komplex sind, um in allen Einzelheiten untersucht zu werden. In diesem Sinne wird Geldbedarf von Menschen eingesetzt, die nach höheren beruflichen Positionen streben, sowie von verheirateten Frauen, die sich zur Berufstätigkeit entschließen. In diesen Fällen sind die zugrunde liegenden Motive das Bedürfnis zur Selbstverwirklichung, der Wunsch nach Entscheidungsfreiheit in beruflicher und persönlicher Hinsicht, der Reiz von Positionen, die einen höheren Status und mehr Macht bieten, der Drang, die eigenen Fähigkeiten unter Beweis zu stellen, und so weiter. All dies sind komplexe Motive; einfacher ist es, zu sagen: »Ich brauche mehr Geld« und es dabei bewenden zu lassen.

Auf der Schattenseite des Lebens wird das Bedürfnis nach Geld benutzt, um eine breite Palette soziopathischen Verhaltens zu erklären — zum Beispiel die Aktivitäten der Prostituierten, des Drogenschmugglers, des Straßenräubers, des Spions, des Brandstifters und des Veruntreuers. Die Gesellschaft lehnt solche Missetäter ab und bestraft sie, aber ihre größte Verachtung trifft diejenigen, die das »Bedürfnis nach Geld« nicht als Entschuldigung vorbringen können.

Das Leben ist voller Ambiguitäten; Ambiguität ruft Zweifel und Unentschlossenheit hervor; Zweifel und Unentschlossenheit bewirken Angst. Alles, was wir in eine Situation einbringen können, damit sie eindeutiger erscheint, schützt uns deshalb vor Angstgefühlen. Geld erfüllt diese Funktion gut. Es gibt Philip die Möglichkeit, sein offensichtlich albernes Verhalten seinen Freunden und – was noch wichtiger ist – sich selbst zu erklären. Die gleiche Funktion hat Geld für ambitionierte junge Arbeitnehmer, berufstätige Ehefrauen, Studenten, die einen akademischen Grad anstreben, und Gesetzesbrecher. Streitigkeiten über Geld sind ein häufiger Scheidungsgrund, aber Geldprobleme sind nur die oberflächliche Manifestation aufeinanderprallender Persönlichkeiten, die eine Arena zur Austragung ihrer Kämpfe suchen.

In früheren Zeiten wurden persönliche Streitigkeiten Mann gegen Mann ausgeräumt. In unserer mehr oder weniger zivilisierten Welt werden sie eher in symbolischer Weise ausgetragen – vor Gericht beispielsweise. Wie wir in Kapitel 2 festgestellt haben, wurde Geld erfunden, um den Austausch von Waren und Leistungen zu vereinfachen, aber es funktioniert ebensogut, um Auseinandersetzungen zu erleichtern. Unterschiedliche Ansichten über Geldangelegenheiten sind in vielen Bereichen des Lebens ein Auslöser für Zwietracht, und das Beilegen von Differenzen beinhaltet häufig eine Geldzahlung seitens des Verlierers. Selbst wenn sich Rechtsstreitigkeiten nicht direkt auf Geld beziehen – Fragen des Besitzrechtes, Personenschäden und Schäden durch Fahrlässigkeit –, werden sie oftmals in der Weise bereinigt, daß der Angeklagte dem Kläger eine Entschädigung bezahlen muß. Menschen, die schnell beleidigt sind, klagen immer jemanden wegen tatsächlicher oder eingebildeter Mißstände an.

Neurotische Geldspiele

Psychotherapeuten begegnen häufig dem »Szenario« des Menschen, der sich verantwortungslos verhält, in Schwierigkeiten gerät, anderen die Schuld an seinem Unglück gibt und versucht, diejenigen, die er dafür verantwortlich macht, dazu zu bringen, die Situation für ihn zu retten. Geld spielt bei neurotischen Spielen dieser Art häufig eine Rolle. Eric Berne, der Begründer der Transaktionsanalyse, hat ein klassisches Beispiel beschrieben:

Wanda, eine Patientin in Gruppentherapie, hatte ernsthafte Geldsorgen, weil ihr Mann immer wieder finanziell in der Klemme steckte. Er verdiente gutes Geld, aber jeden Monat unterlief ihm irgendein finanzieller Fehler in seiner Firma (er überzog seine Spesen und Reisekosten, oder er gewährte eine ungerechtfertigte Rückzahlung), was dazu führte, daß er erheblich weniger Geld nach Hause brachte als erwartet. Jeden Monat gründete Wanda die Ausgaben auf das erwartete Einkommen, und jeden Monat stand sie vor der Notwendigkeit, diese drastisch zu reduzieren. Zuweilen reichte selbst sparsamstes Wirtschaften nicht aus, und sie mußte ihre Eltern um finanzielle Unterstützung bitten.

Als sich Wanda in der Therapiegruppe über ihre undankbare Rolle im Leben beklagte – knausern und sparen, niemals genug Geld haben, sich der demütigenden Situation stellen, ihre Eltern um Geld zu bitten –, befragten sie die Gruppenmitglieder recht deutlich über das Verhalten ihres Mannes, das in ihren Augen das Kernproblem zu sein schien. Wanda verteidigte ihren Mann wütend, sagte, daß seine Arbeitgeber an den Schwierigkeiten schuld seien, weil sie seine offen eingestandenen Fehler, seine kleinen Irrtümer bei der Beurteilung von Dingen und seine unbeschwerte Art, Einzelheiten nicht genügend Aufmerksamkeit zu schenken, ausnutzten. Die Strafen, die sie verhängten, behauptete sie, seien immer weitaus höher als die Summen, die seine Fehler tatsächlich gekostet hätten.

Wandas Auseinandersetzungen mit den anderen Gruppenmitgliedern endeten stets in einer Sackgasse, bis sie eines Tages einen Traum erzählte. Sie hatte geträumt, daß sie in einem Konzentrationslager lebte, dem bestimmte reiche Leute vorstanden, die oben auf einem nahe gelegenen Berg wohnten. Die Insassen des Lagers bekamen nur dann genug zu essen, wenn sie die Befehle der reichen Leute befolgten oder sie austricksten.

Nachdem man ihr den Traum gedeutet hatte, war es für Wanda einfacher, ihr Leben zu verstehen. Ihr wurde klar, daß ihr Mann das »Legen-wir-sie-rein-Spiel« mit seinen Arbeitgebern trieb, damit Wanda das Spiel »Mit-dem-Geld-auskommen« spielen konnte. Jedesmal, wenn es schien, daß er finanziell vorwärtskam, arrangierte er die Dinge so, daß sich die Lage umkehrte und beide Spiele weiterlaufen konnten. Wurde die Lage wirklich ernst, spielte er gemeinsam mit Wanda das Spiel »Legen-wir-sie-rein« gegen Wandas Eltern. Sehr zum Ärger von Wanda und ihrem Mann gelang es aber stets den Arbeitgebern und den Eltern, Herr der Lage zu bleiben.

In den frühen Stadien ihrer Therapie sah sich Wanda genötigt, mit Wut und Abwehr auf die Angriffe der Gruppe zu reagieren: hätte sie zugegeben, daß ihr Mann ein Gauner war, wären sowohl sein Spiel wie auch ihr Spiel in sich zusammengestürzt. Wie viele Neurotiker hatte sich Wanda von dem Spiel abhängig gemacht, um Ängste unterdrücken und somit bewältigen zu können, die durch Selbstzweifel hervorgerufen wurden. Obwohl Geld auf den ersten Blick eine Schlüsselrolle bei Wandas Problemen zu spielen schien, war es für das eigentliche Problem in Wirklichkeit nur nebensächlich. Geld machte die Spiele möglich, und sei es nur, weil die Spieler ihren Erfolg nach monetären Kategorien maßen, aber das Kernproblem betraf die Versuche von Menschen, sich gegenseitig in neurotischer und destruktiver Weise zu benutzen.

Berne beschrieb eine Reihe von anderen Geldspielen, bei denen es sich im wesentlichen um neurotische Verhaltensweisen, mit anderen umzugehen und das eigene Verhalten zu interpretieren, handelt. Eines dieser Spiele ist das »Versuche-einzusacken-Spiel«. Es wird häufig von jung verheirateten Ehepaaren gespielt, die Waren und andere Dinge auf Kredit kaufen. (Die Größenordnung ihrer Anschaffungen ist von ihrem gesellschaftlichen Hintergrund und davon abhängig, wie sie das Spiel von ihren Eltern gelernt haben.)

Nehmen wir einmal an, daß sich ein Ehepaar, Louise und George White, auf die »günstigen Ratenzahlungsbedingungen« eingelassen hat, die ihnen eifrige Einzelhändler schmackhaft machten, und die beiden nun mit ihren »mühelosen monatlichen Zahlungen« an eine Kreditkartengesellschaft im Rückstand sind. Unternimmt der Gläubiger lediglich ein paar erfolglose Versuche, sein Geld einzutreiben, können die Whites ihre Anschaffungen genießen. Ist dies der Fall, dann gewinnen sie das »Versuche-einzusacken-Spiel«. Doch gehen wir davon aus, daß die Forderung, so wie es üblich ist, einer Inkasso-Agentur übergeben wird. Dieser »Verein« geht zu den Arbeitgebern der Whites, belästigt die beiden mit Telefonanrufen, droht mit dem Gericht und fährt mit einem Lastwagen vor ihrem Haus vor, auf dem in großen Lettern INKASSO-AGENTUR steht.

An diesem Punkt des Spieles wird den Whites klar, daß sie letztlich bezahlen müssen, aber die Zwangsmittel, die der Gläubiger einsetzt, rechtfertigen ihrer Meinung nach, daß sie wütend sind. Sie verlegen sich jetzt auf das Spiel, das Berne »Jetzt hab' ich dich, du Hundesohn« nannte. Dieses Spiel erlaubt es den Whites, sich rechtschaffen und über jede Kritik erhaben zu fühlen, denn der Gläubiger hat gezeigt, wie kleinlich, skrupellos und habgierig er in Wirklichkeit ist. Sie beschimpfen den Gläubiger vor ihren Freunden und erlangen Tugendhaftigkeit, indem sie sich als unselige Opfer eines »verwerflichen« Systems darstellen. Sie halten ihren Versuch, das Establishment »auszunehmen«, für gerechtfertigt, weil das Establishment gezeigt hat, daß es verdient, ausgenommen zu werden.

Sollte einer der Freunde, denen die Whites diese kleine Scharade vorgespielt haben, ebenfalls ein Gläubiger sein und sollte ihnen dieser Freund einen privaten Besuch abstatten, um einen Teil seiner Forderung an sie einzutreiben, wechselt das Spiel schnell zu »Du willst mich nur treten, weil ich schon am Boden liege«. Die Whites begegnen dem Ansinnen mit kalter Verachtung: »Wir haben dir erzählt, wie uns die Kreditgenossenschaft schikaniert, daß wir am Rande des Bankrotts stehen. Und jetzt besitzt du die Boshaftigkeit, diese lumpigen paar Dollar von uns zu verlangen? Mit Freunden wie dir, wer braucht da noch einen Feind?« Der Gläubiger-Freund hat nun keine Chance mehr. Besteht er auf seinem Geld, ist er kein Freund; er ist ein Feind, wie die Kreditkartengesellschaft. Und als Feind steht ihm kein Geld zu. Aber wenn er ein Freund bleiben will, bekommt er auch kein Geld. Er wird dazu gebracht, ein schlechtes Gewissen zu haben, weil er die Angelegenheit überhaupt angesprochen hat. Er entschuldigt sich und schleicht sich mit eingezogenem Schwanz davon.

Es ist klar, daß das Spiel, das die Whites mit ihren Gläubigern treiben, darauf abzielt, die Motive, die ihrem eigenen Verhalten zugrunde liegen, geflissentlich zu übersehen. Diese Motive sind ziemlich schmutzig und verabscheuungswürdig, und die Whites könnten es nicht einfach hinnehmen, sich so zu sehen, wie sie wirklich sind. Insgeheim ahnen sie vielleicht, daß sie – und nicht ihre Gläubiger – die Ausbeuter sind. Doch welche Ahnungen die beiden auch haben mögen, sie werden ausgelöscht durch das zwingende Bedürfnis, sich vor ihren Freunden zu produzieren, und durch das beinahe sinnliche Vergnügen, das sie daraus ziehen, die Rolle des Märtyrers zu spielen. Abhilfe schafft in diesem Fall offensichtlich nur eine Psychotherapie, doch die Chancen, daß die Whites diese Art der Hilfe suchen, stehen schlecht, solange sie nicht bereit sind, einen Teil der Verantwortung für ihre mißliche Lage bei sich selbst zu suchen. Vielleicht stellt sich diese Bereitschaft ein, wenn sie kurz vor der nächsten Pleite stehen.

Anti-Geldspiele

Es gibt noch andere Geldspiele in dem Guerillakrieg, den geplagte Menschen gegen die Gesellschaft und im Endergebnis gegen sich selbst führen. In seinem Buch über die neurotischen Manifestationen des Geldmotives beschrieb Thomas Wiseman ein Anti-Geldspiel, das der bekannte englische Radiomoderator Simon Dee spielte.

Dee begann sein Erwachsenenleben als Schauspielschüler, war lange Zeit arbeitslos und dann für kurze Zeit als Staubsaugervertreter tätig. Seine große Chance bekam er als Diskjockey bei Radio Caroline, einem »Piratensender«, der seinen »Standort« in internationalen Gewässern hatte, um die britischen Rechtsvorschriften zu umgehen, die zu dieser Zeit kommerzielle Radioprogramme verboten. Als kommerzielles Radio legal wurde, war Dee als Gastgeber bei Fernseh-Talkshows überaus gefragt, und er verdiente tausend Dollar oder mehr die Woche, was im London der späten 1960er Jahre eine Menge Geld war. Nach etwa einem Jahr geriet Dee jedoch mit seinen Arbeitgebern in Streit und warf die Arbeit hin. Eine neue Anstellung fand er nicht. Während seiner Zeit als erfolgreicher Moderator hatte er keinerlei Vermögenswerte angesammelt, die ihn über schlechte Zeiten hätten hinüberretten können.

Nach seinem Popularitätssturz äußerte Dee in einem Zeitungsinterview einige interessante Ansichten über Geld. Er sagte, daß er während seiner Zeit des Wohlstandes kein Geld angelegt habe, weil ihn dies dazu gezwungen hätte, den Entscheidungen anderer Menschen zu vertrauen. Er hatte auch keine Versicherungen abgeschlossen. Versicherungen, erklärte er, könnten niemanden vor den Werken Gottes schützen, und mit den Werken der Menschen werde er selbst fertig. Darüber hinaus meinte er, daß Investitionen und Versicherungen zur Entstehung »riesiger Finanzimperien« beitrügen, »die hoffnungslos außer Kontrolle sind und unsere Art zu leben entstellen«.

Dee hatte sich auch kein Haus gekauft, weil die Hypothekenzahlungen, wie er sagte, den Kaufpreis des Hauses letztlich bei weitem überstiegen. Er hielt es für albern, mehr für ein Haus zu bezahlen, als es tatsächlich wert war. Hypothekenzahlungen brachten lediglich mehr Geld in die Tresore der Banken und Versicherungsgesellschaften, die er beide fürchtete und verachtete.

In seiner Analyse des psychologischen Hintergrundes von Dees Verhalten hob Wiseman hervor, daß Dees Borniertheit in Geldangelegenheiten nur ein unbedeutender Teil des Bildes war. Dee hätte den Rat eines Experten einholen können, der ihm die Vorteile erläutert hätte, die ein Hypothekendarlehen beim Kauf eines Hauses bringt. Statt dessen, so Wiseman, führte Dees tiefes Mißtrauen und Ressentiment gegen Geld und die Macht, die es repräsentiert, dazu, daß er es schließlich verlor.

Dees Ansichten über Geld stimmten völlig mit seinem Verhalten zu den Menschen überein, mit denen er arbeitete. Er verließ sich nur auf sich selbst, wenn es um Entscheidungen ging, die seine Talkshows betrafen. Als seine Mitarbeiter dagegen protestierten, kündigte er. Einer derart rigiden Einstellung gegenüber der Welt begegnet man häufig bei Teenagern, die unmögliche Forderungen an andere stellen, aber keine an sich selbst; die Wut und Aggressivität mit Ehrlichkeit verwechseln; und die eine so mißtrauische und zynische Ansicht über gesellschaftliche Institutionen haben, daß es schon an Paranoia grenzt. Jugendliche benutzen diese Fassade, um ein Durcheinander an Unsicherheiten, Selbstzweifeln und Ängsten vor sich und anderen zu verbergen. Sie sind nicht in der Lage, irgend jemandem zu vertrauen, weil sie sich selber nicht vertrauen können. Mit der Zeit und zunehmender Erfahrung werden die Rigidität, das Mißtrauen und die Feindseligkeit immer schwächer. Bei Menschen wie Dee werden Selbstzweifel jedoch zu einem Verhaltensmuster, und sie sitzen so tief, daß sie ein Leben lang andauern.

Dee war das, was Wiseman einen »Verlierer« nennt – jemand, der Erfolg und den Umgang mit dem Geld, das er mit sich bringt, so aufreibend und anstrengend findet, daß er den Mißerfolg vorzieht. Dee berichtete, daß er zwar »völlig schockiert und bestürzt« auf das abrupte Ende seiner Karriere reagierte, gleichzeitig aber auch ein Gefühl des Glücks und der Erleichterung empfand. Das Leben war verwirrend, als er ein gut bezahltes Mitglied der Unterhaltungswelt war, sagte er, aber die lange Zeit der Arbeitslosigkeit, die auf seinen Weggang vom Fernsehen folgte, machte es ihm möglich, Prioritäten zu setzen und zu erkennen, was im Leben wirklich wichtig und wertvoll ist. Das Glücksgefühl, das er bei seiner Arbeit empfunden hatte, sei in Wirklichkeit falsch gewesen, sagte er, denn es habe auf Geld beruht; als das Geld weg war, habe er echtes Glück gefunden.

Klinische Psychologen unterscheiden zwei Arten der Rationalisierung, die Menschen bei dem Versuch einsetzen, Ängste zu bewältigen, die durch Enttäuschung hervorgerufen werden: »saure Trauben« und »süße Zitronen«. Dee benutzte beides, um nach seinem Sturz von der Erfolgsleiter mit seinen Gefühlen fertig zu werden. Er konnte nicht länger über das hohe Einkommen verfügen, das ihm eine bewundernde Fernsehindustrie zuvor bezahlt hatte; deshalb behauptete er, daß die Werte, die mit großen Geldsummen assoziiert werden, trügerisch seien. Mit anderen Worten, die Trauben, die er früher so liebte, waren in Wirklichkeit sauer. Auf der anderen Seite hatte das Leben, so wie es war, Dee mit einer Zitrone bedacht, indem es ihn aus einer beneidenswerten Position warf und verhinderte, daß er wieder nach oben kam. Als Form der Rationalisierung kostete Dee die Zitrone und erklärte sie für süß. »Was ich doch für ein Glück habe«, sagte er daraufhin, »denn jetzt muß ich kein Wertesystem benutzen, das durch Geld korrumpiert wird. Statt dessen kann ich dem Leben so begegnen, wie es wirklich ist.«

Wenn uns diese Form der Rationalisierung bekannt vorkommt, dann liegt das daran, daß sie uns immer und immer wieder in den Gesprächen derer entgegentritt, die wenig Geld haben. Möglicherweise haben wir sie selbst ebenfalls von Zeit zu Zeit benutzt. Es ist leicht, Menschen zu belächeln, die kein Geld haben und eine Tugend daraus machen, aber wir sollten erkennen, daß der Zweck der Rationalisierung darin liegt, eine schwierige Situation erträglich zu machen. Unsere Sorge sollte eher dem Dulder gelten, der sich nicht der Rationalisierung bedient, der glaubt, daß er in einer Notlage hilflos ist und der deshalb depressiv oder apathisch wird oder, schlimmer noch, offenkundig feindselig, aggressiv und destruktiv. Wenn Dee in Armut den Frieden und die Selbsterfüllung fand, die er im Wohlstand vermißt hatte, sollte niemand höhnisch über sein Glück lachen.

Glücksspiele als neurotische Erscheinung

Obwohl Simon Dee kein Spieler war, glaubte Wiseman, daß sein Hang, lieber zu verlieren, als zu gewinnen, im wesentlichen der Motivation entsprach, die viele Psychoanalytiker für das Verhalten von gewohnheitsmäßigen Spielern verantwortlich machen. Chronische Spieler sagen zuweilen, wenn spielen und gewinnen der größte Nervenkitzel sei, dann sei spielen und verlieren der zweitgrößte. Und so hat die Tatsache, daß Glücksspiele in der Regel dazu führen, daß man verliert, einige Psychoanalytiker, darunter Edmund Bergler, zu der Feststellung veranlaßt, daß das Bedürfnis, zu verlieren, das Hauptmotiv bei Glücksspielen ist. Sie halten Glücksspiele deshalb für eine masochistische Übung.

Der wahrhaft abhängige Spieler lebt in einem Zustand von Anspannung und Ungewißheit, die er hinter einer Maske von Gelassenheit und Stoizismus – dem wohlbekannten »Pokerface« – verbirgt. Er kommt niemals zur Ruhe, weil er unaufhörlich Wett-Tips liest, Karten- oder Würfelspiele arrangiert, Wetten abgibt oder Geld zum Spielen oder zum Bezahlen von Schulden aufzutreiben versucht. So wie der Alkoholiker für »trockene Zeiten« Schnapsflaschen in geheimen Verstecken deponiert, hat der abhängige Spieler einen Notgroschen – sein »Wettgeld« –, das er nicht für andere Zwecke ausgibt, selbst wenn es seine eigene Lage oder die seiner Familie dringend erfordern würde.

Die meisten Menschen, die spielen, sind selbstverständlich nicht davon abhängig, aber dennoch scheint eine gewisse pathologische innere Unruhe viele ansonsten gesunde Menschen zu überfallen, wenn sie ein Spielkasino betreten. Allein der Anblick riesiger Geldsummen wirkt stimulierend und erregend, und zuzusehen, wie Menschen diese großen Summen einsetzen, gewinnen und verlieren, erzeugt Aufregung und den Wunsch, daran teilzuhaben. Keiner möchte als Zuschauer am Rande stehenbleiben, wenn eine große Party in Gang ist, und die Kasinobetreiber machen es jedem mehr als einfach, an der Party teilzunehmen. Manche Clubs schenken ihren Besuchern eine Rolle Fünfcentstücke oder ein paar Pokerchips, damit sie sich aktiv in das Spielgeschehen einschalten.

Die Chancen in einem Kasino stehen so, daß die meisten Spieler verlieren, aber es dauert einige Spiele, bis man die geschenkten Münzen oder Chips verloren hat, und manchmal gewinnt man auch dabei. Um einen Spieler zum Weiterspielen zu animieren, ist nichts weiter erforderlich als die intermittierende Verstärkung eines gelegentlichen Gewinns. Mit der intermittierenden Verstärkung haben wir uns bereits in Kapitel 10 beschäftigt.

Spielfieber ist nicht allein auf Kasinos begrenzt. Es herrscht auf den Märkten für Aktienoptionen und Warentermingeschäfte und – wenn auch heute seltener – auf der Wertpapierbörse. Wer in dieser scheinbar legitimeren Umgebung seiner Spielsucht nachgeht, spielt gewöhnlich um höhere Einsätze als die Besucher der Kasinos und Spielhöllen von Las Vegas. Ein solcher Mensch begründet sein Verhalten oftmals damit, daß er sagt, er sei ein Spekulant, nicht ein Spieler, wobei der Unterschied darin liegt, daß der Spekulant weiß, was er tut, und Situationen auswählen kann, in denen die Chancen günstig für ihn stehen, während der Spieler sein Schicksal dem reinen Zufall anvertraut.

Der Unterschied ist allerdings nur rein theoretisch. Die meisten Menschen, die ihr Glück mit Aktienoptions- und Warentermingeschäften versuchen, verlieren mit ebensolcher Sicherheit wie jemand, der in *Harrah's Club* in Reno Siebzehnundvier spielt. Mit Ausnahme einiger weniger, die ein außergewöhnliches Gespür für Wirtschaftsentwicklungen und Massenpsychologie besitzen, sind die einzigen konstanten Gewinner die Broker, die gleichermaßen von den Gewinnern und den Verlierern kassieren.

Derjenige, der auf Aktienoptionen oder Warentermingeschäfte setzt, überzeugt sich selbst und auch andere möglicherweise davon, daß er nicht spekuliert, sondern investiert, weil er »mit Sicherheit weiß«, daß Magnum demnächst Consolidated Lintels übernimmt oder daß die derzeitige Frostperiode die Frühjahrsaussaat verzögern und die Getreidemärkte in ein Trümmerfeld verwandeln wird. Er ist sich so sicher, daß er die vielen anderen Faktoren, die den Preis der Aktienoption oder der Ware, an der er interessiert ist, beeinflussen können, einfach übersieht.

Die neurotische Omnipotenz der Spekulanten

Laut Sandor Ferenczi, einem Mitglied von Freuds Wiener Gruppe, ist das Gefühl absoluter Gewißheit, das jeder kennt, der schon einmal spekuliert oder gespielt hat, eine nachklingende Form »infantiler Omnipotenz«. Ferenczi behauptete, daß sich Kleinkinder nicht als schwach und hilflos ansehen, sondern als allmächtige Wesen, deren Bedürfnisse von Erwachsenen befriedigt werden, die dabei nichts zu sagen haben. Kleinkinder, sagte er, können dieses völlig unrealistische Selbstbild aufrechterhalten, weil sie nicht die Mittel besitzen, um herauszufinden, wie schwach, abhängig und hilflos sie tatsächlich sind. Mit der Zeit erfahren sie die harten Ecken und Kanten der Realität; desillusionierende Erfahrungen lehren sie die Tatsachen des Lebens.

Der Reifeprozeß bedeutet nicht nur zu lernen, was man kann, sondern auch, was man nicht kann. Die meisten von uns haben das Gefühl der Allmacht bereits im Kindergartenalter verloren, doch taucht es in späteren Jahren von Zeit zu Zeit wieder auf, vor allem wenn wir etwas unbedingt wollen und davon überzeugt sind, daß wir es haben können – ganz gleich, was auch geschieht.

Der Spekulant weiß beispielsweise einige Dinge, die den Preis seiner gewünschten Option oder Ware beeinflussen können, aber er weiß nicht alles. Und was dabei am wichtigsten ist, er ist sich nicht gewiß darüber, welchen Stellenwert seine Teilinformationen im Vergleich zu allen anderen relevanten Informationen besitzen. Deshalb kann er nicht mit Genauigkeit angeben, wie groß die Aussichten auf Erfolg sind. Die Erfolgschancen nicht zu kennen erlaubt es ihm, den vorliegenden Fakten einen übersteigerten Wert beizumessen. Er möchte das Spiel unbedingt spielen, und deshalb appelliert er an die Magie seiner niemals ganz vergessenen infantilen Omnipotenz, um seinen Schritt rational zu erklären. Dieses Gefühl unbegrenzter Macht ist typischerweise am stärksten nach einer Reihe von Verlusten. Je schlechter also seine finanzielle Lage, desto mehr ist er davon überzeugt, daß er dieses Mal *bestimmt* gewinnt.

Wie Wiseman sagte: »Das genau ist die Leidenschaft des Spielers; sich in einen Zustand halluzinatorischen *Wissens* hochzupeitschen, so daß wir die Zahlen, die fallen werden, praktisch schon sehen können. Man muß in solchen gewagten Unternehmen – die den Gesetzen der

Wahrscheinlichkeit so offenkundig zuwiderlaufen und dennoch von der Gewißheit des Erfolges begleitet sind – zwangsläufig das Wirken des Verliertriebes sehen.«

Glücksspiele als »normales Verhalten«

Nicht jeder teilt die pathologische Sichtweise von Glücksspielen. Eine Reihe von Forschern behauptet, daß Glücksspiele eine Art der Stimulation bieten, die zur psychischen Gesundheit beiträgt, und daß Spieler sich zumeist durch eine größere emotionale Stabilität auszeichnen, innere Sicherheit und Dominanz aufweisen als Nichtspieler. So kam beispielsweise Felicia Campbell anhand von gesammelten Forschungsergebnissen zu dem Schluß, daß Glücksspiele einen positiven Lebensaspekt und eine gesunde Aufgeregtheit für Rentner und Pensionäre bedeuten und sogar die Produktivität bei Beschäftigten in der Industrie steigern können. An Glücksspielen teilzunehmen, sagte sie, ist eine normale Form des Verhaltens, die den Teilnehmern Möglichkeiten zur Stimulation bietet, die sie in der Routine ihres Alltagslebens vermissen.

In seinem Buch *Gambling without Guilt* führt John Rosecrance von der University of Nevada in Reno an, daß die »wachsende öffentliche Akzeptanz von Glücksspielen und ihre zunehmende Legalisierung« ihnen das moralische und soziale Stigma genommen und sie gesellschaftsfähig gemacht hat und daß »Amerikaner heute ohne Schuldgefühle und ohne Kritik von ihren Mitmenschen an Glücksspielen teilnehmen können«. Er sagt, daß diese Sicht durch die Bereitschaft der Wähler unterstrichen wird, Lotterien, Pferde- und Hunderennen sowie andere Formen des Glücksspieles als »schmerzlose« Möglichkeit der Steuererhebung zu legalisieren.

Rosecrance stellt die Vorstellung des zwanghaften oder pathologischen Spielers in Frage und behauptet, daß sie eine Erfindung von Psychiatern und klinischen Psychologen sei, die ein begründetes Interesse daran haben, Menschen mit Problemen zu behandeln, die mit Glücksspielen in Zusammenhang stehen. Insbesondere widerspricht er ihrer Auffassung, daß Spielleidenschaft, wie zwanghaftes Trinken oder Alkoholismus, nur durch absolute Abstinenz zu heilen ist.

Um diese Auffassung zu widerlegen, führt Rosecrance die Arbeit von Psychologen an, die sagen, daß sie Patienten erfolgreich behandelt haben, indem sie ein Programm zum kontrollierten Spielen einsetzten, das darauf abzielt, ihnen bei der Bewältigung ihrer Probleme zu helfen, ihnen aber nicht das Vergnügen am Spielen nimmt, eine Aktivität, die für sie bedeutsam und wichtig ist. Bei diesem Programm dürfen die Patienten einen bestimmten Geldbetrag verspielen, wobei ihre Ehepartner darüber wachen, daß dieser Betrag nicht überschritten wird. Nach einem Jahr Behandlung berichteten die Patienten, sie hätten ihre Spielleidenschaft auf ein annehmbares Maß reduziert, wodurch sich ihre eheliche, finanzielle und berufliche Situation verbesserte, die zuvor unter ihren Spielexzessen und ständigen Verlusten gelitten hatte (Dickerson, Weeks und Rankin; Rankin).

Rosecrances eigene Erfahrungen im Glückspiel veranlaßten ihn, die Vorstellung des »pathologischen Spielers« in Frage zu stellen. Er spielt seit seinem siebzehnten Lebensjahr und wurde schon früh zum professionellen Spieler. Glücksspiele bieten ihm ein hohes Maß an Spaß und Befriedigung und nehmen eine zentrale Stellung in seinem Wertesystem ein. Aus diesem Grund hat er ein großes Interesse daran, die Spielleidenschaft gegen ihre Kritiker zu verteidigen. Er erklärt, sein wichtigster Grund, einen Doktortitel in Philosophie zu erlangen und wissenschaftliche Studien zu betreiben, sei der Wunsch gewesen, die Spielleidenschaft und ihre Auswirkung auf die Spieler besser zu verstehen.

Rosecrance sagt, daß er nur sehr wenige zwanghafte Spieler kennt, und bezweifelt, daß viele Mitglieder der Anonymen Spieler (das Gegenstück zu den Anonymen Alkoholikern) tatsächlich als psychisch krank gelten können. Die meisten von ihnen, sagt er, sind lediglich Spieler, die Geldprobleme haben.

Rosecrances eigene Spielleidenschaft wirft Fragen hinsichtlich seiner Objektivität auf. Als überzeugter Spieler wäre er gezwungen, über seine eigene psychische Gesundheit nachzudenken, wenn sich die Verbindung zwischem gewohnheitsmäßigem Spielen und pathologischem Verhalten zweifelsfrei beweisen ließe. Überdies verfügt er nicht über eine Ausbildung auf dem Gebiet der Psychopathologie und könnte daher, wie die meisten Laien, Manierismen und andere Symptome, die klinische Psychologen auf eine psychische Erkrankung hinweisen würden, gar nicht erkennen.

Glücksspiele und Psychopathologie

Es mag durchaus sein, daß die große Mehrheit der Millionen von Menschen, die häufig oder gewohnheitsmäßig spielen, relativ frei von Neurosen oder anderen Formen der Psychopathologie ist, wie Rosecrance behauptet, doch Wissenschaftler, die das Spielverhalten untersuchten, haben eine andere Sichtweise. Julian I. Taylor räumte in seiner Untersuchung der Psychologie des Glücksspieles ein, daß er unsicher war, ob man chronisches Spielen am besten als »eine Krankheit, eine Sucht, eine erlernte Gewohnheit, ein exzessives Verhalten oder ein Symptom für eine seelische Erkrankung« betrachten sollte, aber er stellte gleichzeitig fest, daß wenig Zweifel besteht, »daß die Ermutigung und der ungehinderte Zugang zu Glücksspielen eine ernsthafte Bedrohung für die psychische Gesundheit eines erheblichen Prozentsatzes der Bevölkerung« darstellt.

Valerie C. Lorenz, Verwaltungsdirektorin des National Center for Pathological Gambling in Baltimore, Maryland, vertritt ebenfalls eine andere Auffassung als Rosecrance. Chronische Spieler, sagt sie, spielen wegen des Gefühles anhaltender Erregung, die das Glücksspiel bei ihnen bewirkt, eine Erfahrung, die dem Rausch ähnelt, den Drogenabhängige erleben, wenn sie Kokain und andere ähnliche Aufputschmittel nehmen. Wie Alkohol und andere stimmungsverändernde Drogen erlaubt das Glücksspiel seinen Opfern die Flucht vor Alltagssorgen, Ängsten und psychologischem Schmerz, zumindest vorübergehend.

Lorenz behauptet, daß zwanghaftes Spielen eine psychische Erkrankung ist. Den Betroffenen ist nicht bewußt, daß sie die Kontrolle über ihr Spielverhalten verloren haben oder daß sie einer überwältigenden Selbsttäuschung unterliegen. Sie glauben vielmehr, daß der nächste Einsatz einen großen Gewinn bringt, der es ihnen ermöglicht, alle ihre Schulden zu bezahlen, und daß dann alles wieder in schönster Ordnung ist.

Die Symptome ihrer Krankheit zeigen sich in aller Härte, wenn es die Umstände nicht zulassen, daß sie spielen. Dann werden sie depressiv, ja sogar körperlich krank. In solchen Zeiten verlieren sie die Fähigkeit, klar zu denken und rationale Entscheidungen zu treffen. Oftmals beginnen sie stark zu trinken, um ihre Probleme, Schuldgefühle und Ängste zu vergessen.

Die Ehepartner von zwanghaften Spielern leiden erheblich unter dem zwanghaften Verhalten ihrer Partner. Lorenz und ihre Kollegin Duane E. Shuttlesworth führten eine Studie bei 250 Frauen durch, die Mitglieder von Gam-Anon, Selbsthilfegruppen für Familienangehörige von Spielern, angehörten, und stellten dabei fest, daß 84% der Frauen aufgrund ihrer Erlebnisse psychologische Probleme hatten. Die Hälfte von ihnen berichtete, daß sie ihre Schwierigkeiten auf neurotische Weise bewältigten – exzessives Trinken, Rauchen, Über- oder Unterernährung und impulsives Einkaufen. Etwa zwei Fünftel der Befragten sagten, daß sie von ihren Ehemännern emotional, verbal und körperlich mißhandelt wurden, und 14% hatten Suizidversuche unternommen. Ein Viertel der Kinder aus diesen Ehen hatte ernsthafte psychologische Probleme, und 10% waren von ihren Spielervätern physisch mißhandelt worden.

Obwohl Glücksspiele, wie zuvor erwähnt, eine Quelle gesunder Erregung sein können, bergen sie auch ein hohes Maß an »Abwärtsrisiken«. Ihr grundlegendes Problem liegt in der Überzeugung der Spieler, daß sie die Kosten-Nutzen-Bilanz zu ihren Gunsten verschieben und durch den Einsatz kleiner Geldbeträge mehr als ihren gerechten Anteil an dem erlangen können, was die Gesellschaft zu bieten hat. Mit anderen Worten, ihre Spielleidenschaft nährt ihren Glauben, daß sie andere erfolgreich ausbeuten können.

Die Betreiber von Spielkasinos und dergleichen unterstützen diesen weitgehend naiven Glauben, damit *sie* eine nicht enden wollende Parade von leichtgläubigen Spielern ausnehmen können, von denen praktisch alle am Ende verlieren. Von einem Unternehmen, bei dem die Teilnehmer zu einem wahnhaften Verhalten verleitet werden, das sie zu Verlierern macht, kann man kaum erwarten, daß es einen positiven Beitrag zur psychischen Gesundheit leistet. Und es ist auch nicht gut für die psychische Gesundheit von anderen, die mit dem Glücksspielgeschäft verbunden sind. Ländlich geprägte, dünn besiedelte Bundesstaaten im amerikanischen Westen stehen bei Kriminalstatistiken zumeist am unteren Ende, doch Nevada, wo Glücksspiele erlaubt sind, hat von allen fünfzig US-Bundesstaaten die sechsthöchste Rate an Gewaltverbrechen und die siebthöchste Rate an Eigentumsdelikten, obwohl Nevada hinsichtlich seiner Bevölkerungsdichte pro Quadratmeile an neunundvierzigster Stelle steht.

Das glückliche/traurige Schicksal großer Gewinner

Der Gipfel der Glückseligkeit ist für alle Spieler ein »großer Gewinn«. Der Traum von diesem sehnlichst erhofften Ereignis bringt Menschen dazu, einen Dollar nach dem anderen für Lotterielose auszugeben.

Doch bringt der »große Gewinn« tatsächlich das erhoffte Glück? Es gibt einige Beweise dafür, daß die Freude, die ein großer Gewinn mit sich bringt, durch psychologische Probleme überschattet oder zumindest beeinträchtigt wird. Interviews mit Menschen, die bei der staatlichen Lotterie von Arizona eine Million Dollar gewannen, zeigen, daß psychologisches Unbehagen häufig auftritt.

Eine Gewinnerin sagte, daß sie ein schlechtes Gewissen habe, weil »ich mir Kleider kaufen kann und der Bursche unten an der Ecke nicht«. Ein anderer Gewinner hatte Schuldgefühle, weil er ein Leben lang sparsam gewirtschaftet hatte und nun Geld ausgeben sollte. Ein Geschäftsmann stellte fest, daß er zur Zielscheibe unverhohlenen Grolls wurde. Einige Leute sagten ihm, daß er es nicht verdient habe zu gewinnen, weil er schon genug Geld besäße. Außerdem erhielt er zermürbende Anrufe, bei denen ein Anrufer sogar damit drohte, seine Tochter zu entführen und Lösegeld zu fordern. Diese Drohung war mehr, als er ertragen konnte, und er zog in einen anderen Bundesstaat (Matt).

Eine Studie über Personen, die in der staatlichen Lotterie von Illinois große Geldsummen gewonnen hatten, zeigte, daß die unerwarteten Gewinne zwar Veränderungen in ihrem Leben bewirkten, größeres Glück aber nicht dazugehörte. Ein Team von Psychologen machte zweiundzwanzig Lotteriegewinner ausfindig, die zwischen 50 000 Dollar und 1 Million Dollar, durchschnittlich also 500 000 Dollar, gewonnen hatten.

Die Gewinner wurden gefragt, wie sie ihr Glücksempfinden in der Vergangenheit, Gegenwart und Zukunft einschätzten und in welchem Maß ihnen »Alltagsfreuden« Spaß bereiteten, wie etwa zu frühstücken, sich mit einem Freund zu unterhalten, vor dem Fernseher zu sitzen, einen lustigen Witz zu hören und so weiter. Anders als man erwarten könnte, unterschied sich die Einschätzung ihres Glücksempfindens in Vergangenheit, Gegenwart und Zukunft kaum von den Einschätzungen einer Vergleichsgruppe, die aus Nichtgewinnern bestand, die jeweils im gleichen Viertel wie die Gewinner wohnten. Die Personen in der Vergleichsgruppe schätzten die Bedeutung der Alltagsfreuden jedoch höher ein als die Gewinner, die diese Vergnügungen sogar geringer bewerteten als eine Gruppe von Patienten, die infolge eines Unfalls ganz oder teilweise gelähmt waren.

Die Psychologen erklärten die Tendenz der Gewinner, weniger Spaß an alltäglichen Aktivitäten zu finden, als eine Folge ihres »Gipfelerlebnisses« – einen gigantischen Geldbetrag zu gewinnen –, das die normalen Freuden des Lebens verblassen ließ. Der »große Gewinn« wirkte sich auch fatal auf die hohen Erwartungen aus, die Lotterieteilnehmer dazu bringen, weiterhin Lose zu kaufen. Hatten sie erst einmal einen außergewöhnlichen Gewinn erzielt, verlor das Lotteriespiel seinen Reiz. Die größte Spannung liegt in immerwährenden Hoffnungen und Träumen in bezug auf gewaltige Geldgewinne, die niemals Wirklichkeit werden.

Der Umstand, daß das Glücksgefühl der Gewinner nicht größer war als das der Vergleichsgruppe, läßt sich teilweise aus der Tatsache erklären, daß sich Menschen schnell an Verbesserungen in ihrem Leben gewöhnen und diese schon nach kurzer Zeit als selbstverständlich betrachten. Außerdem, so berichteten die Gewinner den Interviewern, wurden die positiven Veränderungen in ihrem Leben durch negative ausgeglichen. Obwohl sie nun eine größere finanzielle Sicherheit und mehr Freizeit hatten, erfuhren sie Belastungen in ihren sozialen Beziehungen. Einige beklagten zum Beispiel, daß sie ihre früheren Gefährten nun weitaus seltener sahen. Offensichtlich neigen Freunde, die kein Geld haben, dazu, einen Gewinner zu meiden, um nicht in den Verdacht zu geraten, Geld von ihm haben zu wollen, oder einfach nur, um dem gesellschaftlichen Vergleich zu entgehen (Brickman, Coates & Janoff-Bulman).

Die Ergebnisse dieser Studie sind vermutlich nicht besonders überraschend. Die meisten Menschen wissen, daß sich »mit Geld kein Glück kaufen läßt«, auch wenn sie ihre tatkräftigen und nachhaltigen Versuche, es zu erlangen, darauf gründen, daß sich das Glück schon irgendwie einstellen wird, wenn die Geldbedürfnisse befriedigt sind. Aller Wahrscheinlichkeit nach wird das Streben nach Geld weniger durch den Glauben motiviert, daß Geld glücklich macht, sondern vielmehr durch die Erwartung, daß Geld die bestehenden Ängste in bezug auf Solvenz und ökonomische Sicherheit lindert. Die meisten von uns sind zu realistisch, um auf einen großen Gewinn zu hoffen, aber wir glauben dennoch, daß das Aufstocken unserer Ressourcen durch »ein bißchen mehr Geld« das Leben ein gutes Stück einfacher macht.

Der »Ein-bißchen-mehr-Geld«-Wahn

Der Glaube, daß »ein bißchen mehr Geld« die eigenen Probleme löst, ist eine Wahnvorstellung, doch ist es eine, der fast jeder von uns unterliegt. Manche Menschen sind dieser Illusion stärker verhaftet als andere, doch in jedem Fall wird sie durch die Volksmeinung energisch unterstützt und durch den wohlwollenden Beifall der Gesellschaft verstärkt. Die meisten von uns sind Opfer der Überzeugung, daß unsere Probleme gelöst wären, wenn wir nur ein bißchen mehr Geld zur Verfügung hätten. Die Validität dieser Überzeugung scheint unbestreitbar zu sein. Wir setzen uns Anfang des Monats hin, um unsere Rechnungen zu bezahlen, und stellen fest, daß unser Geld einfach nicht reicht. Was wir offensichtlich brauchen, ist »ein bißchen mehr Geld«. Da wir das nicht haben, bezahlen wir die dringendsten Rechnungen und verteilen das restliche Geld in Form von Ratenzahlungen an andere Kreditoren. Dazu werden wir von Kaufhäusern, Erdölgesellschaften und Kreditkartenagenturen ermutigt. Die freuen sich über Teilzahlungen, weil sie uns dann 18–22% Zinsen für die noch ausstehenden Beträge berechnen können.

In vielen – vielleicht den meisten – amerikanischen Haushalten ist dieses Verfahren gang und gäbe. Jeden Monat wird das Begleichen einiger Schulden verschoben und somit zu der wachsenden Hypothek auf die Zukunft hinzuaddiert. Jeden Monat denkt oder sagt jemand: »Wenn wir nur ein bißchen mehr Geld hätten.«

Einige Familien halten ihre Ausgaben in festen Grenzen und haben keine anderen Schulden als das Hypothekendarlehen für das Haus, einen Kredit für das Auto und laufende Rechnungen. Die Mitglieder solcher Familien können diesen glücklichen Zustand nur durch strikte Selbstbeschränkung und Selbstverleugnung erreichen, indem sie keine Waren kaufen oder Dienstleistungen in Anspruch nehmen, deren Kosten im monatlichen Budget nicht unterzubringen sind. Solche Entscheidungen können bedeuten, daß Papa keine Zahnbrücke bekommt, daß die Familie eine Woche lang zu Fuß gehen oder mit öffentlichen

Verkehrsmitteln fahren muß, weil der Motor ihres alternden Autos überholt werden muß, daß die Kinder nicht ins Ferienlager fahren können und so weiter und so fort. Eine so sparsame Familie lädt sich vermutlich keine Schulden auf, für die sie 18–22% Zinsen bezahlen muß, aber sie erlebt all die anderen Probleme, die weniger bescheidene Familien auch haben. Und die Familienmitglieder stöhnen gleichermaßen: »Wenn wir nur ein bißchen mehr Geld hätten.«

Das Haushaltseinkommen scheint keine Rolle zu spielen; das Gefühl, daß »nur ein bißchen mehr Geld« die augenblicklichen Probleme lösen würde, scheint ein allgemeines Phänomen zu sein. Wir leben in einer Gesellschaft, in der die Möglichkeiten, Geld auszugeben, unbegrenzt sind. Es gibt immer etwas Wünschenswertes, das wir nicht besitzen. Und in einer bedrohlichen und instabilen Welt können wir stets ein Mehr an Sicherheit kaufen: eine höhere Versicherung, eine breiter angelegte Altersversorgung oder eine Alarmanlage für das Haus. Wir sollten niemals vergessen, daß Geld eine Form der Macht ist. Und die Person, die nicht ein bißchen Macht braucht, existiert nicht – z. B. um das Leben erfüllter, interessanter und aufregender zu gestalten oder der Zukunft einen Teil ihrer Ungewißheit und ihrer Risiken zu nehmen. Unser Bedürfnis nach Selbstverwirklichung erfordert mehr Macht, um die Freiheit und die Gelegenheit zum Ausdruck der eigenen Persönlichkeit und zur persönlichen Entwicklung zu haben, während die Ängste, die im Hintergrund lauern, mehr Macht erfordern, damit Sicherheit und Schutz gewährleistet sind.

Die meisten Menschen erkennen nicht, daß das Verlangen nach »einem bißchen mehr Geld« eine allgemeine Erscheinung ist. Sie glauben, ihre Situation sei ein Einzelfall. Sie sehen nicht voraus, was zwangsläufig eintritt, wenn sie »ein bißchen mehr Geld« haben: Schon nach kurzer Zeit brauchen sie noch ein bißchen *mehr*. Viele behandeln das Bedürfnis nach »einem bißchen mehr Geld« als eine Schwierigkeit, die sich lösen läßt, ein für allemal. Familien unternehmen Versuche, um mit diesem »Problem« fertig zu werden. Der Ernährer kündigt seinen Job, der ihm gefällt, und nimmt einen anderen an, der ihm nicht zusagt, weil er mehr Geld dafür bekommt. Die Mutter kleiner Kinder nimmt vielleicht eine Stelle an, die es erfordert, einen Babysitter zu engagieren. Die US-Steuerbehörde bestärkt sie noch darin, denn Kinderbetreuungskosten sind unter diesen Umständen steuerlich absetzbar. Das Finanzamt spielt somit eine Doppelrolle: Es ist der nachsichtige Wohltäter, der es der Familie erleichtert, ihre finanziellen Probleme zu lösen, und verkörpert gleichzeitig die herzlose, unpersönliche Bürokratie, die mehr Steuern einzieht, wenn das Familieneinkommen steigt.

Manche Menschen begegnen dem »Bedürfnis nach ein bißchen mehr Geld« in der Weise, daß sie ihr Haus oder ihren persönlichen Besitz beleihen und sich noch mehr verschulden. Andere, angereizt durch den übersteigerten Wert von Immobilien, verkaufen ihr Haus und ziehen in ein Appartement, mit dem einzigen Ergebnis, daß sie nun den Miethaien ausgesetzt sind, die jedesmal, wenn das Appartementhaus den Besitzer wechselt, die Miete erhöhen.

Ganz gleich, wie unsere Anstrengungen auch aussehen, das »bißchen mehr Geld«, das wir finden, ist niemals genug. Die meisten Menschen erkennen nie, daß »genug Geld« der Goldtopf am Ende des Regenbogens ist, ein Anreiz, der uns immer weiter und weiter laufen läßt, ohne daß wir jemals zum Ziel gelangen.

Von Zeit zu Zeit scheinen viele Menschen tatsächlich »ein bißchen mehr Geld« zu erhalten, in Form von höheren Löhnen, Anpassungen an die Lebenshaltungskosten, steigenden Honoraren und Profiten. Wir bekommen diesen Zuwachs, weil unsere Wirtschaft, wie Wirtschaftssysteme in der ganzen Welt, auf einen relativ stetigen Anstieg der Geldmenge eingestellt ist, was sich wiederum in höheren Löhnen, Sozialabgaben, Dividenden und so weiter niederschlägt.

Geld und seine Rolle für die psychische Gesundheit

Die meisten Diskussionen über psychische Gesundheit erweisen sich als Diskurse über *schlechte* psychische Gesundheit – über Neurosen und andere Formen der Psychopathologie und ihre Ursachen. Dieses Kapitel ist keine Ausnahme dieser Regel, aber um nicht den Eindruck entstehen zu lassen, daß Geld negative Auswirkungen auf die psychische Gesundheit hat, möchte ich es mit einigen Worten zu den positiven Beiträgen des Geldes abschließen.

An den Anfang dieses Buches habe ich die Geschichte des Geldes gestellt und hervorgehoben, daß die Einführung von Geld die Entwicklung der Zivilisation förderte. Geld erlaubte es unseren Vorfahren, den Bau von Städten, Verkehrswegen und Fabriken zu bezahlen, wie auch von Schulen, Theatern und Bibliotheken. Obwohl Geld auch zur Finanzierung von Kriegen und zur Ausbeutung der Armen durch die Reichen diente, sind seine positiven Beiträge gewichtiger als seine negativen. Viele werden lautstark gegen diese Auffassung protestieren, aber solche kritischen Stimmen kann man getrost als verdrossene Wehklagen abtun, zumindest so lange, bis die Kritiker einen ernsthaften Versuch unternehmen, eine geldlose Gesellschaft zu schaffen, die ebenso gut funktioniert wie diese.

Der Beitrag, den Geld in früher Zeit für die psychische Gesundheit leistete, war ein zweifacher. Erstens befreite es Menschen und ihre Familien von einer Tauschwirtschaft, die Kleinbauern und Handwerker benachteiligte. Die Verfügbarkeit von Geld gab ihnen die Freiheit, Kapital anzusammeln und selbst aktiv zu werden. Da sie auf diese Weise eine größere Kontrolle über die wirtschaftliche Seite ihres Lebens hatten, konnten sie auch die soziale und intellektuelle Seite kontrollieren und steuern.

Zweitens erleichterte die Einführung von Geld es den Menschen, zusammenzukommen und zum gegenseitigen Nutzen zu interagieren. Geld vereinfachte das Kaufen und Verkaufen auf dem Markt, machte die Geschäftsvorgänge effizienter und damit lohnender. Der soziale Austausch, der stattfindet, wenn Menschen Handel treiben, dient der psychischen Gesundheit, denn er ist stimulierend, unterhaltsam und zuweilen sogar aufregend. Soziale Bindung kann nur entstehen, wenn Menschen andere Menschen kennenlernen, und eine solche Verankerung versetzt sie in die Lage, sich akzeptiert und sicher zu fühlen.

Die Einführung von Geld ermöglichte es Arbeitgebern, rationeller vorzugehen; sie stellten zahlreiche Mitarbeiter ein und schufen starke Organisationen, in denen nicht nur die Aufgaben, sondern auch Vorstellungen und Werte geteilt werden konnten. In solchen Zusammenschlüssen entwickelten die Mitarbeiter einen Gemeinschaftssinn. Wie der Anthropologe Lionel Tiger hervorhob, sind Mitglieder einer Organisation zumeist durch absolute Loyalität geeint und teilen daher das Gefühl, daß ihre Gruppe »etwas Besonderes« ist. »Ein solcher Teamgeist macht Gruppen zu einer vergnüglichen Angelegenheit und bietet Menschen einen Arbeitsplatz, mit dem sie sich identifizieren können, der ihnen persönliche Sicherheit gibt und berufliche Herausforderungen für sie bereithält.« Geld ist selbstverständlich nicht das Hauptelement bei diesem psychologischen Gemisch, aber es dient als Katalysator, der all dies ermöglicht.

Geld hat unser Alltagsleben so stark durchdrungen, daß sich nur schwer sagen läßt, ob der Besitz von Geld die individuelle psychische Gesundheit fördert oder ob Menschen, die eine gute psychische Gesundheit besitzen, mehr Geld und weniger Probleme haben. Die Schwierigkeit, Ursache und Wirkung zu bestimmen, wird erkennbar, wenn wir Unterschiede zwischen den Armen und der Mittelschicht untersuchen, wie in Kapitel 6 geschehen. Psychosoziale Pathologie tritt in den Reihen der Armen sehr viel deutlicher auf, denn sie können weniger gut mit den Problemen des Lebens fertig werden, und Kriminalität, Drogenmißbrauch, Alkoholismus und Gewalt sind in ihrem Umfeld erheblich stärker verbreitet. Manche sagen, die Probleme der Armen seien das *Ergebnis* des Umstandes, daß sie weniger Geld besitzen als die Mitglieder der Mittelschicht, und argumentieren, daß Angehörige der Mittelschicht, die mehr Geld haben, in der Lage sind, ein sichereres und ausgefüllteres Leben zu führen und infolgedessen eine bessere psychische Gesundheit haben.

Viele wissenschaftliche Untersuchungen belegen die enge Verbindung zwischen psychischer Gesundheit und der Fähigkeit, mit Geld umzugehen. William G. Baker, der sich, wie im letzten Kapitel erwähnt, mit dem Thema Börsenspekulation beschäftigte, fand heraus, daß diejenigen, die erfolgreichere Investoren waren, ein stärkeres und gesünderes Selbstbild hatten als diejenigen, die geringere Erfolge verzeichnen konnten. Sie waren vorsichtiger bei ihren Investitionsentscheidungen, weniger impulsiv und besser an die Realität angepaßt.

Neal Krause führte eine Untersuchung bei älteren Erwachsenen durch, bei der er sie über finanzielle Probleme und ihre Fähigkeit, damit umzugehen, befragte. Außerdem ließ er sie einen Fragebogen zu ihrer Persönlichkeit ausfüllen, der den Ort der Steuerung, ein psychologisches Konzept, das wir in Kapitel 6 diskutiert haben, bestimmen sollte. Menschen, die am »externen« Ende der Steuerungsskala liegen, behaupten, daß sie wenig Einfluß auf ihr Leben haben und daß alles, was ihnen widerfährt, letztlich eine Frage von Zufall oder Glück ist oder aus den Entscheidungen und Handlungen von anderen resultiert, die mehr Macht haben als sie selbst. Menschen, die am »internen« Ende der Steuerungsskala anzusiedeln sind, erwidern dagegen, daß all ihre Erfolge das Ergebnis ihrer eigenen Bemühungen sind. Erleiden sie Mißerfolge, neigen sie dazu, sich selbst die Schuld dafür zu geben.

Als Krause die Ergebnisse seiner Untersuchung analysierte, stellte er fest, daß ältere Mitbürger mit einem »internen« Ort der Steuerung kaum unter den chronischen finanziellen Problemen litten, die viele ältere Menschen plagen. Solche Schwierigkeiten traten häufiger bei denjenigen auf, die einen »externen« Ort der Steuerung hatten.

Krauses Untersuchung legt nahe, daß Menschen, die die Verantwortung für ihr Leben übernehmen, ihre finanziellen Angelegenheiten zumeist besser im Griff haben als diejenigen, die dem Leben eher passiv gegenüberstehen. Wenn das Übernehmen von Verantwortung und das Vermeiden von Passivität als gleichbedeutend mit guter psychischer Gesundheit anzusehen ist, dann scheint psychische Gesundheit guten Entscheidungen in Geldangelegenheiten förderlich zu sein. Es gibt selbstverständlich diejenigen, die behaupten, daß sie dadurch gefördert wird, daß man den Streß vermeidet, der sich aus schlechten finanziellen Entscheidungen ergibt. Vermutlich sind wir damit auf ein weiteres Beispiel für die uralte Frage gestoßen: »Was war zuerst da, das Huhn oder das Ei?« Lassen wir es deshalb bei der Feststellung bewenden, daß psychische Gesundheit und finanzielle Stabilität eng miteinander verknüpft sind und daß dort, wo wir das eine finden, häufig auch das andere auftaucht.

Eine andere Untersuchung, die den Zusammenhang zwischen Geld und psychischer Gesundheit bestätigt, führten Charles M. Schaninger und W. Christian Buss von der State University of New York in Albany durch. Sie sammelten Daten über die finanziellen Entscheidungen von 104 Ehepaaren, die alle 1968 geheiratet hatten. Zehn Jahre später war die Hälfte der Ehepaare geschieden, die andere Hälfte noch immer glücklich verheiratet. Die Auswertung ihrer Antworten auf den Fragebogen, die sie im Verlauf der zehn Jahre ausgefüllt hatten, zeigte, daß die Ehepaare, die glücklich verheiratet blieben, eher als die geschiedenen Ehepaare dazu neigten, Entscheidungen gemeinsam zu treffen und finanzielle Dinge gemeinsam zu regeln. Während der gesamten Zeit spielten die glücklich verheirateten Frauen eine aktivere Rolle bei der Bezahlung von Rechnungen, dem Überwachen der Ausgaben und der Entscheidung, wieviel Geld jeder Ehepartner zum persönlichen Gebrauch erhalten sollte, während bei den geschiedenen Ehepaaren die Ehemänner dominanter waren. So machten es sich beispielsweise im Vergleich zu den glücklich verheirateten Männern doppelt so viele geschiedene Männer zur Gewohnheit, die Gehaltsschecks auf der Bank einzulösen und die Rechnungen der Familie zu bezahlen.

Die beiden Arten von Ehepaaren unterschieden sich auch darin, was sie mit ihrem Geld gekauft hatten. Diejenigen, die glücklich verheiratet blieben, hatten mehr Geld für die Abbezahlung ihres Hauses und für Haushaltsgeräte ausgegeben – Ausgaben, die das Zusammensein und soziale Bindung fördern. Geschiedene Ehepaare gaben mehr Geld aus für Fernseher und Stereoanlagen, Anschaffungen, die »eher der persönlichen Freizeitgestaltung als dem Familienleben dienen«, wie die Wissenschaftler meinten.

Wie lassen sich die Ergebnisse der Schaninger-Buss-Studie aus psychologischer Sicht erklären? Sie deuten darauf hin, daß Menschen mit guter psychischer Gesundheit zumeist bessere Geldmanager und Ehepartner sind, während es für Menschen mit chronischen psychischen Gesundheitsproblemen schwieriger ist, mit Geld umzugehen und verheiratet zu bleiben. Eine andere Möglichkeit ist, daß die Menschen, die verheiratet bleiben, diejenigen sind, die gute finanzielle Entscheidungen treffen können, die wiederum zu Lebenserfahrungen führen, die weniger anstregend sind und zu einer besseren psychischen Gesundheit beitragen.

Wie dem auch sei, die Untersuchungen von Krause und von Schaninger/Buss weisen in die gleiche Richtung: Es besteht eine Verbindung zwischen psychischer Gesundheit und dem Umgang mit Geld. Diese Erkenntnis steht in Einklang mit der Diskussion im ersten Teil dieses Kapitels, die zeigte, daß psychische Gesundheitsprobleme zumeist Geldschwierigkeiten hervorrufen oder durch sie verschärft werden.

Als Psychologe, der vor allem die Persönlichkeit von Menschen untersucht, unterstütze ich die Auffassung, daß Geldsorgen normalerweise durch psychische Gesundheitsprobleme hervorgerufen werden und nicht umgekehrt. Menschen, die unter psychischen Gesundheitsproblemen leiden, haben in vielen Lebensbereichen Schwierigkeiten, nicht nur bei Geldangelegenheiten. Ich sage meinen Studenten in meinen Psychologieseminaren, daß das Studium der Persönlichkeit durch eine grundlegende menschliche Eigenschaft ermöglicht wird: Menschen sind eher beständig als wechselhaft. Es ist diese Beständigkeit des menschlichen Verhaltens, die Menschen mit neurotischen Neigungen anfällig macht, Entscheidungen zu treffen, die ihr Leben unnötig komplizieren, die Probleme mit Geld verursachen und auch in zwischenmenschlichen Beziehungen. In ähnlicher Weise führt die Beständigkeit des Verhaltens bei denjenigen, die eine psychisch gesunde Sicht von sich selbst und dem Leben im allgemeinen haben, zu Entschlüssen, die es ihnen ermöglichen, Probleme zu vermeiden, ihre Lebenssituation aufrechtzuerhalten oder zu verbessern, feste und kooperative Beziehungen zu anderen zu entwickeln und klug mit Geld umzugehen, statt zuzulassen, daß es sie benutzt oder ihr Leben beherrscht.

Bibliographie

Adams, J. R. *Secrets of the tax revolt*. New York: Harcourt Brace Jovanovich, 1984.
Aitken, S., & Bonneville L. *A general taxpayer opinion survey*. Washington DC: 1980.
Anderson, D. How the poor throw their money away. *Sunday Telegraph* (London), July 30, 1989.
Baker, W. G. Personality correlates of successful stock market speculation. Unpublished paper delivered at the Western Psychological Association Convention, April 22, 1971.
Bandow, D. Aid money that just buys guns. *Wall Street Journal*, June 14, 1988.
Bergler, E. *The Psychology of Gambling*. New York: International Universities Press, 1970.
Bergler, E. Psychopathology of "bargain hunters." In E. Borneman (Ed.), *The psychoanalysis of money*. New York: Urizen, 1973 (trans. 1976).
Berlyne, D. E. Curiosity and exploration. *Science*, 1966, 153, 25–33.
Berne, E. *What do you say after you say hello?* New York: Grove, 1972.
Bickman, L. The effect of social status on the honesty of others. *Journal of Social Psychology*, 1971, 85, 87–92.
Birnbaum, J. H. Pricing of products is still an art, often having little link to costs. *Wall Street Journal*, November 25, 1981.
Black, D. *The behavior of law*. New York: Academic, 1976.
Borneman, E. *The psychoanalysis of money*. New York: Urizen, 1973 (trans. 1976 from German).
Borts, G. H. Editorial. *American Economic Review*, 1972, 62, 764.
Brehm, J. W. *A theory of psychological reactance*. New York: Academic, 1966.
Brickman, P., Coates, D., & Janoff-Bulman, R. Lottery winners and accident victims: Is happiness relative? *Journal of Personality and Social Psychology*, 1978, 36, 917–927.
Brown, N. O. *Life against death*. Middletown, CT: Wesleyan Univ. Press 1959.
Bruner, J. S., & Goodman, C. C. Value and need as organizing factors in perception. *Journal of Abnormal and Social Psychology*, 1947, 42, 3344.
Burke, R. J. Differences in perception of desired job characteristics of the same sex and of the opposite sex. *Journal of Genetic Psychology*, 1966, 109, 37–46.
Calder, B. J., & Staw, B. M. The self-perception of intrinsic and extrinsic motivation. *Journal of Personality and Social Psychology*, 1975, 31, 599–605.
Callahan-Levy, C. M., & Messé, L. A. Sex differences in the allocation of pay. *Journal of Personality and Social Psychology*, 1979, 37, 433–446.
Campbell, F. Gambling: A positive view. In W. R. Eadington (Ed.), *Gambling and society*. Springfield IL: Charles C. Thomas, 1976.
Cimbalo, R. S., & Webdale, A. M. Effects of price information on consumer-rated quality. *American Psychological Association Proceedings*, 1973, 8, 831–832.
Coady, H. Effects of incentives on learning in middle- and lowerclass children. *Journal of Psychology*, 1986, 120, 249–252.

Coleman, R. P., & Neugarten, B. L. *Social status in the city.* San Francisco: Jossey-Bass, 1971.

Cope, J. G., Smith, G. A., & Grossnickle, W. F. The effect of variable-rate cash incentives on safety belt use. *Journal of Safety Research*, 1986, 17, 95–99.

Crawford, M. H. Cambridge profs piqued at merit pay. *Science*, 1989, 245, 705.

Crusco, A. H., & Wetzel, C. G. The Midas touch: The effects of interpersonal touch on restaurant tipping. *Personality & Social Psychology Bulletin*, 1984, 10, 512–517.

Darlin, D. Spree in Seoul: Affluent Koreans go on a shopping binge that worries officials. *Wall Street Journal*, February 9, 1990.

Daviet, C., & Rotter, G. Development of a bargain-interest attitude scale. *American Psychological Association Proceedings*, 1973, 8, 827–828.

Dawson, J. L. M. Socio-economic differences in size-judgments of discs and coins by Chinese Primary VI children in Hong Kong. *Perceptual and Motor Skills*, 1975, 41, 107–110.

DeCharms, R. *Personal causation: The internal affective determinants of behavior.* New York: Academic, 1968.

DeCharms, R. Personal causation and perceived control. In L. Perlmutter & R. Monty (Eds.), *Choice and perceived control.* Hillsdale NJ: Erlbaum, 1979.

Dickerson, M., Weeks, D., & Rankin, H. Controlled gambling as a therapeutic technique for compulsive gamblers. *Journal of Behavior Therapy & Experimental Psychiatry*, 1979, 10, 139–141.

Donmeyer, C. J. How form of the monetary incentive affects mail survey response. *Journal of the Market Research Society*, 1988, 30, 379–385.

Doob, A. N., et al. Effect of initial selling price on subsequent sales. *Journal of Personal and Social Psychology*, 1969, 11, 345–350.

Doob, A. N., & Gross, A. E. Status of frustrator as an inhibitor of horn-honking responses. *Journal of Social Psychology*, 1968, 76, 213–218.

Doxiadis, C. A. Ekistics, the science of human settlements. *Science*, 1970, 170, 393–404.

Drucker, P. F. Is executive pay excessive? *Wall Street Journal*, May 23, 1977.

Drucker, P. F. The rise and fall of the blue-collar worker. *Wall Street Journal*, April 22, 1987.

Einzig, P. *Primitive money.* Oxford: Pergamon, 1966.

English, H. B., & English, A. C. *A comprehensive dictionary of psychological terms.* New York: McKay, 1958.

Feinberg, A. Men and their money. *San Francisco Chronicle*, March 28, 1990.

Ferenczi, S. Stages in the development of the sense of reality. In E. Jones (translator), *Sex in psychoanalysis.* Boston: Badger, 1916.

Festinger, L., & Carlsmith, J. M. Cognitive consequences of forced compliance. *Journal of Abnormal and Social Psychology*, 1959, 58, 203–210.

Fisher, J. D., & Nadler, A. Effect of donor resources on recipient self-esteem and self-help. *Journal of Experimental and Social Psychology*, 1976, 12, 139–150.

Foa, U. G. Interpersonal and economic resources. *Science*, 1971, 171, 345–351.

Foster, G. M. *Tzintzuntzan: Mexican peasants in a changing world.* Boston: Little Brown, 1967.

Freedman, J. L., & Fraser, S. C. Compliance without pressures: The foot-in-the-door technique. *Journal of Personality and Social Psychology*, 1966, 4, 195–202.

Freeman, S., Walker, M. R., Borden, R., & Latané, B. Diffusion of responsibility and restaurant tipping: Cheaper by the bunch. *Personality & Social Psychology Bulletin*, 1975, 1, 584–587.

Fromm, E. *The sane society.* New York: Rinehart, 1955.

Fuchs, V. R. The soaring rate of unwed motherhood. *Wall Street Journal*, January 29, 1982.

Furnham, A., & Lewis, A. *The economic mind: The social psychology of economic behaviour.* Brighton, Sussex: Wheatsheaf, 1986.

Galbraith, J. K. *Money: Whence it came, where it went.* Boston: Houghton Mifflin, 1975.

Goffman, E. *Interaction ritual.* Chicago: Aldine, 1967.

Goldberg, H., & Lewis, R. T. *Money madness: The psychology of saving, spending, loving and hating money.* New York: Morrow, 1978.

Goodall, J. See van Lawick-Goodall.

Goodman, G. J. See "Smith, Adam."

Groseclose, E. *Money and man: A survey of monetary experience*, 4th ed. Norman: University of Oklahoma Press, 1976.

Gurin, G., Veroff, J., & Feld, S. *Americans view their mental health.* New York: Basic Books, 1960.

Gutmann, P. The subterranean economy. *Financial Analysts Journal*, 1977, November–December, pp. 26–27, 34.

Hagen, R. L. Foreyt, J. P., & Durham, T. W. The dropout problem: Reducing attrition in obesity research. *Behavior Therapy*, 1976, 7, 463–471.

Hall, E. T. *Beyond culture.* Garden City NY: Anchor Press/ Doubleday, 1976.

Hawtrey, R. *Currency and credit*, 3rd ed. New York: Longmans Green, 1928.

Hayakawa, S. I. *Language in action.* New York: Harcourt Brace, 1939.

Head, B. V. *Historia numorum: A manual of Greek numismatics*, 2nd ed. London: Clarendon, 1911.

Hebb, D. O. *The organization of behavior.* New York: Wiley, 1949.

Hendrickson, R. A. *The future of money.* Englewood Cliffs: Prentice-Hall, 1970.

Herzberg, F. *Work and the nature of man.* New York: World, 1966.

Herzberg, F. *The managerial choice: To be efficient and to be human*, 2nd ed. Salt Lake City: Olympus, 1982.

Hitchcock, J. L., Munroe, R. L., & Munroe, R. H. Coins and countries: The value-size hypothesis. *Journal of Social Psychology*, 1976, 100, 307–308.

Hodge, R. W. Socioeconomic differentiators. *Science*, 1979, 206, 209–210.

Hodgkinson, V., Weitzman, M., and the Gallup Organization, Inc. *Giving and volunteering in the United States.* Washington DC: Independent Sector, 1988.

Holtzman, W. H., Diaz-Guerrero, R., & Swartz, J. D. *Personality development in two cultures.* Austin: University of Texas Press, 1975.

Hopkins, K. D., Hopkins, B. R., & Schon, I. Mail surveys of professional populations: The effects of monetary gratuities on return rates. *Journal of Experimental Education*, 1988, 52, 173–175.

Horn, J. C. Seat belts: Americans won't, Japanese will. *Psychology Today*, 1989, November, p. 18.
Horney, K. *Neurosis and human growth*. New York: Norton, 1950.
Huck, S. W., & Gleason, E. M. Using monetary inducements to increase response rates from mailed surveys: A replication of previous research. *Journal of Applied Psychology*, 1974, 59, 222–225.
Hughes, R. Confusing art with bullion. *Time*, 1979, 114 (27), 56–57.
Hulin, C. L., & Blood, M. R. Job enlargement, individual differences, and worker responses. *Psychological Bulletin*, 1968, 69, 41–45.
Isen, A. M., & Levin, P. F. Effect of feeling good on helping: Cookies and kindness, *Journal of Personal and Social Psychology*, 1972, 21, 384–388.
Jarvis, H. *I'm mad as Hell ...* New York: Times Books, 1979.
Katona, G. *The powerful consumer*. New York: McGraw-Hill, 1960.
Katona, G. *Psychological economics*. New York: Elsevier, 1975.
Katona, G., & Strumpel, B. *The new economic era*. New York: Elsevier, 1978.
Keynes, J. M. *The general theory of employment, interest and money*. London: Macmillan, 1936.
Kilbridge, M. D. Do workers prefer larger jobs? *Personnel Journal*, 1960, 37, 45–48.
Kluckhohn, C., & Leighton, D. *The Navaho*. Cambridge: Harvard University Press, 1946.
Koffer, K. B., Coulson, G., & Hammond, L. Verbal conditioning without awareness using a highly discriminable, monetary reinforcer. *Psychological Reports*, 1976, 39, 11–14.
Kohn, M. L. *Class and conformity: A study in values*. Homewood, Ill.: Dorsey, 1969.
Krause, N. Chronic strain, locus of control, and distress in older adults. *Psychology and Aging*, 1987, 2, 375–382.
Kristol, I. The "new class" revisited. *Wall Street Journal*, May 31, 1979.
Laurent, H. Incentives study. *Social Science Research Reports, IV. Surveys and Inventories*. Standard Oil of New Jersey, 1962.
Lawler, E. E. III. *Pay and organizational effectiveness: A psychological view*. New York: McGraw-Hill, 1971.
Leontief, W. Academic economics. *Science*, 1982, 217, 104–107.
Lewis, O. *Life in a Mexican village*. Urbana IL: University of Illinois Press, 1951.
Lewis, O. *Five families*. New York: Basic Books, 1959.
Lewis, O. *The children of Sanchez*. New York: Random House, 1961.
Lindgren, H. C., & Harvey, J. H. *An introduction to social psychology*, 3rd ed. St. Louis: Mosby, 1981.
Lorenz, V. C. *Compulsive gambling is more than a streak of bad luck: It is an addiction and it is treatable*. Information Leaflet for National Center for Pathological Gambling. Baltimore MD (no date).
Lorenz, V. C., & Shuttleworth, D. E. The impact of pathological gambling on the spouse of the gambler. *Journal of Community Psychology*, 1983, 11, 67–76.
Luft, J. Monetary value and the perception of persons. *Journal of Social Psychology*, 1957, 46, 245–251.
Maital, S. *Minds, markets, and money*. New York: Basic Books, 1982.

Malabre, A. L., Jr. Is today's economy any easier to steer? *Wall Street Journal*, August 21, 1989.

Maslow, A. H. *Motivation and personality.* New York: Harper, 1954.

Matt, L. S. Million-dollar winners report feelings of guilt, alienation. *San Francisco Sunday Examiner & Chronicle*, October 3, 1982.

May, R. *The meaning of anxiety.* New York: Ronald, 1950.

McClelland, D. C. *The achieving society.* Princeton NJ: Van Nostrand, 1961.

McClelland, D. C. *Power: The inner experience.* New York: Irvington, 1975.

Mitchell, L. H. Dollarsense: Diversify for health, *San Francisco Chronicle*, April 4, 1990.

Mitchell, T. R. Organizational behavior. *Annual Review of Psychology*, 1979, 30, 243–281.

Morse, S. J., Gruzen, J., & Reis, H. T. The nature of equity restoration: Some approval-seeking considerations. *Journal of Experimental Social Psychology*, 1976, 12, 1–8.

Moskowitz, M. Shopping—how the poor get poorer. In the weekly column, "Money Tree." *San Francisco Chronicle*, 1977.

Noble, T. *Structure and change in modern Britain.* London: Batsford, 1981.

Opsahl, R. L., & Dunnette, M. D. The role of financial compensation in industrial motivation. *Psychological Bulletin*, 1966, 66, 94–118.

Osborne, J. G., Powers, R. B., & Anderson, E. G. A lottery to stop littering. *Psychology Today*, 1974 (*August*), 8, 65–66.

Pierce, R. E. *The effect of monetary rewards on improved academic performance.* Unpublished Ed. D. dissertation. University of Southern Mississippi, 1970.

Pliner, P., Hart, H., Kohl, J., & Saari, D. Compliance without pressure: Some further data on the foot-in-the-door technique. *Journal of Experimental Social Psychology*, 1974, 10, 1–16.

Porcano, T. M. Correlates of tax evasion. *Journal of Economic Psychology*, 1988, 9, 47–67.

Powers, R. B., Osborne, J. G., & Anderson, E. G. Positive reinforcement of litter removal in the natural environment. *Journal of Applied Behavior Analysis*, 1973, 6, 579–586.

Pressley, M. M., & Tullar, W. L. A factor interactive investigation of mail survey response rates from a commercial population. *Journal of Marketing Research*, 1977, 14, 108–111.

Rankin, H. Control rather than abstinence as a goal in the treatment of excessive gambling. *Behavior Research & Therapy*, 1982, 20, 185–187.

Raymond, B. J., & Unger, R. K. "The apparel oft proclaims the man:" Cooperation with deviant and conventional youths. *Journal of Social Psychology*, 1971, 87, 75–82.

Reich, R. Quoted by R. Suskind in "Dark mood: Recession fears have some people depressed and acting erratically." *Wall Street Journal*, October 31, 1990.

Reiss, M. L., Piotrowski, W. D., & Bailey, J. S. Behavioral community psychology: Encouraging low-income parents to seek dental care for their children. *Journal of Applied Behavior Analysis*, 1976, 9, 387–397.

Remer, T. G. *Serendipity and the three princes, from the Peregrinaggio of 1557*. Norman: University of Oklahoma Press, 1965.

Rivera, A. N., & Tedeschi, J. T. Public versus private reactions to positive inequity. *Journal of Personal and Social Psychology*, 1976, 34, 895–900.

Roethlisberger, F. J., & Dickson, W. J. *Management and the worker*. Cambridge: Harvard University Press, 1939.

Rogers, C. *Client-centered therapy*. Boston: Houghton Mifflin, 1951.

Ronan, W. W. Relative importance of job characteristics. *Journal of Applied Psychology*, 1970, 54, 192–200.

Rosecrance, J. *Gambling without guilt: The legitimation of an American pastime*. Pacific Grove CA: Brooks/Cole, 1988.

Rosenblatt, P. C., Fugita, S. S., & McDowell, D. V. Wealth transfer and restrictions on sexual relations during betrothal. *Ethnology*, 1969, 8, 319–328.

Rotter, J. B. Generalized expectancies for internal versus external control of reinforcement. *Psychological Monographs*, 1966, 80, Whole No. 609.

Russell, J. B. *Medieval civilization*. New York: Wiley, 1968.

Schaninger, C. M., & Buss, W. C. A longitudinal comparison of consumption and finance handling between happily married and divorced couples. *Journal of Marriage & the Family*, 1986, 48, 129–136.

Schoek, H. *Envy: A theory of social behavior*. New York: Harcourt Brace Jovanovich, 1975.

Scitovsky, T. *Human desire and economic satisfaction: Essays on the frontiers of economics*. Brighton, Sussex: Wheatsheaf, 1986a.

Scitovsky, T. Psychologizing by economists. In A. J. MacFayden and H. W. MacFayden (Eds.), *Economic psychology: Intersection in theory and application*. New York: Elsevier, 1986b.

Seligman, M. E. P. *Helplessness*. San Francisco: Freeman, 1975.

Shils, E. D. In J. A. Jackson (Ed.), *Social stratification. Sociological studies 1*. Cambridge: Cambridge University Press, 1968.

"Smith, Adam." *The money game*. Boston: Houghton Mifflin, 1969.

Snygg, D., & Combs, A. S. *Individual behavior*. New York: Harper, 1949.

Sowell, T. *Race and economics*. New York: David McKay, 1975.

Spivak, J. Hungary's Gypsies, poor and unpopular, embarrass regime. *Wall Street Journal*, June 11, 1979.

Stanton, H. F. Fee-paying and weight loss: Evidence for an interesting interaction. *American Journal of Clinical Hypnosis*, 1976, 19, 47–49.

Stephen, R., & Zweigenhaft, R. L. The effect on tipping of a waitress touching male and female customers. *Journal of Social Psychology*, 1986, 126, 141–142.

Stitzer, M. L., & Bigelow, G. E. Contingent reinforcement for reduced breath carbon monoxide levels: Target-specific effects on cigarette smoking. *Addictive Behaviors*, 1985, 10, 345–349.

Stitzer, M. L., Rand, C. S., Bigelow, G. E., & Mead, A. M. Contingent payment procedures for smoking reduction and cessation. *Journal of Applied Behavior Analysis*, 1986, 19, 197–202.

Swingle, P. G., & Coady, H. V. Social class, age, and the nature of incentive in children's lever-pressing performance. *Canadian Journal of Psychology*, 1969, 23, 41–48.

Taber, J. I. Gambling behavior. In R. J. Corsini (Ed.), *Encyclopedia of Psychology*. New York: Wiley, 1984.

Taylor, F. W. *The principles of scientific management*. New York: Harper, 1911.

Tiger, L. When "corporate" and "culture" clash. *Wall Street Journal*, April 9, 1990.

Toffler, A. *Future shock*. New York: Random House, 1970.

Treiman, D. J. *Occupational prestige in comparative perspective*. New York: Academic, 1977.

Turner, A. N., & Miclette, A. L. Sources of satisfaction in repetitive work. *Occupational Psychology*, 1962, 36, 215–231.

U. S. Census Bureau. *Transitions in income and poverty status: 1984–85*. Washington DC: Government Printing Office, 1989a.

U. S. Census Bureau. *Statistical abstracts of the United States, 1989* (109th ed.). Washington DC: Government Printing Office, 1989b.

Valenzi, E., & Eldridge, L. Effects of price information, composition differences, expertise, and rating scales on product-quality rating. *Proceedings of the American Psychological Association*, 1973, 8, 829–830.

van Lawick-Goodall, J. *In the shadow of man*. Boston: Houghton Mifflin, 1971.

Vroom, V. H. *Work and motivation*. New York: Wiley, 1964.

Wagner, J. A. III, Rubin, P. A., & Callahan, P. J. Incentive payment and nonmanagerial productivity: An interrupted time series analysis of magnitude and trend. *Organizational Behavior and Human Processes*, 1988. 42, 47–74.

Warner, W. L., & Lunt, P. S. *Social life of a modern community*. New Haven: Yale University Press, 1941.

Webley, P., Lea, S., & Portalska, R. The unacceptibility of money as a gift. *Journal of Economic Psychology*, 1983, 4, 223–238.

Wernimont, P. F., & Fitzpatrick, S. The meaning of money. *Journal of Applied Psychology*, 1972, 56, 218–226.

Weyant, J. M., & Smith, S. L. Getting more by asking for less: The effects of request size on donations of charity. *Journal of Applied Social Psychology*, 1987, 17, 392–400.

Whittlesy, C. R. Money. In *Encyclopaedia Britannica*, Vol. 15, 701–707. Chicago: Encyclopaedia Britannica, 1967.

Wiseman, T. *The money motive*. New York: Random House, 1974.

Wolfe, J. B. Effectiveness of token-rewards for chimpanzees. *Comparative Psychological Monographs*, 1936, 12, No. 5.

Yamauchi, K. T. Money and human behavior: A review. *JSAS Catalog of Selected Documents in Psychology*, 1982, 12, 18.

Yamauchi, K. T., & Templer, D. I. The development of a money attitude scale. *Journal of Personality Assessment*, 1982, 46, 522–528.

Zajonc, R. B. Social facilitation. *Science*, 1965, 149, 269–274.